북한이 핵 보유국이 된다면 어떻게 달라지는가

핵 보유 이후 국가행동의 변화

북한이 핵 보유국이 된다면 어떻게 달라지는가
핵 보유 이후 국가행동의 변화

2020년 5월 6일 초판 1쇄 인쇄
2020년 5월 13일 초판 1쇄 발행

지은이 김태형 · 박민형 · 설인효 · 이근욱 · 이장욱 · 정성철 · 최아진 · 황지환 · 황태희

펴낸이 윤철호 · 고하영
펴낸곳 (주)사회평론아카데미
편집 김천희
디자인 김진운
마케팅 최민규
등록번호 2013-000247(2013년 8월 23일)
전화 02-326-0333
팩스 02-326-1626
주소 03978 서울특별시 마포구 월드컵북로12길 17
ISBN 979-11-89946-58-6 93340

북한이 핵 보유국이 된다면 어떻게 달라지는가
핵 보유 이후 국가행동의 변화

김태형·박민형·설인효·이근욱·이장욱·정성철·최아진·황지환·황태희 지음

사회평론아카데미

머리말

북한이 핵무기를 보유하면 어떤 변화가 있을까? 이 책의 주요한 문제의식은 북한의 핵무기 프로그램이 점점 더 고도화되어 가고 있다는 사실에서 시작되었다. 핵확산금지조약(NPT)은 1960년대까지 핵무기를 개발한 미국, 소련(러시아), 영국, 프랑스, 중국 이외의 다른 국가들이 핵무기를 개발하는 것을 금지하고 있다. 하지만, 이후 인도, 파키스탄, 이스라엘이 '국제 비확산 레짐(international nonproliferation regime)' 밖에서 핵무기를 개발하여 핵 보유국은 8개국으로 증가하였다. 북한은 2005년 2월 핵 보유를 선언하고 2006년 10월 최초로 핵실험을 단행하였다. 2017년까지 총 6번의 핵실험을 감행하면서 북한은 스스로를 '핵무기 보유국(nuclear weapons state)'이라 선언하였다. 북한의 비핵화를 위해 국제사회의 노력은 지속적으로 진행되어 왔지만, 그리 성공적이지 못했다. 그 결과 한반도는 '사실상(*de facto*)' 9번째 핵무기 보유국인 북한을 직면해야 하는 안보위기에 직면하고 있다. 물론 '국제 비확산 레짐'의 속성을 고려할 때, 국제사회가 북한을 핵무기 보유국으로 인정할 가능성은 거의 없다. 한국 또한 북한의 비핵화를 위한 노력을 지속적으로 펼쳐 나갈 것이다. 하지만, 현실적으로 한반도에는 북한의 핵 위협이 일상화되고 있다. 북한의 핵 포기를 위한 노력은 지속되어야 하겠지만, 사실상의 핵무기를 가진 북한을 어떻게 이해하고 대응해야 할 것인지를 고민하는 것 역시 우리의 당면한 현실이

되었다. 이러한 문제의식을 바탕으로 이 책은 북한이 핵 보유 이후 어떠한 대외전략과 대외정책을 펼칠 것인지를 고민하고 있다.

이 책의 주요한 목표는 국제사회의 제재와 압력에도 불구하고 핵무기를 포기하지 않는 국가들의 사례를 통해 북한이 핵 보유 이후 어떠한 대외전략과 정책을 펼칠 것인지 분석하는 것이다. 이를 위해 이 책은 크게 세 가지 방향성을 가진다. 우선 국가들이 핵 보유 이후 대외적으로 어떠한 행동변화를 보이는지 일반적인 경향을 분석한다. 둘째, 인도, 파키스탄, 이스라엘 등 국제사회의 압력 속에서도 핵무기를 포기하지 않은 신흥 핵무기 보유국의 변화를 분석한다. 이들 국가들이 핵무기 보유 이후 어떠한 대외전략과 정책을 실제로 보여주었는지 설명하고, 국제사회의 제재와 협상에 대한 이들 국가들의 대응과정도 살펴본다. 셋째, 이러한 분석을 기초로 핵무기 프로그램과 핵실험이 북한의 대외전략과 정책에 어떠한 영향을 미쳤는지 분석하고 향후 전개될 북한의 행동을 예측해 본다.

1장은 핵무기를 보유한 국가가 이후 어떻게 행동할 것인가에 대한 이론적 분석이다. 이것은 북한 핵문제를 넘어서 학술적 차원에서도 매우 중요한 사항이다. 이러한 행동유형은 (1) 재래식 군사력 균형과 (2) 강대국 안보지원 가능성에 의해서 결정되며, 다음과 같은 4가지 유형이 나타난다. 이에 따라 (1) 이스라엘과 같이 핵전력의 존재 자체를 숨기거나, (2) 인도와 같이 핵무기 사용위협에서 자제하거나, (3) 파키스탄과 같이 핵무기 사용을 위협하면서 자신의 핵전력을 소극적으로 공개하면서 버티거나, (4) 북한과 같이 핵무기 사용을 과장한다. 즉 향후 북한은 핵무기 사용을 적극적으로 위협하면서 과장되게 행동할 것이며, 자신의 정치적 목표 달성을 위해 국지도발을 반복할 것으로 예상된다. 이러한 상황에서 한국은 위기 안정성의 유지를 위해 많은 노력을 기울여야 하며, 이를 위해서 북한 핵무기 지휘통제체제와 안정–불안정 역설 등에 대비해야 한다.

　2장은 국가의 핵 보유가 동맹에 미치는 영향을 분석하며 북중동맹의 변화 가능성을 살핀다. 국가는 동맹을 통하여 (1) 위협에 대한 균형, (2) 강대국에 대한 편승, (3) 동맹국의 억지를 도모한다. 한편 강대국이 제공하는 신뢰 가능한 동맹은 핵확산을 억제하지만, 비강대국의 독자적 핵개발은 독립적인 외교정책을 양산한다고 알려졌다. 한국전쟁 이후 미국에 대한 공동방어를 위해 결성된 북중동맹은 미중 데탕트 이후 동맹제지와 이익확보를 위한 수단으로 변환하였다. 탈냉전기 북한의 핵무기 개발로 인해 약화된 북중동맹은 향후 (1) 방어동맹으로 회귀, (2) 상호결박 추구, (3) 동맹의 종식 중 하나의 경로를 밟게 될 것이다. 이러한 북중 관계의 변화는 미국의 자국 우선주의와 북한의 미사일 도발로 인하여 불확실성이 증가한 동아시아의 질서 재편을 알리는 신호탄이 될 것이다.

　3장은 핵 보유와 관련한 국제사회의 경제제재와 제재대상국의 대응전략을 다룬다. 먼저 경제제재 전반에 대한 간략한 설명과 함께 핵을 포함한 대량학살 무기의 확산을 억제하기 위한 제재의 특징을 살펴본다. 그리고 핵무기 보유 전후로 부과된 제재와 제재위협의 원인과 대응전략을 여섯 가지 사례를 통해 분석한다. Threat and Imposition of Economic Sanctions(TIES) 데이터에 따르면 핵확산 방지를 위한 경제제재는 "전략적 물품의 교류금지"라는 명목에 해당된다. 여기에는 우라늄을 비롯한 미사일 기술과 기타 대량학살무기 생산에 쓰일 수 있는 기술과 물품이 포함된다. 이러한 제재는 1945년부터 2005년 사이에 제재와 위협을 모두 합하여 총 28회 사용되었고 이 중 15개 사례는 성공적으로 마무리되었다. 8개 사례를 제외하고 모두 미국이 주도한 제재였다. 해당 제재는 다양한 형태로 때때로 중복되어 사용되지만 평균 7.5년 지속되어 단기간에 끝나지 않았다. 제재와 위협을 모두 포함하는 경우 54%의 성공률을 보였는데 제재에 관한 일반적 평가에 비해 직접적 효과성은 낮지 않다고 볼 수 있다. 그러나 제재기간이 15년 이상 경과한 경우 핵포기를 위한 제재가 성공한 경우는 없었다는 점은 주목할 만하다. 사례분석은 제재위협과 실행의 두 단계를 구분하여 사례를 선정하였다. 분석의 종속변수인 경제제재의 성공과 실패 사례를 위협과 실행단계로 나누어 한국과 대만(위협 성공), 남아프리카공화국(제재 성공), 이스라엘(위협 실패), 인도와 파키스탄(제재 실패)의 핵 보유 시도와 제재과정을 설명하였다. 특히 핵 보유 성공과 실패에 이르기까지 제재대상국의 국내적, 국제적 조건을 살펴보고, 핵무기를 포기하게 된 원인과 핵무기를 보유하게 된 경우 제재의 해제 과정을 설명하였다.

4장은 핵 보유 이후 국가들의 행동방식 변화 중 국방정책 변화를 집중적으로 조명하였다. 핵무기 보유 이후 국방정책의 변화를 살핀다. 핵무기의 보유는 한 국가의 행동양식을 변화시키는 데 결정적 영향을 주는 요인이라 할 수 있다. 따라서 국가들의 행동양식은 핵 보유 이전과 핵 보유 이후로 분명히 구분하여 설명되어 질 수 있다. 이는 핵이 가지고 있는 정치, 안보(군사), 경제적 효과가 그만큼 크다는 것이다. 특히, 핵이 가장 결정적으로 영향을 줄 수 있는 국방정책은 더욱 그러하다. 즉, 핵무기 보유 이전과 이후 국방정책이 어떻게 변화하였는지에 대한 분석을 실시하여 한반도의 군사안보적 함의를 도출하는 것이 본 장의 핵심 목적이다. 국방정책 변화를 탐색하기 위해서 살펴본 요소들은 국방비의 변화, 재래식 전력 증강 추이, 각국의 전략 변화 등이다. 이를 통해 지역 핵 보유국들은 핵 보유 이후에도 지속적으로 국방비 및 재래식 전력을 증강하고 있다는 것을 알 수 있었으며, 군사전략의 경우 핵을 가진 국가라 할지라도 군사적으로 대치하고 있는 국가와의 재래식 전력의 차이로 인해 핵 정책의 기조가 다르다는 것을 알 수 있었다. 즉, 상대적으로 국력이 약하고 재래식 전력에 있어서 약세를 가지고 있는 국가는 그렇지 않은 국가보다 공세적 핵전략을 추진하였다. 반면, 상대적으로 국력도 강하고 재래식 전력이 강한 국가는 재래식으로 상대방을 억제하지 못할 경우 대규모 보복을 단행하는 이른바 '확증 보복'을 추진하였다.

　5장은 역사적으로 미국의 핵전략 속에서 핵 비확산 정책의 변천 과정을 살펴보고 미국의 핵 비확산을 위한 수단을 군사적, 외교적, 제도적 측면으로 나누어 제시한다. 이를 바탕으로 하여 미국의 핵 비확산 전략에도 불구하고 핵무기를 개발하여 유지하고 있는 국가인 인도, 파키스탄, 이스라엘을 중심으로 미국의 대응 전략과 정책을 살펴보고 분석하고자 한다. 미국은 세계전략 차원에서 중국의 부상에 대응하여 미국 중심의 세계질서를 유지하고 영향력을 확대하기 위하여 인도의 핵무기를 용인하고 핵협력 협정까지 체결하게 되었다. 파키스탄의 경우 미국의 군사작전과 행동의 필요에 따라 제재와 원조가 반복되는 양상을 보여주고 있다. 이스라엘의 경우에는 중동지역에서 비공식적이지만 미국과의 동맹관계와 함께 국내 정치적 고려를 통하여 '특별한 관계'를 형성해가면서 핵무기를 묵인하는 정책을 펴고 있다. 위 사례들에서 보듯이 미국의 정책은 핵 비확산이라는 국제적 규범과 제재와 압박의 효과를 넘어서 국제환경의 변화, 새로운 위협의 등장, 이익의 공유 등과 같은 전략적 요소들이 미국의 정책결정에 있어서 동력이 되어 왔다는 것을 알 수 있다. 따라서 미국의 핵 비확산을 위한 국제적 규범과 제재의 적용은 일관성을 결여하는 등 한계가 있어

왔고, 전략적 변수가 미국의 북한에 대한 정책의 변화에도 중요한 변수가 될 것으로 볼 수 있으나 현재까지 북한의 핵 보유국 인정은 어려울 것으로 보인다.

6장은 핵 보유 이후 이스라엘의 대외정책을 다루고 있다. 이스라엘은 오늘날까지 핵 보유 사실을 인정도 부인도 하지 않는 정책을 지속하고 있으나 세계 6번째 핵 보유 국가로 널리 인정되고 있다. 이스라엘은 강대국을 제외하고 핵을 보유한 첫 번째 국가였고 또 국제사회의 묵인을 받고 있다는 점에서도 특수한 사례라 할 수 있다. 미국과 소련을 비롯한 국제사회의 반대와 압박 속에서 핵개발 프로그램을 발전시키며 자신이 처한 전략 상황을 활용했던 이스라엘의 대외전략은 핵 보유를 추구하는 국가들의 행태를 설명하는 데 많은 함의를 제공하고 있다. 핵 보유 사실을 공식적으로 드러내지 않으며 주변국을 상대로 재래식 우위 확보를 위한 노력을 지속하는 독특한 핵전략과 태세 역시 냉전기 미국과 소련이 보여주었던 핵전략과 구분되는 것이다. 이스라엘은 지역 내 소규모 국가들의 전형적 핵전략의 하나로 신규 핵 보유 국가의 핵전략 및 태세를 이해하는 데 중요한 함의를 갖는다. 이스라엘의 핵 보유 과정 및 핵전략에 대한 분석은 북한이 동북아의 전략적 대립구도를 적극 활용하며 핵 보유를 추구해왔고 향후 전략적 상황에 대한 합리적 대응과 선택의 과정에서 핵전략과 태세를 형성해 나갈 것이라는 점을 시사하고 있다.

7장은 사실상 핵 보유국 지위를 획득한 인도의 사례를 검토한다. 인도의 핵무장 과정을 한마디로 표현하면 "자제"로 표현할 수 있다. 기존의 핵무장국가 및 국제사회의 반발이 예상되는 가운데 핵무장을 해야 하는 상황이므로 가급적 큰 반발을 야기하지 않는 과정을 통해 핵무장을 추진했다. 또한 이러한 자제는 핵무장에 대한 국론을 결집하기 어려운 인도의 복잡한 국내정치가 원인이기도 했다. 하지만 인도의 자제 기조는 시간의 흐름에 따라 변화를 겪게 된다. 특히 1998년 본격적인 핵무장 이후 인도의 전략적 행보는 주목할 만하다. 인도는 본격적 핵무장 이후 사실상 핵 보유국 지위를 획득하기 위한 다각적 노력을 전개했고 그 결과 적대국 파키스탄에 비해 상대적으로 연착륙의 과정을 통해 사실상 핵 보유국 지위를 획득할 수 있었다. 첫째, 자국의 핵무장에 대한 긍정적 여론을 확산시키기 위해 노력하는 한편, 선제공격을 배제하는 방어적 핵독트린을 천명했다. 둘째, 자신의 핵무장을 지지해줄 전략적 파트너(미국)를 확보했다. 셋째, 국제사회의 책임 있는 핵 보유국으로서의 이미지를 제고하기 위해 확산과 관련한 우수한 성적을 유지했다. 넷째, 사실상 핵 보유국 승인을 유도하기 위해 "핵연료 시장"이라는 유인책을 제공했다. 다섯째, 적대국 파키스탄과의 군사충돌 시 대응을 "자제"하고 파키스탄과의 관계개선 모습을 보임으로써 책임 있는 핵 보유국의 이미지를 제고하기 위해 노력했다. 인도는 이러한 노력을 통해 미국과 전략적 동반자 관계 및 민간 원자력 협정 체결을 이끌어냄으로써 사실상 핵 보유국 지위를 획득하는 데 성공했다. 인도의 사례는 사실상 핵 보유국 지위를 확보하기 위해 국가가 어떠한 대외정책 및 전략을 구사할 수 있는가를 보여주는 사례로서 주목할 만하다.

　8장은 여러 면에서 현재 핵 보유 국가로 인정받는 국가이면서도 북한과 가장 유사하고 큰 함의를 제공할 수 있는 파키스탄 사례를 분석하고 있다. 파키스탄은 재래식 전력에서 압도적으로 우세한 인도와 수십 년간의 라이벌 관계에서 인도군과의 전쟁에서의 패배를 방지하고 양국 간의 전략적 균형을 유지하기 위한 유일한 방안은 핵무기 보유라고 결론 내리고 이의 확보를 위하여 오랫동안 매진하여 마침내 1998년 핵실험 이후 핵 보유국으로 인정받고 있다. 그러나 파키스탄의 핵 보유가 인도와의 군사력 격차를 줄이거나 지역 안정에 공헌했다고 보기는 힘들다. 오히려 파키스탄이 핵 보유 이후 카슈미르 확보를 위해 더욱 공격적인 정책을 가능하게 하면서 안보/불안정 역설을 실증하는 등 불안정성을 가중시켰다는 비판이 많다. 또한 파키스탄과 인도 양국이 새로운 군사 독트린을 개발하고, 핵 태세를 전환하면서 이에 수반되는 핵탄두 숫자 증가와 핵무기 투발수단 다양화에 노력하며 남아시아의 안보는 이전보다 더욱 불안해지고 위기 발생 시 확전의 가능성도 높아지고 있는 실정이다. 그러나 파키스탄이 2000년대 초반 이후 도발을 자제하고 인도도 절제된 방식으로 대응하는 등 양국 간의 핵 보유 이후 학습효과를 통해서 현상유지가 지속되는 경향도 있다. 북한의 경우도 파키스탄처럼 재래식 전력에서 압도하는 상대방에 맞서 신뢰할 만한 강대국의 핵우산이 제공되지 않는 상황에서 핵개발에 매진하여 왔다. 강력한 제재와 확고한 군사적 대비태세 구축과 함께 대화와 협상을 통한 관계회복, 오인 방지, 점진적 신뢰구축에도 노력해야 한다는 것이 파키스탄의 사례가 우리에게 주는 교훈이다.

9장은 북한의 핵무기 실험 및 보유 과정에서 보여준 국가전략과 대외정책의 변화를 분석한다. 북한은 2005년 핵무기 보유를 선언하고 2017년까지 6차례의 핵실험을 하는 동안 어떠한 국가전략과 대외정책을 보여주었는가? 이 장은 북한의 전략과 행동이 이전 시기와 비교하여 어떠한 유사성과 차이를 보이는지 설명한다. 핵 보유가 국가의 대외정책에 미치는 이론적 연구를 바탕으로 북한이 핵실험 이후 보여준 지난 10여 년의 전략과 정책을 살펴본다. 우선 북한의 핵능력을 평가하고, 북한의 대남 도발과 남북교역, 남북회담의 데이터를 토대로 대외정책 변화를 살펴본다. 또한 북한이 2017년까지 6차례의 핵실험을 통해 보여준 대외전략의 대강을 제시한다. 이러한 분석을 국제정치에서 제시하는 현상타파 대 현상유지의 국가성향 변화에 초점을 두면서 논의한다. 이는 북한이 핵실험을 하는 과정에 한반도의 기존 세력균형을 무너뜨리고 새로운 질서를 형성하려고 했는지 혹은 한미동맹에 대한 억지능력을 강화하면서 체제생존을 도모하는 현상을 유지하려고 했는지 검토한다. 이를 통해 북한이 전략적으로는 현상타파 구상을 하면서도 정책적으로는 현상유지 경향을 보여주었음을 설명한다.

책이 발간되기까지 여러 우여곡절이 있었다. 이 책은 서울대 국제문제연구소의 프로젝트 일환으로 2017년에 연구비 지원을 받아 진행된 연구 결과물이다. 원래 계획은 2018년 초에 책을 발간하는 것이었으나 당시 평창 올림픽 이후 한반도 상황이 급진전되면서 저자들이 책의 출간을 유예하기로 결정했다. 북한을 사실상의 핵무기 보유국으로 인식하면서 안보환경 변화를 분석하는 이 책의 내용이 혹시라도 당시 북한 비핵화 논의에 부정적인 영향을 미칠 것을 우려한 저자들의 배려였다. 하지만, 북한 비핵화 논의가 2019년 들어 난관에 부딪히기 시작하면서 책 출간에 대한 논의를 다시 시작하였다. 그 기간 동안 이 책에 실린 글들이 각각 여러 연구저널에 게재되면서 그 중요성이 재확인되기도 했다. 학술지와 학술도서에 일부 게재된 장들은 다음과 같다.

2장: "북한의 핵개발과 북중동맹의 변환." 『사회과학논총』 제37집 (2017)

3장: "핵무기 보유 추진 국가들과 경제체제: 미국의 사례를 중심으로." 『한국정치학회보』 제52집 4호 (2018)

4장: "핵 보유 이후 국가들의 국방정책 변화." 『국방연구』 제62권 3호 (2019)

8장: 『인도-파키스탄 분쟁의 이해: 신현실주의 이론으로 바라보는 양국의 핵개발과 안보전략 변화』(서울: 서강대학교 출판부, 2019)

9장: "북한은 핵실험 이후 더 공격적인가: 현상타파 대외전략과 현상유지 대외정책의 결합." 『한국정치학회보』 제52집 1호 (2018)

마지막으로 이 연구 프로젝트의 기획 단계부터 참여하시면서 많은 도움을 주신 서울대 윤영관 교수님께 감사의 말씀을 드린다. 더불어 이 책은 서울대 국제문제연구소의 2017년 연구비 지원을 받아서 발간되었음을 밝힌다.

저자들을 대표하여

황지환

차례

제3부 북한에 대한 함의

제1부

핵무기를 포기하지 않는 국가들의 행동방식

제1장

핵 보유 이후 국가들의 행동방식 모델 이론

이근욱

I. 서론

2020년 2월 현재 북한 핵협상은 교착상태에 빠져 있다. 2019년 2월 하노이 정상회담에서 미국과 북한은 합의하는 데 실패하였으며, 6월 판문점 한미북 정상회동에서도 별다른 합의는 도출되지 않았다. 2018년 6월 싱가포르 정상회담에서 나타났던 비핵화 가능성은 점차 퇴색되고 있으며, 김정은은 2019년 12월 28일부터 4일 동안 진행된 조선노동당 중앙위원회 제7기 제5차 전원회의 보고를 통해 "조미 간의 교착상태는 불가피하게 장기성을 띠게 되었다"고 규정하면서 "이제 세상은 곧 머지않아 조선민주주의인민공화국이 보유하게 될 새로운 전략무기를 목격하게 될 것"이라고 선언하였다.

북한은 2017년 9월 6차 핵실험을 감행하였고 11월 사정거리 1만 km의 화성-15형을 발사하면서 "국가 핵무력의 완성"을 선언하였기 때문에, 2020년 2월 시점에서 북한이 강조하는 "새로운 전략무기"가 무엇일지에 대해서는 파악하기 어렵다. 하지만 현재 북한 비핵화 협상이 난관에 봉착한 것은 사실이며, 향후 협상이 쉽지 않을 것이고 어떤 형태로든 합의에 도달하고 비핵화가 이루어지기 위해서는 상당한 시간이 소요될 것이다. 그렇다면 이 기간 동안 북한은 어떻게 행동할 것인가? 이것은 매우 정책적인 질문이다.

동시에 해당 사안은 매우 흥미로운 이론적 문제이다. 일반적으로 핵무기를 보유하면 그 국가는 보다 공격적으로 행동할 것이라고 가정한다. 하지만 핵무기 보유의 효과는 모순적이다. 첫째, 핵무기 보유는 세력균형에서 우위를 가져오며, 전쟁 자체를 쉽게 결정하게 만든다. 핵무기를 보유하여 군사력 우위를 확보하고 보다 공격적으로 행동할 수 있다. 반면 군사적으로 열세에 놓여 있었다면, 핵무기를 보유하면서 기존의 열세를 무의미하게 만들 수 있으며 대등한 수준에서 대결할 수 있게 된다. 즉 핵무기 보유로 인하여 국가는 더욱 공격적으로 행동할 수 있다.

둘째, 핵무기 보유는 핵전쟁의 참화 가능성을 높이기 때문에 전쟁 자체를 쉽게 결심하지 못하게 한다. 핵 보유 국가들이 서로 대결하는 경우에 무력 충돌이 핵전쟁으로 격화될 가능성에 직면하며, 핵전쟁 및 공멸(共滅) 가능성은 위기가 전쟁으로 격화되지 않도록 하는 가장 강력한 제동장치이다. 상대방이 핵무기를 가지고 있지 않더라도, 상대방이 핵무기를 직접 개발하거나 또는 핵무기를 가지고 있는 동맹국과 연합하면서 핵전쟁 및 공멸 가능성이 증가한다. 때문에, 핵무기 보유로 인하여 국가의 행동은 보다 방어적으로 변화할 수 있다.

이와 같이 모순된 효과로 인하여, 핵무기 보유 이후 해당 국가들의 행동은 이론적으로 다양할 수 있으며, 경험적으로도 단일하지 않다. 예를 들어, 핵 보유 이후 이스라엘은 그다지 공격적으로 행동하지 않았다. 1967년 6월 초 핵능력을 현실화하여 최초의 핵탄두를 조립하였던 이스라엘은 이집트와 시리아 및 요르단에게 선제공격을 감행하였고 3차 중동전쟁을 승리로 이끌었다. 하지만 이후 이스라엘은 그다지 공격적으로 행동하지 않았으며, 1973년 10월 이집트의 공격이 예상되는 상황에서도 선제공격을 하지 않았다. 제한적인 목표를 달성하기 위해 군사력을 사용하였지만, 핵무기 보유 이후 특별히 팽창적인 행보를 보이지 않았다. 반면 파키스탄은 1990년대 이후 현재까지 인도와의 대립에서 지속적으로 도발하며 도전하고 있다. 경제력과 인구 측면에서 자신을 6~9배 가까이 압도하는 인도에 대해서도 방어적으로 행동하지 않으며, 인도와의 분쟁에서 파키스탄은 제한적으로 군사력을 사용하였다. 그렇다면, 우리는 이러한 행동의 다양성을 어떻게 이해할 수 있는가? 이것이 본 연구가 던지는 이론적인 질문이다.

즉 핵무기를 보유하였다는 측면에서는 동일하지만, 핵무기 보유 이후 이스라엘과 파키스탄의 행동은 큰 차이를 보인다. 과연 이러한 차이는 어디에서 비롯되었는가? 북한은 향후 어떠한 방향으로 움직일 것인가? 그리고 이러한 상황에서 한국은 어떻게 행동해야 하는가? 본 연구는 이러한 질문에 답하고자 한다.

II. 주제의 중요성

1. 기존 연구의 문제점

핵무기 보유 이후 국가들의 행동양식에 대한 기존 연구는 많지 않다. 핵문제와 관련하여 한국에서 이루어진 연구들은 (1) 냉전 시기 미국 핵전략의 변화, (2) 북한 핵무기 개발의 원인, (3) 비핵화 성공 과정과 그 사례, (4) 북핵 문제 해결 방안 등에 대한 것이며, 주로 북한 핵개발을 중심으로 북한의 동기를 분석하거나 그에 대한 대응방안 모색이 대부분이다. 일부 연구는 북한 핵문제에 국한하지 않고 핵·우주·사이버 공간에서 나타나는 군사력 경쟁을 포괄하며, 주변국의 군사력 건설 현황까지 개괄한다.[1]

하지만 이 과정에서 "핵무기를 보유한 이후 해당 국가의 행동"에 대해서는 많은 연구가 진행되지 않았다. 핵무기 보유 이후 국가 행동의 변화에 대해서는 크게 두 가지 경향이 있다. 첫 번째 연구 경향은

1 　최근 연구들을 집대성한 것은 조성렬(2016)이 있다. 그 밖에도 정성윤 외(2016)와 김태현(2016) 등이 있다.

핵무기를 보유한 국가들의 행동을 핵확산의 결과 측면에서 바라보는
것으로, 논쟁의 핵심은 과연 핵전쟁이 벌어지는가이다. 이에 대한 논
쟁은 핵확산 낙관론과 비관론으로 나뉜다. 우선 핵확산으로 냉전 시
기 미국과 소련 사이에 핵억지가 작동하였듯이 지역 핵무기 국가 사이
에서도 억지가 작동할 것이며 따라서 핵무기 사용에 대한 피해를 우려
하여 전쟁 가능성이 오히려 감소한다는 낙관론이 존재한다. 반면 지역
핵무기 국가 사이에서는 미국과 소련의 사례와 달리 핵억지가 잘 작동
하지 않을 것이며, 냉전 강대국의 경우에도 핵억지 붕괴 가능성이 계
속 존재하였으며, 이러한 문제점은 강대국이 아닌 지역 핵무기 국가들
의 경우에 더욱 악화될 것이기 때문에 핵확산은 전쟁 발발 가능성을
증가시킨다는 비관론이 존재한다.[2]

　　두 번째 경향은 핵확산에 초점을 맞추면서 국가들 사이에서 나타
나는 상호작용을 분석하기보다, 핵무기를 보유한 개별 국가의 대외 행
동에 집중하는 연구들이다. 논란의 여지는 있지만, 이러한 관점에서
핵무기를 보유한 국가는 대개는 공격적으로 행동한다고 간주된다. 즉
핵무기를 보유하였기 때문에 해당 국가는 대외 행동에서 단기적으로
는 더욱 과감하게 행동(emboldenment)할 수 있지만, 과감한 행동의
범위는 공세(aggression) 또는 팽창(expansion)에 국한되지 않는다.
이 부분에 대한 완전한 유형화는 존재하지 않으며, 영국의 사례에 집
중한 연구에 따르면 핵 보유 이후 영국의 행동은 과감하게 변화하였
다. 공세 및 팽창과 함께, 독립(independence), 강화(bolstering), 견
고함(steadfastness) 및 타협(compromise) 등으로 표출되었다(Bell

2　이에 대한 연구는 매우 다양하다. 가장 고전적인 연구는 Sagan and Waltz(2012)이며,
　인도/파키스탄 분쟁을 배경으로 분석한 Ganguly and Kapur(2010) 또한 중요하다. 한
　국의 연구로는 김태형(2019)이 있다.

2015).

이러한 관점에서 상대 국가를 압박하는 수단(coercive weapon)으로 핵무기를 사용한다는 주장이 존재한다. 즉 핵무기를 보유하였기 때문에 이전보다 훨씬 쉽게 그리고 훨씬 효과적으로 상대방을 압박하여 자신의 의지를 관철시킬 수 있다는 것이다. 북한이 핵무기를 보유하였기 때문에, 향후 북한은 한국을 압박하고 한국이 북한의 요구조건을 수용하도록 할 것이라는 우려와 일맥상통하는 견해이다. 하지만 압박 자체가 쉽지 않으며, 핵무기는 상대방을 완전히 파괴/소멸시키는 데 특화되어 있기 때문에 신뢰성(credibility) 문제로 인하여 효과적이지 않을 수 있다. 무엇보다 경험적 차원에서 1945년 이후 어떠한 국가도 핵무기를 동원하여 상대 국가를 압박하여 정치적 목표를 달성하지 못하였다. 냉전 기간 미국과 소련 모두 상대방을 핵무기를 동원하여 압박하지 못하였으며, 인도와 파키스탄 또한 현재까지 이러한 압박에서 성공하지 못하였다(Sechser and Fuhrmann 2017).

반면 핵무기를 보유한 국가는 핵무기의 파괴력을 알게 되면서 조심스럽게 행동하지만, 이러한 "학습"이 일어나기 위해서는 어느 정도의 시간이 소요된다. 즉, 핵무기를 보유하면서 해당 국가는 핵무기를 사용하여 적대 국가와 보다 많이 대립하고 동맹국과의 관계에서도 자신의 이익을 매우 공격적으로 관철한다. 하지만 시간이 지나면서 핵무기의 파괴력을 실감하며, 위기 상황에서 핵전쟁의 가능성에 더욱 빈번하게 직면하게 된다. 때문에 해당 국가는 공격적인 행동이 가져오는 위험성을 실감하며, 결국 자신의 행동을 보다 방어적이고 조심스러운 방향으로 수정한다. 즉, 핵무기 보유 초기에는 공격적으로 행동하는 경우가 있지만, 시간이 지나면서 위험한 순간을 경험하고 위기관리를 학습하면서 점차 조심스럽게 행동하게 된다는 것이다(Horowitz

2009).

한국에서는 "북한 핵문제 해결"이라는 강력한 정책과제가 존재하였기 때문에, 핵무기를 계속 보유하면서 제재 압력에 굴복하여 핵무기를 포기하지 않는 국가에 대해서는 의도적으로 연구가 진행되지 않았다. 반면, 본 연구는 핵무기 보유 이후 해당 국가의 행동양식을 분석하는 것으로 이를 통해 (1) 핵 보유 이후 해당 국가의 대외적 행동방식의 변화 여부와 국제사회 및 적대 국가의 대응을 살펴보고, (2) 국제사회의 제재에 대해 어떻게 대응하며 이를 피해 왔는지를 설명하며, (3) 이를 통해 북한에 대한 함의 혹은 비교를 어떻게 제시할 수 있는지 살펴보려고 한다.

하지만 다음과 같은 문제점이 존재할 수 있다. 첫째, 핵 보유 이후 "핵무기를 포기하지 않고" 행동하는 국가들에 대한 연구이기 때문에 사례선정의 왜곡(selection bias) 가능성이 있으며, 따라서 기존 연구와 보완적으로 사용되어야 한다. 이 경우에만 사례선정 왜곡의 효과가 중화된다. 둘째, 핵무기 보유 국가의 숫자가 극소수이므로, 이를 이론화하기 쉽지 않다. 하지만 이것은 핵문제에 대한 모든 연구에서 공통적으로 나타나는 고질적인 문제이며, 해결하는 것은 불가능에 가깝다.

2. 본 연구의 퍼즐

이러한 배경에서 본 연구가 집중하고자 하는 질문은 크게 두 가지이다. 첫 번째 질문은 일반론적 차원에서 나타나는 핵무기 보유 이후 해당 국가의 행동방식에 대한 것이다. 특히 핵무기를 보유한 국가는 보다 "과감"하게 행동한다고 보지만, 경험적으로 볼 때, 핵무기 보유 이후 해당 국가가 항상 "과감"하게 행동하는 것은 아니다. 가장 대표적인 사례는 인도와 파키스탄이다. 1998년 5월 양국은 총 7회에 걸친 핵실험을 감행하였으며, 서로의 핵능력을 확인하였다.[3] 하지만 핵실험 이후 각자는 서로 다르게 행동하였다. 인도가 최근까지는 상대적으로 방어적인 태도를 취하면서 파키스탄의 도발에도 군사 행동 및 보복을 자제하였다면, 파키스탄은 인도에 대한 공격을 지속하였으며 현상타파를 위해 계속 도전하였다. 즉, 핵무기 보유 후 개별 국가의 행동은 동일한 방향으로 움직이지 않으며, "과감"하게 행동한다는 이론적 추측은 경험적으로 입증되지 않는다. 그렇다면, 핵무기 보유 이후 개별 국가의 행동을 이론화할 수 있는가? 이것이 첫 번째 질문이다.

두 번째 질문은 북한 행동에 대한 예측 문제이다. 현재 핵무기 보유 이후 북한의 행동에 대한 예측은 다수의 비관론과 소수의 낙관론이 대립하고 있다. 낙관적인 견해에 따르면, 핵무기를 보유한 북한은 일단 안전을 확보하였기 때문에 대외적으로는 공격적으로 행동하지 않을 것이라고 한다. 즉, 핵무기를 보유한 이상 북한의 김정은 정권은 무너지지 않을 것이며, 따라서 대외적으로도 더욱 자신감을 가지고 한국과의 경제 협력 및 개방정책을 추진할 것이라는 전망이다. 하지만 비관적인 전망에 따르면, 북한은 새롭게 개발한 핵무기를 사용하여 한반도 전체에 대한 적화통일을 시도할 것이며, 주한미군의 철수 및 한미동맹의 해체를 요구하고 미국 본토에 대한 공격을 위협하여 미국의 참전을 막을 것이다. 즉, 북한은 절대 핵무기를 포기하지 않을 것이라는 주장이다. 이러한 두 가지 전망은 서로 대립하고 있지만, 정치적 차원으로 대립되는 검증되지 않은 가정에 기초하고 있다.

---

3 당시 인도의 핵실험에 파키스탄이 경쟁적으로 핵무기 실험을 진행하였다. 인도는 원자폭탄 실험 4회와 수소폭탄 실험 1회 등 총 5회의 핵실험을 감행하였으며, 파키스탄은 2회의 핵실험을 실행하였다.

이론적으로는 두 가지 견해가 각각 타당성이 있다. 따라서 이에 대한 검증은 경험적으로만 가능하다. 하지만, 이러한 경험적 접근에서도 다음과 같은 문제가 존재한다. 첫째, 인도/파키스탄 사례에서 나타나듯이, 경험적으로도 핵 보유 이후 개별 국가의 행동에서는 분명한 차이가 등장하며 동일 국가라고 해도 시간에 따라 다르게 행동할 수 있다. 즉, 경험적으로 확실한 검증이 어려우며, 확정적이지 않다. 둘째, 경험적인 차원에서도 핵무기 보유 후 개별 국가의 행동은 단일한 방향으로 움직이지 않으며 보다 다양하다. 따라서 단일 독립변수로는 설명하기 어려우며, 최소한 두 개의 독립변수가 필요하고 이를 통해 핵무기 보유 이후 해당 국가의 행동에서 나타나는 다양성을 설명해야 한다. 셋째, 순수하게 귀납적으로 접근하여 경험적인 검증만을 강조하는 것으로는 특정 국가의 행동을 예측하지 못한다. 어떤 국가의 행동을 예측하기 위해서는—특히 북한의 행동을 예측하기 위해서는—연역적인 방식으로 국가의 행동을 분석하여야 한다.

이러한 측면에서 추가 변수를 도입하여 핵무기 보유 이전과 이후의 행동을 예측할 수 있는 모형이 필요하며, 이와 같은 모형은 경험적으로 나타나는 핵무기 보유 국가의 행동을 포괄해야 한다. 그리고 이러한 모형은 북한의 행동을 예측할 수 있을 정도로 연역적인 구조와 측정 가능한 독립변수에 기초하여야 한다.

III. 독립변수와 종속변수: 분석하고자 하는 핵 보유 국가의 행동과 결정요인

현재 시점에서 설명의 대상이 되는 것은 핵무기를 보유한 이후 해당 국가의 행동이 어떻게 변화하는가이며, 이것은 해당 국가의 대외 현상타파적 행동과 핵전력을 과시하는 행동 등으로 나타난다. 이와 같은 종속변수를 결정하는 독립변수로는 해당 국가의 재래식 군사력과 동맹국에 대한 의존도를 제시한다.

1. 종속변수: 현상타파적 행동의 대외적 표출과 핵전력 과시 여부

1) 핵 보유국의 대외적 현상타파적 행동

본 연구에서 분석하고자 하는 핵무기 보유 이후 국가의 행동, 즉 종속변수는 다양하다. 일단 다음과 같이 5개로 정리할 수 있다. (1) 국방 정책, (2) 동맹 정책, (3) 경제 제재에 대한 대응, (4) 대외적 공격성, (5) 지역 질서에 대한 충격. 현재 연구는 국방 정책, 동맹 정책, 경제 제재에 대한 대응에 집중되어 있지만, 대외적 공격성, 지역 질서에 대한 충격 또한 중요한 사안이다. 특히 대외적 공격성은 핵 보유 이후 해당 국가가 대외적으로 어떻게 행동했는가의 문제이며, 특히 북한의 행동을 예측하는 부분에서 많은 도움을 줄 수 있다.

지역질서에 대한 충격은 핵 보유가 지역에서의 핵확산으로 이어졌는가의 문제이다. 이것은 해당 핵 보유 국가의 행동이 가져오는 결과에 대한 사안이며, 지역 질서의 안정성을 결정한다. 이 부분은 현재 북한 핵전력의 고도화에 따라 한국에서 점차 증가하고 있는 독자 핵 개발 논의 및 기타 대응방안으로 만들어지는 역동성의 문제이다. 특히 중요한 사항은 위기 안정성으로, 핵무기의 가공할 파괴력 때문에 위기 안정성의 중요성은 더욱 부각된다.

2) 핵 보유국의 전력 과시

핵 보유 국가의 행동 가운데 특이한 것은 해당 국가가 자신의 핵전력을 공개하는가의 문제이다. 예를 들어, 이스라엘은 상당한 핵전력을 구축한 것으로 평가되지만, 자신의 핵전력 자체는 인정하지 않고 있으며 공식적으로는 핵무기 보유 사실을 부인하고 있다. 하지만 인도와 파키스탄은 자신의 핵전력을 인정하면서, 이를 통한 억지력을 강화하고 있다. 북한은 특이하게도 자신의 핵전력을 과장하고 "필요 이상"으로 핵전력을 구축하는 데 많은 자원을 투입하고 있다.

따라서 핵전력의 증강 정도와 그 방향은 중요한 종속변수이다. 이것은 핵 보유국이 자신의 핵무기 전력을 어느 정도로 그리고 어떠한 방향으로 증강시키는가의 문제이다. 미국과 소련을 포함한 모든 핵 보유국은 자신의 핵전력을 무한정으로 증강하지 않았으며, 군(軍)의 조직적인 이해 또한 국가 전체가 동원할 수 있는 자원의 제약 때문에 핵전력의 크기가 제한되었다. 냉전 시기 미국이 가장 많은 수의 핵탄두를 보유하였던 것은 1966년으로 32,000개의 핵탄두를 보유하였으며, 소련은 1986년 45,000개의 핵탄두를 보유하였던 것이 정점이었다. 하지만 중국은 이와 같은 수준으로 핵탄두를 증강하지 않았으며, 2019년 현재에도 290개 정도의 핵탄두를 보유하고 있다고 평가된다. 그렇다면 그 밖의 국가들은 어떠한가? 이것은 상당히 중요한 종속변수이다.

2. 독립변수: 재래식 군사력 균형과 강대국의 안보지원 가능성

첫 번째 독립변수는 재래식 군사력 균형이다. 재래식 군사력에서 우위에 있는 국가들은 주변 국가들을 특별히 자극하지 않기 위해서 핵무장

을 드러내지 않거나(이스라엘) 또는 크게 드러내지 않고 자제(인도)한
다. 반면 열위에 있는 국가는 자신의 가상 적국을 억지하기 위해서 자
신의 핵전력을 공개하며, 파키스탄과 같이 버티거나 북한과 같이 자신
의 핵능력을 과장한다.

두 번째 독립변수는 강대국에 의한 안보지원 가능성이다. 강대국
이 동맹국 또는 잠재적인 동맹국으로 안보 분야에서 지원하는 경우에,
해당 국가는 핵무기 보유에 대한 국제규범에 직접적으로 도전하지 않
는다. 따라서 이스라엘처럼 자신의 핵전력을 공개하지 않고 숨기거나,
파키스탄처럼 핵사용을 위협하지만 전면적인 도전은 자제한다. 반면
강대국의 안보지원 가능성이 낮아진다면, 안보를 위해 핵전력에 집착
하면서 핵확산과 관련된 국제규범에 도전한다. 예를 들어 인도처럼 기
본적으로는 자제하지만 도발이 없는 상황에서도 핵실험을 감행하는
방식으로 국제규범에 공개적으로 도전하거나, 또는 북한처럼 과장하
면서 국제규범에 적극적으로 도전한다.

IV. 개별 국가들의 행보와 유형화

그렇다면, 재래식 군사력 균형과 강대국의 안보지원 가능성이라는 두
개의 독립변수에 의해 결정된다고 여겨지는 핵무기 보유 이후 국가의
행동 유형은 어떻게 분석할 수 있는가? 즉, 핵무기 보유 이후 국가들
은 어떠한 조건에서 대외적으로 공격적인 행동과 핵전력을 과시하는
가, 그리고 이러한 행동유형을 변화시키기 위해서는 어떠한 방향으로
조건을 변화시켜야 하는가? 이러한 조건의 변화 가운데 우리가 수용
할 수 있는 것은 어떠한 것이며, 그 함의는 무엇인가? 이것이 핵심 사

항이다.

1. 유형화와 결정 요인

핵 보유 이후 국가들의 행동 양식은 다음과 같이 숨기기-자제-버티기-과장하기 등의 4가지 행동을 보이며, 이를 정리하면 다음과 같은 유형화가 가능하다.

표1 핵 보유 국가의 행동 방식

	재래식 군사력 우세	재래식 군사력 열세
강대국의 안보지원 가능성 높음	숨기기 (1유형: 이스라엘)	버티기 (3유형: 파키스탄)
강대국의 안보지원 가능성 낮음	자제 (2유형: 인도)	과장하기 (4유형: 북한)

앞의 네 가지 유형 가운데 지역 안정성 및 위기관리 측면에서 어떠한 유형이 가장 안정적인가? 앞서 등장한 변수만을 고려하고 경험적 측면에서 볼 때, 가장 안정적인 유형은 "숨기기(이스라엘)" 유형이다. 나머지 세 유형은 모두 불안하지만, 그 불안 정도에는 차이가 존재한다. 경험적으로 인도/파키스탄 조합은 핵무기 보유 이후에도 전쟁을 수행하였지만, 북한의 경우 여러 번의 위기에도 불구하고 전쟁 자체를 수행하지 않았다.

여기에 작용하는 독립변수는 다음의 두 가지이다. 첫째, 강대국의 안보지원 여부이다. 해당 국가가 강대국과 직접 또는 간접적으로 연결되어 있어서 안보지원을 받을 수 있다면, 해당 국가는 잠재적 동맹국의 입장을 고려하게 된다. 따라서 강대국의 안보지원을 받을 수 있는

국가는 핵무기 보유 자체를 부인한다. 이에 해당하는 이스라엘은 2020
년 현재까지도 핵무기 보유를 부인하고 있으며, 파키스탄 또한 1998
년 5월 인도가 먼저 핵무기 보유를 선언할 때까지 핵무기 보유 사실을
부정하였다.

둘째, 재래식 군사력의 우위/열위이다. 핵무기가 아니라 재래식
군사력에서 우위를 차지한 국가는 핵무기에만 의존하지 않으며 따라
서 상대적으로 기존 질서에 만족하면서 현상유지를 시도한다. 하지만
재래식 군사력에서 열위에 있는 국가는 핵억지력에 의존해야 하며, 따
라서 핵무기 능력을 과장하거나 핵무기에 집착하면서 버티게 된다. 특
히 현상타파적 성향을 가지는 경우에, 재래식 군사력에서 열위에 있는
국가들은 핵무기를 방패로 이용하여 현상타파적으로 행동하며 지속적
으로 도전하고 도발한다.

2. 개별 유형

앞서 제시한 독립변수의 조합으로 총 4개 유형이 가능하다. 이러한 유
형은 완전하지는 않지만, 일단 개념적으로 핵무기 보유 이후 국가의
행동을 이론적으로 설명하려는 측면에서는 제한적이나마 유용하다.

1) 유형 1: 강대국 지원을 확보하고 재래식 군사력에서 우위를 가진 이스라엘

첫 번째 유형은 강대국 안보지원 가능성이 상당하며 재래식 군사력에
서 주변 국가들에 비해 우위를 점한 이스라엘 유형이다. 미국이라는
잠재적 동맹국을 가지고 있으며 재래식 전력에서 주변 아랍 국가들에
대해 우위를 차지하고 있기 때문에, 현재 시점에서 이스라엘은 생존에
대한 심각한 위협에 노출되어 있지 않고 오히려 자신감을 가지고 행동

할 수 있다. 특히 잠재적인 동맹국인 미국이 이스라엘에게만 예외적으로 핵무기 보유를 인정하였으며, 대신 이스라엘은 자신의 핵무기를 공개하지 않으며 핵실험 또한 하지 않았다.[4] 즉, 핵무기를 보유하고 있으며 그로 인하여 강력한 억지력을 확보하고 있지만, 재래식 전력에서의 우위와 미국의 군사지원에 기초하여 핵억지력을 공개할 필요는 없다. 반면 잠재적 동맹국인 미국의 입장에서는 비확산체제를 유지하기 위해서 이스라엘의 핵무기 보유를 형식적이지만 "부인"할 수 있다는 사실이 중요하다. 때문에 이스라엘은 핵무기 보유를 숨기고 자제한다.

상황 변화로 미국의 이스라엘에 대한 지원 가능성이 줄어든다고 해도, 이스라엘은 미국과의 우호 관계와 미국의 안보 공약을 유지하려고 할 것이다. 1990/91년 걸프 전쟁에서 이라크가 이스라엘에 대해 스커드 미사일 공격을 감행하였지만, 미국은 이스라엘을 직접 지원하지는 않았으며 이스라엘의 참전 요구를 거부하고 대신 패트리어트 대공미사일을 제공하는 수준에 그쳤다.[5] 하지만 이 경우에도 이스라엘은 자신의 핵전력을 사용하지 않았고, 재래식 전력에서의 우위에 힘입어 핵무기 사용위협 또한 자제하였으며 매우 절제된 방식으로 행동하였다. 자신이 보유하고 있는 재래식 군사력의 우위와 잠재적인 동맹국의 요구가 결합된 결과였다.

---

4   이스라엘 핵무기 보유는 공지의 사실이지만, 국가 차원에서 이것을 공개적으로 비난하는 경우는 드물다. 예를 들어 중동 분쟁에서 아랍 국가들을 지원하였던 소련 또한 UN 안전보장이사회에서 이스라엘의 핵무기 보유를 공개적으로 비난하지는 않았다. 한편 이스라엘 또한 핵실험을 자제하였다. 하지만 1979년 9월 남인도양에서 남아프리카공화국과 공동으로 핵실험을 진행하였다는 의혹은 존재한다.

5   이라크의 탄도미사일 공격 효과는 미미하였다. 스커드 공격으로 발생한 사망자는 2명에 지나지 않았으며, 경계경보 및 폭발음으로 인한 심장마비 사망자가 더욱 많았다. 패트리어트 미사일은 요격기능이 충분하지 않았으며, 요격률은 최대 15%에 불과하였고 일부 추정에 따르면 이라크의 스커드 미사일을 전혀 요격하지 못하였다(Postol 1991/1992).

2) 유형 2: 강대국의 지원은 없지만 재래식 군사력에서 우위를 가진 인도

두 번째 유형은 재래식 전력 측면에서 가상 적국에 비해 우위를 가지고 있지만 특정 강대국이 잠재적인 동맹국으로 안보지원을 제공하지는 않는 국가의 경우로, 대표적인 사례로는 인도가 존재한다. 파키스탄과 대결하고 있는 인도는 인구와 경제규모 측면에서 파키스탄을 압도하며, 재래식 군사력에서 파키스탄 위협을 충분히 통제한다. 독립 이후 인도는 파키스탄과의 3차례 전쟁에서 승리하였으며, 핵무기를 동원하지 않고도 자신의 안전을 충분히 확보할 수 있다.[6]

한편 이스라엘과 달리 인도는 잠재 동맹국이 없으며 미국의 안보지원에 의존하지 않고 있다. 공식적으로 핵무기 보유 국가를 5개국(미국, 소련/러시아, 중국, 영국, 프랑스)으로 묶어두려는 기존 핵 보유국은 자신들의 동맹국들에게 핵무기 보유를 포기시키거나 아니면 이스라엘과 같이 핵무기를 보유하였다고 해도 핵무기 실험을 하지 못하게 하는 방식으로 "핵확산 방지"라는 신화를 유지하고자 하였다. 이러한 방식은 동맹국 의존도가 높은 국가들에게는 작동하였지만, 인도와 같이 동맹국에 대한 의존도가 낮은 국가에게는 효과를 발휘하지 못하였다. 대신 인도는 핵무기 보유를 선언함으로써 핵억지력을 공개하고 이를 통해 재래식 전력에 기초한 억지력을 보강하였다.

하지만 이러한 유형의 국가는 자신의 군사력을 공격적으로 사용하지 않는다. 기본적으로 재래식 군사력 차원에서 자신의 안전이 확보되었고 현상에 대해 만족하고 있기 때문에, 인도는 현상변경을 위해

6　인도 주변 국가들 가운데 인구와 경제력 측면에서 인도를 위협할 수 있는 국가는 중국이 유일하다. 하지만 중국이 재래식 군사력을 동원하여 인도를 위협하기 위해서는 히말라야 산맥과 티베트고원이라는 지형적인 장애물을 극복해야 하며, 이것은 현실적으로 불가능하다.

군사력—재래식 군사력이나 핵무기 전력—을 적극적으로 사용하지 않는다. 군사력을 동원하는 경우에도 그 규모와 범위는 제한적이며, 확전에 소극적이고 자제하는 모습을 보인다. 파키스탄의 공격에 대해서는 적극적으로 보복/응징하지 않으며, 오히려 상황을 관리하기 위해 노력한다. 이러한 모습은 인도의 군사적 우위와 함께, 인도가 현재의 세력균형 및 그것이 반영된 국제제도에 만족하고 있는 현상유지 국가(Status-Quo Power)라는 사실에 기초한다.

3) 유형 3: 강대국의 지원을 받지만 재래식 군사력에서 열위에 있는 파키스탄
세 번째 유형은 재래식 군사력에서 열위에 있지만 강대국이 잠재적인 동맹국으로 안보지원을 제공하는 사례이며, 현실에서는 파키스탄이 해당한다. 인구와 경제력의 측면에서 가상 적국인 인도와 정면 대결에서 승리할 수 없는 파키스탄은 자신의 안보를 위해서는 핵무기 보유가 필수적이라고 판단하였다. 파키스탄은 1947년과 1965년 그리고 1971년의 세 차례 전쟁에서 패배하면서 자신의 열세를 실감하고, 핵무기 개발을 시작하였다.

그럼에도 불구하고 파키스탄은 미국과 중국이라는 강대국의 안보지원을 받을 수 있었다. 초기 단계에서는 인도와 대립관계인 중국의 안보지원을 받았으며, 특히 핵무기 개발 과정에서 중국의 지원은 결정적이었다. 1979년 12월 소련의 아프가니스탄 침공 이후, 미국은 파키스탄에 대한 지원을 확대하였으며 경제지원뿐 아니라 무기와 군사원조까지 제공하였다. 때문에 파키스탄으로서는 미국과 중국이라는 강대국의 안보지원을 기대할 수 있었으며, 전쟁에서 패배하더라도 미국과 중국의 정치/외교적 개입을 통한 종전과 주권 보전을 기대할 수 있다.

　　이러한 유형의 국가는 핵무기 보유를 공언하면서 현상변경을 위해 도전을 반복한다. 잠재 동맹국이 존재하지만 재래식 전력으로는 자신의 안전을 확보하지 못하기 때문에, 핵무기 보유를 공개하고 이를 통해서 핵억지력을 추구한다. 핵무기 보유 사실을 공개하지 않기를 바라는 강대국이 잠재 동맹국으로 존재하기 때문에 핵확산 규범에 적극적으로 도전하지 않지만, 재래식 전력에서의 열세를 보충하기 위해서 핵무기 보유 사실을 이스라엘처럼 지속적으로 숨기지는 않는다.[7] 하지만 자신의 핵전력을 과도하게 선전하지 않는 한편, 잠재 동맹국의 요구를 제한적으로나마 수용하고 핵전력을 부분적으로 공개하면서 버틴다. 특정 사안에 대한 현상타파 의지가 강력한 경우에, 해당 국가는 핵전력을 방패로 버티면서 현상변경을 위해 지속적으로 도전한다.

4) 유형 4: 강대국의 지원이 없으며 재래식 군사력에서 열위에 처한 북한

마지막인 네 번째 유형은 재래식 전력에서 불리하고 동시에 강대국 차원의 안보지원을 기대하지 않는 경우이다. 이러한 유형의 국가는 상정하기 어렵지만, 현재 시점에서 북한이 이와 같은 유형에 가장 근접하다고 볼 수 있다. 한국과 미국의 연합전력과 비교하여 북한은 열세에 놓여 있으며, 재래식 전쟁에서는 패배할 가능성이 높다. 북한은 재래식 군사력의 훈련도 및 장비의 질적인 측면에서 한미 연합군에 비해 열세이며, 양적인 우위가 최종 군사적 우위로 연결될 것인가에 대해서는 의문의 여지가 있다(Department of Defense 2017).

7　파키스탄의 경우 1985/86년 시점에서 핵무기를 보유하였다고 평가되지만, 1998년 5월 인도가 먼저 핵무기 실험을 감행하고 핵무기 보유를 선언할 때까지 핵실험을 시도하지 않았다. 이러한 파키스탄의 소극적인 태도는 재래식 전력에서 파키스탄이 열위에 있다는 사실을 고려한다면 매우 흥미롭다.

북한은 중국 또는 러시아의 군사지원을 기대할 수 없다.[8] 하지만 어떠한 이유에서든 전쟁이 발생하고 북한이 패배하여 소멸하는 가능성이 나타난다면, 중국은 개입할 수 있다. 1950년 10월 중국은 한국전쟁에 참전하였고 그 덕분에 북한은 생존하였다. 향후 한반도에서 무력충돌이 발생하고 북한이 중국/러시아의 지원을 받지 못한다면, 북한은 중국의 군사개입을 강요하기 위해 핵무기 사용을 위협할 수 있다.[9] 하지만 북한 김정은 정권 입장에서 중국의 군사개입은 정권 존속의 가능성을 위협하기 때문에 적절한 선택이 아닐 수 있다. 한반도에서 전쟁이 발발하고 북한이 패전 위험에 직면한 상황에서 중국이 개입하여 종전된다면, 전쟁을 시작한 북한 정권은 동맹국인 중국에 의해서 교체될 수 있다.[10] 이러한 상황에서 북한은 정권의 생존을 위해서 동맹국의

8   과거 냉전 기간에 북한은 소련 및 중국과 동맹조약을 체결하였다. 그러나 냉전이 종식되면서 북한과 소련/러시아의 동맹조약은 사실상 사문화되었으며, 1996년 러시아는 동맹조약을 갱신하지 않으면서 조약을 자동적으로 폐기시켰다. 중국은 현재까지 북한과의 동맹을 유지하고 있으며, 북한 최대의 지원국으로 행동한다. 하지만 2020년 현재 중국이 한반도 전쟁에서 북한의 공격의도를 지원하지는 않을 것이며, 북한의 중요성을 "미국 영향력의 확대"를 막는 완충지대 정도로 인식한다. 단 북한이 붕괴되는 상황을 막으려고 할 것이며, 따라서 중국의 개입은 북한의 패전 상황에서는 가능할 것이다.

9   이스라엘은 1973년 10월 4차 중동전쟁 초기 단계에서 이집트와 시리아의 공격을 재래식 전력으로 저지하는 데 실패하였다. 따라서 이스라엘은 미국의 지원을 요구하였고, 만약 미국이 지원하지 않는다면 핵무기를 사용하겠다고 미국 측을 위협하였으며, 결국 미국의 정치적 개입으로 전쟁이 종결되었다.

10   이미 한국전쟁에서도 동일한 역동성이 작동하였다. 당시 이승만 대통령이 휴전에 반대하면서 북진 통일을 고집하자, 미국은 이승만을 축출하는 계획(Operation Everready)을 수립하였으나, 실행에 옮기지는 않았다. 북한의 경우에도 휴전 이후 소련의 직접적인 지원을 받는 소련파와 북한 주둔 중국군과 연결되어 있는 연안파의 영향력이 증가하였으며, 1956년 8월 연안파와 소련파의 연합 세력이 김일성의 권력에 도전하였다. 하지만 김일성 일파는 권력투쟁에서 승리하였고, 북한 지도부에서 200여 명이 "종파분자"라는 명분으로 숙청되면서 김일성의 절대 권력이 확립되었다. 이후 북한은 주체사상을 강조하면서 "중국 및 소련 등 외세를 거부"하고 북한의 관점으로 "주체적 태도를 견지"해야 한다는 입장을 강조하면서 김일성 유일 영도체제를 수립하였다(김보미 2019).

지원을 거부하거나 동맹국의 안보지원을 거의 기대할 수 없다고 판단하고 행동할 것이다.

이러한 상황에서 해당 유형의 국가는 자신의 핵전력을 과장한다. 재래식 군사력으로 억지하는 것이 쉽지 않기 때문에 핵억지력에 의존하게 되며, 따라서 실제 능력보다 자신의 핵전력을 과도하게 포장하고 이를 선전한다. 핵무기 실험에서도 폭발력을 보수적으로 계산하지 않으며 탄도미사일과 관련해서도 사정거리와 재진입 능력 그리고 정확도 등을 항상 과장한다.[11] 재래식 전력에서 열세에 놓여 있고 잠재적 동맹국의 지원을 기대하지 못하는 상황에서, 이와 같이 과장된 정보를 생산해서 자신의 능력을 과시함으로써 상대방을 억지하고 자신의 안보를 추구한다. 특히 해당 국가가 현상타파를 추구하는 경우에 핵무기는 전면전쟁을 방지하고 패전을 예방하는 강력한 보호장치로 작동한다. 그 국가는 핵무기를 이용하여 자신의 제한적인 도발이 전쟁으로 격화되지 않도록 할 것이고 전쟁으로 격화되는 경우에도 패배로 이어지지 않고 휴전을 강요할 수 있다. 이러한 상황에서 그 국가는 지속적으로 도발하고 제한적으로 군사력을 사용할 수 있다.

V. 북한 핵 보유 이후 한반도 안보 상황에서의 유의점

그렇다면, 북한의 핵 보유 이후 한반도 안보환경은 어떻게 변화할 것인가? 핵무기와 관련하여 북한의 향후 행동은 어떻게 될 것인가? 북

---

11   논리적으로 모든 국가는 협상에서 자신들의 능력과 정치적 의지를 과장할 유인(incen-tive to misrepresent)을 가지며, 이를 통해서 상대방에게 양보를 강요한다. 때문에 협상에서 개별 국가들은 타협에 이르기가 어려워지며, 결국 전쟁이 발생한다(Fearon 1995).

한의 핵 보유 이후 한반도 안보관계에서 주의해야 하는 사항은 무엇인가? 이러한 질문은 2020년 현재 시점에서는 성급한 측면이 있지만, 북한 핵 보유 이후의 상황을 논의하는 과정에서는 피할 수 없는 질문이다. 그리고 다음과 같이 두 가지 측면에서 이러한 질문은 필수적이다.

첫째, 북한의 비핵화는 중요한 목표이며 어떤 측면에서는 포기할 수 없는 또는 포기해서는 안 되는 목표이다. 하지만 현실에서 북한 비핵화를 달성하는 것은 매우 어려우며 엄청난 비용을 지불해야 할 수 있다. 무엇보다도 비핵화를 달성하는 데 오랜 시간이 소요될 수 있다. 때문에 우리는 앞으로 상당 기간 동안은 비핵화가 달성되지 않은 세계에서 살아가야 할 것이다. 그리고 우리는 이 기간 동안 상황을 잘 관리하고 동시에 군사력 균형이 한국에게 불리하게 변화하지 않도록 주의를 기울여야 한다.

둘째, 앞서 제시된 질문에 대한 답변을 찾고 그 과정에서 학습이 일어나기 위해서는 상당한 시간이 필요하다. 북한 핵 보유가 한반도 안보상황을 근본적인 차원에서 변화시키지는 않았지만, 변화의 폭은 상당할 것이며 새로운 상황에 적응하는 것 또한 상당한 시간이 소요된다. 새로운 환경을 파악하고 그 의미를 분석하고 그에 적절한 교훈을 학습하고 이것을 적용하는 것은 쉽지 않으며, 특히 정책에 반영하고 조직의 기존 행동양식까지 변화시키는 것은 상당한 시간을 필요로 한다. 때문에 지금부터라도—어느 정도는 성급한 느낌이 있더라도—이러한 질문을 검토하는 것이 중요하다.

1. 북한의 핵무기 지휘통제체제

핵무기 지휘통제체제(Nuclear Command and Control)란 핵무기 수

량 및 운반수단 등과 관련된 하드웨어와는 별도로 핵무기의 관리 및 보관 그리고 사용권한 등에 관한 소프트웨어적 요소이다. 즉, 적의 공격을 경계하는 경보장치(sensors), 핵의 사용과 관련된 정치적 결정을 실제 운용을 담당하는 군사조직으로 전달하는 통신망(communication links), 그리고 이러한 조직들이 통합적으로 작동하는 것을 가능하게 하는 다양한 계획과 절차 등으로 구성되며, 무엇보다 "핵무기 사용을 결정할 권한"에 관련된 사항이다.[12]

모든 무기와 동일하게, 핵무기 또한 명확한 명령이 있을 때 사용되어야 하며 동시에 명령이 없는 경우에는 사용되지 않아야 한다. 하지만 여기에는 서로 모순되는 두 가지 원칙이 존재하며, 때문에 딜레마가 발생한다. 첫 번째 원칙은 사용명령이 있는 경우에는 반드시(always) 사용되어야 한다는 긍정적 통제(positive control)이다. 이 경우 "반드시 사용"이라는 측면이 강조되며 발사에 필요한 많은 사항이 — 예를 들어 발사 비밀번호 등이 — 사전에 핵무기를 통제하는 조직에 위임된다. 두 번째 원칙은 사용명령이 없는 경우에는 핵무기를 절대로(never) 사용해서는 안 된다는 것이다. 여기서 "절대로 사용해서는 안 된다"는 측면이 강조된다면, 핵무기 사용과 관련된 권한은 최고지도자 일인에게 집중되며 일선 지휘관 등에게는 위임되지 않는 부정적 통제(negative control)가 중요해진다.

문제는 이와 같은 두 개의 방식은 각각 장단점이 있으며, 어느 하나가 다른 하나에 비해 우월하지 않다는 사실이다. 긍정적 통제를 중심으로 권한을 적극적으로 위임하는 방식에서는 상대적으로 많은 사람들이 핵무기 사용권한을 가지기 때문에 보복의 확실성이 보장된다.

---

12   아래 논의는 김보미(2016)에 기초하고 있다.

즉, 전쟁 과정에서 국가 지도자가 사망하거나 통신망에 접근할 수 없게 된다고 해도, 사전에 권한을 위임받은 지휘관들이 독자적인 판단으로 보복 공격을 실행할 수 있으며 이러한 보복의 가능성 덕분에 억지력은 공고하게 유지된다. 하지만 핵무기 사용 권한이 분산되어 있기 때문에 명확한 명령 없이 핵무기가 사용될 수 있으며, 사고 또는 쿠데타 같은 혼란 상황에서도 핵무기가 사용될 가능성이 존재한다. 때문에 사용 권한을 분산시키고 사전 위임하는 것은 정치적으로 매우 위험하다. 반면, 부정적 통제를 중심으로 권한이 집중된 경우에는 핵무기의 사용권한을 가지고 있는 최고지도자가 사망하거나 최고지도부와 핵무기를 통제하는 부대 사이의 통신이 제한된다면, 해당 국가는 최악의 상황에서도 핵무기를 사용할 수 없으며 핵무기의 억지 효과 자체도 기대할 수 없다. 하지만 권한이 집중되어 있기 때문에 쿠데타 등에서 반란세력이 핵무기를 탈취하여 정부군을 협박하는 상황 등은 상정하기 어려우며, 정치적으로 안전하다.

그렇다면, 북한의 핵무기 지휘통제체제는 어떻게 될 것인가? 앞서 제시된 두 가지 유형의 핵무기 지휘통제체제 가운데 북한의 지휘통제체제는 어느 것에 더욱 가까울 것인가? 북한이 스스로가 이야기하듯이 "미국과 한국의 위협"에 직면하고 이것을 심각하게 생각한다면, 권한을 위임하는 방식으로 핵무기를 운용할 것이다. 반면 김정은 일인체제에 대한 국내적 도전을—특히 북한군의 조직적인 저항 및 정치적 도전을—심각하게 우려한다면, 핵무기 지휘통제와 관련된 권한이 김정인 개인에게 집중될 것이다.[13] 때문에 "외부 위협"이 급박하지 않는

---

13   김정은 개인의 핵무기에 대한 통제권한은 2013년 4월 1일 최고인민회의 제12기 7차 회의에서 채택된 "자위적 핵 보유국의 지위를 더욱 공고히 할 데 대하여"라는 법률에서도 확인된다. 동 법의 제4조에 따르면, 북한의 핵무기는 "조선인민군 최고사령관의 최종명

평화 상황에서 북한은 핵무기 사용권한을 김정은 개인에게 집중된 형태로 운용하지만, 전쟁 가능성이 높아진 위기 상황에서는 핵무기 발사권한을 제한적이나마 주요 지휘관들에게 위임하는 이중적인 체계를 유지할 것이다. 또한 핵무기 사용 권한을 승계하는 순위를 규정할 수 있다.

그리고 이와 같은 북한의 이중적인 핵무기 지휘통제체제는 조직 운용의 측면에서 많은 문제를 수반한다. 독재국가인 북한에게 핵무기 사용권한의 승계 순위는 권력 순위를 반영하며, 따라서 이와 같은 승계 순위를 규정하는 것은 북한 권력순위를 제도화한다는 것을 의미한다. 바로 이러한 이유에서 핵무기 사용권한의 승계를 명문으로 제도화하는 것은 쉽지 않으며 북한 내부의 엄청난 갈등을 수반할 수 있다. 군사훈련의 측면에서도 정치적으로 민감한 문제가 발생한다. 민주주의 국가에서도 군 통수권의 행사 및 그 권한의 승계는 민감한 문제이지만, 기본적으로는 제도에 규정된 바에 따라서 관련된 훈련을 실행하는 것이 가능하다. 하지만 북한의 경우에서는 정치적 상황에서 엄청난 차이가 존재한다. 핵무기 사용권한의 승계를 상정한 훈련은 기본적으로 "최고 존엄"인 김정은 개인의 유고 상황을 상정하게 되며, 군사조직의 훈련은 정치적으로 "최고 존엄에 대한 모욕"으로 해석될 수 있다. 그리고 이러한 이유에서 훈련은 정치적으로 위험하며, 군사조직은 권한 승계와 관련된 문제를 언급하거나 훈련 등을 꺼리게 된다. 결국 북한의 이중적인 체제는 평화 시에는 그럭저럭 작동할 수 있지만, 위기/전쟁 상황에서는 많은 혼란을 초래할 것이며 실제로는 작동하지 않을 가능성이 높다.

령에 의하여서만 사용할 수" 있으며, 이를 명시적으로 규정하여 핵무기에 대한 최고사령관 김정은의 특권적 지위를 법률로 보장하고 있다.

2. 위기 안정성과 한국의 군사적 대응

한국 입장에서 중요한 것은 전쟁과 같은 북한과의 군사 대결에서 승리하는 것이 아니라 전쟁 자체를 미연에 방지하는 것이다. 물론 전쟁이 발발한다면 승리해야 한다. 하지만 이러한 전쟁이 처음부터 발발하지 않도록 적절하게 억지하는 것이 더욱 중요하다. 수백만 명의 희생자가 발생한 이후 승리하는 것은 무의미하며, 이러한 상황에서 "승리"라는 표현을 사용하는 것은 언어도단이다. 때문에 한국으로서는 한반도 위기 상황을 적절하게 관리하여야 하며, 위기가 무력충돌로 확대되지 않도록 위기 안정성을 유지해야 한다. 즉, 위기에서 승리하는 것이 아니라 위기를 적절히 관리하여 전쟁으로 격화되지 않고 평화적으로 종결시키는 것이 중요하다.

1914년 6월 28일 사라예보에서 오스트리아·헝가리 제국의 황태자 부부가 암살되었고, 세르비아 출신 암살범이 체포되어 세르비아 정부 차원의 지원을 받았다는 사실을 자백하였다. 그럼에도 불구하고 이후 위기는 적절하게 관리되지 못했다. 암살 사건에 세르비아 정부가 책임이 있다는 사실은 명백하였지만, 그 책임 및 배상의 범위를 둘러싸고 오스트리아·헝가리 제국과 세르비아의 협상이 진행되면서 사안이 복잡해졌으며 세르비아에 우호적인 러시아가 개입하였다. 오스트리아·헝가리 제국은 협상에서 유리한 위치를 점하기 위하여 군사력 사용을 위협하였으나, 이러한 위협에 대해 러시아가 그리고 러시아의 행동에 독일이 군사적으로 대응하면서 위기는 통제 불가능한 방향으로 전개되었다. 1914년 8월 1일 독일이 러시아에게, 8월 4일 영국이 독일에게 전쟁을 선포하면서 1차 세계대전이 발발하였고, 이 전쟁에서 전사자만 1,000만 명에 육박하는 인명피해가 발생하였다. 위기관

리의 실패가 가져온 참혹한 사례이다.[14]

그렇다면, 북한의 핵 보유 이후 한국은 위기관리 측면에서 어떠한 사항에 주의를 기울여야 하는가? 위기에서 승리하는 것이 중요하지만, 승리하기 위해 너무나도 많은 위험을 감수하고 그 때문에 전쟁—피할 수 있었을 그리고 필요하지 않았을 전쟁—이 발발하는 상황 자체는 막아야 한다. 위기를 불필요하게 고조시키지 말아야 하며, 무엇보다 위기를 통제할 수 없는 방향으로 격화시키는 행동이 위험하다는 사실을 인식해야 한다. 그리고 어느 수준 이상으로 위기가 고조된 경우, 물러서면서 위기를 안정적으로 관리할 수 있어야 한다. 수백만 명의 생명을 희생시켜서는 안 된다.

이와 같은 측면에서 두 가지 사항에 주목해야 한다. 첫째, 북한의 핵무기 지휘통제체제가 평화 시에는 부정적 통제에 기초하여 권한이 김정은 개인에게 집중되어 그럭저럭 작동하지만, 위기/전쟁 상황에서는 긍정적 통제에 기초하여 발사 권한이 위임되어도 사전훈련 부족 및 혼란 가중 등으로 제대로 작동하지 않을 가능성이 있다면, 한국과 미국으로는 군사적인 방법으로 북한의 핵전력을 제거할 수 있다. 권한이 집중되어 있다면 바로 그 권한을 장악하고 있는 김정은을 제거하거나, 김정은과 핵전력의 통신선을 차단하면 문제는 해결된다. 때문에 북한 지도부에 대한 참수공격(decapitation strike)은 위기/전쟁 상황이 본격화되기 이전 상황에서 매우 효과적이다.

하지만 북한 입장에서 참수공격은 전략적 취약성을 극대화시키는 방법이다. 즉, 한국의 입장에서는 북한 지도부를 제거하여 북한 핵전력을 단기간이지만 무력화시킬 수 있는 능력은 매우 소중하지만, 권한

---

14   사라예보 사건 및 이후 위기관리에 대해서는 김정섭(2017)이 있다.

이 위임되지 않고 집중되어 있는 북한에게는 심각한 약점이다. 북한은 위기 상황에서 자신의 취약성이 드러나지 않도록 노력하겠지만, 일단 약점이 드러난다면 바로 그 취약성 때문에 매우 극단적으로 행동할 수 있다. 즉, 핵무기 사용 권한이 김정은 개인에게 집중되어 있는 상황에서 한국의 참수공격으로 김정은 개인이 사망하거나 통신망에 접근할 수 없게 된다면, 북한은 핵전력을 사용하지 못하고 "모든 것을 상실하는 상황"에 처하게 된다.[15] 따라서 위기 상황에서 북한은 서두르게 된다. 협상을 통해 문제를 해결하기에는 시간이 부족하다고 느끼며, 자신의 취약성 때문에 가능한 빨리 핵무기를 사용하고자 한다. 북한 정치체제의 특성에서 유발되는 이러한 문제점은 한반도의 위기 안정성을 저해하는 첫 번째 요인이다.

또 다른 저해 요인은 한국이 구축하고 있는 군사능력, 특히 킬체인(Kill Chain)이다. 현재 한국은 지상에 배치되어 있는 상황에서 북한 핵전력을 제거하기 위해 많은 노력을 기울이고 있으며, 북한의 "미사일 위협을 실시간으로 탐지하여 표적 위치를 식별하고 효과적으로 파괴할 수 있는 타격 수단을 결심한 후 타격하는 일련의 공격체계"인 킬체인은 이러한 노력의 핵심이다. 킬체인과 한국형 미사일 방어(KAMD), 그리고 한국형 대량응징보복(KMPR)은 한국형 3축 체제를 구성하며, 특히 킬체인은 "북한의 미사일, 이동식 발사대 및 이동로,

---

15   냉전 기간에 이러한 가능성은 심각한 문제였다. 특히 1979년 12월 미국이 서부 유럽에 중거리 탄도미사일(Pershing II)과 지상발사 순항미사일(GLCM)을 배치하면서 소련 지도부는 공포에 휩쓸렸다. 이전과는 비교할 수 없을 정도로 미국 미사일이 정밀해지고 모스크바까지 비행거리가 획기적으로 단축되자, 소련은 미국의 선제 핵공격에 지도부가 소멸될 가능성에 직면하였다. 이후 소련은 미국의 선제 핵공격 징후를 파악하는 데 집착하였고, 1983년 가을 NATO 기동훈련을 선제 핵공격으로 오해하고 지도부 소개 및 핵무기 사용 권한을 부분적으로 위임하였다.

지휘통제체계, 관련 고정시설 등 북핵·미사일 작전체계"가 사용되기 이전에 지상에서 타격하여 파괴하기 위한 능력이다.[16] 이러한 구상 자체에 대해서는 한국이 아직 필요한 능력을 갖추지 못하였으며, 예산 부족으로 향후 상당 기간 동안 그 능력을 갖추지 못할 것이라는 비판이 존재한다.

하지만 위기 안정성 측면에서 킬체인은 매우 위험할 수 있다. 킬체인은 북한의 핵 및 탄도미사일 전력이 사용되기 이전에 지상에서 파괴하는 능력이기 때문에 만약 한국이 이에 필요한 모든 능력을 완비한다면 북한으로서는 한국의 공격으로 자신의 핵전력을 상실하기 이전에 가능한 빨리 핵전력을 사용하려고 할 것이다. 킬체인으로 위기 상황에서 북한의 군사력 사용 시점이 앞당겨지는 부작용이 발생하며, 때문에 한국 입장으로는 킬체인을 더욱 빨리 작동시켜야 하는 악순환이 등장한다. 즉, 북한은 핵무기를 "사용하거나 상실하거나"의 양자택일(use-it-or-lose-it dilemma)에 직면하며, 한국으로는 피할 수 있었을—그리고 불필요했을지 모르는—전쟁을 수행해야 하는 비극적 상황에 처할 수 있다.[17]

위기 안정성 문제는 북한의 핵 보유 이전 상황에서도 존재하였으며, 북한의 핵 보유 이후에 새롭게 등장한 사안은 아니다. 한반도 위기 안정성 문제는 1953년 7월 이후 항상 존재하였으며, 재래식 군사력으

---

16 관련 사항에 대해서는 국방부(2016, 58-60). 최근 북한과의 군사적 관계개선이 추진되면서 2020년 현재 킬체인, KAMD, KMPR 등은 각각 전략표적 타격, 한국형 미사일방어, 압도적 대응으로 해당 용어가 변경되었으며, '핵, WMD 대응체계'를 구축하는 3축 체계의 개별 축으로 재규정되었다.
17 이러한 위험은 냉전 시기에는 매우 심각한 문제였으며, 미국과 소련 사이의 우발적 핵전쟁 가능성에 대한 상당한 연구가 존재한다. 가장 대표적인 연구로는 Posen(1991)이 있다.

로 무장한 상황에서도 남북한 사이에는 위기관리에 실패하여 1914년
과 같이 피할 수 있었을 그리고 필요하지 않은 전쟁에 휘말릴 가능성
이 상존하였다. 다만 북한의 핵 보유 이후 위기 안정성의 중요성은 급
증하였다. 재래식 무기만이 존재하였던 상황과는 달리 위기관리의 실
패는 단순히 재래식 무기를 사용한 교전에 국한되지 않고 핵무기 사용
으로 확대될 가능성이 존재한다. 핵무기의 파괴성을 고려한다면, 우리
는 위기 안정성 확보를 위해 더욱 노력해야 한다.

3. 안정–불안정 역설(Stability-Instability Paradox)

안정–불안정 역설이란 핵무기 보유 이후 해당 국가들이 전면 핵전쟁
을 수행하지는 않게 되면서 안정성이 나타나지만, 바로 이러한 안정성
때문에 지속적으로 군사력을 제한적으로 사용하게 되는 상황을 의미
한다. 즉, 핵무기 보유로 인하여 전면 전쟁이 없다는 전략적 안정성이
국지도발과 같은 전술적 불안정성을 야기하는 역설적 상황을 의미한
다는 주장이다. 이러한 개념은 인도에 대한 파키스탄의 도발을 분석하
는 데 널리 사용되고 있으며, 특히 2010년 북한의 천안함 공격과 연평
도 포격과 같은 제한적 도발을 설명하는 데 사용될 수 있다.

　　첫째, 한반도에서도 안정–불안정 역설이 나타날 것인가? 핵무기
를 보유하면서 북한은 전면 전쟁에서 자신이 패배하지 않을 것이라고
확신하고, 제한적 무력사용과 군사도발을 지속할 것인가? 때문에 이
후 한반도에서는 북한에 의한 국지도발이 증가하고 소규모 무력충돌
이 급증할 것인가? 그렇다면, 한국은 어떻게 대응해야 하는가? 우선
안정–불안정 역설은 모든 경우에 등장하지는 않는다. 인도/이스라엘
의 사례에서는 나타나지 않으며, 파키스탄의 경우에 집중적으로 나타

난다. 때문에 이러한 역설 자체는 보편적인 현상이 아니라 파키스탄 또는 파키스탄과 유사한 조건에 처한 국가들에게서 나타나는 제한적인 현상이라고 보아야 한다.

둘째, 그렇다면 북한은 앞으로 인도/이스라엘과 같이 자제할 것인가 아니면 파키스탄과 같이 제한적이지만 도발을 계속할 것인가? 현재까지의 경험적 사례와 이론적 예측에 따르면 북한은 향후 제한적 도발을 반복할 것으로 보인다. 파키스탄이 카슈미르 문제를 "해결"하기 위해서 인도에 지속적으로 도전하였듯이, 북한 또한 자신의 정치적 목표를 달성하기 위해 한국과 미국에 지속적으로 도전할 것이다.

이러한 북한의 도전은 한국의 독자 핵무장으로도 막을 수 없을 것이다. 인도는 독자적인 핵전력을 가지고 있지만 파키스탄은 인도에 도전하였고 수차례의 위기를 의도적으로 촉발하였다. 이와 동일한 역동성이 한반도에서도 나타날 가능성이 높다. 즉, 인도의 핵무장이 파키스탄의 도발을 막지 못했던 것과 같이, 한국의 독자 핵무장은 북한의 도발을 봉쇄하지 못할 것이다. 북한이 한국보다는 더욱 많은 위험을 수용할 수 있기 때문에, 한국으로서는 위기상황에서 북한과 대등한 수준에서 대결하는 것이 매우 어려울 것이다. 이것은 개별 국가의 능력 또는 군사력의 문제가 아니라, 얼마나 많은 위험을 무릅쓰는가의 문제이며 위험을 수용하는 정치적 의지의 문제이다.

셋째, 그렇다면 한국으로서는 어떠한 대응책을 마련해야 하는가? 한국과 유사한 상황에 직면한 인도는 파키스탄의 도발에 즉각 대응하기 위한 군사전략을 수립하고 군사력 사용 측면에서 즉각적인 반격 및 파키스탄으로의 진격이 가능한 방향으로 병력을 배치하였다. 하지만 인도의 이러한 대응에도 파키스탄은 억지되지 않았으며, 오히려 지역 전쟁의 가능성이 증가하였고 특히 재래식 전력에서 열세에 처한 파키스탄이 핵무기를 사용할 유인을 강화하는 심각한 부작용이 존재한다. 즉, 인도는 파키스탄을 제압하기 위해서 결과적으로 남아시아 핵전쟁 발발 가능성을 높이는 선택을 하였다.[18] 따라서 한국으로서는 이러한 결과를 회피하여야 한다. 북한을 제압하기 위해 한반도 전쟁 가능성을 악화시키는 행동은 소탐대실이며, 전략적으로 현명한 선택은 아니다. 오히려 위기 안정성을 강화하면서 북한의 잠재적 도발에 대응하고 제한적으로 보복하는 전략이 더욱 요구된다.

VI. 결론

핵무기를 보유한 이후 국가의 행동 변화를 예측하는 것은 쉽지 않다. 이론적으로 모호하며 예측 결과 또한 결정적이지 않으며, 무엇보다 경험적으로 연구할 사례 자체가 부족하고 그 결과 또한 매우 다양하다. 때문에 유형화는 쉽지 않다. 본 연구의 가장 큰 약점은 바로 이러한 이론적/경험적인 모호성을 제거하지 못했다는 것이다. 특히 북한과 같이 정보가 부족하고 폐쇄적인 국가에 대해서는 유형화를 시도하는 데 필수적인 여러 사항들을 파악하기 어렵다. 즉, 이론적으로 완전하지 않은 논의에 기초하여 부족한 정보를 가지고 핵무기 보유 이후 국가의 행동을 예측하고 이와 연계해 북한의 행동 및 이에 대한 한국의 대응방안까지 제시해야 하는 것이다. 이러한 예측은 단순히 학술적인 차원을 넘어서 정책 및 한반도 평화유지를 위한 정책 수립의 측면에서도 매우 중요하다. 때문에 다음과 같은 제한적인 결론을 도출하는 것이

---

18   이러한 맥락에서 인도의 군사적 대응에 대한 연구로는 Ladwig III(2007/2008), 그리고 Clary and Narang(2018/19)이 있다.

가능하다.

1. 핵무기 보유 이후 국가의 행동

핵무기 보유 이후 국가 행동에 대한 논의는 다음과 같이 세 가지 측면에서 정리할 수 있다. 첫째, 핵무기를 보유한 이후 국가의 행동은 변화하기도 하지만 변화하지 않기도 한다. 일반적으로 핵무기를 보유한 국가는 대외적으로 공격적인 행동을 보인다고 하지만, 이것은 모든 국가에서 공통적으로 나타나는 현상은 아니다. 공격성은 일부 국가에 국한되며, 이러한 공격성을 보이는 국가는 핵무기 보유 이전과 이후의 행동에서 큰 차이를 드러내지 않는다. 즉, 핵무기 보유 때문에 공격적으로 행동하는 것이 아니라 기존의 공격성향이 작용한 결과 핵무기를 개발 및 보유하였고, 기존 공격성향은 핵무기 보유 이전과 이후 큰 차이 없이 해당 국가의 행동에 영향을 미친다.

둘째, 핵무기 보유 이후에도 적대 국가와의 대립은 지속되며, 이를 둘러싼 군사력 경쟁 또한 유지된다. 이 과정에서 개별 국가들은 서로 상대방의 행동에 대응하면서 자신들에게 최적의 행동방식을 선택한다. 핵무기 보유 자체로 국제정치의 상호작용 자체가 사라지지 않는다. 클라우제비츠(Carl von Clausewitz)가 논의한 바와 같이, 개별 국가가 직면하는 상대방은 "우리의 행동에 반응하지 않는 바위가 아니다. 전쟁에서 상대방은 우리의 행동을 예측하고 그에 반응하는, 우리와 대등한 지능을 가지고 있는 살아있는 생명체"이다(Clausewitz 1984, 149). 따라서 핵무기 보유 및 배치는 상대방의 대응을 가져오며, 이에 대하여 핵무기를 배치한 국가 또한 자신의 행동을 조정하게 된다.

이러한 상호작용과 역동성은 인도/파키스탄 관계에서 잘 드러난다. 1998년 5월 인도가 핵실험을 감행하자, 파키스탄 또한 핵실험으로 대응하였으며, 이후 양국은 핵무기를 배치하였다. 인도와의 재래식 군사력 대결에서는 승산이 없었던 파키스탄은 핵무기 배치 이후 도발하였고, 이에 인도는 핵전력 및 재래식 군사력 사용에 있어서 새로운 군사전략(Cold Start)을 수립하는 등 더욱 공격적인 행동을 취하였다. 이와 같은 인도의 대응에 파키스탄은 전술핵무기를 배치하고 인도의 침공 시에는 핵무기를 사용하겠다고 공언하면서 인도의 공격을 억지하고 있다. 하지만 이 과정에서 인도/파키스탄 관계는 악화되었으며, 위기 안정성은 더욱 저해되었다.

셋째, 냉전 기간의 경험이 중요하다. 1945년 이후 미국과 소련은 핵무기를 둘러싸고 경쟁하였고, 서로에 대한 행동에서 많은 변화를 보여주었다. 그리고 영국·프랑스·중국 또한 핵무기를 보유하였으며, 이번 연구의 대상이 되고 있는 국가들 또한 핵무기를 보유하였다. 이러한 과정에서 나타났던 다양한 행동은 핵무기 보유 이후 국가들의 행동을 이해하는 데 핵심적이다. 따라서 이에 대해 보다 많은 연구가 필요하다.

주목할 사항은 모든 핵확산은 어느 정도에서는 저지되었으며, "핵도미노" 현상은 결국 항상 멈추었다는 사실이다. 1945년 이후 핵확산은 의외로 잘 통제되었다. 1960년대 초 미국은 1970년이 되면 핵무기를 보유한 국가의 숫자가 20개는 될 것이라고 전망하였다. 하지만 1970년까지 핵확산 자체는 적절하게 통제되었으며, 핵무기를 보유한 국가는 6개로 국한되었다.[19] 2020년 현재 시점에서도 추가로 핵무기를 보유한 국가는 9개에 지나지 않는다. 이스라엘의 핵무기 보유는 1967

---

19   1970년 시점에서 핵무기를 보유하였던 국가는 미국·소련·중국·영국·프랑스 등의 공개된 핵 보유국 5개국과 1967년 핵무기 제조에 성공하였던 이스라엘 등 총 6개국이다.

년 이후 확산되지 않았고, 이후 어떠한 중동 국가도 핵무기를 보유하지 않았으며 최근 이란을 제외하고 핵무기를 보유하려고 노력하는 중동 국가는 존재하지 않는다.[20] 인도와 파키스탄의 핵무기 보유 또한 양국에 국한되었으며, 이란이나 동남아시아로 확대되지 않았다. 북한의 핵무기 보유 또한 동아시아에서 "핵 도미노"를 쓰러뜨리지 않았다. 2006년 10월 첫 핵실험 이후, 14년 동안 북한의 핵무기 보유로 직접적인 위협을 받았던 한국과 일본은 핵무기 보유를 위해 심각하게 노력하지 않았다.

2. 북한 비핵화와 향후 행동

그렇다면, 핵무기 보유 선언 이후 북한은 어떻게 행동할 것인가? 그리고 한국은 이러한 상황에서 어떻게 대응해야 할 것인가? 2018년 현재 시점에서 한국에게 가장 이상적인 상황은 대화와 협상을 통해 북한을 비핵화하는 것이다. 이를 통해 한국은 북한과 미국의 수교 등을 승인하고, 북한을 개혁과 개방으로 끌어내어 한반도 평화체제를 구축하여야 한다. 하지만 그 가능성은 크지 않으며, 상황은 악화되고 있다. 이제 핵무기를 보유한 북한이 제한적으로 무력도발을 반복한다면, 한국은 이에 어떻게 대응해야 하는가? 이와 같은 문제에 대해서는 다음 네 가지 사항을 제시할 수 있다.

첫째, 현재 시점에서 북핵 문제는 군사적 문제이다. 하지만 북핵

---

20   이라크의 경우 1981년 이전 핵무기를 보유하기 위해 상당한 노력을 기울였으며, 프랑스에서 필요한 기술을 도입하는 데 성공하였다. 하지만 이스라엘의 공습으로 원자로가 파괴되었고, 이후 이란이 탄도미사일을 사용하여 추가 공격하면서 사담 후세인의 핵무기 보유 시도는 물거품이 되었다.

문제를 해결하기 위해서는 북한 핵무기를 단순히 군사적인 사안으로
만 다루어서는 안 된다. 북핵 문제는 북한 문제의 일부로 다루어야 하
며, 북한 핵무기는 북한 문제가 해결되지 않기 때문에 나타난 군사적
인 결과이다. 순수한 군사 논리에 기반하여 북핵 문제의 해결 방안을
모색한다면 예방전쟁 및 선제공격과 같은, 우리 한국으로서는 수용하
기 어려운 결론에 도달한다. 1962년 10월 미국과 소련은 쿠바에 배치
된 핵 미사일을 둘러싸고 군사 논리가 아닌 정치 논리에 따라 해결책
을 모색하였으며, 그 결과 위기를 극복하였다. 미국의 관점에서 1962
년 10월 소련과의 타협은 성공적이었고, 결국 30년이 지난 1989/91년
에 가서 냉전에서 승리할 수 있었다. 당시 미국이 순수하게 군사 논리
에 기반하여 쿠바를 침공하였다면 그 침공은 전면 핵전쟁으로 비화되
었을 것이다.[21]

둘째, 냉전 시기에서 나타났듯이 현재 북한 핵무기를 둘러싸고 논
의되는 "승부수(Game Changer)"라는 것은 존재하지 않는다.[22] 1945
년 이후 미국과 소련은 경쟁하면서 매우 다양한 핵무기를 개발 및 배
치하였지만, 거의 모든 경우에 상대방은 정치적으로 무력화되지 않았
고 항상 대응 방법을 고안하였다. 1962년 소련이 쿠바에 탄도미사일
을 배치하였으나, 미국은 군사압박과 외교협상을 통해 미사일을 철

21 그 결과 발발하였을 핵전쟁의 피해는 엄청났을 것이다. 1964년 의회 증언에서 맥나마라
(Robert S. McNamara) 국방장관은 핵전쟁 발발 후 처음 1시간 이내에 "미국인 1억 명
과 소련인 1억 명이 사망"한다고 주장하였다. 하지만 이러한 추정은 미국과 소련에 국한
되어 있으며, 유럽과 동아시아에서 발생하였을 인명피해는 고려하지 않았다. 당시 핵전
쟁이 동아시아까지 확대되었다면, 미국은 중국 및 북한 등 동아시아 공산주의 국가에 대
해서도 핵공격을 감행하였을 것이며, 최소 1억 명 정도의 추가 사망자가 발생하였을 것
이다. 쿠바 미사일 위기에 대한 연구로는 이근욱(2013)이 있다.
22 조성렬은 북한 핵전력의 크기가 너무 작기 때문에 승부수로 작동할 수 없다고 본다. "최
소억지" 수준의 핵전력을 구축하기 위해서는 최소 50~100기의 탄두와 상당한 방호체
제가 필요하지만, 현재 북한은 이러한 능력을 가지고 있지 않다. 조성렬(2016, 93-96).

수시키는 데 성공하였다. 1960년대 소련이 잠수함 발사 탄도미사일 (SLBM)을 배치하였으나, 미국은 소련 잠수함에 대한 실시간 추적에 성공하였다. 소련은 미국 해군의 추적을 회피하는 데 실패하였고 결국 1970년대 말 소련은 자국 연안에 탄도미사일 잠수함을 안전하게 배치할 수 있는 해역을 설정하고 여기에 잠수함을 집중하였다. 1985년 이후 소련은 이동식 ICBM(RT-2PM Topol; SS-25)을 배치하면서, 소련 핵전력의 생존성은 급등하였다. 하지만, 미국은 정찰위성과 통신 감청을 통해 소련 이동식 ICBM을 추적하는 데 성공하였다(Long and Green 2015). 즉, 소련의 승부수는 전혀 통하지 않았고, 미국은 이에 정치적으로 굴복하지 않고 군사적 차원에서 대응하였다.

　셋째, 북한을 억지하기 위해서 한국은 독자 핵무장 또는 미국 전술 핵무기의 한반도 배치가 필요한가? 현재 일각에서 이러한 주장을 강력하게 개진하고 있다. 전술 핵무기 재배치와 독자 핵무장 등이 가져올 많은 부담은 차치한다고 해도 이러한 선택은 북한을 억지하는 데 그다지 효과적이지 않을 수 있다. 우선 경험적으로 미국의 전술 핵무기 배치는 1991년 이전에 북한을 억지하지 못했다. 1958년에서 1991년까지 미국은 한반도에 전술 핵무기를 배치하였지만, 핵무기를 가지고 있지 않았던 북한은 도발하였다. 이제 핵무기를 보유한 북한을 억지하는 것은 쉽지 않을 것이다. 한국의 독자 핵무기로도 북한의 제한적 도발을 억지하는 것은 상당히 어려울 가능성이 높다. 독자 핵무기를 가진 인도 또한 파키스탄의 제한적인 도발을 억지하지 못하였으며, 대신 카슈미르 분쟁에서의 현상유지에 집중하고 있다. 동시에 독자 핵무기 개발 또는 미국의 전술 핵무기 재배치 등은 중국/러시아의 강력한 반발을 가져올 것이며, 이로 인하여 한국이 직면할 경제적 비용과 동아시아의 정치적 갈등 격화 등은 심각할 것이다.

넷째, 향후 한국이 북한을 완벽하게 억지하지 못하고 북한이 제한 적으로 군사력을 사용하면서 도발을 지속할 가능성이 높다면, 이제 우리는 북한을 억지하는 것과 함께 위기를 안정적으로 관리하는 문제에 집중해야 한다. 인도는 군사전략을 변경하고 군사력 배치를 더욱 공격적으로 변화시켰지만, 파키스탄은 전술 핵무기 배치와 핵무기 선제 사용 등으로 대응하였다. 그 결과 위기 안정성은 더욱 저해되었다. 인도는 파키스탄을 제압하는 데 집중한 나머지, 자신의 행동에 대한 파키스탄의 대응과 그로 인한 최종 결과를 안정적으로 유지시키는 데 실패하였다. 한국은 우리의 행동에 대한 북한의 대응을 예측하고 그러한 상호작용에서 나타나는 결과를 보다 안정적인 방향으로 유도해야 한다.[23] 또한 한국은 상당 기간 지속되는 위기에 대비해야 한다. 향후 위기가 며칠 정도에 국한되지 않고 몇 주 또는 몇 개월 동안 지속되는 경우에, 위기관리 조직 전체를 운용하고 그 역량을 유지할 방법을 모색해야 한다.

3. 위기와 억지, 그리고 미래와 안보

현재 시점에서 중요한 것은 북한을 제압하고 응징하는 것이 아니다. 제압하고 응징하는 것이 필요하지만, 이를 위해서 위기 안정성을 저해해서는 안 된다. 1914년 7월 유럽 강대국들은 충분히 합의할 수 있는 상황이었지만, 서로에게 양보를 강요하면서 대립하였고 결국 1,000만 명이 전사한 1차 세계대전에 휘말렸다. 1962년 10월 미국과 소련은 대립하였지만, 핵전쟁이 가져올 두려움 때문에 상대방을 제압하고

23　유사한 입장에서 미국과 중국 관계 및 위기관리의 위험성을 분석한 연구로는 Talmadge(2017)가 있다.

응징하지 않았다. 미국은 쿠바에 핵무기와 탄도미사일을 배치하였던 소련을 응징하지 않았으며, 쿠바 상공을 정찰하고 있던 U-2 정찰기를 격추하였던 소련 대공 미사일 기지를 공격하지 않았다. 소련 또한 쿠바에 배치한 핵무기로 미국을 공격하지 않았고, 유럽 배치 지상군으로 서부 유럽을 제압하지 않았다. 덕분에 쿠바 미사일 위기는 위기로 종결되었으며, 3차 세계대전은 예방되었다. 당시 미국과 소련 지도자들의 진정한 용기 덕분에 세계는 구원되었으며, 냉전은 열전이 아니라 냉전으로 끝날 수 있었다.

2,500년 전 그리스의 군인이자 역사가였던 투키디데스(Thucydides)는 아테네와 스파르타 사이의 펠로폰네소스 전쟁(Peloponnesian War)의 원인을 "아테네의 힘의 증가와 그에 대한 스파르타의 두려움"이라고 진단하였다. 트로이 전쟁의 원인을 신(神)들 사이에서 벌어진 장난과 질투의 결과로 진단하였던 일리아드(Iliad)의 전통과는 달리, 투키디데스의 진단은 매우 현대적이며 2020년 현재 시점에서도 전혀 어색하지 않다. 이러한 논리는 현재 미국과 중국 사이의 세력전이 및 그 비관적인 결과를 설명하는 데 사용된다. 즉, "중국의 힘의 증가와 그에 대한 미국의 공포"에서 초래된 "투키디데스 함정(Thucydides Trap)"이 현재 국제정치의 가장 심각한 구조적 문제라는 진단이다(Allison 2017). 그렇다면 한국은 북한의 핵무기 보유 때문에 투키디데스 함정에 직면하였는가? 일부에서는 이러한 논리를 수용하고 북한에 대한 예방전쟁까지 거론한다.

하지만 미래의 안보문제는 다른 방식으로 접근할 수 있으면 그렇게 접근해야 한다. 어떤 문제에 대한 비관론은 정확한 판단일 수 있지만, 필요 이상의 비관론은 군사논리로 이어지면서 전쟁을 가져오는 경우가 흔하다. 현재 거론되는 예방전쟁 논의가 대표적인 사례이다. 과연 북한이 핵무기를 보유한 이상 한국과 미국은 더 이상 대응할 방법이 없는가? 냉전의 경험에서 나타나듯이, 정치적으로 굴복하여 상대방의 요구를 수용하지 않고 대응하는 것은 충분히 가능하다. 미국과 서방 세계는 소련의 위협과 도발에 굴복하지 않았고, 전면 전쟁을 성공적으로 억지하였으며, 동시에 예방 핵전쟁을 감행하지도 않았다. 그리고 미국과 서방 세계는 냉전에서 승리하였다. 한국 또한 북한과의 경쟁에서 자신감을 가지고, 이에 기반한 장기 전략을 마련해야 한다. 냉전 시기 미국이 소련에게 시도하였듯이, 전쟁을 직접 도발하지는 않는 낮은 수준에서 상황을 통제하면서 북한과의 군사력 경쟁을 수행하는 방안 또한 생각할 수 있다(Seol and Lee 2018).

이에 대해서는 투키디데스의 주장과는 반대되는 비스마르크의 지적이 더욱 중요하며, 특히 한국의 입장에서는 더욱 큰 가치를 가진다. 비스마르크는 자기 자신이 "창조한 독일"이 장기적으로 프랑스를 압도할 수 있다고 확신하였고, 자신감을 가지고 군사 논리에 휘둘리지 않았다. 1875년 프랑스에 대한 예방전쟁을 주장하는 입장에 대해 비스마르크는 다음과 같이 반박하였다. "예방전쟁은 나중에 죽는 것이 두려워 지금 자살하는 행동이다."

참고문헌

국방부. 2016. 『2016 국방백서』. 서울: 국방부.

김보미. 2016. "북한의 핵전력 지휘통제체계와 핵안정성." 『국가전략』 제22권 3호. pp. 37-59.

_____. 2019. 『김일성과 중소분쟁: 북한 자주외교의 기원과 형성, 1953~1966』. 서울: 서강대학교 출판부.

김정섭. 2017. 『낙엽이 지기 전에: 1차 세계대전 그리고 한반도의 미래』. 서울: MID.

김태현. 2016. "북한의 핵전략: 적극적 실존억제." 『국가전략』 제22권 3호. pp. 5-36.

김태형. 2019. 『인도·파키스탄 분쟁의 이해: 신현실주의 이론으로 바라보는 양국의 핵개발과 안보전략 변화』. 서울: 서강대학교 출판부.

이근욱. 2013. 『쿠바 미사일 위기: 냉전 기간 가장 위험한 순간』. 서울: 서강대학교 출판부.

정성윤 외. 2016. 『북한 핵개발 고도화의 파급영향과 대응방향』. KINU 연구총서.

조성렬. 2016. 『전략공간의 국제정치: 핵, 우주, 사이버 군비경쟁과 국가안보』. 서울: 서강대학교 출판부.

Allison, Graham T. 2017. *Destined for War: Can America and China Escape Thucydides's Trap?* New York: Houghton Mifflin Harcourt.

Bell, Mark. 2015. "Beyond Emboldenment: How Acquiring Nuclear Weapons Can Change Foreign Policy," *International Security* Vol. 40, No. 1 (Summer), pp. 87-119.

Clary, Christopher. and Vipin Narang. 2018/19. "India's Counterforce Temptations: Strategic Dilemmas, Doctrine, and Capabilities," *International Security* Vol. 43, No. 3 (Winter), pp. 7-52.

Clausewitz, Carl von. 1984. *On War. trans. and ed. Michael Howard and Peter Paret.* Princeton, NJ: Princeton University Press.

Department of Defense. 2017. Military and Security Developments involving the Democratic People's Republic of Korea 2017. Washington, D.C.: Office of Secretary of Defense.

Fearon, James D. 1995. "Rationalist Explanations for War," *International Organization* Vol. 49, No. 3 (Summer), pp. 379-414.

Ganguly, Sumit. and S. Paul Kapur. 2010. *India, Pakistan, and the Bomb: Debating Nuclear Stability in South Asia.* New York: Columbia University Press.

Horowitz, Michael. 2009. "The Spread of Nuclear Weapons and International Conflict: Does Experience Matter?" *Journal of Conflict Resolution* Vol. 53, No. 2 (April), pp. 234-257.

Ladwig III, Walter C. 2007/2008. "A Cold Start for Hot Wars? The Indian Army's New Limited War Doctrine," *International Security* Vol. 32, No. 3 (Winter), pp. 158-

190.

Long, Austin. and Brendan Rittenhouse Green. 2015. "Stalking the Secure Second Strike:
   Intelligence, Counterforce, and Nuclear Strategy," *Journal of Strategic Studies* Vol.
   38, Nos 1-2 (March/June), pp. 38-73.

Posen, Barry R. 1991. *Inadvertent Escalation: Conventional War and Nuclear Risks.*
   Ithaca, NY: Cornell University Press.

Postol, Theodore A. 1991/1992. "Lessons of the Gulf War Experience with Patriot,"
   International Security Vol. 16, No. 3 (Winter), pp. 119-171.

Sagan, Scott D. and Kenneth N. Waltz. 2012. *The Spread of Nuclear Weapons: An
   Enduring Debate.* New York: W.W. Norton.

Sechser, Todd S. and Matthew Fuhrmann. 2017. *Nuclear Weapons and Coercive
   Diplomacy.* Cambridge: Cambridge University Press.

Seol, In Hyo and Jang-Wook Lee. 2018. "Deterring North Korea with Non-Nuclear High-
   Tech Weapons: Building a "3K +" Strategy and Its Applications," *Korean Journal of
   Defense Analysis* Vol. 30, No. 2 (June), pp. 195-215.

Talmadge, Caitlin. 2017. "Would China Go Nuclear? Assessing the Risk of Chinese
   Nuclear Escalation in a Conventional War with the United States," *International
   Security* Vol. 41, No. 4 (Spring), pp. 50-92.

제2장

북한 핵개발과 북중동맹의 변환*

정성철

* 이 글은 명지대학교 사회과학연구소, 『사회과학논총』 제37집(2017)에 게재된 "북한의 핵개발과 북중동맹의 변환"을 일부 수정했음을 밝힌다.

I. 들어가는 말

북한 문제는 해결 가능한가? 북한의 안보위협과 인권 문제가 심각해질수록 한국과 국제사회의 고민은 깊어만 가고 있다. 2018년 북한의 평창 동계올림픽 참가 이후 남북·북미·북중 정상회담의 물꼬가 터지면서 북한 비핵화에 대한 기대가 높아졌지만, 2019년 2월 하노이 북미 정상회담이 성과를 거두지 못한 후 긍정적 변화는 지연되고 있다. 한국은 2016년 두 차례 북한 핵실험을 목도한 후 중국의 반대에도 불구하고 사드 배치를 결정하면서 단호한 대응을 천명한 바 있다. 미국역시 트럼프 행정부 초기 북한의 ICBM 개발에 주목하면서 "전략적 인내"(strategic patience)를 넘어선 "최고의 압박과 관여"(maximum pressure and engagement)를 주창했다. 하지만 한미 양국이 북한 문제 해결을 위하여 선제 군사옵션을 감행할 경우 북한의 반격으로 예상되는 인적·물적 피해의 규모는 막대하다. 1994년 1차 북핵위기 당시 클린턴 대통령은 북한 핵시설 공격을 미군과 한일 동맹의 피해를 우려해 포기한 바 있다.

그렇다면 북한 문제를 해결할 비군사적 옵션은 무엇인가? 외교협상과 경제제재를 생각할 수 있다. 하지만 지난 수십 년간 북한과 협상을 벌이면서 뚜렷한 성과를 거두지 못한 상황에서 한국과 미국을 포함한 많은 국가들이 외교협상에 대한 기대는 높지 않았다. 북한 김정은 위원장이 2018년 신년사 이후 적극적 행보를 벌였으나 최근 들어 북미 및 남북 관계가 냉각되면서 북한 비핵화에 대한 비관론이 다시 고개를 들고 있다. 그러한 가운데 중국과 러시아가 동참한 국제사회가 대북 경제제재의 실효와 지속을 둘러싼 논의가 멈추지 않고 있다. 경제제재를 통한 김정은 정권에 대한 압박은 이루어지고 있으나 과연 이를 통해 긍정적 변화를 추동할 수 있는지에 대한 의문은 여전하다. 이러한 상황에서 많은 이들이 중국의 대북정책과 북중 관계의 미래에 주목하고 있다. 미국의 대통령은 북한 문제와 관련한 중국의 책임과 능력을 수시로 언급해 왔으며, 헨리 키신저 전 국무장관은 트럼프 대통령에게 대북 원조와 주한미군을 둘러싼 미중 거래를 제안하였다고 알려졌다.[1]

과연 북중 관계의 미래는 어떻게 될 것인가? 본 글은 북한의 핵무기 개발에 초점을 맞추어 북한의 핵능력이 양국 관계에 미친 영향을 분석하고 향후 양국 관계를 전망하고자 한다. 특히 북중 관계는 안보와 경제, 문화와 역사 등에 기반하고 있다는 전제 속에서 약소국의 핵개발이 비대칭 동맹에 미친 영향에 주목한다. 북한이 1차 핵실험을 감행한 지 14년이 지났지만 국제사회로부터 핵무장 국가로 인정받지 못한 상황에서 북한의 핵무기 개발은 현재 진행형이다. 따라서 국제정치의 동맹과 핵무기에 대한 다양한 이론적 논의와 경험적 분석을 토대로 북중 관계를 살펴보고 예측하고자 한다. 과거 사실에 대한 설명을 추구할 뿐 아니라 국제관계이론의 검토와 이론을 통하여 동아시아 국제관계의 변화를 예상하고자 한다.

다음 절에서는 북중 사례에 적용할 수 있는 동맹의 기능을 살펴본 후, 핵개발의 원인과 결과에 대한 논쟁을 검토한다. 제3절은 북중동맹이 공동방어에서 동맹제지를 추구하는 양자관계로 변환하였음을 조명

---

1   Choe Sang-Hun and David E. Sanger, "After North Korea Test, South Korea Pushes to Build Up Its Own Missiles." *New York Times* (2017. 7. 29.) https://www.nytimes.com/2017/07/29/world/asia/us-south-korea-north-korea-missile-test.html (검색일: 2017. 11. 24.); 『연합뉴스』, "트럼프, '美·中 빅딜론자' 키신저에 북핵해법 조언 구해." (2017. 10. 11.) http://www.yonhapnews.co.kr/bulletin/2017/10/11/0200000000AKR20171011019500071.HTML (검색일: 2017. 11. 24.).

하고, 제4절은 트럼프 행정부 시기 북중 관계의 변환 시나리오와 동아
시아 국제관계의 미래를 검토하고 결론에서 본 연구가 제공하는 한국
외교정책에 대한 시사점을 논의한다.

II. 이론적 논의: 동맹과 핵무기

1. 동맹의 기능: 균형, 편승, 억지

동맹은 흔히 국가 간 결혼으로 비유된다. 동맹을 "둘 또는 그 이상의
주권국가가 안보협력을 위해 맺은 공식 혹은 비공식 합의"라고 정의
할 때(Walt 1987, 12), 국가는 이러한 합의를 왜 추구하는가? 국제정치
를 종종 무정부상태(anarchy)(무대)에서 자구책(self-help)에 의존하
는 국가들(배우)이 펼치는 연극으로 설명한다. 그렇다면 다른 국가에
대한 불신에도 불구하고 안보협력을 약속하는 이유는 무엇인가? 이에
대해 국제정치학자는 세 가지 기능, 즉 균형, 편승, 억지라는 설명을
내놓는다. 국가가 동맹을 체결하거나 유지할 때 어느 한 기능만을 기
대하는 것은 아닐 수 있지만, 아래에서 상술하는 바와 같이 각 기능은
고유의 목적을 추구하고 있다.

　　우선, 동맹을 통해 외부 위협에 대한 균형(balancing)을 시도할
수 있다(Walt 1987; Waltz 1979). 특히 스스로 힘을 키워 대처하는 자
강이 가능하지 않은 상황에서 제3의 국가와 동맹을 맺는 대응은 매우
긴요하다. 달리 말해, A국가는 X국가가 위협인 상황에서 B국가와 동
맹을 맺어 국력결집을 통해 현상유지를 도모한다(표 1 참조). 한국전
쟁 이후 한미동맹과 미일동맹이 결성되는 과정에서 가장 중요한 동인

표 1 동맹의 기능

동맹의 기능	균형	편승	억지
세부기능	• 국력결집: 외부위협에 대한 국력결집이 필요할 때(Waltz, Walt)	• 유화편승: 외부위협에 대한 유화전술이 불가피할 때(Waltz, Walt) • 이익편승: 강대국과 연합하여 이익추구가 가능할 때(Schweller, David)	• 동맹제지: 동맹의 주니어 파트너를 제지하여 안보를 추구할 때(Snyder, Pressman) • 동맹결박: 외부위협에 대하여 상호결박의 필요를 받아들일 때(Weitsman)
동맹유형	방어동맹	편승동맹	제지동맹(비대칭) 혹은 결박동맹(대칭)
핵심목표	현상유지	현상유지(유화편승) 혹은 현상변경(이익편승)	현상유지
국가유형	강대국 혹은 약소국	약소국	강대국 혹은 다른 약소국과 동맹을 맺은 약소국
내부결집	강	약	약
키워드	생존	생존, 이익	생존

은 한국과 미국, 미국과 일본이 북한과 소련, 중공을 공동위협으로 인식한 것이었다. 소련의 붕괴 이후 탈냉전 시기에도 북한의 군사위협과 중국의 부상으로 한미동맹과 미일동맹은 유지되고 있는 것이다. 이렇게 균형을 추구하는 동맹에서 국가들은 공동위협이 심각할수록 동맹 내 결집은 증가하는 모습을 보인다.

하지만 동맹은 반드시 균형을 위한 제도는 아니다. 대표적으로 약소국이 강대국에 편승하는 경우를 생각할 수 있다. 이러한 편승은 유화편승과 이익편승으로 나누어 볼 수 있다. 유화편승은 A국가가 X국가를 위협으로 느끼고 X국가에 대해 유화적 태도를 취하는 경우를 말한다(Walt 1987; Waltz 1979). 즉, 위협의 대상에 저항하는 것이 아니라 순응하여 현상유지를 꾀하는 방안이다. 스스로 힘을 키우거나 제3의 국가와 연대하는 것이 불가능한 상황에서 위협이 되는 국가와 동맹을 맺는 방안은 약소국이 취할 수 있는 방안이다. 하지만 다수의 세력 균형이론가는 유화편승은 동맹 상대인 강대국으로부터 버려질 수 있는 가능성이 높기 때문에 드물게 발생한다고 주장하였다.

또 다른 편승은 이익을 추구한다. A국가는 강대국 X국가가 위협이 아닐 때 X국가에 접근하여 안보적·경제적 이익을 꾀하는 것이다(Schweller 1994, 1998; Barnett & Levy 1991; David 1991). 이러한 편승은 강대국 X국가가 팽창을 추구하는 상황으로 (상대적) 약소국들은 X국가가 주도하는 연합에 들어가는 방안을 고려하게 된다. 제2차 대전 당시 독일이 주도하는 세력에 이탈리아와 일본을 비롯한 국가들이 동조한 역사는 이익편승의 전형적인 예이다. 이러한 이익편승을 시도하는 국가는 상대적 강대국인 동맹 파트너로부터 버려질 수 있는 상황에 대한 우려에서 자유로울 수 없다. 외부위협에 균형을 추구하는 국가들이 동맹을 맺은 경우 국가는 서로를 필요로 하는 상황이다. 하지만 유화편승과 이익편승에 의해 발생한 동맹에서 편승의 대상인 강대국은 동맹에 대한 의지가 약할 수밖에 없다.

한편, 국가는 동맹을 통해 균형과 편승뿐 아니라 동맹 파트너를 억지하는 것을 추구하기도 한다. 우선 강대국과 약소국이 결성한 동맹에서 시니어 파트너는 주니어 파트너를 제지(restrain)하는 시도를 하는 경우가 있다(Pressman 2008). 일반적으로 비대칭 동맹에서 시니어 파트너는 주니어 파트너로 인하여 불필요한 분쟁에 연루(entrapment)될 가능성을 두려워한다(Snyder 2007). 따라서 시니어 파트너는 외부위협의 도발을 억지할 뿐 아니라 주니어 파트너가 공세적 행동을 자제시키고자 한다. 과거 이승만 정부가 한국전쟁 이후 북진통일을 천명하고, 박정희 대통령이 1·21사태에 대한 보복을 주장하였을 때 미국의 관심은 북한뿐 아니라 한국의 군사행동을 억지하는 것이었다. 미국 역시 냉전기 이스라엘과 영국과 같은 동맹국을 제지하는 노력을 기울인 바 있다(Pressman 2008).

또한 동맹을 억지하는 노력은 대칭동맹에서 결박(tethering)의 형태로 일어날 수 있다(Weitsman 1997). 서로에게 안보위협을 느끼는 국가끼리 동맹을 맺는 것을 통해 상대의 도발을 억지하는 것이다. 하지만 이러한 결박효과는 비대칭동맹에서는 기대하기 힘들다. 상대적 강대국이 상대적 약소국에 의해 결박될 수 없기 때문이다. 이러한 결박동맹은 양자보다 다자동맹의 형태로 등장할 가능성이 높은데 대표적으로 제1차 대전 이전 독일·오스트리아–헝가리·이탈리아가 맺은 삼각동맹의 경우 상대를 위협으로 인식했던 오스트리아–헝가리와 이탈리아가 동일 동맹에 가입하여 안보를 추구하였다고 볼 수 있다.

이처럼 동맹은 전통적으로 외부위협을 견제하는 균형정책의 일환으로 인식되었다(균형). 하지만 동시에 외부위협에 대한 유화정책의 수단(유화편승)이나 강대국을 통한 이익추구의 방편(이익편승)으로 동맹은 체결될 수 있다. 더불어 강대국은 동맹을 맺고 있는 상대적 약소국의 대외행동을 자제(억지–제어)시키거나, 유사국력을 보유한 국가는 동맹을 통해 서로를 결박(억지–결박)하는 모습을 발견할 수 있다. 국가는 동맹을 통해 때로는 현상유지를, 때로는 현상변경을 추구한다. 또한 국가는 동맹을 통해 안보이익을 극대화하기도 하지만, 경우에 따라 경제이익을 얻고자 할 수 있다.

2. 동맹과 핵개발

1) 핵개발의 원인
국제정치에서 동맹과 핵개발은 어떠한 상호관계는 맺고 있는가? 우선 동맹이 핵개발에 미치는 영향(동맹→핵개발)과 핵개발이 동맹에 미치는 영향(핵개발→동맹)을 살펴볼 수 있다. 일반적으로 핵개발의 원인에 대한 연구는 국가의 의지(willingness)와 기회(opportunity)에 집중했다(Jo & Gartzke 2007). 누가 핵무기를 원하는가에 대한 질문에 대해 세이건(Sagan 1996/97)은 (1) 안보위협, (2) 국내정치, (3) 규범에 기초한 세 가지로 설명을 제시했다. 결국 외부로부터 안보위협이 높거나 유력한 국내집단이 핵개발을 선호하거나 핵무기 확보를 뒷받침하는 국내규범이 존재하는 상황에서 핵개발에 대한 의지가 생겨난다는 것이다. 특히 많은 이들이 주목하는 것은 외부위협에 대항하기 위한 자강의 수단으로 활용되는 핵무기이다. "절대반지"를 획득할 경우 전력의 열세를 단숨에 만회하는 것이 가능하다.

하지만 현재 핵무기를 확보한 국가의 수는 그리 많지 않다. 실제 1945년 이후 핵무기 개수의 증가(수직적 핵확산)는 가파른 증가세를 보였다면, 핵무장 국가의 수의 증가(수평적 핵확산)는 더디게 진행되었다. 왜 그런가? 결국 핵무기 개발에 필요한 기술력, 핵물질, 경제력을 확보할 수 있었던 국가가 많지 않은 것이다(Jo & Gartzke 2007). 안보불안에 시달린 국가가 모두 핵무기를 보유할 수 있는 기회를 가진 것이 아니었다는 것이다. 이는 기존의 핵무기를 개발한 국가가 비확산체제를 직간접적으로 지원하면서 핵무기에 필요한 기술과 물질의 공급을 적극적으로 통제한 결과로 볼 수 있다. 따라서 향후 수평적 핵확산을 억제하기 위해서는 핵의 평화적 활용을 위한 협력이 몰고 올 수 있는 위험에 대한 경계를 늦출 수는 없다(Fuhrmann 2009).

이러한 국가의 의지와 기회에 기초한 설명은 동맹의 역할을 간과하고 있다. 최근 뎁스와 몬테이로(Debs & Monteiro 2016)는 핵개발의 원인을 설명하면서 "느슨한 동맹"(loose allies)과 "친밀한 동맹"(close allies)을 구분한다. 강대국 동맹 파트너가 제공하는 핵우산을 신뢰할 수 있는 국가는 안보위협에 의한 핵무기 개발을 시도할 이유가 없다. 하지만 핵우산에 대한 신뢰에 금이 간 경우 핵무기 개발을 통한 안보 추구가 이루어질 수 있다. 물론 핵무기 개발을 시도할 경우 다른 국가의 예방분쟁의 위험에 노출되기 때문에 재래식 전력에 기초한 억지력을 확보하는 것이 필요하다. 그들의 설명에 따르면 중국과 북한이 1960년대와 1980-90년대 핵개발을 추진한 것도 강대국 동맹파트너에 대한 신뢰가 없는 가운데 안보위기 상황에 놓였기 때문이다.

물론 강대국은 동맹을 통해 핵확산을 억제할 수 있다(Debs & Monteiro 2016). 동맹국이 홀로 핵무기 개발에 성공할 수 없는 약소국이라면 지원과 보호를 철회하겠다는 위협을 통해서 강대국은 동맹의 핵개발을 막을 수 있다. 만약 동맹이 독자적으로 핵무기 보유를 시도할 수 있는 국력을 보유한 경우라면 지원과 보호를 늘리겠다는 약속을 통해서 핵개발 포기를 유도할 수 있다. 강대국의 동맹 파트너의 입장에서는 핵무장의 가능성과 비용을 고려하는 가운데 합리적 결정을 내릴 수밖에 없을 것이다. 실제로 탈냉전 미국 중심의 세계체제 속에서 미국 우방 중 핵개발을 추진하는 국가는 찾기 힘들다. 하지만 강대국이 동맹 파트너로 신뢰하기 힘든 경우 상대적 약소국은 핵무기 개발을 생각할 수밖에 없다. 냉전 초기 미국과 소련의 주요 동맹국이었던 영국, 프랑스, 중국의 핵개발이 대표적 사례이다(Goldstein 1995).

2) 핵개발의 결과

그렇다면 핵개발 이후 기존의 동맹관계는 어떻게 변화하는가? 기존의 핵개발의 영향에 대한 연구는 동맹보다는 분쟁에 초점을 맞추고 있다. 수평적 핵확산이 진행되는 경우 핵무장 국가 간 공포의 균형은 평화를 가져오는가? 핵무기 개발은 다른 국가의 예방분쟁을 불러일으키는가 (Fuhrmann & Kreps 2010; Jung 2017)? 다양한 논쟁이 진행 중이지만 핵무기 개발 이후 재래식 혹은 저강도 분쟁이 줄어드는 현상은 발견하기 힘들다. 더구나 핵무기 개발로 인하여 핵프로그램 국가와 다른 국가, 특히 핵무장 국가 간 갈등은 심화되는 현상을 발견할 수 있다. 달리 말해 핵무장 국가 간 전면전이 발생한 경우는 없지만 핵확산이 안보불안을 해소하여 국가 간 평화를 가져온다는 주장을 뒷받침하는 근거는 찾기 힘들다.

실제 북한의 대외정책이 핵능력 고도화가 진행될수록 공세적이라는 평가가 일반적이다. 벨(Bell 2015)은 핵무기 개발이 외교정책에 미칠 수 있는 영향을 6가지 — (1) 공세(aggression), (2) 확장(expansion), (3) 독립(independence), (4) 강화(bolstering), (5) 완고(steadfastness), (6) 타협(compromise) — 로 정리하였다. 그에 따르면 영국은 핵개발 이후 미국에 대해서 보다 독립적인 외교정책을 펼쳤으며, 다른 동맹 관계를 강화시켰으며, 외부 도전에 상대할 때 보다 완고한 입장을 취했다. 일반적으로 비대칭 동맹 속에서 약소국 파트너는 강대국 파트너가 방기할 두려움 속에서 순응하는 행동(deferential behavior)을 보인다(Goldstein 1995). 하지만 핵무기를 통한 안보획득은 동맹에 얽매일 유인을 약화시킨다.

그렇다면 핵개발 이후 국가의 동맹 정책은 어떠한 변화를 겪게 되는가? 이에 대한 체계적 연구는 찾기 힘들지만, 앞서 언급한 영국과 프랑스의 핵개발 이후 미국과의 동맹 관계, 중국의 핵개발 이후 중소 관계를 살펴볼 때 동맹의 응집력은 약화되는 것을 확인할 수 있다(Bell 2015). 안보를 위해 자율성을 포기하고 동맹을 체결했다고 볼 때(Morrow 1991), 약소국의 핵개발은 동맹에 대한 의지를 약화시킬 수 있다. 하지만 모든 국가가 핵개발 이후 기존 동맹 관계를 포기하지 않았다. 비록 중소동맹은 종결되었으나, 영국과 이스라엘, 프랑스는 현재까지 미국의 주요 동맹국으로 남아 있다. 상대적 약소국이 핵개발에 성공한 직후 동맹 내 긴장은 피할 수 없지만 장기적으로 동맹의 성격은 상이한 모습으로 변화할 수 있다.

앞서 논의한 바와 같이 국가는 동맹을 통하여 균형뿐 아니라 편승과 억지를 도모한다. 따라서 핵개발 이후 국가는 기존 동맹을 유지하면서 외부위협에 대한 견제를 추구할 수도 있지만 새롭게 경제이익을 추구하거나 동맹 상대에 대한 억지를 시도할 수 있다. 다음 절에서는 한국전쟁 이후 북중관계의 변화를 살펴보면서 동맹의 기능이 어떻게 변화하였는지에 집중하고 한다. 즉, 동맹과 핵무기에 대한 이론적 논의를 바탕으로 북중 관계를 살펴보는 "이론기반 사례연구"(theory-guided case study)를 시도한다.[2]

III. 북중동맹의 변환: 방어동맹에서 제지동맹으로

1. 방어동맹: 1961년-1971년

북한과 중국은 항일투쟁과 국공내전, 한국전쟁을 거치면서 혈맹관계를 구축하였다(이종석 2000, 17-200).[3] 1961년 양국이 '조중 우호, 협조 및 호상 원조에 관한 조약'을 체결할 당시 양국은 반제국주의 노선

---

2   이론개발 측면에서 사례연구의 다양한 기능과 유형에 대해서는 정성철(2017)을 참조.
3   북중동맹의 역사를 동아시아 지정학과 양국 관계의 특수성에 관점에서 살펴본 연구로는 Chung & Choi(2013)과 최명해(2009)를 참조.

을 공유하였다. 북한은 한국전쟁을 통해 미국을 주적으로 인식하면서 한미일 삼국협력이 심화되는 변화를 우려하였다. 더구나 한국과 미국은 1953년, 미국과 일본은 1960년 동맹을 체결한 상황에서 김일성은 중국과 소련, 두 강대국과 동맹을 체결하고 북중러 삼각협력을 발전시키는 것이 필요하다고 판단하였다. 스탈린 사후 흐루쇼프가 평화공존론을 주장하면서 쿠바미사일 위기에서 미국에 유화적 태도를 취하고 중국-인도 국경분쟁에서 친인도적인 모습을 보이는 상황에서 북한은 자국의 전략적 가치를 중국에게 손쉽게 입증할 수 있었다.

중국은 한국전쟁 이후 1950년대 두 차례 대만해협 위기를 겪으면서 미국의 위협과 소련의 방기를 우려하기 시작했다. 비록 미국이 중국 본토를 침공할 가능성은 높지 않았지만 대만 문제에 개입하거나 핵공격 가능성에 대한 우려는 높았다. 더구나 소련의 대미 유화정책이 강화되고 중소 간 이념 분쟁이 시작되자 중국이 바라보는 북한의 전략적·이념적 가치는 클 수밖에 없었다. 소련에 대한 의심과 우려 속에 중국은 핵무기 개발을 시도하여 핵실험(1964년)에 성공을 거두어 강대국에 대한 의존도를 낮출 수 있었다. 하지만 미국과 소련 두 초강대국과 대치하는 상황에서 북중동맹의 중요성은 감소하지 않았다. 오히려 소련뿐 아니라 인도와 베트남 등 이웃국가와 관계가 원만하지 않은 상황에서 중국은 조선족의 대규모 월북과 백두산을 포함한 국경 문제에 있어서 북한에 유화적이었다(션즈화 2017, 656-740).

물론 북한은 소련을 버리고 중국만 선택하지는 않았다. 1960년대 초반 북한의 선택은 등거리 외교였다. 중국의 안보지원이 중요했으나 소련의 경제적 지원이 필요한 상황에서 "수정주의와 교조주의를 반대하는 두 전선에서 투쟁"할 것을 천명했다(김보미 2013, 196 재인용). 비록 "중국을 고립시키려는 것에 대해 단호하게 투쟁을 전개"할 것을 약속했지만 섣불리 중국의 소련에 대한 인식에 동의하지 않았다(션즈화 2017, 768 재인용). 더구나 문화혁명 기간 중국에서 북한을 수정주의로 몰아가는 비판이 거세졌고 소련에서는 흐루쇼프가 갑자기 실각하는 상황에서 북한이 중국이나 소련 일방에 의존하는 정책을 펼치기는 어려웠다. 그 결과 김일성은 1966년 4대 군사노선—전군의 간부화, 전군의 현대화, 전인민의 무장화, 전군의 요새화—을 선언하면서 자주노선을 정립하였다(김보미 2014). 다시 말해 북중동맹을 유지하는 가운데 북소동맹과 자주국방에 대한 노력을 동시에 지속한 것이다.

따라서 북중 관계는 미국의 위협에 대한 공동방어로 요약될 수 있다. 양국은 한국전쟁과 대만해협 위기를 통하여 미국의 국력을 체감한 가운데 국가생존과 민족통일이라는 목표를 추구했다. 특히 중국이 핵무기를 개발하기 이전 북한과 중국은 소련 진영에 속하면서 미국 진영을 적대하는 비핵국가 간 군사협력을 지속했다고 볼 수 있다. 비록 양국의 국력차가 존재했지만 재래식 전력에 의존하는 가운데 산업화를 이루어야 하는 제3세계 국가의 숙제를 공유하고 있었다. 분명 문화혁명과 중국의 핵개발로 양국 관계에 금이 간 것은 사실이었다. 김일성과 모택동이라는 일인지배체제가 강화될수록 사회주의 이념 공유에 한계가 있을 수밖에 없었고 흐루쇼프 실각 이후 대소 정책의 방향이 상이했다. 그 결과 1960년대 말 양국은 대사를 본국으로 소환하는 상황에 이른 것이다. 하지만 여전히 미국이라는 위협은 양국 관계가 파국으로 가는 것을 막았고 회복할 수 있는 원천이었다.

2. 제지동맹: 1972년-현재

1970년대 초 미중 데탕트는 북중동맹의 변환을 일으켰다. 미국 대통령 닉슨은 1972년 중국을 방문하여 모택동과 '상하이 공동성명'에 합의하였다. 닉슨 대통령에 앞서 중국은 방문하였던 키신저 대통령 안보보좌관은 당시 미중 관계 변화를 준동맹의 체결로 묘사하고 있다. 중국이 미국을 "'북극곰'에 대한 대항마"로 활용하고자 한 것이다(헨리 키신저 2012, 341). 이러한 중국의 대미 전략의 변화는 기본적으로 중소분쟁의 심화와 미국의 상대적 쇠락으로 인하여 중소보다 미중이 전략적 이해를 보다 공유하였기 때문이다. 비록 1950년대 중국과 미국은 각각 반제노선과 반공노선을 채택한 가운데 서로를 적으로 규정하고 대립하였지만, 소련의 존재는 양국을 협력으로 인도할 유인이었던 것이다(Christensen 1996).

그렇다면 북중동맹이 1970년대부터 존속할 수 있었던 원인은 무엇인가? 중국의 경제성장과 북한의 외교 고립 속에서 북중동맹은 방어동맹에서 제지동맹으로 변환하였다. 중국은 지속적으로 한반도의 지정학적 중요성을 의식하면서 북한을 "제1방어선"으로 바라보았다. 1972년 닉슨 대통령의 중국 방문 이후 키신저의 참모는 "베이징은 아마도 중국의 안보라는 점에서 한반도를 첫 번째로 중요하게 보는 것 같다"고 언급하면서 "중국은 한반도 내에 일본을 저지할 수 있는 완충국가가 존재하기를 원하기 때문에 북한을 중시한다"고 평가했다(홍석률 2012, 133 재인용). 베트남 통일 이후 소련과 베트남의 연합 전선이 노골화되자 중국은 북한과 관계를 돈독히 하는 것을 통해 외교 고립화를 막을 수 있었다. 하지만 미중 준동맹과 동아시아 안정을 유지하기 위해서는 북한의 공세적 행동을 제지하는 것이 무엇보다 중요했다. 한반도에서 제2의 한국전쟁이 일어날 경우 중국은 북한과 미국 중 어느 한쪽을 포기할 수밖에 없었기 때문이었다.

반면, 북한은 중국의 요구를 부분적으로 수용하면서 경제적·외교적 지원을 기대하였다. 북한은 미중 데탕트를 "미국의 대중 접근은 패배자의 행각이며, 중국 인민의 큰 승리이고, 세계 혁명적 인민의 승리"라고 평가하면서 남북관계의 변화와 대외관계의 기회를 엿보았다 (홍석률 2012, 155). 하지만 반미반제 투쟁을 대외정책의 핵심으로 삼는 북한에게 "중국은 이미 자신의 적과 손을 맞잡고 화해"한 것으로 북중 간 "대외정책과 전략이익 방면에서 심각한 마찰"은 발생할 수밖에 없었다(션즈화 2017, 850-861). 따라서 미중 데탕트는 북한에게 기회보다 위기였으며 김일성 유일체제와 김정일 후계구도를 안착시키는 외부 요인으로 작동하였다(홍석률 2012, 254-256, 280-292; 김보미 2015). 북한에게 북중동맹은 공동방어가 아니라 외부지원을 위한 수단이 되어버렸다.

1970년대 북중 관계가 방어동맹에서 제지동맹으로 변화되자 자연스럽게 동맹의 결집력은 약화되었다. 물론 1960년대 중반 문화혁명기 중국의 내부 요인으로 북중 관계가 냉각되기도 했지만, 전반적으로 양국은 공동의 위협을 상실한 가운데 주요 문제에 대한 이견을 노출하였다. 한반도에서 북한은 적극적으로 현상변경을 추구했다면 중국은 점차 현상유지로 방향을 선회하였다. 북한은 즉각적인 주한미군 철수를 줄기차게 요구하면서 공격적인 통일정책을 지속했다. 하지만 중국은 주한미군이 동아시아 세력균형을 유지하는 긍정적 역할에 주목하였고 지역불안을 조장하는 북한의 공세적 통일노선을 우려하게 되었다(이상숙 2008, 450-453). 더 이상 적을 상대로 함께 싸우는 혈맹의 모습은 찾기 힘들게 되었다.

탈냉전기 북중동맹은 기본적으로 억지동맹의 모습을 유지하고 있다. 소련의 붕괴로 주한미군에 대한 중국의 평가가 다소 부정적으로 변한 것은 사실이지만, 북한의 도발을 가로막아 동아시아 안정을 추구하려는 중국의 전략은 유지되고 있다. 동시에 외교적 고립과 폐쇄적 경제에도 불구하고 중국의 원조와 북중 무역을 통해 체제유지를 꾀하려는 북한의 전략도 변하지 않고 있다. 북한은 강대국 동맹 파트너로부터 이익을 확보해 정권유지를 추구하고, 중국은 약소국 동맹 파트너를 억지하여 역내안정에 기반한 경제성장을 지속했던 것이다(이동선 2014). 하지만 중국의 반대에도 지속된 북한의 핵과 미사일 개발에서 드러난 것처럼 양국의 신뢰와 협력은 제한적이다. 2013년 김정은 체제가 출범한 이래 양국 정상 간 만남이 이루어지지 않은 가운데 북한의 핵실험이 반복되면서 중국의 대북 압박 수위가 높아져 가는 상황이 이를 보여준다.

IV. 트럼프 행정부와 북중 관계의 미래

그렇다면 향후 북중 관계는 어떠한 모습으로 변화할 것인가? "미국 우선주의"(America First)를 표방한 트럼프의 당선은 자유주의 세계질서(liberal world order)의 종말에 대한 논의에 불을 붙였다(Nye 2017; Colgan & Keohane 2017). 실제로 트럼프 행정부는 TPP(환태평양경제동반자협정)와 파리기후협정 탈퇴를 선언하면서 세계정치의 불확실성이 높아진 상황이다. 이러한 가운데 트럼프 대통령은 북한의 위협을 강조하며 중국의 역할을 강조하자 북중 관계를 둘러싼 관심과 기대가 커져왔다. 앞서 살펴본 동맹의 기능과 유형, 북중동맹의 변환을 기초로 하여 다음 세 가지 북중 관계 향후 시나리오―(1) 방어동맹으로 회귀, (2) 결박동맹으로 변환, (3) 동맹의 파기―를 생각할 수 있다.

먼저, 북중 관계가 방어동맹으로 회귀하는 시나리오이다. 현재 양

국은 동맹을 유지하고 있지만 공동 위협에 기초한 일반적인 방어동
맹으로 바라보기 힘들다. 앞서 설명한 바와 같이, 1970년대부터 시작
된 미중 데탕트 이후 미국에 대한 북중 양국의 위협 인식의 격차는 점
차 벌어졌다고 할 수 있다. 그럼에도 중국은 북한을 억지하기 위한 도
구로 동맹을 활용하였으며, 북한은 중국으로부터 오는 경제적·외교적
이익을 기대하며 동맹 파기를 실행에 옮기지 않았다. 하지만 미중 세
력전이의 실현 가능성이 커지면서 미중 갈등이 심화되고, 냉전기 한미
일과 북중러의 대립이 격화될 경우 북한과 중국은 다시 미국(혹은 한
미일)을 공동 위협으로 삼을 수 있을 것이다.

　하지만 신냉전의 도래에 대한 논의는 탈냉전기 미중 양국이 구축
한 상호의존관계를 고려할 때 현실화되기 어려울 것이다. 트럼프 행정
부 출범 이후 트럼프 대통령의 아시아 순방(2017.11.3-11.14) 중 시진
핑 주석이 제공한 외교적 환대와 경제 협력안은 미중 양국이 경쟁자이
면서 동반자라는 사실을 보여주었다. 비록 이른바 무역전쟁으로 양국
간 패권경쟁이 심화되었다는 평가가 일반적이지만, 중국이 미국과 전
면적 대결을 선언하면서 북한과 손잡고 나갈 가능성을 예측하는 이들
은 많지 않다. 물론 북한의 입장에서, 북중러와 한미일 대결 구도는 가
장 선호하는 국제환경일 수 있지만, 세계경제에 편입하여 놀라운 성장
을 거듭한 중국에게 냉전기 소련과 달리 미국을 적대시할 경우 감수해
야 할 비용과 위험이 너무 크다.

　다음 시나리오는 북중 관계가 결박동맹으로 변환하는 것이다. 북
한과 중국은 그동안 비대칭 동맹으로 존재했다. 하지만 핵무기를 보유
한 북한은 기존의 핵국가였던 중국과 서로를 결박하기 위한 수단으로
동맹을 활용할 수 있다.[4] 북한은 중국의 원조와 지원을 유지하는 가운
데 한미일을 상대로 위협을 가하며 생존을 도모하고자 할 것이다. 반

면, 중국은 북한발 동아시아 불안정이 불만족스럽지만 최소한 북한의 핵위협이 자국을 향하지 않는 상황을 유지할 수는 있다. 더구나 공산권 붕괴 이후 중국과 북한은 서구식 민주주의 수용을 거부하면서 표면적으로 사회주의를 공유하고 있다. 따라서 양국이 결박동맹을 통하여 대외 안보—북중 군사협력—뿐 아니라 대내 안보—일당체제 유지—를 추구할 가능성을 생각할 수 있다.

그러나 중국이 자국 영향력의 감소를 감수하면서 동맹 변환을 수용할 가능성은 높지 않다. 상호 결박하는 동맹 속에서 중국은 북한에 대한 우월적 지위를 포기해야 하지만 시진핑 지도부는 최근 신시대 "중국의 꿈" 실현을 선언하고 책임대국의 역할에 대한 의지를 천명했다(전병곤 2017). 핵국가 중국 역시 북한의 핵국가 지위를 승인하는 것이 부담스러울 뿐 아니라, 북한 이외 다른 주변국과의 관계에 있어서 북중 결박동맹은 나쁜 선례로 기능할 수 있다. 더구나 중국의 국내 여론이 북한의 끊임없는 도발과 거침없는 행보에 대해 부정적인 것을 고려할 때 북중 관계가 서로 견제하는 대칭적 모습으로 변환될 가능성은 낮아 보인다. 다만 중국의 국력이 급격히 쇠락할 경우 중국 지도부가 국내 문제에 집중하기 위하여 일시적으로 상호 결박을 용인할 수는 있을 것이다.

마지막 시나리오는 북중동맹의 파기이다. 북중 양국이 동맹 체결 이후 전략적 이해를 달리하면서 불편한 관계를 맺고 있다는 지적은 반복되었다(Ji 2001; Scobell 2002). 다만 중국은 북한을 억지하고 북한은 중국을 활용하기 위한 전략적 계산으로 동맹 관계가 유지되어 온 것이다. 따라서 북중동맹이 종결되고 동북아 국제질서의 변화가 시작될 가

---

4   동맹 변환의 대표적 사례로 냉전 이후 NATO의 대내적 기능 강화를 생각할 수 있다. 이수형(2011).

능성을 생각할 수 있다. 중국이 동맹 파기를 선언하는 경우는 북한에 대한 원유와 외교 지원을 중단하는 가운데 북한 변화를 허용한 상황일 것이다. 즉, 한반도 현상변경을 국제사회와 더불어 적극적으로 추진하는 경우를 생각할 수 있다. 반면, 북한이 선제적으로 동맹 파기를 내세울 가능성은 별로 높지 않다고 본다. 다만 중국이 앞서 언급한 지원 중단을 일정 기간 실행에 옮길 경우 동맹 파기로 응수할 수 있을 것이다.

　북중동맹의 변화는 북중 관계뿐 아니라 미중 및 한중 관계의 복합적 상호작용의 결과일 것이다. 만약 미중 관계가 악화되는 상황에서 중국이 완충지역을 포기할 가능성은 낮아질 수밖에 없으며, 한중이 역사와 영토를 둘러싼 대립이 심화되는 상황에서 한국이 주도하는 한반도 통일에 대해 지지할 유인은 낮아질 수밖에 없다. 결국 중국 지도부가 한반도 현상변경의 비용 대비 편익이 크며 리스크가 작다는 판단을 할 때 북중동맹의 종결은 가능하다. 비록 북중동맹이 단기간 내에 방어동맹, 결박동맹 혹은 동맹파기 중 하나의 길로 들어설 가능성이 높다고 할 수 없다. 하지만 한국과 미국이 중국과 더불어 대북 압박을 효율적이고 지속적으로 시도할 경우 중국의 대북 정책의 근본적 변화는 앞당겨질 수 있을 것이다.

V. 결론

북한 변화는 어떻게 가능한가? 많은 이들이 중국의 동참을 북한 변화의 필요조건으로 이야기한다. 북중 관계는 한국전쟁 이후 미국이라는 공동위협에 대한 방어동맹으로 발전하였다. 하지만 중소 갈등과 베트남전 여파로 미중 데탕트가 도래하자 북한과 중국은 상이한 안보 이해를 추구하게 되었다. 하지만 중국은 완충지역에 우호국을 유지하면서 제지하기 위한 수단으로 북중동맹을 활용하였고, 북한은 강대국으로부터 일정한 지원과 보호를 받고자 하였다. 이러한 북중동맹은 탈냉전기 북한이 핵무기와 미사일 개발에 몰두하면서 냉각되었다. 북한은 중국의 지속적 요청을 무시하면서 핵실험을 6차례 실시하였고 미사일 기술을 발전시켰다. 더 이상 북중동맹이 제지동맹으로 기능하지 못한다는 분석이 나오고 있는 상황이다.

앞으로 북중 관계는 과거 방어동맹으로 회기, 상호 결박하는 동맹으로 변환, 혹은 동맹의 종식이라는 변화를 맞이할 수 있다. 미중 상호의존관계로 신냉전 도래가 현실화될 가능성이 낮고, 중국이 북중 관계에서 상대적 우위를 포기하지 않을 것으로 예상할 때, 향후 북중 관계는 불완전한 제지동맹으로 머물러 있거나 동맹 파기로 이어질 가능성이 높다. 따라서 한국 정부는 미국과 일본 등 주요 국가와 더불어 북한 문제 해결을 위해 중국과 적극적으로 협조하는 노력을 기울이는 것이 필요하다. 단순히 북한 문제를 중국 측에 전가하는 전략으로 중국의 대북정책 변화를 기대하기는 힘들다. 북한 문제가 상당 부분 북한 내부에서 기인하고 있다는 인식을 공유하면서 북한 변화를 추동할 방안을 함께 고민하는 것이 중요하다. 동시에 최고지도자의 교체를 통해 비핵·평화 국가를 북한에 건설할 수 없다는 사실도 인지해야 한다. 이는 후세인 제거 이후 이라크가 여실히 보여준다. 따라서 국제사회의 북한 변화를 위한 노력은 경제제재에만 머물러서는 안 된다. 강대국과 주변국과 더불어 느리지만 의미 있는 변화를 시작할 지혜와 의지가 필요하다.

최근 미중 갈등이 무역과 기술 분야에서 심화되면서 새로운 국제질서에 대한 논의가 증가하고 있다.[5] 한국 정부 역시 북한 문제를 민주주의 중견국이 강조하는 "규칙기반질서"(rules-based order)의 시각에서 바라보고 접근할 필요가 있다(정성철 2020; Jung, Lee, and Lee forthcoming). 북한 문제의 해결을 미국이나 중국에 떠넘기는 수동적 태도도 바람직하지 않으며, 민족주의적 관점에서 우리의 문제로 치환하는 독단적 접근도 효과적이지 않다. 미국의 상대적 쇠퇴와 미국우선주의의 등장으로 자유주의 세계질서가 약화되고 있지만, 제2차 세계대전 이후 대다수 민주주의 국가들이 공유하는 규범과 국제법의 틀 안에서 북한의 핵개발과 인권 문제를 국제사회와 함께 바라보고 해결책을 제시하는 것이 바람직하다. 강대국 패권경쟁이 심화되는 가운데 동아시아를 힘과 힘이 충돌하는 '전장'이 아니라 규칙의 합의와 준수가 기대되는 '사회'로 전환시키려는 노력이 바로 북한 문제에서부터 시작되어야 한다.

5　패권안정과 국제질서에 대한 최신 연구와 동향에 대해서는 Ikenberry & Nexon(2019)를 포함한 *Security Studies* 28(3) 특집호("Hegemony Studies 3.0: The Dynamics of Hegemonic Orders")를 참조.

참고문헌

김보미. 2013. "중소분쟁시기 북방삼각관계가 조소·조중동맹의 체결에 미친 영향(1957-1961)."『북한연구학회보』17(2): 171-202.

_____. 2014. "북한 4대 군사노선의 완성에 중소분쟁이 미친 영향(1962-1966)." 『국제정치논총』54(3): 211-245.

_____. 2015. "데탕트 시대의 '냉각지대'."『현대북한연구』18(2): 39-76.

션즈화. 2017.『최후의 천조: 모택동·김일성 시대의 중국과 북한』. 김동길·김민철·김규범 역. 서울: 선인.

이동선. 2014. "동맹국 제지의 이론과 실제."『국제관계연구』19(1): 5-39.

이상숙. 2008. "데탕트 시기 북중관계의 비대칭갈등과 그 영향."『한국정치학회보』42(3): 439-456.

_____. 2009. "북-미-중 전략적 삼각관계와 제2차 북핵위기."『국제정치논총』49(5): 129-148.

이수형. 2011. "북대서양조약기구(NATO)의 전략개념 변화에 관한 역사적·이론적 고찰." 『국제정치논총』41(3): 67-87.

이종석. 2000.『북한 중국 관계 1945-2000』. 서울: 중심.

전병곤. 2017. "중국의 19차 당 대회 평가와 정책적 고려사항." KINU Insight No. 2.

정성철. 2017. "사례연구방법론의 발전과 동향: 국제 및 비교정치 연구를 중심으로."『담론 201』20(1): 39-67.

_____. 2020. "자유주의 세계질서의 쇠퇴? 글로벌 패권의 약화와 민주주의 중견국의 규칙기반질서 추구."『정치·정보연구』23(1): 141-164.

최명해. 2009.『중국-북한 동맹관계: 불편한 동거의 역사』. 서울: 오름.

헨리 키신저. 권기대 역. 2012.『헨리 키신저의 중국 이야기(On China)』. 서울: 민음사.

홍석률. 2012.『분단의 히스테리: 공개문서로 보는 미중관계와 한반도』. 파주: 창비.

Barnett, Michael N., & Jack S. Levy. 1991. "Domestic Sources of Alliance and Alignments: The Case of Egypt, 1962-73," *International Organization* 45(3): 369-395.

Bell, Mark S. 2015. "Beyond Emboldenment: How Acquiring Nuclear Weapons Can Change Foreign Policy," *International Security* 40(1): 87-119.

Christensen, Thomas J. 1996. *Useful Adversaries: Grand Strategy, Domestic Mobilization, and Sino-American Conflict, 1947-1958*. Princeton University Press.

Chung, Jae Ho, & Myung-hae Choi. 2013. "Uncertain Allies or Uncomfortable Neighbors? Making Sense of China – North Korea Relations, 1949 – 2010," *The Pacific Review* 26(3): 243-264.

Colgan, Jeff D., & Robert O. Keohane. 2017. "The Liberal Order Is Rigged: Fix It Now or Watch It Wither." *Foreign Affairs* 96 (May/June).

David, Steven R. 1991. "Explaining Third World Alignment," *World Politics* 43(2): 233–256.

Debs, Alexandre, & Nuno P. Monteiro. 2016. *Nuclear Politics: The Strategic Causes of Proliferation.* New York: Cambridge University Press.

Fuhrmann, Matthew. 2009. "Spreading Temptation: Proliferation and Peaceful Nuclear Cooperation Agreements," *International Security* 34(1): 7–41.

Fuhrmann, Matthew, & Sarah E. Kreps. 2010. "Targeting Nuclear Programs in War and Peace: A Quantitative Empirical Analysis, 1941–2000," *Journal of Conflict Resolution* 54(6): 831–859.

Goldstein, Avery. 1995. "Discounting the Free Ride: Alliances and Security in the Postwar World," *International Organization* 49(1): 39–71.

Ikenberry, G. John, & Daniel H. Nexon. 2019. "Hegemony Studies 3.0: The Dynamics of Hegemonic Orders," *Security Studies* 28(3): 395–421.

Ji, You. 2001. "China and North Korea: A Fragile Relationship of Strategic Convenience." *Journal of Contemporary China* 10(28): 387–398.

Jo, Dong-Joon, & Erik Gartzke. 2007. "Determinants of Nuclear Weapons Proliferation," *Journal of Conflict Resolution* 51(1): 167–194.

Jung, Sung Chul. 2017. "Nuclear Aggressors, Nuclearizing Targets: Nuclear Weapon Development and Preventive Conflict," *International Relations of the Asia-Pacific* 17(1): 137–162.

Jung, Sung Chul, Jaehyon Lee, & Ji-Yong Lee. forthcoming. "The Indo-Pacific Strategy and US Alliance Network Expandability: Asian Middle Powers' Positions on Sino-US Geostrategic Competition in Indo-Pacific Region," *Journal of Contemporary China.*

Morrow, James D. 1991. "Alliances and Asymmetry: An Alternative to the Capability Aggregation Model of Alliances," *American Journal of Political Science* 35(4): 904–933.

Nye, Joseph S. 2017. "Will the Liberal Order Survive? The History of an Idea," *Foreign Affairs* 96 (January/February).

Pressman, Jeremy. 2008. *Warring Friends: Alliance Restraint in International Politics.* Cornell University Press.

Sagan, Scott D. 1996/1997. "Why Do State Build Nuclear Weapons? Three Models in Search of a Bomb," *International Security* 21(3): 54–86.

Schweller, Randall L. 1994. "Bandwagoning for Profit: Brining the Revisionist State Back In," *International Security* 19(1): 72–107.

_____. 1998. *Deadly Imbalances: Tripolarity and Hitler's Strategy of World Conquest.* New York: Columbia University Press.

Scobell, Andrew. 2002. "China and North Korea: The Close But Uncomfortable Relationship." *Current History* 101: 656.

Snyder, Glenn Herald. 2007. *Alliance Politics*. Cornell University Press.

Walt, Stephen M. 1987. *The Origins of Alliance*. Cornell University Press.

Waltz, Kenneth N. 1979. *Theory of International Politics*. Reading: Addison-Wesley.

Weitsman, Patricia A. 1997. "Intimate Enemies: The Politics of Peacetime Alliances,"
    Security Studies 7 (1): 156–193.

『연합뉴스』

New York Times.

제3장

핵무기 보유 추진 국가들과 경제제재
미국의 사례를 중심으로

황태희

* 이 글은 연세대학교 정치외교학부 박재석 학생의 도움을 받아 작성되었다.

I. 서론

경제제재는 피제재국의 핵무기 보유 의도를 감소시키는 효과적인 정책이 될 수 있는가? 경제제재는 영토분쟁 등의 주권 문제 해결 수단으로서의 경제적 압박부터 순수한 경제적 목적에서 비롯된 관세 부과에 이르기까지 다양한 목적과 형태의 외교수단으로 나타난다. 오늘날 국제사회에서는 제재가 핵, 화학무기 등의 대량살상무기 개발 저지를 위한 외교수단으로 사용되는데, 2006년 핵실험을 시작한 북한에 대한 국제연합(UN)과 미국, 일본, 한국의 제재가 대표적이라 할 수 있다. 2018년 들어 북미 간 그리고 남북 간 관계가 진전되면서 북한이 핵을 포기하고 대북제재가 끝날 것이라는 긍정적 전망이 대두되고 있다. 과연 핵포기 목적 경제제재의 효과성은 어떻게 설명할 수 있는가? 또한, 제재가 피제재국의 핵무기 포기라는 본연의 목적을 달성하지 못한 경우, 피제재국의 핵 보유 이후 제재 철회가 이루어지는 조건은 무엇인가? 북한의 핵실험과 관련한 연구는 여러 관점에서 다양하게 진행되어온 반면 핵포기를 위한 경제제재에 관한 종합적인 연구는 부재한바 본 논문은 이러한 연구 질문에 대한 해답을 제시하고자 한다.

이를 위해 본 연구는 다음과 같이 진행된다. 첫째, 핵무기 보유를 추진한 국가들의 행동방식을 국제사회의 제재와 제재위협 과정을 통해 설명한다. 구체적으로 핵 보유를 추진한 국가들의 목적, 국제사회의 경제제재, 그리고 제재 대상국의 대응전략과 그 결과를 미국이 주도한 네 가지 사례를 통해 고찰한다. 둘째, 경제제재 전반에 대한 간략한 설명과 함께 핵을 포함한 대량학살무기의 확산을 억제하기 위한 제재의 특징을 살펴본다. 이후, 핵무기 보유 전후로 부과된 제재와 제재위협의 원인과 결과를 한국(위협 성공), 남아프리카공화국(제재 성공),

이스라엘(위협 실패), 그리고 인도와 파키스탄(제재 실패)의 사례로 분석한다. 마지막으로 핵 보유 성공과 실패에 이르기까지 피제재국의 국내외적 조건을 짚어보고, 이를 통해 핵무기를 포기하게 만든 원인과 핵무기를 보유하게 된 경우 경제제재가 해제되는 과정을 상술한다.

　미국이 주도한 경제제재 부과 및 제제위협에도 불구하고 핵무기 보유에 성공한 인도와 파키스탄 사례의 경우 초기에는 미국의 강력한 반대에 직면했으나 핵무기 보유 성공 후 미국과의 지속적인 회담을 통한 신뢰 형성 과정 및 상호간 안보 이해관계 재구축이 이루어졌다. 이스라엘의 경우 핵확산금지조약(Nuclear Nonproliferation Treaty, NPT) 체제 완성 전이라는 국제정세와 전략적 모호성 유지가 주효했다. 이와 반대로 핵무기 보유에 실패한 사례들의 경우 미국의 위협이 효과적으로 작용했고 안보불안의 직간접적 감소가 핵무기 보유를 단념시키는 결과를 가져왔다. 예를 들어 한국의 경우 핵무장 포기에 대한 대가로서 안보보장을 일정 부분 획득하였으며, 남아프리카공화국(남아공)의 경우 국내외 정치적 변화와 과도한 제재 비용을 회피하기 위한 자발적 핵무기 해체 과정이 존재하였다.

II. 핵 보유 방지 목적 경제제재의 특징

미국외교협회(Council on Foreign Relations)에 따르면 경제제재는 "외교·안보 이슈 정책을 목적으로 하는 통상무역 및 재정 관계의 철회"라고 정의된다. 특히, 경제제재는 "상대국의 이익을 침해하거나 국제적 행동규범을 위반하는 국제 행위자에 대해 억압, 억지, 처벌, 또는 낙인(shaming)을 통해 제재 부과국의 다양한 외교적 목적을 달성하기 위한 수단"으로 이용되는데, 주로 대테러·마약 등 국제적 범죄, 핵확산, 민주주의와 인권 증진, 국제분쟁 해결 등의 목적이 이에 해당된다.[1] 본 장에서는 이러한 경제제재의 전체적인 특징을 간단히 설명한 후 핵 보 유 방지를 목적으로 하는 경제제재와 비교 설명할 것이다.

1. 경제제재의 일반적 특징

경제제재의 특성은 크게 다양성, 지속성, 그리고 효과성에 관련한 논 의로 분류할 수 있다. 제재는 자주, 다양한 형태로 사용되지만 오랜 기 간 지속되는 특징이 있고 대체적으로 제재국이 의도한 효과를 거두지 못하고 있다. 경제제재의 사용 빈도수는 1940년대 데이터 구축이 본 격화된 이후부터 2010년대에 이르기까지 증가 추세를 보이고 있다. 이는 사실상 그 유효성에 대한 끊임없는 논쟁에도 불구하고 오늘날 국 가 간 정치에서 경제제재가 기존의 전쟁을 대체 혹은 보완하는 수단으 로 활용되고 있다고 볼 수 있다. 최소한의 비용으로 최대한의 경제적 타격을 가할 수 있도록 하기 위해서는 제재국 측에서 피제재국의 정 치경제 상황을 고려하여 효율적인 제재를 실행해야 한다. 또한 제재국 역시 자국에게 돌아갈 경제적 손실과 관련국들과의 마찰을 최소화할 수 있는 전략을 선택해야 한다. 따라서 제재는 당위적으로 다양성을 내포하고 있으며, 일국에서 유효한 제재가 타국에는 무효할 수 있다. 대표적인 제재 내용으로 피제재국 해외자산동결, 관세부과 및 수출입 통제, 여행금지, 원조중단 및 차단, 외교관계 단절 등 다양하게 진행된

---

[1]   이하 경제제재 특징에 대해 제재 연구에서 널리 사용되는 데이터, Threat and Imposi-
tion of Economic Sanctions data 혹은 Hufbauer, Schott, and Elliott data를 중심으로
알아본다.

다. 이러한 점에서 경제제재의 첫 번째 특성을 형태적 다양성에서 찾을 수 있다. 또한 제재국에 초점을 맞추어, 단일국가가 주체가 되는 제재뿐 아니라 다자제재, 그리고 최근 더욱 빈번하게 나타나고 있는 UN 등의 국제기구가 부과 주체가 되는 경우도 있다. 따라서 제재 부과의 측면에서 행위자의 다양성을 또 다른 특성으로 지목할 수 있을 것이다.[2]

제재의 또 다른 특성으로 지속성을 들 수 있는데, 제재 성공과 제재 지속기간에 관련한 연구는 꾸준히 진행되어 왔다. 모건 등(Morgan et al. 2000)에 의해 관측된 전체 1,400여 회 제재의 평균 지속기간은 약 9년(제재위협까지 포함하는 경우 약 7년)이다. 따라서 경제제재가 단순히 단기간에 이행되고 결과를 내는 일회적 정책과는 별개로 취급되어야 함을 판단할 수 있다. 보다 구체적으로, 제재기간에 따른 성공 여부(성공한 제재의 평균 기간: 약 4년), 부과 주체에 따른 제재기간 차이(국제기구를 포함한 성공한 제재의 경우 평균 4년)에서 미루어 알 수 있듯이 경제제재의 성패 여부는 장기적인 정책이행 후에야 비로소 관찰할 수 있다.[3]

제재의 마지막 특성으로 효과성을 들 수 있다. 경제제재는 국제분쟁에 연루된 양측 모두에게 물리적 피해를 야기하는 군사적 강제력을 동원하지 않고 간접적이면서 실질적 피해를 야기한다는 점에서 비용효율적 우월성을 가진다(Baldwin 1985). 그러나 이러한 이론적 예측에도 불구하고 경제제재는 그 실질적 효과성에 있어 논란의 대상이

---

2   제재 주체에 따른 제재 성패와 관련하여 드레즈너(Drezner 2003)와 바팟과 모건(Bapat and Morgan 2009)의 연구가 대표적이다.
3   제재의 지속성에 주목한 연구로는 볼크스와 알 소웨일(Bolks and Al-Sowayel 2000) 그리고 맥길리브레이와 스미스(McGillivray and Smith 2004)의 연구가 대표적이다.

되어왔다. 1960-70년대에 제재의 효과성에 대한 본격적 논의가 시작되면서 제재가 대상국가의 정책적 변화 등을 이끌어내기 위한 군사력보다 큰 효력을 기대할 수 없다는 것에 대한 암묵적 합의가 형성되어있었다. 그러나 1980년대 중반에 이르러 제재의 효과성에 대한 비관주의에 대해 이의가 제기되면서 제재효과에 관련한 논의가 다시 활성화되었다. 경제제재의 유·무용성에 관한 논의는 시기에 따라 크게 두차례에 걸쳐 발생하였다. 우선 '제재 효과'에 대한 정의에 있어 볼드윈(Baldwin 1985)과 허프바우어 등(Hufbauer et al. 1985)이 선행적 논의를 진행하였다. 이후 본격적으로 제재가 과연 대상국의 정책변경에 유효한 수단인가에 대한 보다 근본적인 논쟁이 진행되었다. 허프바우어 등(Hufbauer et al. 1985)은 1914년부터 1990년까지 90여 년 동안관찰된 전체 115개 제재 사례 중 40개가 성공적으로 종료되었으며, 이후 2000년까지의 제재 데이터를 바탕으로 경제제재가 34%의 경험적성공률을 나타낸다고 설명한다. 이와 관련하여 주목할 만한 연구로 마리노브(Marinov 2005)는 제재로 인해 피제재국 최고지도자의 실각 혹은 변경 가능성이 평균 28% 높아진다는 결과를 발표했다.

2. 핵무기를 포함한 대량살상무기 관련 물품의 교류를 금지하는 경제제재의 특징

Threat and Imposition of Economic Sanctions(TIES) 데이터는 1945년부터 2005년까지의 약 1,400개의 경제제재 혹은 그 위협을 바탕으로 제재를 가하게 된 이슈를 15가지로 분류하고 있다. 이들 제재 목적은 중복되어 사용될 수 있는데 핵 보유 방지를 위한 경제제재는 "전략적 물품의 교류금지"라는 명목에 해당된다. 여기에는 우라늄을 비롯

표 1 "전략적 물품의 교류금지" 목적 제재의 종류

제재의 종류	사용 빈도			
	총 사례		성공 사례	
	제재	제재위협	제재	제재위협
1 전면적 경제엠바고(Total Economic Embargo)	2	1	1	1
2 부분적 경제엠바고(Partial Economic Embargo)	6	2	3	1
3 수입규제(Import Restriction)	1	3	1	2
4 수출규제(Export Restriction)	11	0	7	0
5 해상봉쇄(Blockade)	7	5	4	2
6 자산동결(Asset Freeze)	2	1	1	0
7 원조중단(Termination Foreign Aid)	5	0	3	0
8 여행금지(Travel Ban)	3	6	1	1
9 경제협약중단(Suspension of Economic Agreement)	1	0	0	0
10 기타(Other)	0	2	0	1
총계	38	20	21	8

출처: T. Clifton Morgan, Navin Bapat and Yoshiharu Kobayashi, TIES 데이터.

한 미사일 기술과 기타 대량학살무기 생산에 쓰일 수 있는 기술과 물품이 포함되는데 해당 제재는 1945년부터 2005년 사이에 위협과 제재를 모두 합하여 총 28회 사용되었고 이 중 15개 사례는 성공적으로 마무리되었다. 8개 사례를 제외하고 모두 미국이 주도한 제재였다. 단순히 성공률만 놓고 보면 약 54%로 일반 경제제재의 경우와 비교해 낮지 않은 성적을 보여주고 있다. 구체적인 특징을 앞서 설명한 다양성, 지속성, 효과성의 관점에서 설명하면 다음과 같다.

먼저 "전략적 물품의 교류금지" 목적의 제재와 위협은 다양한 종류의 제재로 사용되고 있었다. 구체적으로 어떤 종류의 제재가 사용되었는지 보기 위해 TIES 데이터의 sanction type(threat) 변수를 참조하였다. 〈표 1〉은 핵 보유 방지를 위한 다양한 제재의 수단을 정리하고 있다. 전면적 엠바고에서부터 수출입규제, 경제봉쇄, 자산동결, 원조중단, 비자발급 중단과 여행금지, 경제협약의 중지 등에 이르기까

지 다양하고 중복되어 사용되어 왔다. "전략적 물품의 교류금지" 목적
으로 사용되는 제재와 위협의 사례는 28개이지만 여러 종류의 제재가
다양하게 중복 사용되었다. 사용된 제재 종류를 모두 합하면 〈표 1〉에
서와 같이 제재는 총 38회, 위협은 총 20회 사용된 것으로 볼 수 있다.
예를 들어 1974년 미국의 대인도 제재의 경우 해상봉쇄, 수출규제, 여
행금지 등의 제재가 사용되었고, 2002년 미국의 대북한 제재의 경우
〈표 1〉의 경제협약중단을 제외한 1~8까지의 모든 제재 수단이 총동
원되었다. 핵무기 개발이라는 사안이 가지는 중대성 때문에 제재국은
피제재국에 큰 타격을 가할 수 있는 수단을 동원하는 경향을 보였다.
또한 무기 개발에 필요한 기술과 물품의 공급을 차단하는 데 역점을
두었기 때문에 무역규제에서 수입보다는 제재국의 수출중단이 11회로
핵 보유 방지 목적의 제재 중 가장 많이 사용되었다. 이들 제재 중 7개
사례가 제재국에 유리한 결과를 가져왔다.

  지속성의 관점에서 "전략적 물품의 교류금지" 제재와 위협을 모두
합한 28개 사례의 평균 지속기간은 7.5년이었고 이는 모든 이슈를 포
함한 1,412개 사례의 제재 평균 지속기간 6.9년보다 약간 길다. 그러
나 실제 제재가 실행된 24개의 사례만 보면 핵 보유 방지 목적의 제재
는 전체 제재와 비슷한 약 8.5년의 평균 지속기간을 나타낸다. 다음으
로 제재 효과성을 보기 위해 TIES 데이터의 final outcome 변수를 제
재기간과 연결하여 살펴보았다. 먼저 피제재국으로부터 부분적 혹은
완전한 정책양보를 얻어내 성공적 제재로 볼 수 있는 경우는 총 28개
사례 중 15개가 있었고 여기에는 피제재국의 양보로 제재국이 일정한
보상을 약속한 경우를 포함한다. 이들 성공적 제재의 평균 지속기간은
(위협은 제외) 3.7년으로 모든 이슈를 포함한 성공적 제재 314개의 평
균 지속기간 4년과 차이가 거의 없었다. 일반적 제재의 특징에서 언급

표 2 제재위협과 실행 사례

	성공	실패
제재위협 단계	한국	이스라엘
제재실행 단계	남아프리카공화국	인도
		파키스탄

한 특징 중 하나인 지속성을 핵 보유 방지 목적의 제재에도 적용할 수
있다고 하겠다.

끝으로 핵포기를 위한 제재가 성공하기 위해서는 국내적, 국제적
여건이 조성되고 제재국의 문제해결 의지가 일관되게 유지되어야 하
고 평균 4년 정도의 시간이 필요했다. 특히 제재기간이 15년 이상 경
과한 경우 핵포기를 위한 제재가 성공한 경우는 없었다는 점은 주목할
만하다.[4] 또한 제재와 제재위협을 모두 포함한 28개 사례 중 15개가
성공이라는 점을 고려한다면 제재의 효과성은 낮지 않다고 판단할 수
있다.

III. 사례분석

제재가 피제재국의 핵 보유 시도에 어떤 영향을 미치고 피제재국이 핵
무기를 보유한 경우 제재가 어떻게 유지되고 혹은 끝나는지 그리고 제
재 대상국은 제재에 어떻게 대응하는지 살펴보기 위해 본 절에서는 제
재의 사례를 구체적으로 살펴본다. 사례분석 방법 중 널리 알려진 과

---

4   10년 넘게 강도 높은 제재가 계속되는 경우 피제재국은 사회, 경제적으로 황폐화되고
     이후 무력을 사용하여 제재국의 목적을 이룬 경우가 있었지만, 피제재국이 실질적으로
     핵을 보유한 경우 그런 사례는 없었다.

정추적 방법을 사용하여 각 국가 사례를 경제제재의 관점에서 정리하고 핵무기 보유 시기를 중심으로 제재국과 피제재국의 선택과 행동에 초점을 맞추어 정리하였다. 사례는 제재위협과 제재실행의 두 단계를 구분하여 선정하였다. 분석의 종속변수인 경제제재의 성공과 실패 모든 사례를 위협과 실행 단계에서 각각 선정하여 핵 보유 시도와 제재 과정을 설명하였다.

1. 제재위협 단계 성공 사례: 한국

1) 한국 핵무기 보유 시도

한국의 1970년대 핵무기 보유 시도 배경에 영향을 미친 것은 국내적 요인과 국제적 요인 두 가지가 존재한다. 1970년대는 박정희 대통령의 권위주의 정부 치하라는 정치 지형상 핵무장에 대한 공론화 과정, 시민사회 의견수렴, 또는 핵무장에 대한 국내 정치적 반대를 찾기 힘든 시대였다. 한 가지 주목해야 할 요인은 1960년대 말에서 1970년대 중후반까지 있었던 북한의 무력 도발이었다. 먼저 1968년 1월 21일 북한 특수부대의 청와대 침투 시도가 있었고, 이틀 후인 1월 23일에는 미국 정보함 푸에블로호의 납치 및 선원들을 수개월간 인질로 잡는 사건이 일어났다. 이듬해인 1969년 4월에는 미국 정찰기 EC-121기를 격추시키는 사건이 발생하였다. 1974년 8월에는 육영수 여사 저격 사건이 발생하였으며 1974년부터 1975년 사이 북한의 땅굴까지 발견되면서 한국은 상당한 안보위협에 노출되어 있었다.

이렇게 남북한 간 대립이 심화되고 북한 도발로 박정희 정부가 위협에 직면하고 있던 상황에서 한국의 안보를 더욱 우려하게 만든 것은 바로 국제적 요인이었다. 먼저 1969년 7월 미국 닉슨 대통령은 아시아 우방국들과의 동맹관계는 지속하면서 무기는 제공하되 자신들의 안보는 자신들이 지켜야 한다는 소위 '닉슨독트린'을 괌에서 발표하였다. 닉슨독트린은 공산주의 세력의 팽창을 저지하기 위해 노력하던 한국과 대만 등 많은 국가 지도자들에게 충격으로 다가왔고 안보불안을 증폭시켰다. 미국은 1960년 후반부터 1970년대 초 중국과의 관계 개선을 시도하는 한편 대만에 대해 이전과 같은 확실한 안보보장을 약속하지 못했다. 또한, 1971년 3월 미국은 주한미군 7사단의 철수를 강행하였다. 1973년 1월에는 파리평화협정이 체결되면서 미군의 베트남 전쟁 참전 종료가 예고되었으며 동년 미군의 대부분이 베트남에서 철수를 완료하였다. 1975년 4월에는 북베트남이 남베트남 사이공을 함락시키면서 베트남은 공산화되었다. 한국은 1960년대 말부터 1970년대 북한의 지속적 도발과 미국과의 동맹 약화 가능성 등 대내외적으로 안보위협에 놓이게 되었다.

이러한 불확실성에 대한 박정희 정부의 대응은 핵무장이었다. 한국은 1970년대 두 번 핵무장을 시도하였다. 먼저 1970년 8월 박정희 대통령은 대통령령 제5267호를 통해 국방과학연구소(Agency for Defense Development and the Weapons Exploitation Committee)를 설립하였다. 한국은 중수로(heavy water reactor)를 캐나다로부터, 폐연료 재처리 공장(spent-fuel reprocessing plant)을 프랑스로부터, 그리고 혼합산화물 재처리 실험실(mixed-oxide reprocessing laboratory)을 벨기에로부터 구매하려고 하였고 1973년 실제로 캐나다 및 프랑스와 접촉하였다(Harrison 2009, 54; Fitzpatrick 2016에서 재인용). 기밀해제된 미국의 문서를 살펴보면 미국은 이와 같은 사실을 이미 인지하고 있었던 것으로 보인다. 1974년 8월 13일 문서를 살펴보면 한국의 전문가들이 서유럽 국가로부터 재처리 기술과 재처리 시설을 얻기 위해 노력하고 있다는 것을 언급하고 있다.[5] 이 시기 미국은 새로이 핵을 보유하려는 여러 국가들의 시도에 대해 민감하게 반응했는데 이는 핵 관련 기술 도입 경로가 다양화되면서 핵확산이 야기할 부작용을 우려했기 때문이었다. 예를 들어 인도가 1974년 감행한 핵실험에 캐나다가 공급한 중수로가 사용되자 핵 보유의 공급측면 제한의 필요성을 인지하게 되었다. 미국 정부는 독자적으로 한국을 압박하는 방법과 함께 당시 주요 핵물질 수출 국가였던 영국, 캐나다, 프랑스, 서독, 일본, 소련과 함께 주요 핵물질의 공통된 수출지침을 만들고자 하는 다자적 방법을 강구하기 시작하였다.[6] 또한, 한국의 핵무장 시도를 막기 위해 캐나다와 프랑스에 한국에 핵관련 시설을 판매하지 말라고 요청하였고 캐나다와 프랑스 모두 미국의 의견에 일부 동참하였다.[7] 캐나다의 경우 자체적으로 한국의 NPT 서명 필요성 및 캐나다와의 협력으로 만들어질 핵관련 시설을 이용한 핵무기 제조 금지를 강조하면서 한국을 압박하였다(Jang 2017). 프랑스는 미국의 핵물질의 공통된 수출지침 방안에 유일하게 반대했으며 미국이 프랑스의 핵관련 사업을 방해하고 있다고 생각하면서 미국에 대해 상대적으로 강한 자세를 취하였다. 하지만 1975년 11월 18일 당시 미국 동아시아 태평양 담당 차관보가 국무장관에게 보낸 메모에 의하면 한국과의 재처리 시설 사업에 대해 한

---

5   National Security Archive. 2017. "Korea Ratification of NPT." http://nsarchive2.gwu.edu//dc.html?doc=3513491-Document-02-U-S-Mission-to-IAEA-Vienna-telegram (검색일: 2017. 10. 12.)

6   National Security Archive. 2017. "ROK Plans to Develop Nuclear Weapons and Missiles." http://nsarchive2.gwu.edu//dc.html?doc=3513500-Document-09-State-Department-telegram-048673-to (검색일: 2017. 10. 12.)

7   National Security Archive. 2017. "ROK Plans to Develop Nuclear Weapons and Missiles."; Nation Security Archive. 2017. "Nuclear Export Policy: Bilateral with France." http://nsarchive2.gwu.edu//dc.html?doc=3513504-Document-13-U-S-Embassy-London-telegram-09295-to (검색일: 2017. 10. 13.)

국이 계약취소에 대한 위약금을 내면 프랑스는 계약 종료가 가능하다고 하였다(Choi 2014, 82). 한국의 안보현실에서 NPT 가입은 핵무기 보유 가능성을 없애는 것과 같았기 때문에 NPT 가입에 적극적이지 않았지만 미국과 캐나다의 압박으로 1975년 결국 NPT에 서명하였다. NPT 서명 이후 캐나다와 중수로 건설 계약을 완료하였다. 프랑스와의 재처리시설 관련 계약은 미국이 프랑스에 위약금을 지불하는 형식으로 마무리 되었다.[8]

하지만 1976년 11월 지미 카터(Jimmy Carter) 미국 대통령 후보가 당선되면서 상황이 바뀌었고 2차 한국 핵무장 시도가 발생하였다. 지미 카터 대통령은 후보 시절부터 주한미군 철수를 언급하였다. 박정희 대통령은 1976년 12월 한국핵원료개발공단(the Korea Nuclear Fuel Development Institute)을 설립하고 프랑스와 벨기에에 과학자들을 파견하였다. 미국은 이를 인지하고 있었으나 이러한 기술이 한국의 핵무장과 연결되어 있다는 명확한 증거는 찾지 못한 것으로 알려졌다(Fitzpatrick 2016, 20-21). 한국의 이러한 시도는 1979년 10월 26일 박정희 대통령 사망, 최규하 대통령 권한대행 이후 집권한 전두환 대통령 시기 포기된 것으로 알려져 있다. 하지만 당시 카터 정부는 기존에 내세웠던 주한미군과 전략적 핵무기 철수 계획을 취소하였고, 카터 이후 집권한 로널드 레이건(Ronald Reagan) 대통령은 카터 정부와는 다르게 핵무기 프로그램 재가동 시 제재를 부과할 것이라는 단서를 달면서도 주한미군 및 전략적 핵무기 철수보다는 현상유지를 선호하면서 한국의 안보불안이 어느 정도 해소되는 결과를 가져왔다.

---

8   역사적 사실 문제에 대해 조언을 해주신 익명의 심사자께 감사드립니다.

2) 미국의 제재위협

미국은 한국의 핵무기 보유 시도를 감지하고 이를 저지하기 위해 몇 가지 제재위협의 수단을 동원하였다. 해당 사례에서 주목할 특징은 한국이 핵무기 보유 프로그램을 추진한 이유로 미국의 행동으로 인한 한국의 안보 불확실성 증가 때문이라는 것을 공개적으로 언급하였다는 것이다. 대표적인 것이 박정희 대통령의 1975년 6월 워싱턴 포스트 (*The Washington Post*)와의 인터뷰 내용이다. 박정희 대통령은 인터뷰에서 한국은 핵무기 보유 능력이 있지만 이를 실행하고 있지 않으며 NPT를 존중한다는 것, 그리고 미국의 핵우산이 더 이상 존재하지 않을 시 한국은 생존을 위해 핵무기를 개발하겠다는 것, 마지막으로 주한미군이 철수하였을 시 적의 오판 가능성이 증가하며 미국의 신뢰도에도 금이 간다고 언급하였다(The Washington Post 1975/06/12; Choi 2014, 78에서 재인용).

한미동맹에 대한 불확실성 증가는 핵무장으로 이어질 수밖에 없고 이러한 시도에 대해 미국은 여러 방면의 위협으로 대응했다. 예를 들어 미 국무부 장관 헨리 키신저(Henry Kissinger)는 박정희 대통령에게 주한미군 철수 가능성 및 미국의 핵우산에서 한국을 제외시킬 수 있다는 카드로 핵 프로그램 포기를 압박하였다(Fitzpatrick 2016, 20). 미국의 압박이 들어올 때마다 한국은 핵무기 개발 포기 시 미국이 한국의 안보를 위해 무엇을 해줄 수 있는지 꾸준하게 타진하였다.[9] 여기에서 주목할 만한 사건이 한국 과학기술처 장관인 최형섭과 미국 국무부 차관보(Acting Assistant Secretary) 마이런 크래처(Myron Kratzer)

---

9   National Security Archive. 2017. "ROK Nuclear Reprocessing." http://nsarchive2. gwu.edu//dc.html?doc=3535274-Document-16-U-S-Embassy-Seoul-telegram-9662-to (검색일: 2017. 10. 15.)

간 회의이다. 이 회의에서 미국은 한국이 핵무기 보유 시도를 포기하는 대가로 몇 가지 급부를 제시하였다. 1976년 1월 23일 주한 미 대사관에서 미국 국무부로 보낸 텔레그램을 살펴보면 미국은 한국이 핵무기 보유 시도를 포기하면 한국과 미국 간에 평화적 핵 협력 및 소통의 개선 및 조정, 원자로 설계, 건설, 운영 유지에 대한 협력, 자매 실험실 관계(Sister laboratory relationship) 조성, 핵연료 제조 협력, 재처리 서비스 협력, 원자로 안전 및 규제 협력, 그리고 마지막으로 전반적인 과학기술 협력이 가능하다는 약속을 확인할 수 있다.[10] 한국은 1975년 NPT 서명 및 1976년 초 미국의 한국에 대한 위와 같은 약속을 바탕으로 박정희 대통령은 핵무기 프로그램을 앞서 언급한 지미 카터 대통령의 당선 전까지 잠시 포기하였다. 결과적으로 미국은 한국의 NPT 서명을 압박하는 동시에 한국이 핵무기 개발을 감행하려는 의도를 공개적으로 노출시킨 상황에서 채찍과 당근을 적절히 사용하였다. 경제제재 위협과 주한미군 철수 등 강력한 위협과 더불어 한국의 안보불안 해소를 위한 방안을 함께 제시하면서 한국의 핵무기 보유 시도를 무마시켰다.

2. 제재위협 단계 실패 사례: 이스라엘

1) 이스라엘 핵무기 보유 시도

TIES 데이터는 이스라엘 사례를 제재위협으로 간주하고 있고 이스라엘에 대해 핵무기 보유와 관련된 미국을 필두로 한 공식 경제제재는

10　National Security Archive. 2017. "ROK Nuclear Reprocessing." http://nsarchive2. gwu.edu//dc.html?doc=3535290-Document-32-U-S-Embassy-Seoul-telegram-0545-to (검색일: 2017. 10. 15.)

실행된 바 없다. NPT가 1968년 만들어지고 1970년 효력이 발생한 후 이스라엘, 인도, 파키스탄, 북한 네 국가만 핵무기를 보유하게 되었다. 여기서 이스라엘을 제외한 나머지 세 국가는 미국 및 다자제재의 목표 가 되었다(Hufbauer et al. 2009, 146).

이스라엘의 핵 보유 의지는 이스라엘이 처한 안보 환경과 관련이 있다. 1948년 5월 14일 독립을 이룩한 이스라엘은 다음날인 15일부터 유태인 국가의 건국을 반대한 아랍연맹(Arab League)과 아랍-이스라 엘 전쟁(Arab-Israeli War)을 수행하였다. 이러한 경험을 바탕으로 미 래에 또다시 일어날 수 있는 전쟁을 예방하기 위해 핵무기 개발을 시 작하게 되었다. 뿐만 아니라 아랍 주변국의 핵무기 보유를 막기 위해 이라크와 시리아의 원자로를 각각 1981년과 2007년 공습으로 파괴하 는 등 무력 충돌도 감수하였다.

이스라엘 초대 총리인 다비드 벤구리온(David Ben-Gurion)은 1952년 이스라엘 원자력 위원회(Israeli Atomic Energy Commission) 를 설립하면서 핵관련 기술을 발전시키고자 하였다(Kroenig 2010, 68). 이스라엘 원자력 위원회는 화학자인 에른스트 데이비드 버그만 (Ernst David Bergmann)이 이끌었는데 그는 이스라엘이 외부의 도움 없이 독자적으로 핵무기 개발이 가능하다고 주장한 정부 내 소수 인사 들 중 한 명이었다(Kroenig 2010, 68). 이와 반대로 이스라엘의 핵무장 에 외부의 도움이 필요하다는 주장 및 이스라엘이 독자적으로 핵무기 를 개발할 시간이 부족하다는 주장은 당시 국방부 소속이자 훗날 이스 라엘 총리 및 대통령이 되는 시몬 페레스(Shimon Peres)와 같은 인사 들에 의해 피력되었고 결국 핵무장에 외부의 도움을 받기로 결정하였 다(Peres 1995, 133-135).

이처럼 국내 정치적 결정이 정리된 후 이스라엘 핵무기 개발의 공급적 측면을 살펴보면 핵심기술 획득에 도움을 준 주요 국가는 미국이 아닌 프랑스였다. 미국은 아이젠하워(Dwight D. Eisenhower) 행정부의 핵의 평화로운 이용을 전제한 기술 전파에 적극적이었기 때문에 이스라엘은 미국에 핵관련 정교한 기술의 전파를 요청하였지만 미국은 거절하였다(Kroenig 2010, 69). 반면에 프랑스는 이에 적극적이었다. 이를 이해하려면 프랑스와 이집트의 관계를 살펴볼 필요가 있다. 프랑스는 1950년대 말과 1960년대 초 알제리의 독립을 막기 위해 애를 쓰고 있었는데 당시 알제리 내 반군을 이집트가 도와주고 있다고 의심하고 있었다(Kroenig 2010, 70). 또한 이집트는 1955년 9월 소련의 허가하에 체코슬로바키아와의 무기거래를 진행하였고 이는 이집트 군사력을 기존보다 두 배 이상 강하게 만드는 결과를 가져왔다. 이에 대한 대응으로 프랑스는 이스라엘에 군사적 원조를 본격적으로 시작하였다. 1년 후인 1956년 9월 버그만은 미국에 요청한 내용 그대로를 프랑스에 요청하였다. 프랑스는 미국과 달리 이스라엘에 대한 원자로 지원을 약속하였다. 결국 이스라엘과 이집트 간 적대 관계를 맺고 있었던 당시 상황을 바탕으로 프랑스는 1958년부터 이스라엘에 원자로 및 플루토늄 재처리 시설을 포함한 핵관련 기술을 전파하게 되었다.

2) 미국의 제재위협

1950년대 미국은 아이젠하워 대통령 시절부터 이스라엘의 핵무기 보유 시도와 핵관련 시설 건설 정황, 그리고 프랑스와의 협력을 의심하였으나 정보 부재로 결론을 짓지 못한 것으로 보여진다(Kroenig 2010, 74-75). 프랑스와 이스라엘은 그러한 사실을 부정하였고 핵의 평화로운 사용 목적만을 강조하였다. 여기서 주목할 요소는 이스라엘이 핵무기 보유 야심을 드러내고 프랑스와의 협력이 있었던 시기 소련, 영국,

프랑스가 핵실험을 통해 핵무기를 보유하게 되었고 NPT와 같은 국제적인 핵확산 방지 조약이 존재하지 않았다는 것이다. 당시 미국은 다자적 접근보다는 이스라엘과 직접 협상하는 양자적 접근을 통해 핵무기 보유를 저지하고자 하였다. 이스라엘에 제재를 가하는 형태가 아닌 이스라엘 총리와 미국 대통령 간 서신을 주고받거나 대사관을 이용하는 방법으로 협상이 진행되었다. 또한, 미국은 디모나에 위치한 시설의 건설에 사용된 재원이 미국 정부의 대이스라엘 원조금과 미국 국내 세금 공제가 가능한 개인 자선 단체의 재원으로 인한 것이 아닌지 의심하였다. 이러한 상황을 바탕으로 아이젠하워 정부는 이스라엘에 대한 경제원조를 중단해서 압박하는 정책을 고려하였으나 실제로 실행하지는 않았다.[11] 이 밖에 당시 재무부 경제지원 담당이었던 애디 코헨 (Addy Cohen)에 의하면 디모나 시설과 관련된 것으로 인한 정책인지 공식적으로 확인되고 있지 않으나 당시 이스라엘과 진행 중이던 식량 원조 협정인 PL 480이 워싱턴의 의지로 인해 지체되고 있음을 확인할 수 있다.[12] 미국이 이스라엘에 요구한 주요 사항은 미국 과학자들이 핵무기 관련 시설 건설이 의심되었던 디모나 지역을 사찰하는 것이었다. 이스라엘은 '사찰'이라는 단어보다는 '방문'(visit)이라는 단어를 사용하기 원했고 법적 근거가 없는 미국의 방문 자체에 대해서도 부정적이었다(Cohen 1998, 177-178).

흥미롭게도 미국이 다자적인 접근보다는 이스라엘과 양자 간에 디모나 지역 방문의 협상을 진행하였기 때문에 미국의 대통령이 누구

---

11   National Security Archive. 2015. "The U.S. Discovery of Israel's Secret Nuclear Project." https://nsarchive2.gwu.edu/nukevault/ebb510/ (검색일: 2018. 08. 04.)

12   National Security Archive. 2015. "U.S. Embassy Tel Aviv telegram 574 to State Department, 23 December 1960, Secret." https://nsarchive2.gwu.edu/nukevault/ebb510/docs/doc%2015.pdf (검색일: 2018. 08. 04.)

였는지에 따라 협상 강도가 달라진 것을 확인할 수 있다. 앞서 언급했
듯이 아이젠하워 행정부는 이스라엘의 핵무기 보유 시도 정황 및 핵관
련 시설 건설을 의심했으나 정보 부재로 결론을 짓지 못하였다. 하지
만 아이젠하워 대통령의 뒤를 이은 케네디(John F. Kennedy) 행정부
는 핵확산 방지가 미국의 이익에 필수적임을 인식하였고 1962년 쿠바
미사일 사태를 경험하면서 핵확산 방지가 케네디 정부의 주요 외교정
책의 하나가 되었다(Cohen 1998, 99). 케네디 정부는 미국 과학자들의
디모나 지역의 검증을 이스라엘에 재촉하였고 이스라엘은 이를 최대
한 늦추면서 버티는 전략을 사용하였다. 결국 디모나 지역의 미국 과
학자들에 의한 검증에 대한 합의가 케네디 행정부 시기 이루어졌다.
하지만 케네디가 1963년 11월 암살당하면서 디모나 지역에 대한 미국
과학자들의 검증은 존슨(Lyndon B. Johnson) 행정부 때 이루어졌다.
이러한 검증은 존슨 행정부 시기였던 1964년, 1965년, 1967년 이루
어졌는데 존슨 대통령은 케네디 대통령보다 핵 비확산에 대한 관심이
적었고 외교정책보다 미국 국내 상황에 관심이 많았다(Cohen 1998,
195). 존슨 대통령에 이어 정권교체에 성공한 공화당의 닉슨 대통령
시기였던 1969년 마지막 디모나 검증이 이루어졌다.
　　1960년대 말에 들어오면서 NPT가 등장하면서 미국의 핵확산 방
지에 대한 조치는 다자적 접근법으로 변해갔다고 할 수 있다. NPT는
케네디와 존슨이라는 민주당 출신의 대통령에 의해 발전이 되었는데
그들은 대체적으로 미국의 우방국이든 아니든 핵확산 자체가 미국의
이익에 도움이 되지 않는다고 판단한 반면, 정권교체에 성공한 공화당
의 닉슨 대통령과 그의 참모 키신저는 우방국과 적국의 핵확산에 차이
를 두었다(Cohen 1998, 324-325). 이는 전 세계적으로 핵확산을 방지
하는 것보다 우방국에게 핵무장의 기회를 부여하는 것이 미국의 이익

을 위하는 것이라는 생각이었다(Cohen 1998, 325). 닉슨 행정부는 이
스라엘을 위와 같은 우방국의 하나로 간주하였으며 이스라엘의 핵무
기 보유에 대한 모호성 인정으로 이어졌다고 할 수 있다.

3. 제재실행 단계 성공 사례: 남아프리카공화국

1) 남아프리카공화국 핵무기 보유 시도
남아공의 핵무기 보유에 결정적인 영향을 끼친 것은 국제적 변수였
다. 이는 공식적인 남아공의 입장이기도 하다. 1993년 3월 남아공이
핵무기를 보유했었으며 이들의 해체 완료 선언 후 포린 어페어스(*For-
eign Affairs*)와의 인터뷰를 진행한 프레드릭 드 클레르크(Frederik de
Klerk) 대통령은 전임 대통령의 핵개발 이유로 소련과 쿠바라는 두 공
산권 국가의 모잠비크와 앙골라에 대한 군사적인 지원 및 이것을 등에
입은 공산세력의 친소 정권 수립이라 하였다(de Villiers 외 1993, 101).
당시 모잠비크와 앙골라는 공산주의 국가가 아니었던 포르투갈의 영
향 하에 있었으나 소련의 지원을 받은 쿠바는 앙골라와 모잠비크에 군
대를 파견하였다. 결국 쿠바와 소련의 지원을 받은 앙골라와 모잠비크
는 공산세력에 의해 친소 정권이 수립되었다. 또한 소련과 쿠바는 남
아공과 국경을 접하고 있는 나미비아와 짐바브웨 내 공산권 반군에게
도 군사적 지원을 하고 있었다. 이러한 접경 국가들로부터 야기된 국
제적 안보불안 요소가 남아공 핵무기 보유 의도를 설명한다고 할 수
있다. 마지막으로 남아공은 한국과 유사하게 핵무기 개발을 추진할 당
시 권위주의 국가였으며 인종분리정책인 아파르트헤이트(apartheid)
정책이 시행 중이었기 때문에 핵무기 개발에 대한 공론화, 민주적 의
견 수렴 과정 또는 국내 정치적 반대가 발생하기 어려운 환경이었다.

　　남아공은 핵무기 보유 시도에 그치지 않고 1979년 9월 비밀리에 우라늄탄을 이용한 최초의 핵실험에 성공했다. 남아공은 2차 대전 당시 미국의 핵프로젝트에 참여하였고 우라늄을 공급하는 역할을 맡았다. 1948년 원자력법 제정과 원자력위원회를 설립하였으며 1950년에는 미국과 양자 간 평화적인 원자력협정 체결을 필두로 미국과 핵관련 교류를 시작하였다. 1957년에는 국제원자력기구(IAEA) 설립에도 관여하였고 상임이사국에 선정되기도 하는 등 핵관련 활동에 적극적이었다. 남아공은 1965년 3월 미국의 기술지원을 등에 업고 연구용 원자로 SAFARI I을 완성, 2년 후인 1967년에는 이스라엘의 지원으로 SAFARI II를 완공하였다. 1968년 남아공은 NPT 가입을 거부, 1년 후인 1969년 Y-Plant라는 실험용 우라늄 농축시설 건설을 시작한다. 1970년대 남아공은 우라늄 농축기술 및 핵무기 제조능력 확보에 박차를 가하고 1974년 발타자르 보스터(Balthazar Johannes Vorster) 총리의 지시로 지하 핵실험장 건설을 승인하면서 본격적인 핵무기 제조에 들어갔다. 하지만 1976-1977년 사이 칼라하리 사막에 건설 중인 핵실험장이 소련 위성에 의해 탐지, 소련에게 정보를 넘겨받은 미국도 이를 공식적으로 확인하였다.[13] 이후 서방 국가들의 비난에 직면한 보스터 총리는 핵실험장을 폐쇄하기에 이른다. 하지만 이와 비슷한 시기인 1977년 8월 비밀 핵프로젝트를 시작하였고 1978년 Y-Plant는 고농축 우라늄 생산을 시작, 결과적으로 1979년 첫 핵폭발장치가 완성되었다. 1979년에는 피터르 빌럼 보타(Pieter Willem Botha) 총리 및 국방부 장관은 6개의 추가 핵무기 건설을 승인, 1989년까지 6기의 핵무기

13　National Security Archive. 2006. "South Africa: Policy Considerations Regarding a Nuclear Test." http://nsarchive2.gwu.edu/NSAEBB/NSAEBB181/sa18.pdf (검색일: 2017. 10. 14.)

를 완성하였다.

이러한 남아공의 기조는 클레르크 대통령의 집권 이후 급격한 변화를 맞이하게 된다. 먼저 1989년 9월 클레르크 대통령은 남아공의 핵무기에 관해 보고를 받았고, 원자력공사, 국방부, 남아공 방산업체이자 핵무기 제조에 관여하고 있었던 ARMSCOR사가 주축이 된 전문가위원회를 꾸려서 핵무기 보유와 NPT 가입 비용의 편익을 분석하게 하였다(한인택 2011, 96). 전문가위원회는 핵무기 해체를 건의하였고 클레르크 정부는 이를 받아들여 1990년 1월까지 발 빠르게 비밀 핵무기 폐기 계획을 수립하였다. 결과적으로 1990년 2월 Y-Plant를 폐쇄하였고 1991년 7월까지 농축우라늄의 회수를 완료하고 NPT에 가입하였다. 두 달 후 IAEA와 안전조치협정 체결, 그리고 1993년 의회에서의 연설을 통해 남아공은 보유하고 있던 6개의 핵폭발장치를 모두 해체하고, NPT 가입을 완료하며, 핵사찰, 핵관련 시설 제거 및 핵의 상업적 목적 사용 약속, 그리고 NPT 의무를 성실히 수행한다는 것을 발표하였다. 핵무기 해체를 공식화하는 순간이었다.

2) 미국의 제재실행

남아공은 비밀리에 핵무기 개발에 성공한 후 자진해서 이를 해체시킨 국가이다. 이러한 행동에 영향을 미친 변수로서 냉전 이후 해소된 안보불안과 아파르트헤이트로 인해 부과받은 국제사회의 경제제재와 압박을 살펴볼 필요가 있다. 먼저 클레르크 대통령은 남아공의 핵무기 제조 이유의 공식적 답변으로 앞서 언급한 안보불안을 언급하였다. 하지만 1980년대 후반 이러한 상황이 변하기 시작하였다. 먼저 1988년 쿠바, 앙골라와 남아공 간의 합의를 통해 쿠바군이 앙골라 및 모잠비크에서 철수하였고 소련 또한 아프리카 군사 지원을 축소하게 되었다.

남아공의 안보불안이 냉전 종식과 더불어 해소되기 시작하는 국면으로 접어든 것이다.

안보불안 해소와 더불어서 살펴보아야 할 변수가 바로 국제사회의 경제제재 및 압박이다. 먼저 남아공의 핵실험 징후를 포착한 1977년 국제사회의 공조가 시작되었고 미국 레이건 대통령은 남아공의 NPT 가입을 유도하기 위해 1986년 남아공과 모든 핵협력을 중단하였다. 하지만 여기서 중요한 점은 남아공이 핵무기 관련 압박을 받기 전 아파르트헤이트로 인해 이미 UN을 필두로 한 국제사회로부터 상당한 경제제재와 압박을 받고 있었다는 것이다. 인종차별 정책으로 인한 제재는 핵무기와 관련된 제재보다 이른 1959년 아프리카민족회의가 남아공에 대한 제재를 국제사회에 요청한 이후 꾸준히 계속되었다. 1962년에는 UN총회가 결의안 1761을 통과시키면서 법적 구속력이 존재하지는 않지만 남아공에 대한 제재를 가하였다. 결의안 1761은 유엔 회원국들에게 자발적으로 외교관계 단절, 자발적 무역금지, 남아공 제품 보이콧과 같은 제재를 담고 있다.[14] 남아공은 또한 UN관련 기관에서 회원국 자격을 보류당하였다. 유엔 안보리 또한 제재에 가세하였는데 1970년 7월 결의안 282를 채택, 자발적 무기수출금지조치 및 금수조치를 시작으로 1977년에는 결의안 418을 통과시키면서 무기수출금지조치 및 금수조치를 강제적으로 만들었다.[15] 하지만 1970년대 이러한

---

14   The United Nations General Assembly. 1962. "The policies of apartheid of the Government of the Republic of South Africa." http://www.un.org/en/ga/search/view_doc.asp?symbol=A/RES/1761(XVII) (검색일: 2017. 10. 14.)

15   The United Nations Security Council. 1970. "Resolution 282 (1970) of 23 July 1970." http://www.un.org/en/ga/search/view_doc.asp?symbol=S/RES/282(1970) (검색일: 2017. 10. 15.); The United Nations Security Council. 1977. "Resolution 418 (1977) of 4 November 1977." http://www.un.org/en/ga/search/view_doc.asp?symbol=S/RES/418(1977) (검색일: 2017. 10. 15.)

국제사회의 조치에도 불구하고 남아공은 풍부한 자원 및 서방 국가들과의 지속적인 무역을 통해 외국인 투자비율은 오히려 상승하였고 경제성장률 또한 연평균 4.5%대를 기록하였다(장성욱 2005, 137). 결과적으로 아파르트헤이트 정책은 경제제재에도 불구하고 상당 기간 계속되었다.

하지만 1980년대 들어 이러한 상황은 변하기 시작하였다. 기존 경제제재가 효과를 거두지 못하는 상황에서 국제사회는 추가 제재를 모색하게 되었고 국가 간 무역을 규제하는 대신 남아공 내 다국적기업과 은행의 투자회수를 압박하는 경제제재가 그것이었다. 특히 1986년 미국은 반인종차별 법안을 통과시키고 남아공에 대한 신규투자 금지, 신규은행대출 금지, 그리고 남아공에서 생산된 제품 수입금지 등의 조치를 취하였다(장성욱 2005, 136). 이러한 움직임은 1970년대에 비해 상대적으로 성공적인 효과를 나타냈으며 1980년대 남아공에 대한 투자가 위축되었고 약 200개의 기업이 남아공에서 철수하는 상황까지 연출되었고, 미국 은행들은 남아공의 차관 상환 연장을 거부하고 심지어 차관의 회수까지 진행하였다(장성욱 2005, 136). 결과적으로 남아공에게 1980년대에는 1970년대에 비해 신규투자 위축, 투자금 회수 등 경제적 압박이 심각한 상황에 이르렀다. 남아공 정부는 핵무기의 자발적 해체와 아파르트헤이트 정책 종식을 통해 경제제재 철회를 모색했다. 이는 외부 안보불안 요소가 없어진 상황에서 제재로 인한 경제적 피해를 줄이기 위해 핵무기를 고집할 필요가 없었던 것으로 해석할 수 있다.

4. 제재실행 단계 실패 사례: 인도와 파키스탄

1) 인도와 파키스탄 핵무기 보유 시도

인도는 1998년 5월 11일, 그리고 이틀 뒤인 5월 13일 핵실험을 단행하였다. 이 핵실험은 1974년 5월 한 차례 실시한 평화적 핵실험 이후 처음 실시된 실험이었으며 그 배경에는 국내 및 국제 요소 모두 관련되어 있었다. 먼저 국내 요소를 살펴보면 1998년 3월 선거에서 승리한 인민당(Bharatiya Janata Party, BJP) 연합정부의 주요 공약 중 하나가 핵실험을 단행하고 핵 보유국가로 나아가는 것이었다. 또한, 인민당 연합정권 전에 집권했던 국민회의(Congress Party)와 소수 정당들을 합친 통일전선(United Front) 간의 연합정권은 1990년 중반 집권 당시 핵실험을 추진했던 경험이 있었고 핵 보유에 반대하는 입장은 아니었다. 또한 국민회의를 밀어내고 집권에 성공한 인민당은 핵과 국방 관련 관료조직으로부터 핵실험에 대한 지지를 받고 있었다. 싱크탱크와 미디어 또한 핵실험에 찬성하는 분위기였다. 예를 들어 힌두스탄 타임즈(*Hindustan Times*)나 아시안 에이지(*Asian Age*)와 같은 신문과 잡지 매체들은 핵실험에 대해 대중들로부터 완전한 지지를 받을 것이라고 주장하였다. 요약하면 인민당 연합정부는 핵무장에 대한 의도를 가지고 있었고 이를 진행할 국내 정치적 지지기반 또한 탄탄한 편이었다(Saksena 2006, 218).

인도의 핵실험에 대한 국내 지지는 인도가 당시 경험했던 국제 안보 위기감을 반영하고 있었다. 특히 중국 및 파키스탄과의 갈등이 중요한 원인이었다. 인도는 중국과 국경을 맞대고 있으며 인도 입장에서 굴욕적인 패배를 당했던 1962년 분쟁을 포함해 국경 관련 분쟁을 여러 번 겪었다. 1974년에 실시한 핵실험도 1962년에 있었던 패배와 1964년 중국이 실시한 핵실험의 여파라고 할 수 있다. 1998년 5월 13일 핵실험 직후 당시 인도 아탈 비하리 바즈파이에(Atal Bihari Vajpayee) 총리가 미국 클린턴(Bill Clinton) 대통령에 보낸 서한을 살펴보면 인도 핵실험의 주요 원인은 "1962년 인도에 대한 무장 침략을 저지른 핵무기 보유국을 국경에 두고"있기 때문이라는 것이었다(The New York Times 1998/05/13). 또한 인도는 재래식 군사력으로 파키스탄을 압도하였지만, 파키스탄이 핵무기를 이미 보유하고 있는 중국과 우호적 관계를 유지하는 것은 인도 입장에서 중요한 안보적 위협이었다. 위의 서한에서 바즈파이에 총리는 중국이 파키스탄에 물질적 도움을 주어 은밀하게 핵무장 국가로 나아가게 하고 있는 것에 대한 상황을 경계하고 있는 것을 확인할 수 있다(The New York Times 1998/05/13).[16]

　이에 그치지 않고 국제적 환경은 인도에 유리하게 흘러가지 않았다. 1970년 효력이 발생한 NPT 조약이 25년 만인 1995년 검토 및 확장(review and extension)에 들어갔는데 미국은 NPT의 "무조건 및 무기한 연장(unconditional and indefinite extension)"을 원했다. 인도는 핵무장 및 핵무기에 대한 모호성을 유지하면서 NPT의 영향력을 받지 않기를 희망하였다. 하지만 NPT는 미국의 희망대로 연장되었고 인도, 파키스탄, 그리고 이스라엘만이 핵확산금지조약의 영향을 받지 않는 상황이 연출되었다. 1996년 NPT와 더불어 군사, 민간 목적의 핵 실험을 금지하는 포괄적 핵실험금지조약(CTBT) 또한 UN에서 채택되었

16　1998년 인도의 핵실험은 사실상 중국보다는 파키스탄을 대단히 의식한 행동이라는 분석 역시 존재한다. 자세한 내용은 Woodrow Wilson Center Nuclear Proliferation International History Project의 Pant and Joshi(2018) 참조. 보다 많은 자료의 접근에 도움을 주신 익명의 심사자께 감사드립니다.

다(Ganguly 2000, 54). 두 조약 모두 핵확산 금지라는 국제적 합의가 뿌리내릴 수 있는 근거를 마련하였고 시간이 지날수록 이들의 영향력은 커질 수밖에 없었다. 이로 인해 핵실험과 핵무장에 들여야 할 국제 정치적 비용은 더욱 커져 기회를 잃게 될 가능성이 존재하였기 때문에 인도는 시간적 압박을 느낄 수밖에 없었다. 요약하면 국제적으로 인도가 마주한 안보 위기상황은 핵무장을 위한 인도 내 여론에 긍정적 영향을 주었고 이는 결국 1998년 성공적 핵실험으로 이어졌다.

반면 파키스탄은 인도의 핵실험에 대한 반응적 성격의 핵실험을 1998년 5월 28일, 그리고 5월 30일 실시하였다. 인도 입장에서 중국과 파키스탄이 자국에게 위협적 존재였던 것과 마찬가지로 파키스탄의 입장에서 인도의 핵실험은 국가생존을 위협할 수 있는 중차대한 문제였다. 파키스탄은 1971년 인도와의 카슈미르 지역에서의 굴욕적 패배, 그리고 1974년 인도의 핵실험을 안보적 위협으로 간주하였다. 파키스탄은 1971년부터 압둘 카디르 칸(Abdul Qadeer Khan)을 필두로 핵무기 개발에 박차를 가하기 시작했다. 하지만 파키스탄은 인도와 다르게 1998년 이전에는 별도 핵실험을 강행하지 않았고 1998년 5월 인도의 핵 실험에 대응하는 성격으로 최초 핵실험을 단행했다. 결국 지역 내 세력균형의 관점에서 경쟁관계에 있던 인도의 핵무장이 파키스탄의 핵실험을 설명하는 가장 중요한 원인이라고 볼 수 있다.

인도의 핵실험 이후 파키스탄의 핵실험 결정에 이르기까지 파키스탄의 국내 상황은 어떠했는가? 파키스탄의 경우 핵과 관련된 정책은 군부와 밀접한 관계가 있다. 초기에는 민주적으로 집권한 정부의 판단을 존중하라는 파키스탄 대중의 요구에 따라 핵실험에 대한 강행 의사를 최대한 자제하는 모습을 보여주었다(Yasmeen 2000, 54-55). 하지만 인도의 핵실험 이후 계속되는 도발 발언 및 인도 육군 참모총

장의 카슈미르 지역 방문은 파키스탄 군부를 자극했다. 결국 5월 25
일 샤리프 파키스탄 총리와 파키스탄 육군 참모총장 제한기르 카라맛
(Jehangir Karamat)은 회의를 갖고 파키스탄 핵실험 강행을 결정하였
다(Rizvi 2001, 953-954). 파키스탄 내의 여론 또한 핵실험에 찬성하는
분위기였다. 5월 25일에 진행된 갤럽의 여론조사를 살펴보면 파키스
탄 국민의 70%가 핵실험에 찬성했고 30%만이 자제를 선호하였다. 미
국의 파키스탄에 대한 강한 제재 가능성이 제기되자 핵실험 자제 의
견이 40%로 올라갔지만 대세를 바꾸기에는 역부족이었다(Rizvi 2001,
953). 파키스탄 유명 잡지인 Newsline의 또 다른 여론조사에서는 64%
가 즉시 핵실험을, 15%가 연기를, 21%가 핵실험에 반대하는 결과가
나왔으며 23%만이 핵프로그램 폐기를 대가로 미국의 경제적, 군사적
지원을 받는 것에 찬성하였다(Rizvi 2001, 953). 결과적으로 파키스탄
은 민관군 모든 영역에서 인도의 핵무장에 대한 대응적 핵실험의 여건
이 마련되어 있었다고 할 수 있다.

2) 미국의 제재실행

인도의 핵실험, 그리고 뒤이어 이어진 파키스탄의 대응적 핵실험 이
후 미국은 빠른 반응을 보였다. 당시 미국이 취한 행동은 본 글에서 다
룬 다른 핵무기 보유 시도 국가들에게 보인 방식과는 사뭇 다른 것을
확인할 수 있다. 이는 인도와 파키스탄이 다른 핵무기 보유 시도 국가
들과 다르게 공개적으로 핵실험을 실행한 상황이 주요했다고 할 수 있
다. 또한, 당시 NPT 체제가 안정적으로 작동하고 있었다는 점, 그리고
미국 법적으로 핵 비확산을 강하게 압박할 수 있는 장치가 마련되어
있었기 때문이라고 할 수 있다. 먼저 미국은 1994년 만들어진 글랜 수
정안(Glenn Amendment)으로 알려진 무기수출 통제법(Arms Export

Control Act)과 수출입은행법 1945(Export-Import Bank Act of 1945)
에 의해 법적으로 핵실험을 강행한 국가에게 원조 중단, 군대 관련
물품 판매 및 군사원조 금지, 미국 정부 기관의 해당 국가에 대한 보
증 중단 등의 경제제재를 가하게 되어 있다. 실제로 인도와 파키스탄
의 핵실험 이후 이러한 경제제재는 실행되었다(Morrow and Carriere
1999, 3).

하지만 흥미롭게도 인도, 파키스탄 핵실험 이후 미국은 양국의 핵
보유를 인정하고 제재를 완화, 철회하는 수순을 밟았다. 먼저 미 의회
가 자국의 밀 수출업자를 위해 1998년 7월 14일 농업수출 구제법(Ag-
riculture Export Relief Act)을 통과시키고 클린턴 대통령이 같은 날 정
식 서명함으로써 농산물 수출 관련 제재가 완화되었다. 이뿐 아니라
1998년 10월 미 의회는 브라운백 수정안(Brownback Amendment)으
로 알려진 기술 수출 관련 제재를 제외한 미국의 지원, 비군사 거래 및
상업 거래, 국제금융기관의 인도 및 파키스탄 지원에 관한 제재 등을 1
년 동안 면제하도록 대통령에게 권한을 부여한 인도-파키스탄 구제법
(India-Pakistan Relief Act)을 통과시켰고 클린턴 대통령이 1998년 10
월 21일 서명하여 11월 6일 실행하였다.[17] 이에 그치지 않고 미 의회는
클린턴 대통령에게 영구적 면제 권한을 부여하기 위해 국방부 예산법,
2000(Department of Defense Appropriations Act, 2000)을 1999년 10
월 14일 통과시켰고 10월 25일 대통령이 정식 서명함으로써 법적 효
력을 가지게 되었다.[18] 국방부 예산법은 본래 국방부 예산에 관한 법이

---

17   CRS Report for Congress. 2003. "India and Pakistan: U.S. Economic Sanctions."
     http://www.au.af.mil/au/awc/awcgate/crs/rs20995.pdf (검색일: 2017. 2. 2).
18   Congress.gov. "H.R.2561 – Department of Defense Appropriations Act, 2000." htt-
     ps://www.congress.gov/bill/106th-congress/house-bill/2561 (검색일: 2017. 2. 19.)

지만 인도 및 파키스탄에 관한 표제 또한 포함되어 있었고 이 법에 의
해 인도와 파키스탄에 가해진 제재의 대다수가 면제되었다.

클린턴 대통령은 2001년 1월 퇴임하였고 뒤이어 공화당의 부시
대통령(George W. Bush)이 백악관에 입성하였다. 2001년 1월 20일
취임한 부시 대통령 초기, 그리고 9·11 테러 이전부터 인도와 파키스
탄의 핵실험으로 인해 가해진 제재를 완전히 철회하려는 움직임이 있
었다. 이와 같은 움직임은 미국과 인도의 고위급 인사들의 상호 방문
을 통해 구체화되었다. 2001년 4월에는 당시 인도 외교부 장관 및 국
방부 장관 자리를 동시에 역임했던 자스완트 싱(Jaswant Singh)이 워
싱턴을 방문, 동년 5월에는 미 합동참모본부 의장(chairman of the
Joint Chiefs of Staff) 휴 쉘턴(Hugh Shelton)이 인도와의 군사적 관
계 검토를 위해 인도를 방문, 동년 8월에는 미 국무부 차관보(deputy
Secretary of State) 리처드 아미티지(Richard Armitage)와 미 무역 대
표부(U.S. Trade Representative) 로버트 졸릭(Robert Zoellick)이 인
도를 방문하였다.[19] 미국과 인도와 같은 적극적인 고위급 인사들의 상
호 교류가 미국과 파키스탄 사이에 이루어지지는 않았지만, 2001년 6
월 미 국무부 장관 콜린 파월(Colin Powell)과 파키스탄 외교부 장관
압둘 사타르(Abdul Sattar)의 워싱턴 회담이 성사되었다. 결과적으로
부시 대통령은 국방부 예산법, 2000으로부터 부여된 권한을 이용하여
2001년 9월 22일 대통령 결정 No. 2001-28(President Determination
No. 2001-28)을 통해 미국은 인도와 파키스탄에 핵실험으로 인해 가
해진 제재의 완화가 아닌 완전한 철회를 발표하였다.[20]

19   CRS Report for Congress. 2003. "India and Pakistan: U.S. Economic Sanctions."
      http://www.au.af.mil/au/awc/awcgate/crs/rs20995.pdf (검색일: 2017. 2. 2.)
20   The White House. 2001. "President Waives Sanctions on India, Pakistan." https://

3) 미국의 제재 철회

무엇이 이러한 핵 불포기 국가에 대한 국제사회의 핵 보유 지위 인정의 결과를 설명하는가? 인도와 파키스탄의 대응전략은 미국과의 협상을 통한 신뢰구축이었고 결국 제재 철회는 미국-인도 그리고 미국-파키스탄 간 전략적 이해관계가 일치하여 만들어진 결과라 할 수 있다. 미국-인도 그리고 미국-파키스탄 간 협상의 진행 과정을 좀 더 구체적으로 살펴보면 다음과 같다. 1998년 5월 핵실험 이후 미국과 인도, 그리고 미국과 파키스탄은 동년 6월부터 2000년 9월까지 총 14번에 걸친 협상을 진행하였다. 미국 대표단은 국무부 차관보 스트롭 탈보트가, 인도 대표단은 자스완트 싱이, 그리고 파키스탄 대표단은 외무부 장관 샴하드 아마드(shamshad ahmad)가 이끌었다. 대개 미국-인도 간 회담이 먼저 이루어지고 며칠 후 미국-파키스탄 간의 회담이 이루어졌다(Mistry 1999, 759). 미 국무부는 1998년 6월 18일 제재를 가하는 목적을 팩트 시트(fact sheet)를 통해 명확하게 공개하였다. 이 문서에 의하면 미국은 인도와 파키스탄의 핵실험 중단 촉구, 즉각적이고 조건 없는 CTBT 서명, 핵분열물질 생산금지에 관한 조약(fissile material cut-off treaty) 협상에 협력 및 서명, 다른 국가와 핵기술 및 무기 관련 기술의 공유 지양을 공식화, 그리고 카슈미르 지역을 포함한 인도와 파키스탄간의 긴장 완화를 제재를 통해 이루고자 하였다.[21]

인도는 긍정적인 신호를 보냈다. 먼저 아탈 비하리 바즈파이 당시 인도 총리는 핵실험 이후 미국의 제재가 가해지기 전 클린턴 대통령에

---

georgewbush-whitehouse.archives.gov/news/releases/2001/09/20010922-4.html (검색일: 2017. 2. 19.)

21 CRS Report for Congress. 1998. "INDIA-PAKISTAN NUCLEAR TESTS AND U.S. RESPONSE." http://congressionalresearch.com/98-570/document.php/ (검색일: 2017. 3. 25.)

게 보낸 서한에서 핵분열물질 생산금지 조약 서명을 위해 협상할 준비
가 되어 있다고 명확하게 밝혔다(The New York Times 1998/05/13).
또한 미 국무부의 팩트 시트가 발표된 후인 1998년 8월에는 더 이상의
핵실험은 없음을 강조하였고 CTBT 서명 가능성 또한 언급하였다. 반
면 나와즈 샤리프 당시 파키스탄 총리는 핵실험 직후 파키스탄 방송을
통해 핵실험의 목표는 인도에 대항 및 대응하기 위한 어쩔 수 없는 행
동이었음을 강조하는 동시에 핵확산금지에 관련된 조약 서명에 준비
가 되어 있다거나 핵확산 금지에 적극적으로 협력하겠다는 등의 발언
은 전혀 하지 않았다(BBC News 1998/05/28). 파키스탄이 핵분열물질
생산금지에 관한 조약 및 CTBT 서명에 관한 가능성, 그리고 인도 정
부와의 대화 재개 가능성과 같은 카드를 꺼낸 것은 미 국무부가 팩트
시트를 발표한 이후이다(Ahmed 2000, 787). 또한, 인도와 파키스탄은
1998년 11월 UN총회에서 추가 핵실험 중지 및 CTBT를 1999년 11월
전까지 서명할 가능성이 있다는 것과 핵과 미사일 기술수출의 강력한
통제, 그리고 카슈미르 지역에 대한 인도-파키스탄 대화의 재개 가능
성을 언급하였다.

　　요약하면 인도와 파키스탄의 대응전략은 미 국무부가 발표한 제
재의 명확한 목표를 인지하고 제재 완화를 목표로 취해진 것으로 볼
수 있다. 클린턴 대통령은 인도와 파키스탄이 미국에 보여준 긍정적인
신호를 바탕으로 제재 일부를 중단했다.[22] 즉, 1998년 11월 6일 인도,
파키스탄에 대한 기술 수출에 관해서는 여전히 강력한 제재를 유지하

22　THE WHITE HOUSE Office of the Press Secretary. 1998. "STATEMENT BY THE
　　PRESS SECRETARY EASING OF SANCTIONS ON INDIA AND PAKISTAN." https://
　　clinton6.nara.gov/1998/11/1998-11-07-statement-on-easing-of-sanctions-on-india-
　　and-pakistan.html (검색일: 2017. 2. 15.)

면서도 인도-파키스탄 구제법을 발동시켜 제재를 부분적으로 완화시켰다. 이후 미국과 인도, 미국과 파키스탄의 양자 간 대화는 주로 핵확산금지를 중심 의제로 진행이 되었다. 이후 앞서 언급했듯이 클린턴 대통령이 국방부 예산 법, 2000을 1999년 10월 27일 발동시킴으로써 인도와 파키스탄의 핵실험으로 인해 양국에 가해진 기술 수출 제한을 포함한 제재 대부분이 면제되었다.

클린턴 대통령 이후 집권한 공화당의 부시 대통령은 집권 초기, 그리고 9·11 테러 이전부터 적극적으로 제재의 철회를 위한 행보를 선보였다. 이는 소위 '적의 적은 친구'라는 개념으로 이해할 수 있다. 부시 대통령이 대통령 후보였던 시절 당시 부시 캠프의 외교 고문을 맡았고 부시 행정부에서 국무장관을 역임한 콘돌리자 라이스(Condoleezza Rice)는 미국 민주당이 중국을 전략적 파트너(strategic partner)로 인식한 것과는 달리 중국을 전략적 경쟁자(strategic competitor)로 규정하였고 한국 및 일본과의 협력, 그리고 인도의 앞으로 이 지역에서의 역할과 잠재력을 높게 평가하는 글을 포린 어페어스(Foreign Affairs)에 기고하였다(Rice 2000). 인도에게 중국은 국경을 공유하고 있으며 핵무기를 보유하고 있는 잠재적 안보위협이라고 할 수 있고 미국에게 중국은 떠오르는 신흥강국으로 지역 세력균형에 영향을 줄 수 있다고 간주된 상황에서 미국과 인도의 협력은 어찌 보면 합리적인 선택이라고 할 수 있다.

파키스탄의 경우, 9·11 테러 이후 아프가니스탄과 국경을 접하고 있는 파키스탄의 지리적 이점이 미국에게 중요한 전략적 이해관계를 상기시켜 주었다. 이를 이용하기 위해 핵실험 이후 파키스탄에 가해진 경제제재의 철회가 필요했고 동일한 제재를 받은 인도 또한 그에 상응하는 조치가 필요했다.[23] 결과적으로 부시 대통령은 대통령 결의안

(presidential determination)을 통해 인도와 파키스탄에 가해진 제재
는 미국의 이익에 부합하지 않는다고 밝혔다. 그 결과 인도와 파키스
탄의 핵실험으로 인해 가해진 제재는, 비록 인도와 파키스탄이 CTBT
및 핵분열물질 생산금지에 관한 조약에 서명을 하지 않았음에도 불구
하고 철회되었다.[24] 또한, 파키스탄에서는 미국과 양자 회담이 이루어
지던 가운데 페르베즈 무샤라프(Pervez Musharraf) 장군을 필두로 한
군사 쿠데타가 1999년 10월 21일 발생하였다. 이와 관련해서 핵실험
을 원인으로 부과받은 제재 외에 민주주의 정부를 쿠데타가 전복한
사건을 계기로 미국으로부터 1961년 대외원조법을 근거로 한 또 다
른 제재를 부과받게 된다. 그러나 미 의회는 민주적으로 선출된 정부
를 군대가 전복한 국가에 지원을 금지한 1961년 대외원조법에 파키스
탄을 예외로 하는 법안을 2001년 10월 4일 통과시켰고 부시 대통령은
이 법안을 2001년 10월 27일 서명함으로써 정식 효력을 가지게 되었
고 파키스탄에 대한 지원이 가능하게 되었다.[25]

　　요컨대 인도와 파키스탄에 대한 경제제재는 중국과 테러리스트의
등장과 함께 변화한 제재국 미국의 이해관계를 중심으로 시작되었고
각 당사국들의 협력으로 종결되었다. 인도와 파키스탄의 핵실험 이후
미국은 법에 근거해서 즉시 제재를 양 국가에 부과하였지만 이 제재는
한 달 후 완화가 되기 시작하여 1년 뒤에는 상당수의 제재가 면제되었

23　　CRS Report for Congress. 2003. "India and Pakistan: U.S. Economic Sanctions."
　　　http://www.au.af.mil/au/awc/awcgate/crs/rs20995.pdf (검색일: 2017. 2. 2.)

24　　U.S. Department of State Archive. 2001. "Presidential Determination." https://2001-
　　　2009.state.gov/p/sca/rls/rm/5014.htm (검색일: 2017. 4. 1.)

25　　Congress.gov. "S.1465 – A bill to authorize the President to exercise waivers of for-
　　　eign assistance restrictions with respect to Pakistan through September 30, 2003,
　　　and for other purposes." https://www.congress.gov/bill/107th-congress/senate-
　　　bill/1465 (검색일: 2017. 3. 2.)

다. 이와 같은 현상은 미국-인도 간, 그리고 미국-파키스탄 간 협상을 통한 결과로서 미국에 대한 간접적 경쟁자 혹은 직접적 적대세력에 대해 공조를 취하는 협력관계가 구축되면서 나타난 결과라고 할 수 있다. 미국은 제재를 가함으로써 얻고자 하는 목표를 공개적으로 명확하게 설명하였다. 이에 대한 대응으로 인도와 파키스탄 양 국가는 CTBT 및 핵분열물질 생산금지에 관한 조약의 서명 가능성을 UN총회에서 공개적으로 언급하는 등의 행동으로 답하였다. 인도와 파키스탄의 이러한 행동을 미국은 긍정적인 신호로 받아들였고 그에 상응하는 조치로 클린턴 대통령은 상당 부분의 제재를 면제, 그리고 정권이 바뀐 이후 부시 대통령은 제재를 철회했다고 할 수 있다.

5. 소결

앞선 논의를 통해 핵무기 보유를 추진한 국가들의 행동방식을 국제사회의 제재와 제재위협과정에 기반하여 설명하였다. 미국이 주도한 제재를 중심으로 고찰하면서 한국, 남아공과 같이 핵무기 포기라는 결과뿐 아니라 이스라엘, 인도, 파키스탄과 같이 핵무기 보유에 성공한 사례들 역시 존재하는 것에 주목하였고, 이들의 차이점을 분석하기 위해 제재위협 성공, 제재 성공, 제재위협 실패, 제재 실패 네 가지 범주를 나누어 사례분석을 시도하였다. 지금까지 살펴본 사례들의 결과를 〈표 3〉에서 정리하였다.

  미국의 제재위협으로 인해 핵무기 보유에 실패한 한국의 경우 미국의 위협이 현실적이라는 결론을 내리고 핵무장 포기를 대가로 안보 보장을 획득하였다고 할 수 있다. 남아공의 경우 정권교체와 체제위협 요소의 소멸이라는 국내외 정치적 변화와 더불어 지속적인 경제적

표 3 한국, 이스라엘, 남아공, 인도, 파키스탄의 핵 보유 시도 및 미국의 제재 성공 여부

구분	핵 보유 시도 시기	핵 보유 시도 배경	제재 성공 여부		원인 및 결과
한국	1970년대	남북 간 대립 심화	제재위협 성공	원인	미국의 효과적 위협과 평화적 핵 협력 실천 및 안보불안 해소
		한미동맹의 불확실성		결과	핵무기 보유 포기
이스라엘	1950년대	아랍-이스라엘 전쟁과 같은 안보위기 타개	제재위협 실패	원인	핵무기 개발 초기 단계 당시 미국의 뒤늦은 인지, 핵시설 건설 재원 출처에 관한 증거 불충분, NPT와 같은 국제 비핵화레짐 부재
				결과	모호성 유지와 함께 핵 보유 중으로 추정
남아공	1970년대	소련/쿠바의 남아공 주변국에 대한 군사적 지원	제재 성공	원인	장기간 지속된 제재, 소련 붕괴 등 남아공 국내외 정치환경 변화로 인한 안보불안 감소
				결과	완성된 핵무기를 자발적으로 해체
인도	1990년대	중국과의 국경 분쟁	제재 실패 및 제재 철회	원인	인도의 전략적 가치 변화, 간접적 경쟁자에 대한 협력관계 구축 필요, 핵실험 이후 미국과의 협상을 통한 신뢰구축
		중국의 파키스탄에 대한 핵관련 물질적 도움		결과	미국의 제재 철회로 인한 핵 보유 완료
파키스탄	1990년대	인도의 핵실험	제재 실패 및 제재 철회	원인	파키스탄의 전략적 가치 변화, 직접적 적대세력에 대한 협력관계 구축 필요, 핵실험 이후 미국과의 협상을 통한 신뢰구축
				결과	미국의 제재철회로 인한 핵 보유 완료

압박으로 인한 부담으로 인해 핵무기의 자발적 해체를 결정했다고 할 수 있기 때문에 오랜 제재의 성공에 필요조건이었다고 할 수 있다. 반대로 미국의 제재위협에도 불구하고 핵무기 보유에 성공한 이스라엘의 경우 미국의 이스라엘 핵개발에 대한 명확한 정보 확보 실패, 그리고 NPT체제 완성 전이라는 국제정세 변수가 주요하였다. 마지막으로 제재 실패뿐 아니라 제재 철회에 이르게 된 인도와 파키스탄의 경우

핵실험 이후 미국의 전략적 이해관계 변화, 피제재국의 핵 보유 이후 우호적 협상 태도, 신뢰를 쌓아가는 회담의 과정이 함께 이루어졌다. 무엇보다 미국은 인도와 파키스탄으로부터 간접적, 직접적 적대세력에 대항하기 위한 공조를 필요로 했고 양국 또한 이에 호응하면서 제재의 철회로 이어졌다. 결국 인도와 파키스탄은 미국과의 새로운 파트너십 구축에 성공하였고 비공식적이나마 핵 보유국의 지위를 가지게 되었다.

결과적으로 네 가지 사례를 바탕으로 제재의 위협과 실행의 성공과 실패에 영향을 미치는 변수들 간 차이가 있는 것을 확인할 수 있다. 먼저 제재가 위협에서 끝나는 경우 위협의 실행 가능성(credibility)이 주요 변수라고 할 수 있다. 한국의 경우 미국의 위협을 실제 실행 가능한 것으로 받아들인 반면 이스라엘은 그렇지 않았다고 할 수 있다. 둘째, 일단 위협단계를 넘어서 제재가 실행된 경우 제재국의 제재 지속 가능성 외 제재국, 피제재국의 국내외 정치상황 변화와 같은 변수가 제재 성공에 영향을 미치는 것을 확인할 수 있다. 남아공의 경우 정권이 교체되고 구소련 붕괴로 체제위협 요소가 사라진 후 핵무기 철회를 시도하였고, 인도와 파키스탄의 경우 미국의 입장에서 중국의 부상이나 테러와의 전쟁으로 인해 두 국가의 전략적 가치가 변화한 것이 중요한 변수로 작용했다.

IV. 대북 경제제재에 대한 함의

북한의 핵무기 개발로 촉발된 대북 경제제재는 여러 주체가 다양한 제재 수단을 사용하는 다층구조로 핵무기와 미사일 개발에 단계적으로 대응해왔다. 2018년 7월 현재 대북 경제제재는 유엔의 다자제재와 함께 미국의 독자 금융제재(세컨더리보이콧)가 양대 축을 형성하고 있다. 먼저 유엔 대북 경제제재의 경우 6차례 핵개발(2006/10, 2009/5, 2013/2, 2016/1, 9, 2017/9)을 거치면서 선언적 제재에서 실천적 제재로 바뀌어 왔다. UN 안보리 결의안 1718로 시작하여 결의안 1874에서 제재 패널이 만들어지고 결의안 2087, 2094, 2321, 2375에서 지속적으로 제재의 강도가 높아졌다. 대륙간 탄도미사일 발사 실험에 따른 안보리 결의안까지 합하면 2006년부터 총 10번의 결의안이 통과되었다. 2018년 2월 현재 대북 제재는 북한의 주요 교역 품목인 석탄, 섬유, 어류, 철광석과 더불어 석유(원유, 정제유), 해외 노동자, 해상 차단에 이르기까지 전방위적으로 이어지고 있다.

가장 최근 통과된 유엔 결의안은 2397호로 북한의 미사일 발사 실험에 대응하여 2017년 12월 22일 통과되었고 구체적 내용을 요약하면 다음과 같다. 먼저 2017년 9월 제6차 핵실험의 결과 통과된 결의안 2375호에서 처음 석유가 수출입 제재 목록에 포함된 후 제재 강도가 강화되었다. 원유 공급 상한선을 400만 배럴로 정하고(처음으로 결의안에 명시함) 휘발유와 같은 정제유 공급 상한선을 200만 배럴에서 50만 배럴로 감축하였다. 북한의 추가 도발 시 공급 상한은 더욱 줄어들 것으로 예상된다. 석탄과 석유 제재 실효성을 높이기 위해 해상 차단을 강화했고, 북한 해외 노동자에 대한 제재도 강화되었다. 이전 결의안에서 해외 파견 노동자 수를 동결했고 나아가 노동 허가 갱신을 금지했었는데, 여기에서 더 나아가 결의안 2397호에서는 24개월 내, 즉 2019년 말까지 유엔 회원국 내 북한 노동자 전원을 북한으로 송환하도록 의무화했다.

미국 또한 UN과 별도로 독자제재를 지속하고 있다. 특히 미국은 2005년 방코델타아시아 제재위협 성공 경험을 바탕으로 행정명령 (Executive Order)을 사용한 독자 금융제재를 위협, 실행해 오고 있다. 미국이 가지고 있는 국제 금융에서의 독점적 위치를 활용한 세컨더리보이콧(2016년 2월 19일 발효)을 선별적으로 실시하고 있는데, 세컨더리보이콧이 주권 국가 내 기업이나 금융기관에 제재를 가하는 형태이기 때문에 중국과의 마찰이 불가피하다. 그러나 북한의 추가 핵실험이나 미사일 발사는 세컨더리보이콧을 확대 적용하는 데 충분한 명분을 줄 것으로 예상된다. 또한 미국 의회는 행정부에 비해 강경한 태도를 견지하며 '대북 차단 및 제재 현대화법'(H.R.1644)과 같은 법안을 발의했고 미 하원은 국제은행간통신협회(SWIFT)의 국제 금융거래망에서 북한을 퇴출하기 위해 아예 SWIFT까지 직접 제재대상으로 삼을 수 있는 초강경 법안을 2016년 9월 발의한 상태이다.

이러한 제재 노력에도 불구하고 중국이나 러시아를 중심으로 한 '제3국 효과'로 인한 제재 모니터링과 이행에 대한 문제는 지속적으로 제기되고 있다. 제재의 직접적 효과성 논란이 여전한 이유이다. 그러나 본 연구를 통해 분석한 핵무기 포기 국가의 사례는 강력한 제재 위협과 실행이 핵포기의 필요조건으로 작용함을 시사한다. 다만 제재라는 단일 수단이 핵포기의 충분조건으로 귀결되지 않는다는 점을 주목할 필요가 있다. TIES 데이터 분석에서 볼 수 있듯이 제재 기간이 15년 이상 경과한 경우 핵포기를 위한 제재는 모두 실패했다. 단순히 산술적으로 볼 때 북한의 경우 약 3년의 시간이 남았지만, 북한은 핵과 미사일 개발 능력이 이미 고도화되어 제재만으로 남아공이나 이란과 같이 자발적 핵포기 정책을 이룰 수 있는 시점은 지났다고 봐야 할 것이다.

2018년 초부터 북한이 핵포기를 위한 협상에 적극적으로 나서면서 남은 3년 내 핵포기를 이룰 수도 있다는 전망이 제기되었다. 2018년 4월 27일 남북 정상회담과 더불어 판문점 선언, 이후 6월 12일 역사적인 싱가포르 북미 정상회담까지 숨 가쁘게 이뤄졌다. 북한에 대한 제재가 해제되고 핵포기가 마침내 실현될 것이라는 기대를 가지기에 충분했다. 그러나 2019년에 들어서면서 북미 간 협상은 난항을 겪기 시작했다. 2019년 2월 28일 북미 정상회담과 이후 6월에 열린 짧은 한북미 정상 간 만남은 아무런 성과 없이 끝났다. 정상회담이 핵포기 정책을 결정짓는 주요 협상 수단이 아니라 자국의 청중을 대상으로 한 국내 정치용이라는 의구심마저 들게 했다. 2020년 1월 현재까지 교착상태가 이어지고 있는데 2020년 11월 미국 대통령 선거가 끝날 때까지 의미 있는 변화가 이뤄지기 힘들 것이란 전망이 나오고 있다. 앞서 설명한 제재의 실행 성공의 측면에서 본다면 제재국 미국의 주요 국내 정치 상황 변화는 현재 북미 협상 결렬 상태를 타개할 수 있는 기회가 될 수 있을 것이다.

이 시점에서 북한을 압박하고 있는 제재를 통해 얻을 수 있는 것이 무엇인가에 대한 고민이 필요하다. 먼저 제재의 목적 혹은 철회 조건을 전략적으로 설정하고 미국, 중국, 일본과 공감대를 형성해야 한다. 둘째, 대북제재는 북한을 협상테이블에 고정시키고 협상 과정에서 경제적 인센티브를 만드는 역할을 하게 될 가능성이 크다. 또한, 제재가 북한 핵포기를 위한 필요충분조건이 되려면 강력한 다층구조의 제재를 지속함과 동시에 한국, 남아공 사례에서 공통적으로 핵무기 보유 시도의 배경이 되었던 자국의 안보불안을 근본적으로 해소시킬 수 있는 실제적이고 신뢰할 수 있는 장치가 필요할 것이다. 북한 비핵화를 위한 핵심은 결국 미국이 북한에게 제공할 안보 패키지가 얼마나 믿을 만하고 지속 가능한지에 대한 북한의 판단에 달려 있기 때문이다. 셋째, 현재와 같이 강력한 제재레짐이 형성된 가운데 북한과 미국 간 협상이 재개된다면 중국과 한미일 간 제재 해제 조건에 관한 이견이 본격적으로 노출될 가능성이 크다. 2018년 제1차 북미 정상회담으로 이미 중국은 제재 철회 조건이 충족되기 시작했다고 보고 있다. 중국의 제재 대열 이탈은 북미 협상은 물론 북한의 대응전략에 중요한 변수로 작용할 가능성이 크다. 한국과 일본의 독자 제재 해제 또한 제재레짐의 범위 내에서 전략적으로 이뤄져야 할 것이다.

참고문헌

장성욱. 2005. "남아프리카 공화국의 핵무기 개발 및 해체 사례 연구."『동아시아연구』11권, 125-141.

한인택. 2011. "핵폐기 사례연구: 남아프리카공화국 사례의 함의와 한계."『한국과국제정치』27권 1호, 83-108.

Baldwin, David Allen. 1985. *Economic Statecraft*. Princeton: Princeton University Press.

BBC News. 1998/05/28. "World: Monitoring Nawaz Sharif's speech." http://news.bbc. co.uk/2/hi/world/monitoring/102445.stm (검색일: 2017. 3. 3.)

Bapat, Navin A. and T. Clifton Morgan. 2009. "Multilateral Versus Unilateral Sanctions Reconsidered: A Test Using New Data," *International Studies Quarterly* 53(4): 1075 – 1094.

Bolks Sean and Al-Sowayel Dina. 2000. "How Long Do Economic Sanctions Last? Examining the Sanctioning Process through Duration," *Political Research Quarterly* 53(2): 241-265.

Choi, Lyong. 2014. "The First Nuclear Crisis in the Korean Peninsula, 1975-76," *Cold War History* 14(1): 71-90.

Congress.gov. "H.R.2561 – Department of Defense Appropriations Act, 2000." https:// www.congress.gov/bill/106th-congress/house-bill/2561 (검색일: 2017. 2. 19.)

_____. "S.1465 – A bill to authorize the President to exercise waivers of foreign assistance restrictions with respect to Pakistan through September 30, 2003, and for other purposes." https://www.congress.gov/bill/107th-congress/senate-bill/1465 (검색일: 2017. 3. 2.)

Cohen, Avner. 1998. *Israel and the Bomb*. New York: Columbia University Press.

CRS Report for Congress. 1998. "INDIA-PAKISTAN NUCLEAR TESTS AND U.S. RESPONSE." http://congressionalresearch.com/98-570/document.php/ (검색일: 2017. 3. 25.)

_____. 2003. "India and Pakistan: U.S. Economic Sanctions." http://www.au.af.mil/au/ awc/awcgate/crs/rs20995.pdf (검색일: 2017. 2. 2.)

De Villiers, J.W., Jardine, Roger, and Reiss, Mitchell. 1993 "Why South Africa Gave up the Bomb," Foreign Affairs, 72(5).

Drezner, Daniel W. 2003. "How Smart are Smart Sanctions?" *International Studies Review* 5(1): 107-110.

Fitzpatrick, Mark. 2016. *Asia's Latent Nuclear Powers: Japan, South Korea and Taiwan*. London: International Institute for Strategic Studies.

Ganguly, Sumit. 2000. "Explaining the Indian Nuclear Test of 1998," in *India's uclear*

Security, edited by Raju G.C., Thomas and Amid, Gupta Colorado: Lynne Rienner Publishers.

Harrison, Selig. 2009. "North Korea and the Future of East Asia Nuclear Stability," in *Proliferation and Emerging Nuclear Order in the Twenty-First Century* edited by N. S. Sisodia, V. Krishnappa, and Priyanka Singh, 45-60. New Delhi: Academic Foundation.

Hufbauer, Gary Clyde, Schott, Jeffrey J. and Elliott, Kimberly Ann. 1985. *Economic Sanctions Reconsidered: Supplemental Case Histories*. Washington, D.C.：Institute for International Economics.

Jang, Se Young. 2017. "Bringing Seoul into the Nonproliferation Regime: The Effect of ROK-Canada Reactor Deals on Korea's Ratification of the NPT." https://www.wilsoncenter.org/sites/default/files/wp9-jang-rc4.pdf (검색일：2018. 8. 2.)

Jyotika, Saksena. 2006. "Regime Design Matters: The CTBT and India's Nuclear Dilemma," *Comparative Strategy* 25(3)：209-229.

Kroenig, Matthew. 2010. *Exporting the Bomb: Technology Transfer and the Spread of Nuclear Weapons*. New York: Cornell University Press.

Marinov, Nikolay. 2005. "Do Economic Sanctions Destabilize Country Leaders?" *American Journal of Political Science* 49(3)：564-576.

McGillivray Fiona and Smith Alastair. 2005. "The Impact of Leadership Turnover and Domestic Institutions on International Cooperation," *Journal of Conflict Resolution* 49(5)：639-660.

Mistry, Dinshaw. 1999. "Diplomacy, Sanctions, and the U.S. Nonproliferation Dialogue with India and Pakistan." *Asian Survey* 39(5)：753-771.

Morgan, T. Clifton, Palmer Glenn, and Miers Anne. 2000. "Economic Sanctions and Foreign Policy Substitutability." The 96th Annual Meeting of the American Political Science Association. September 2000.

Morrow, Daniel. and Carriere, Michae., 1999. "The Economic Impacts of the 1998 Sanctions on India and Pakistan." *The Nonproliferation Review* 6(4)：1-16.

National Security Archive. 2015. "The U.S. Discovery of Israel's Secret Nuclear Project." https://nsarchive2.gwu.edu/nukevault/ebb510/ (검색일：2018. 08. 04.)

_____. 2015. "U.S. Embassy Tel Aviv telegram 574 to State Department, 23 December 1960, Secret." https://nsarchive2.gwu.edu/nukevault/ebb510/docs/doc%2015.pdf (검색일：2018. 08. 04.)

_____. 2017. "Korea Ratification of NPT." http://nsarchive2.gwu.edu//dc.html?doc=3513491-Document-02-U-S-Mission-to-IAEA-Vienna-telegram (검색일：2017. 10. 12.)

_____. 2017. "Nuclear Export Policy: Bilateral with France." http://nsarchive2.gwu.edu//dc.html?doc=3513504-Document-13-U-S-Embassy-London-telegram-09295-to (검색일：2017. 10. 13.)

_____. 2017. "ROK Nuclear Reprocessing." http://nsarchive2.gwu.edu//dc.
    html?doc=3535274-Document-16-U-S-Embassy-Seoul-telegram-9662-to (검색일:
    2017. 10. 15.)

_____. 2017. "ROK Nuclear Reprocessing." http://nsarchive2.gwu.edu//dc.
    html?doc=3535290-Document-32-U-S-Embassy-Seoul-telegram-0545-to (검색일:
    2017. 10. 15.)

_____. 2017. "ROK Plans to Develop Nuclear Weapons and Missiles." http://nsarchive2.
    gwu.edu//dc.html?doc=3513500-Document-09-State-Department-telegram-
    048673-to (검색일: 2017. 10. 12.)

_____. 2006. "South Africa: Policy Considerations Regarding a Nuclear Test." http://
    nsarchive2.gwu.edu/NSAEBB/NSAEBB181/sa18.pdf (검색일: 2017. 10. 14.)

Pant, Harsh V. and Joshi, Yogesh. 2018. "India Nuclear Policy: China, Pakistan, and Two
    Distinct Nuclear Trajectories." https://www.wilsoncenter.org/blog-post/indias-
    nuclear-policy-china-pakistan-and-two-distinct-nuclear-trajectories (검색일: 2018.
    08. 02.)

Peres, Shimon. 1995. *Battling in Peace*. London: Weidenfeld and Nicolson. quoted in
    Kroenig, Matthew. 2010. *Exporting the Bomb: Technology Transfer and the Spread
    of Nuclear Weapons*. New York: Cornell University Press.

Rice, Condoleezza. 2000. "Campaign 2000: Promoting the National Interest."
    Foreign Affairs January/February 2000 Issue. https://www.foreignaffairs.com/
    articles/2000-01-01/campaign-2000-promoting-national-interest (검색일 2014. 4.
    1.)

Rizvi, Hasan-Askari. 2001. "Pakistan's Nuclear Testing," *Asian Survey* 41(6): 943-955.

Samina, Ahmed. 2000. "Security Dilemmas of Nuclear-Armed Pakistan," Third World
    Quarterly 21(5): 781-791.

Samina, Yasmeen. 2000. "Pakistan's Nuclear Test: Domestic Debate and International
    Determinants," *Australian Journal of International Affairs* 53(1): 43-56.

The New York Times. 1998/05/13. "NUCLEAR ANXIETY; Indian's Letter to Clinton On
    the Nuclear Testing." http://www.nytimes.com/1998/05/13/world/nuclear-anxiety-
    indian-s-letter-to-clinton-on-the-nuclear-testing.html (검색일: 2017. 10. 15.)

The United Nations General Assembly. 1962. "The policies of apartheid of the
    Government of the Republic of South Africa." http://www.un.org/en/ga/search/
    view_doc.asp?symbol=A/RES/1761(XVII) (검색일: 2017. 10. 14.)

The United Nations Security Council. 1970. "Resolution 282 (1970) of 23 July 1970."
    http://www.un.org/en/ga/search/view_doc.asp?symbol=S/RES/282(1970)
    (검색일: 2017. 10. 15.)

_____. 1977. "Resolution 418 (1977) of 4 November 1977." http://www.un.org/en/ga/
    search/view_doc.asp?symbol=S/RES/418(1977) (검색일: 2017. 10. 15.)

The Washington Post. 1975/06/12. quoted in Choi, Lyong. 2014. "The First Nuclear Crisis in the Korean Peninsula, 1975–76," *Cold War History* 14(1): 71–90.

The White House. 2001. "President Waives Sanctions on India, Pakistan." https://georgewbush-whitehouse.archives.gov/news/releases/2001/09/20010922-4.html (검색일: 2017. 2. 19.)

THE WHITE HOUSE Office of the Press Secretary. 1998. "STATEMENT BY THE PRESS SECRETARY EASING OF SANCTIONS ON INDIA AND PAKISTAN." https://clinton6.nara.gov/1998/11/1998-11-07-statement-on-easing-of-sanctions-on-india-and-pakistan.html (검색일: 2017. 2. 15.)

U.S. Department of State Archive. 2001. "Presidential Determination." https://2001-2009.state.gov/p/sca/rls/rm/5014.htm (검색일: 2017. 4. 1.)

제4장

핵 보유 이후 국가들의 국방정책 변화

박민형

I. 서론: 문제제기

군사과학기술 발달로 인한 무기체계 강화로 대표되는 전력 건설과 군사전략 간의 중요성 우위에 대한 논의는 많은 이견이 존재한다. 우선, 군사전략이 우위에 있다는 주장의 핵심 내용을 살펴보면, 군사력 건설은 한 국가의 군사전략, 즉 군사력을 어떻게 운용할 것인가 하는 방법에 따라 결정되는 것이지, 군사력이 건설되는 방향에 따라 전략이 좇아가는 것은 아니라는 것이다(박창희 2011, 42-43).

　반면, 기술 우위를 주장하는 이들은 혁명적인 과학기술의 발전이 전쟁을 수행하는 전략을 변화시켰다고 주장한다. 즉, 화약이 발명되면서 화력전이 등장하였고 핵무기가 발명된 이후 핵전략이론이 발전되듯이 전력개발이 전략을 선도한다고 주장한다. 이 주장은 기술의 발전이 전쟁 양상은 물론 군사전략까지 변화시키기 때문에 결국 우수한 기술의 확보 여부가 전쟁 승리의 핵심적 요소라고 주장한다. 예를 들어, 증기기관차의 등장으로 군수지원 거리가 연장되어 대규모 부대의 원거리 작전이 가능해졌으며, 전차의 등장은 전격전이라는 전투 형태를 가능하게 하였고, 정보와 네트워크 발전은 전쟁 목표에 대한 변화를 가져옴으로써 전쟁패러다임의 변화를 야기하였다는 주장이다(Boot 2007).

　위의 주장 중 어떤 것이 더 타당한지는 결국 한 국가가 처해 있는 상황에 따라 차이가 있다. 즉, 충분한 능력을 바탕으로 전력을 지속적으로 투자 발전시킬 수 있다면 전략을 선도할 수 있는 체계 개발이 가능할 수 있을 것이나, 그렇지 못할 경우는 가용 자원을 어떻게 효율적으로 활용하는가가 더 중요해질 수도 있다. 따라서 전력 건설과 전략은 상호 보완적인 선택의 문제이지 시간적 우선순위를 나누어야 하는 문제는 아니라고 할 수 있다.

하지만 이러한 논의에서 양쪽 모두에게 인정받는 사실이 있다. 그 것은 핵무기 개발은 전쟁 형태 자체에 대한 변화를 야기시켜 결국 군 사전략의 변화를 수반하게 했다는 점이다. 다시 말해, 핵의 보유는 한 국가의 행동양식을 변화시키는 데 결정적 영향을 주는 요인이라는 점 이다. 따라서 국가들의 행동양식은 핵 보유 이전과 핵 보유 이후로 분 명히 구분하여 설명되어질 수 있다. 이는 핵이 가지고 있는 정치, 안보 (군사), 경제적 효과가 그만큼 크다는 것이다. 특히, 핵이 가장 결정적 으로 영향을 줄 수 있는 국방정책은 더욱 그러하다. 이에 본 연구는 핵 보유 이후 국가들의 행동방식 변화 중 국방정책 변화를 집중적으로 조 명하고자 한다. 즉, 핵무기 보유 이전과 이후 국방정책이 어떻게 변화 하였는지에 대한 분석을 실시하여 현재 핵 문제 해결을 위해 노력하고 있는 한반도의 군사안보적 함의를 도출하는 것이 본 연구가 추구하는 핵심 연구 목적이다.

국방정책 변화를 탐색하기 위해서는 살펴보아야 할 여러 가지 요 소들이 있다. 그 중 본 연구는 국방비의 변화, 재래식 전력 증강 추 이, 각국의 전략 변화 등을 핵심적으로 살펴볼 것이다. 이러한 변수들 을 상정한 이유는 지금까지 핵을 보유함으로써 생길 수 있는 국방 분 야의 변화에 대한 가장 일반적인 의문을 잘 설명할 수 있기 때문이다. 즉, "핵을 보유한다면 국방비를 절감할 수 있는가?", "핵을 보유한다면 재래식 전력 건설은 감소하는가?", "핵 보유 이후 국방 목표 및 전략 은 크게 변화하는가?" 등을 살펴보기 위함이다. 또한, 본 변수들은 다 른 변수들에 비해 명확성을 가지고 있음은 물론 공식적으로 발표되거 나 국제적으로 공신력을 인정받고 있는 문헌, 예를 들어 국방백서, 각 국가 기관 홈페이지, Military Balance, 각종 핵관련 보고서 등을 통해 입증될 수 있다는 장점을 가지고 있기도 하다.

본 연구는 이러한 상관관계를 살펴보기 위해 핵확산 금지조약(NPT)에서 인정하는 핵무기 보유국인 미국, 영국, 러시아, 프랑스, 중화인민공화국이 아닌 국가들 중 특히, 인도, 파키스탄을 핵심 분석대상으로 삼는다. 물론 인도, 파키스탄과 한반도의 역사적·지리적 상이함은 그들의 사례에 대한 적용 논란을 일으키기도 한다. 하지만 다음과 같은 이유로 인해 인도, 파키스탄의 사례 연구는 가치가 있다고 할 수 있다. 첫째, 이들은 국제사회에서 인정하는 핵 보유국이 아니며 핵무기의 양적, 질적 수준에서 핵 보유 인정국인 5개국과 큰 차이가 있어 그들과 구분되는 전략과 정책을 가지고 있을 것으로 판단하였다. 둘째, 양국이 여전히 군사적 갈등 요인을 가지고 있고 서로 대치하고 있는 상황이며, 셋째, 핵 균형을 이루고 있는 상태에서 재래식 전력에 대한 건설 등을 살펴볼 수 있는 좋은 사례이기 때문이다. 다시 말해 비록 현재 북핵의 평화적 해결 노력이 진행되고 있으나 이 노력의 성공이 불확실하다면, 북한의 핵 보유가 실제화되고 있는 한반도 상황에 가장 많은 함의를 줄 수 있는 사례라고 할 수 있기 때문이다.

이를 바탕으로 본 연구는 위에서 제시한 연구 목적을 달성하기 위하여 다음과 같은 문제를 해결하는 과정으로 진행된다. 첫째, 지역 핵 보유 국가들이 핵을 보유하게 하는 핵심 동인은 무엇인가? 둘째, 해당 국가들의 핵 보유 이후 국방비 및 재래식 전력 건설은 어떻게 변화하였는가? 셋째, 해당 국가들의 전략은 어떻게 변화하였는가? 넷째, 지역 핵 보유 국가들의 사례가 주는 함의는 무엇인가? 등이다.

II. 이론적 논의: 핵 보유와 국방정책 변화

핵 정책 및 전략에 대한 기존의 많은 연구들은 강대국의 입장에서 많이 이루어져왔다. 특히, 미국과 소련이 경쟁하던 냉전시대에는 핵 확산에 대한 연구와 핵 억제이론에 대한 연구가 주로 진행되어 왔다. 우선, 핵 확산에 대한 연구는 기술적(technical) 관점과 동기적(motivational) 관점 등으로 연구되어 왔다(Meter 1984). 이 중, 1950년대 및 1960년대 연구들은 기술적 관점에서 연구가 주로 진행되었으며(Bull 1961; Beaton 1966) 1970년대 이후 연구들은 동기적 관점의 연구가 진행되었다(Quester 1973; Willrich and Taylor 1974).

핵 확산 연구와 함께 이루어진 연구들은 핵전략에 대한 연구를 들 수 있다. 특히 이러한 연구들은 억제 개념에 그 기반을 두고 있다. 핵 억제 개념은 1953년 아이젠하워 정부의 이른바 '대량보복전략(Massive Retaliation Strategy)'이 등장하면서 발전되었는데(Paret 1986; Freedman 2003) 핵무기의 엄청난 파괴력으로 인해 기존의 재래식 무기와는 전혀 다른 군사전략의 개념 변화가 발생하였다는 것이 주장의 핵심이다. 하지만, 이러한 개념의 근저에는 재래식 무기와 핵의 경우 모두 억제 개념이 핵심으로 작용한다. 즉, 일반적인 억제 개념인 "적으로 하여금 현재의 행동으로 얻을 수 있는 이익보다 그것이 초래할 비용과 위험이 더 크다는 것을 인식하도록 설득하는 것"을 바탕으로 하고 있는 것이다(박창희 2013, 345).

이렇듯 기존의 많은 연구들은 단순히 위협에 대한 억제 차원에서 핵 무장을 추진한다는 주장을 하고 있다. 하지만 만일 위협에 대한 억제 차원이라면 핵이라는 절대무기를 보유한 국가들은 이를 통해 직면한 또는 잠재적 위협에 대한 억제력을 확보하였으므로 재래식 전력 건

설에 대한 유인이 약화되어야 한다. 그러나 핵을 보유한 국가들도 여
전히 재래식 군사력을 지속적으로 유지하고 있으며 P5 이외의 핵 보
유 국가들도 핵무기는 물론 재래식 군사력을 지속적으로 발전시키고
있다.[1] 물론 냉전기 미국과 소련이 추구했던 핵 억제전략과 탈냉전기
지역 핵 보유 국가들의 핵전략에는 차이가 있다. 특히, 국가목표 차원
에서 살펴보면 미국과 소련은 패권 리더십의 유지가 그 핵심 목적이
었던 반면 지역 국가들의 경우 안전보장이 핵심 목표라고 할 수 있다.
즉, 냉전기 미국과 소련의 경우 엄청난 규모의 핵무기를 통해 서로 간
에 경쟁만을 신경써왔던 반면 지역 핵 무장 국가들은 이것과는 다른
상황에 직면하고 있는 것이다. 이러한 인식을 바탕으로 2000년대부터
는 P5 국가들 이외의 핵 보유 국가들에 대한 몇몇 연구가 진행되었다.
물론 이러한 연구들도 국내보다는 국외에서 많이 이루어져왔다. 이러
한 연구들의 대부분은 지역 라이벌 구도에 집중하고 있다. 즉, 지역적
으로 안보적 위협에 대응하기 위한 방법으로 핵을 보유한다는 주장이
대부분이다. 그러나 결국 이러한 연구들도 전통적인 억제이론을 그 바
탕으로 하고 있다(Chari 2003; Hilali 2010).

최근 연구 중에 주목받는 연구로는 비핀 나랑(Vipin Narang)의
연구가 있다. 이 연구에서 그는 기존 연구들과는 다르게 현대 시대에
서 P5 이외의 국가들의 핵전략과 그것들의 선택에 영향을 주는 변수
들을 제시하고 있다. 이 연구에서는 지역 핵 국가들의 핵전략을 촉매
(catalytic), 비대칭 확전(asymmetrical escalation), 확증보복(assured
retaliation)으로 구분하고 있으며 이에 영향을 주는 변수로는 믿을 만
한 제3국의 개입 여부, 재래식 전력이 우세한 상대국의 존재 여부, 민

---

1   P5라 함은 1970년 발효된 NPT에서 인정하는 핵 보유국(Nuclear Weapons States) 5개
     국인 미국, 러시아, 영국, 프랑스, 중국을 의미한다.

군관계, 자원 제약 등으로 설정하고 있다(Narang 2014). 나랑이 제시한 전략을 요약해보면 다음과 같다.

첫째, 기존의 핵 보유국인 주변국들로부터의 안보위협이 발생할 경우, 지역 국가들은 핵무기 사용 위협을 통해 제3자인 강대국의 개입 또는 중재를 촉진하고자 하는데 이를 촉매(catalytic)전략이라고 한다(Narang 2014, 15). 촉매전략에서는 핵 능력의 수준보다는 핵 보유 여부가 더 중요하다. 촉매전략의 예는 국제정치에서 종종 찾아볼 수 있다. 1973년 제4차 중동전쟁에서 이집트와 시리아의 공격으로 위기 상황에 놓인 이스라엘이 핵탄두 장착이 가능한 미사일을 노출시킴으로써 미국의 지원을 이끌었으며(Libermann 2004), 1986년 파키스탄도 인도의 대규모 훈련에 위협을 느껴 미국에게 핵사용 의지를 보임으로써 미국의 개입을 이끌어 내어 전쟁위기에서 벗어나기도 하였다(Chari et al. 2007, 74-75). 이러한 촉매전략은 자국의 핵 능력으로는 적대국의 핵 및 재래식 전력을 충분히 억제할 수 없을 때 사용된다고 할 수 있다. 즉, 자국의 힘 이외에 강대국의 힘이 필요할 경우 사용된다고 할 수 있다. 여기서 중요한 점은 핵 확전을 원하지 않는 강대국이 존재하여야 한다는 점이다. 그러한 강대국이 존재하여야 중재가 가능하기 때문이다. 이러한 강대국이 존재하지 않거나 또는 강대국이 전략 추진국에 적대적일 경우에는 촉매전략의 유용성은 현저히 감소하게 될 것이다.

둘째, 자국과 대치하고 있는 적대국의 재래식 전력이 자국보다 상대적으로 강할 때 해당 국가는 비대칭 확전 전략을 선택하게 된다. 이 전략은 핵무기를 단순히 억제의 수단이 아닌 선제 타격의 수단으로 공언함으로써 상대국의 재래식 전력에 대한 대응을 추구하는 것이다. 즉, 비대칭 확전 전략은 매우 공세적인 핵전략이라고 볼 수 있다. 프랑스가 소련에 대해 선제 핵 공격을 가할 수 있다고 공언함으로써 억제를 달성하였던 것이 좋은 사례라고 할 수 있다.

여기서 한 가지 주목할 점은 비대칭 확전과 촉매전략의 차이라고 할 수 있다. 촉매전략의 경우 강대국의 중재를 고려하는 반면 비대칭 확전의 경우 이를 고려하지 않는다. 즉, 촉매전략은 자국의 능력 제한으로 인해 강대국의 의도적 중재를 취하는 전략이라면 비대칭 확전의 경우에는 강대국의 중재가 불가능할 경우 또는 강대국의 중재까지는 불필요할 경우 사용되는 전략이라고 할 수 있다.

셋째, 상대방에 비해 재래식 전력이 우세할 경우에는 확증보복(assured retaliation)전략을 추구한다는 것이다. 즉, 위험성이 매우 높은 핵전쟁을 선택하기보다는 적의 선제공격에도 살아남을 수 있는 핵전력을 바탕으로 확실하게 보복할 수 있는 전략을 선택하는 것이다. 따라서 확증보복 전략은 적의 선제공격에 대해 생존 가능한 2격 능력 보유를 그 전제로 한다. 이러한 전략을 택하는 핵심 이유는 대치하는 국가보다 자신이 전쟁이 발발할 경우 잃을 것이 많다고 판단하기 때문이라고 할 수 있다.

이렇듯 지역 국가들이 핵을 보유하고 있다고 하더라도 그들이 처해 있는 다른 요인들에 의해 해당 국가들의 국방정책의 방향은 상이하게 나타날 수 있다. 특히, 핵무기를 사용하는 방법이라 할 수 있는 군사전략의 경우는 비록 핵이라는 절대무기를 보유하고 있다 하더라도 다른 요인들로 인해 차이가 날 수 있는 것이다.

III. 인도·파키스탄의 핵 개발 동인

탈냉전 이후 국제사회의 핵 비확산 노력에도 불구하고 몇몇 국가들은

표 1 전 세계 핵무기 추정 보유량 (2019년 현재)

NPT 핵 보유 인정국 (Nuclear Weapons States)		사실상 핵 보유국 (de factor Nuclear States)	
국가	보유량	국가	보유량
러시아	6,850	파키스탄	140-150
미국	6,450	인도	130-140
프랑스	300	이스라엘	80
중국	280	북한	10-20
영국	215		

출처: SIPRI. 2019. *SIPRI Yearbook 2018: Armaments, Disarmament and International Security*. London: Oxford University Press.

핵무장에 성공하였고 최근에는 북한도 이러한 길을 걸어가고 있다. 국제사회는 이들을 일컬어 이른바 '사실상의 핵 국가(de-facto nuclear weapon state)'라고 칭하고 있는데 이들은 현재 핵확산금지조약(Non-Proliferation Treaty, NPT)은 물론 포괄적 핵실험금지조약(Comprehensive Test Ban Treaty, CTBT)에도 가입되어 있지 않다. 하지만 그들은 자타가 인정하는 핵 보유국의 지위를 가지고 있으며 스톡홀름 국제평화문제연구소(Stockholm International Peace Research Institute, SIPRI) 등과 같은 국제적 공신력이 있는 기관에서 발행한 보고서에서도 이들의 핵 보유를 인정하고 있다.

특히, 이 중 인도와 파키스탄의 경우 100기 이상 핵무기를 보유하고 있는 국가로 지역 핵 국가의 위상을 확보하고 있으며 핵 정책 및 전략적 차원에서 많은 의미를 가지고 있다. 또한, 이들은 지속적인 갈등 관계 속에서 핵을 발전시킨 역사를 지니고 있기도 하다. 사실, 인도와 파키스탄은 종교적인 문제로 인해 1947년 영국으로부터 분리 독립하였는데 두 국가의 경계에 위치한 카슈미르 지역의 영유권을 서로 주장하면서 지속적으로 대결 구도를 이어오고 있다.[2] 이들은 카슈미르와 동파키스탄 등에 대한 영유권 갈등으로 3차례에 걸쳐 전쟁을 치르기도 하였는데 1947년 10월 파키스탄군의 카슈미르 침략으로 1차 인도-파키스탄 전쟁이 발발하였고, 1965년 4월 2차, 1971년 3차 전쟁이 발발하였다. 이렇듯 갈등과 분쟁 속에서 발전된 양국의 핵전략은 핵 보유를 추진하고 있는 북한이 존재하는 한반도 더 나아가 동북아시아에 주는 함의는 매우 크다 할 수 있다.

지역 핵 국가들의 핵 보유로 인한 국방정책을 살펴보기 위해서는 그들이 "왜 핵을 보유하려고 하는지"를 우선적으로 살펴볼 필요가 있다. 이들이 핵무기를 보유하게 된 가장 근원적인 동기는 기본적으로 군사적 요인이라고 할 수 있다. 즉, 자국을 위협하는 국가로부터 자신들의 안전을 보장하기 위한 기재로써 핵무기 보유를 추진하였던 것이다. 하지만, 이에 앞서 핵 능력의 개발은 군사적 요인이 아닌 에너지원으로서의 가치로 인해 시작되는 경우가 많다. 평화적인 사용을 전제로 핵 개발이 시작된다는 것이다.[3] 하지만 이러한 에너지원으로서의 능력 개발은 일정 수준의 능력을 갖게 되거나 또는 군사적인 위협이 증

---

2   카슈미르는 인도, 파키스탄, 중국의 경계에 있는 산악지대이다. 1947년 영국의 지배로부터 벗어나면서 인도와 파키스탄으로 분리될 때 대부분의 주민이 파키스탄 편입을 바라는 이슬람교도임에도 불구하고 당시 지도자였던 하리 싱은 자신이 힌두교였기 때문에 주민의 생각과는 달리 인도 편입을 결정하였다. 이에 이슬람교도들의 폭동이 발생하였으며 이에 대해 하리 싱은 인도에 지원을 요청하였고 이로 인해 제1차 인도-파키스탄 전쟁이 발발하였다. 1949년 유엔의 중재로 북부는 파키스탄령, 남부는 인도령이 되었으나 인도는 지속적으로 카슈미르 전체에 대한 영유권을 주장하고 있어 양국 간 갈등이 계속되고 있다.

3   "평화를 위한 원자력(Atoms for Peace)" 개념은 미국 드와이트 아이젠하워 대통령이 1953년 12월 8일 유엔 총회에서 연설 후 일반화되었는데 그는 "평화를 위해 사용할 줄 아는 사람의 손에 핵을 주어야 한다"고 주장하였으며 소련에게도 이에 동참하라고 요청하였다. 자세한 내용은 Dwight Eisenhower, "Atoms for Peace," Address to the 470th Plenary Meeting of the United Nations General Assembly. https://www.iaea.org/about/history/atoms-for-peace-speech (검색일: 2019. 6. 9.) 참조.

가될 경우 핵의 군사적 개발로 전이되어 간다. 이러한 과정에서 군사적 요인도 또 다른 경제적 요인과 결합하게 되는데 그것은 절대무기라는 핵을 보유함으로써 적은 비용으로 자국의 안전을 보장할 수 있다는 인식에서 기인한다. 즉, 자국보다 상대적으로 강하다고 판단되는 국가를 군사적으로 억제하기 위해서는 적은 비용으로 큰 효과를 볼 수 있는 무기가 필요하며 이를 만족시킬 수 있는 것이 바로 핵무기라는 것이다.

이와 함께 당시 국제정치 상황도 이들이 핵을 가지는 데 중요한 요인으로 작용한다. 주변국들의 큰 저항 또는 제재가 없이 이들이 핵을 보유할 수 있는 상황이 조성되어야 한다는 것이다. 예를 들어 강대국에게 지원을 받고 있는 상황에서 그 지원에 대한 신뢰성이 크게 감소한다거나 강대국들 간의 경쟁으로 인해 지역 국가들의 지원이 절실하여 그들의 핵 무장이 의도적으로 방조되는 경우가 있을 수 있다.

위의 사항은 사례를 통해서도 명확하게 확인할 수 있다. 인도의 경우는 아시아 대륙에서 중국에 이어 두 번째로 핵무장을 실시하였다. 인도의 핵 능력은 1940년대 초반 핵 연구를 목적으로 설립된 '타타 기초과학연구소'에서 그 기원을 찾을 수 있다(허문영 2002).[4] 물론 당시 인도는 무기로서의 핵 능력이 아니라 에너지원으로서의 원자력 능력을 강조하였다. 왜냐하면 독립 이후 인도의 가장 큰 목표는 서구 선진국들과 평등한 지위와 일정한 영향력을 가진 국제사회의 일원이 되는 것이었고 이를 위해서는 경제성장이 최우선적으로 필요하였기 때문이었다.

이에 따라 1948년 원자력법을 제정하였고, 1954년에는 원자력부

---

4   타타 연구소의 소장은 인도 핵 프로그램의 기초를 마련하는 데 핵심적인 역할을 했던 바바 박사였다. 그는 그후 원자력연구위원회의 회장과 원자력부 장관을 지내기도 하였다.

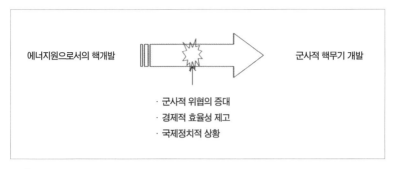

그림 1 원자력 에너지의 핵무기로의 전이

(Department of Atomic Energy)를 설치하였으며 1958년에는 원자력 개발계획을 수립하여 시행하였다(Perkovich 1999, 27-28).[5] 따라서 당시 인도의 핵 정책은 군사적 사용이 아닌 평화적 이용을 주목적으로 하고 있었으며 이는 당시 네루 수상의 외교노선인 중립 및 평화주의와 그 궤를 같이 한다고 할 수 있다. 즉, 네루 수상은 핵무기 없는 세계를 주창하였으나 낙후된 인도 경제를 혁명적으로 변화시키기 위해서는 핵에너지가 매우 중요한 역할을 할 수 있다고 여겨왔다(고경희 1997, 3).

하지만, 1962년 중국과의 전쟁에서 인도는 자국 군사력의 열세를 절감하게 된다. 즉, 중국과의 전쟁은 인도인들에게 깊은 치욕감과 상처를 남겼으며 이로 인해 "세계를 인식하는 방법"이 변화하였고 중국은 인도에게 정치적·군사적으로뿐만 아니라 정신적·심리적인 안보 위협이 되었다(고경희 1997, 18). 이에 심지어 당시 야당인 국민당(Jana Sangh)에서도 공식적으로 핵무기 개발의 필요성을 제기하기도

---

5   이 계획은 원자력 기술 단계를 3단계로 나누어 추진한다는 것으로 1단계는 자연 상태의 우라늄 원자로에서 전력과 플루토늄을 생산하는 것이고, 2단계는 생산된 플루토늄과 토륨에서 U-233을 생산하는 것이고, 3단계는 U-233과 토륨을 원료로 더 많은 U-233을 생산하는 것이다.

하였다. 당시 주장의 핵심은 좋지 않은 인도의 경제상황에서 재래식 군비 증강을 지속하는 것은 쉽지 않으며 핵이 이런 상황을 타개할 수 있는 좋은 대안이라는 것이었다.

이런 상황에서 1964년 중국의 핵실험은 인도에게 자국의 핵무장 필요성을 더욱 강화시키는 계기가 되었다. 물론 당시 중국의 핵 무장 시도는 소련과 미국에 대한 억제 능력 확보를 위한 것이었지만 중국과 국경분쟁에 휩싸여 있던 인도의 입장에서는 크나큰 위협이 아닐 수 없었다. 당시 인도 핵 프로그램의 기초를 마련했던 바바 박사는 "핵무기는 작은 국가가 큰 국가를 억제하는 대표적인 수단"이라는 점을 강조하면서 핵무기의 필요성을 주장하기도 하였다. 결국, 인도는 1974년 중국의 핵 무장에 대한 대응으로 핵실험을 실시하였고, 이로써 인도는 세계에서 여섯 번째 핵 실험을 실시한 국가가 되었다. 물론 당시 인도는 평화적인 핵실험이라는 점을 강조하였고 이를 위해 핵실험의 명칭을 '미소 짓는 붓다(Smiling Buddha)'라고 칭하기도 하였다. 하지만 인도의 핵실험에 대해 국제사회의 비난과 제재는 피할 수 없었다.

이후, 인도는 1987년 브래스택스(Brasstacks) 위기를 통해 자국의 가장 직접적인 안보 위협국인 파키스탄이 핵개발을 가속화하고 있다는 것을 인식하게 되는데, 파키스탄이 인도보다 핵무기를 먼저 만들게 될 경우 자국의 안보가 치명적으로 위험하다는 것을 깨닫게 되었다. 즉, 인도는 브래스택스 위기 이후, 미래 파키스탄과의 갈등은 핵 대결 구도를 보이게 될 것이라는 것을 인식하게 된 것이다(Lavoy 2010, 229).

이에 핵무장을 지지하는 보수 세력인 BJP(Bharatiya Janata Party)가 집권한 1998년, 당시 수상이었던 아탈 바지파이는 과학자들에게 즉각 핵무기를 생산하여 조립할 수 있도록 기술적 능력을 갖추라는 지

시를 하게 되었다(Montgomery and Sagan 2009, 307-310).[6] 특히 1998
년 4월에 있었던 파키스탄의 가우리 미사일 시험발사는 인도가 5월 핵
실험을 강행하는 데 결정적인 영향을 주었다. 결국, 인도는 1998년 5
월 11일(3회), 13일(2회) 핵실험을 실시하고 핵 보유국임을 선언하게
되었다.

  이렇게 보았을 때 인도는 최초 경제적 어려움을 극복하기 위해서
평화적인 핵 에너지 이용 차원에서 핵 능력을 개발하였지만 중국, 파
키스탄의 군사적 위협이 증가함에 따라 군사적인 핵무장을 추진하게
되었던 것이다. 이 과정에서 인도는 중국에 비해 상대적으로 열세인
경제력을 상쇄할 수 있는 무기로서의 핵무기 개발 필요성을 인식하게
되었던 것이다. 물론 이러한 과정에는 냉전의 종식으로 인해 인도가
중국을 견제하는 데 있어 많은 도움을 주었던 소련의 해체도 큰 영향
을 주기도 하였다.[7]

  한편, 파키스탄의 경우도 인도와 유사 동기로 핵 보유국이 되었
다. 파키스탄 역시 최초부터 핵무기 개발을 위해 원자력 능력을 발전
시켰던 것은 아니다. 파키스탄의 원자력 연구는 1955년부터 시작되었
는데 당시 과학자들로 만들어진 원자력위원회를 처음으로 구성하였으
며, 이후 1956년 공식적으로 이른바 '파키스탄 원자력위원회'가 창설

---

6   몇몇 학자들은 인도의 실질적인 핵무장을 1988년으로 평가하는데 이는 1988년을 기점
    으로 즉시 조립 가능한 핵무기 부품을 분산 보관하여 며칠 또는 수 시간 만에 핵 보복을
    할 수 있는 능력을 갖추었기 때문이라고 설명한다.
7   소련과 인도의 관계는 여러 가지 굴곡을 가지고 있다. 1955년에는 네루 수상이 소련을
    방문하여 파키스탄과의 분쟁을 겪고 있는 카슈미르 지역이 인도의 영토라는 내용의 공
    동성명을 내놓기도 한 반면, 1962년에 발생한 중국과 인도와의 전쟁 당시에 소련은 중
    국을 지원하기도 하였다. 하지만, 1971년 인도는 소련과 동맹에 준하는 우호조약을 맺
    었고 이 우호관계가 파키스탄과의 3차 전쟁뿐만 아니라 냉전의 남은 기간 동안 인도의
    안보(특히 대중국)에 큰 도움이 되었다.

되었고 1965년 처음으로 의료 및 농업을 위한 연구용 원자로를 가동하였다(정영태 2002). 즉, 파키스탄의 경우도 표면적으로는 경제적 에너지원으로서의 원자력을 위해 핵 능력을 개발하였던 것이다.

하지만, 파키스탄은 1971년 제3차 인도-파키스탄 전쟁에서 패배하여 동부 지역 영토를 상실하게 되었고 이 전쟁으로 인해 동파키스탄이 방글라데시로 독립하게 되었다. 이 과정에서 인도는 파키스탄에 대한 우위를 점하기 위해 동파키스탄을 지원하였는데 이러한 인도의 행위에 대해 파키스탄은 극렬히 대항하였지만, 결국 인도의 일방적인 승리로 전쟁이 종결되고 말았다. 또한, 이 전쟁에서 파키스탄은 1959년 체결된 미국과의 동맹관계가 큰 역할을 해주기를 기대하였으나 그렇지 못하였으며 결국 자국의 안보는 스스로의 힘으로 키워야 된다는 인식을 갖게 되었다. 3차 전쟁의 패배로 하야한 칸의 후임으로 대통령이 된 부토는 "인도가 파키스탄의 몰락에 열중하고 있고, 미국 등 우방들의 군사적 지원에만 의존해서는 안 되며, 재래식 전력으로는 인도에 이길 수 없으므로 핵무기만이 전장을 평정하고 승리를 보장할 수 있는 유일한 방법"이라고 주장하였다.

파키스탄의 경우 인도에 비해 국토 면적은 1/4 정도이며 인구 측면에서도 비교가 되지 않을 정도로 큰 차이가 있어 기본적인 국력 면에서 큰 열세에 있었으며 두 국가 간의 국력 및 경제력, 그에 따른 국방비 등에서도 인도가 월등히 앞서고 있었다. 예를 들어, 1971년 당시 파키스탄은 인도와 유사한 수준의 국방비를 사용하였지만, 이러한 격차는 1970년대 말에 가서는 3배 이상의 격차를 보이게 되었다. 이러한 상황으로 인해 파키스탄은 제3차 전쟁 이후 인도에 대한 재래식 군사력 열세를 만회하기 위하여 핵무기 개발에 착수하기 시작하였으며 1974년 5월 18일 인도의 핵실험 이후, 파키스탄은 핵 개발에 핵심적 역할을 수행하였던 압둘 카디르 칸(Abdul Qadir Khan) 박사의 주도로 본격적인 핵무기 개발을 실시하였다.

이러한 파키스탄의 핵개발에 대해서 미국은 1976년 8월 당시 국무장관이었던 헨리 키신저를 파견하여 핵개발 포기를 종용하였고 '글렌–사이밍턴 수정안(Glenn-Symington Amendment)'에 근거하여 1979년부터 제재를 가하기 시작하였다.[8] 이렇듯 당시 파키스탄의 핵개발에 대해서는 미국 등 국제사회의 우려가 있었던 것이 사실이었다. 그러나 소련의 아프가니스탄 침공은 파키스탄의 핵 개발에 긍정적인 상황을 만들어주었다. 미국은 아프가니스탄에서 소련을 철수시키기 위해 파키스탄과의 협력이 필요했기 때문이었다. 이에 미국은 파키스탄에 대한 제재를 유예시켰음은 물론 32억 달러의 자금을 지원하였다. 또한 당시 미국은 파키스탄의 핵 개발에 대해 "묻지도 언급하지도 않는" 전략으로 전환하였으며 당시 레이건 미국 대통령은 "파키스탄의 핵개발보다 아프가니스탄에서의 소련 축출이 더 중요하다"고 주장할 정도였다(Frantz and Collins 2008, 119).

결국 1980년대 파키스탄은 플루토늄 재처리 및 우라늄 농축 등에 대해서 별다른 국제적 제재를 받지 않게 되었고, 파키스탄은 이러한 국제정세의 변화를 등에 없고 핵 개발에 더욱 박차를 가하여 1984년 플루토늄 재처리 능력을 확보하게 되었으며 1986년에는 고농축 우라늄 생산 및 기폭장치 실험까지 마치게 되었다. 1987년 당시 지아 대통령은 "파키스탄은 언제든지 원하면 핵무기를 생산할 수 있다"고 주장하기도 하였다(Lavoy 2010, 273).

물론 1989년 2월 아프가니스탄에서 소련군이 철수한 이후 미국은

---

8 글렌–사이밍턴 수정안은 1977년 이후 우라늄 농축설비와 기술 등을 개발하고, 이를 국제원자력개발기구의 감시하에 두는 것을 거부한 국가에 대해 원조를 거부하는 법안이다.

다시금 파키스탄의 핵 개발에 대한 문제를 제기하였다. 1990년 10월, 미국은 파키스탄의 핵 개발을 이유로 군사 및 경제 원조를 중단한다는 프레슬러 수정안을 시행하였고, 이에 1991년 파키스탄은 우라늄 생산을 동결한다고 발표하기도 하였다. 하지만, 핵 개발은 이후에도 지속적으로 이루어졌고 결국 1998년 5월 28일(5회), 30일(1회) 핵실험을 수행하면서 명실공히 핵 보유국이 되었다(Albright et al. 1993, 161; Latif 2014).[9]

　종합해보면 파키스탄의 핵개발에는 지역 내 인도의 위협과 인도의 핵 개발, 그리고 재래식 전력에 있어서 인도보다 열세한 것이 핵심 요인으로 작용하였다고 할 수 있다. 이와 함께 국제정치적 측면에서 소련의 아프가니스탄 침공으로 인한 미국의 대파키스탄 정책 변화도 하나의 요인으로 작용하였다고 할 수 있다. 즉, 강대국 간의 경쟁에서 발생한 암묵적인 방치가 결국 파키스탄 핵 개발에 결정적으로 작용하였다고 할 수 있다.

IV. 핵 보유 이후 인도·파키스탄의 국방정책 변화

1. 핵 보유 이후 국방비 및 재래식 전력의 변화

지역 핵 보유 국가들의 핵 정책 기조를 살펴보기 위해서는 그들의 국방비와 재래식 전력을 우선적으로 살펴볼 필요가 있다. 일반적으로 핵

9　전 유엔 무기사찰단의 일원이었던 데이비드 올브라이트는 파키스탄은 1993년에 이미 무기를 만들 수 있는 우라늄을 약 130-220kg 보유하였다고 주장하고 있으며 칸 박사는 1984-85년 사이에 파키스탄은 이미 핵 보유국이었다고 주장하였다.

무기는 절대적인 억제 효과를 지니고 있어 군사적으로 그 효과가 매우 크다고 알려져 있다. 또한 앞서도 살펴보았듯이 지역 국가들은 자신보다 상대적으로 국력이 강한 적대국에 대항하기 위하여 가장 효율적인 방안 중 하나로 핵무장을 선택하기도 하였다. 따라서 지역 국가들이 핵무기를 보유하였다면 재래식 전력의 증가가 다소 감소하거나 혹은 현 수준 정도에서 유지되어야 한다. 또한 국방비의 경우도 핵무기 보유로 인해 군사적 효율성이 증가하였다면 핵무기 보유 이전보다 감소해야 하는 것이 타당하다. 하지만, 실제로 지역 핵 국가들의 핵 보유 이전과 이후의 국방비 수준과 재래식 전력 수준을 비교하여 보면 이러한 가설은 큰 의미가 없어 보인다.

인도는 역사적으로 파키스탄에 비해 국력(인구, 군사력, 경제력 등) 측면에서 절대적으로 우위를 보여왔다. 특히, 국방정책 수립에 결정적으로 작용하는 경제력 측면에서 인도는 파키스탄에 비해 월등한 능력을 보이고 있다. GDP를 기준으로 지난 40여 년간 양국 간의 경제력 차이를 살펴보면 〈그림 2〉와 같으며 특히 1990년대 이후부터 차이가 현저히 나타나다가 2000년대 이후부터는 급격한 격차를 보이고 있다.

이러한 경제력의 격차는 두 국가의 국방비 차이를 가져오기도 하였다. 아래 〈그림 3〉은 1970년부터 2018년까지 양국 국방비의 변화 추이를 나타낸 것이다. 그림에서 보듯이 양국의 국방비 격차는 지속적으로 증가하고 있다. 특히, 인도의 국방비는 지난 30여 년 동안 급격히 증가하였고, 가장 최근인 2018년 양국의 국방비는 인도가 약 665억 달러를 지출한 반면 파키스탄은 약 113억 달러를 지출하고 있어 6배 이상의 차이를 보이고 있다. 하지만, 파키스탄의 국방비 또한 인도에 비해 증가율은 상대적으로 작더라도 증가성향은 유지되어 왔다.

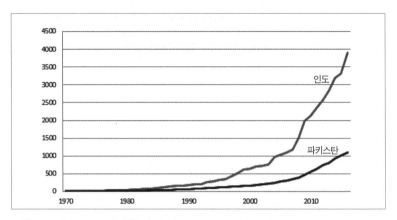

그림 2 인도와 파키스탄 경제력(GDP) 비교 (1970-현재, 단위 10억 달러)
출처: http://data.worldbank.org 자료를 바탕으로 연구자 직접 작성.

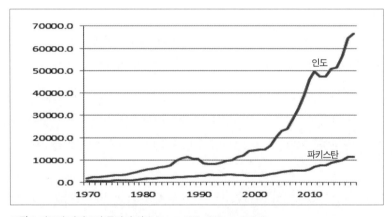

그림 3 인도와 파키스탄 국방비 비교 (1970-현재, 단위 100만 달러)
출처: http://sipri.org/databases/milex를 이용 연구자 직접 작성.

여기서 눈여겨볼 것은 양국의 핵 무장이 공식화한 1990년대 후반
을 기점으로 한 양국의 국방비 변화이다. 왜냐하면, 지역 핵 보유국들
이 핵무기 보유로 인해 압도적인 억제력을 확보하였다고 판단하여 국
방비를 감소시켰는지를 살펴볼 수 있기 때문이다. 하지만 위의 〈그림
3〉의 전체적인 경향에서 볼 수 있듯이 여전히 국방비는 감소하지 않고

있다. 특히, 인도와 파키스탄이 공식적으로 핵 보유를 천명한 1998년을 기점으로 한 양국의 국방비 변화를 살펴보아도 양국 모두 국방비는 지속적으로 증가하고 있음을 알 수 있다. 이는 핵무기 보유가 국방비를 줄이는 효과를 가져 오지는 못한다는 것을 보여준다고 할 수 있으며, 오히려 지역 핵 보유 국가들은 핵무기 보유 이후에도 여전히 국방 분야에 많은 투자를 지속하고 있다고 할 수 있다.

한편, 핵 보유 이후 양국의 재래식 군사력을 살펴보면 별다른 감소추세를 보이지 않고 있음을 알 수 있다. 오히려 재래식 군사력도 지속적으로 증가하고 있다. 재래식 전력의 기본이라 할 수 있는 병력의 측면을 우선 살펴보면 아래 〈표 3〉에서와 같이 인도의 경우 1995년 1,145,000명이었던 반면 2002년에는 1,298,000명, 2018년에는 1,359,100명으로 증가하고 있다.

인도는 1990년대 이전에는 육군과 공군 능력 강화를 주로 추진하였다. 이는 파키스탄과의 분쟁을 주요 위협으로 판단하였기 때문이라고 볼 수 있다. 지상군 재래식 전력의 기본이라고 할 수 있는 주요 장비들을 살펴보면 특히 야포와 육군헬기 등이 집중적으로 증가하였으며 공군 전투기도 지속적으로 증가하였다. 전차의 경우도 수량적으로는 크게 감소하지는 않았으나 현대화를 추진하여 능력 면에서는 더 우수하게 발전해가고 있다.

이와 함께, 최근 인도는 해군력 증강에도 박차를 가하고 있다. 현재 인도는 2척의 항공모함과 14척의 잠수함을 운용하고 있으며 핵탄두 탑재 핵잠수함을 실전배치하기도 하였다. 특히, 인도 해군은 인도양 내 전투역량을 강화하기 위하여 새로운 기지를 동부 해안에 건설하고 있으며 2022년 완공될 예정이다.[10] 이는 해양에서의 중국 영향력 확대를 견제하기 위한 것으로 보인다. 실제로 중국은 역내에서 해양

표 2 핵 보유 전·후 양국 국방비 비교 (단위: 백만 US $)

연도	1996	1997	1998	1999	2000	2001	2002
인도	9904.7	11464.9	11920.6	13895.6	14287.5	14600.6	14,749.7
파키스탄	3547.8	3320.2	3218.9	3080.8	2973.1	2842.0	3273.4

출처: https://www.sipri.org/databases/milex (검색일: 2019. 4. 30.)

표 3 핵 보유 전·후 인도군의 병력 변화 (단위: 만 명)

구분	1995				2002				2018			
	계	육군	해군	공군	계	육군	해군	공군	계	육군	해군	공군
인원	114	98	5.5	11	129	110	5.3	14.5	135	120	5.8	12.7

출처: IISS, *Military Balance* 1995-2018을 바탕으로 작성.

표 4 인도군의 주요 재래식 장비 변화

구분	전차(대)	야포(문)	육군헬기	공군전투기
2018년	4,197	9,684	275	849
2002년	3,898	4,355	162	665

출처:IISS, *Military Balance* 2002, 2018을 바탕으로 작성.

영토분쟁의 가장 실질적인 당사자라고 할 수 있는데 최근 해양에서의 자국 이익 보장을 위해서 항공모함의 확충 등을 지속적으로 추진하고 있다. 2019년 4월 23일 중국 해군 창설 70주년을 기념하여 실시된 국제관함식에서 중국은 8척으로 편성된 잠수함 편대를 선두로 중국 최초의 항공모함인 랴오닝함, 구축함, 호위함, 상륙함 등 32척의 전함을 선보였다. 또한, 중국은 국방백서에서 국가해양권익 수호를 위한 능력

10   이 기지공사는 암호명 바르샤 프로젝트(Project Varsha)라고 불리고 있으며 전문가들은 현재 건조중인 INS 비그란트(Vikrant)호 및 핵 잠수함 5-6척을 포함한 장비들이 전개할 것으로 예상하고 있다.

의 강화를 천명하였는데 이를 보장하기 위해 9만 톤급 핵추진항공모
함 2척을 포함한 4척의 추가 건조를 추진하고 있으며 차세대 이지스함
052D형 미사일 구축함 최소 12대와 052A형 다목적 호위함 22대를 보
유할 예정이다. 이러한 추세라면 2030년이면 세계 2위 수준이 될 것이
라는 예상이 나오고 있다. 이와 함께 중국은 한반도 근해 및 동중국해
에서 주변국 잠수함 활동을 겨냥해 2014년 말 신형 초계기인 가오신 6
을 북해함대에 배치하기도 하였다(국방부 2015). 따라서 인도는 중국
과 파키스탄에 대한 억제력 확보를 위해서 지속적인 재래식 전력의 강
화를 추진하고 있으며 전쟁의 패러다임이 기술집약적 군의 필요성을
요구함에 따라 해군 및 공군력의 강화는 물론 육군의 현대화도 꾀하고
있다.

인도는 핵 투발 수단의 발전도 지속적으로 꾀하고 있다. 〈표 5〉에
서 보듯이 현재 인도의 미사일 능력은 단순히 파키스탄에 대한 공격
능력만 보유하고 있는 것이 아니라 그 이상의 지역 및 국가에 대한 핵
무기 투발도 가능한 수단을 가지고 있다. 특히, SLBM 능력도 확보하
고 있다. 결국 인도의 재래식 군사력은 핵무기 보유 이전보다 오히려
더 강화되고 있으며 세계적인 추세, 자국의 영향력 확대 등을 고려하
여 이에 부합한 수준으로의 발전을 꾀하고 있다.

한편, 파키스탄은 앞서 살펴보았듯이 인도에 비해 국방예산의 증
가율은 그렇게 크지 않았다. 하지만, 지속적으로 증가한 것은 사실이
다. 이러한 국방 투자는 핵 능력 강화는 물론 재래식 전력 강화에도 사
용되었는데 특히, 병력의 경우 〈표 6〉에서 보듯이 핵무장 이전인 1995
년에는 587,000명 정도였으나 2002년도에는 620,000명으로 증가하
였고, 2018년에는 653,800명으로 증가하였다.

이러한 병력의 증강과 함께 재래식 무기체계들도 지속적으로 증

표 5 인도의 핵 투발 수단

투발 수단	명칭	작전반경 및 사거리(km)	핵탄두 탑재 가능량(kg)	비고
항공기	Mirage 2000H	1,850	6,300	
	Jaguar IS	1,400	4,760	약 4개 전대
탄도미사일	Prithvi II	350	500	2003년 실전배치
	Agni I	700	1,000	
	Agni II	2,000	1,000	2014년 시험
	Agni III	3,200	1,500	2013년 시험
	Agni IV	3,500	1,000	개발 중
	Agni V	5,000	1,000	개발 중
SLBM	Dhanush	400	500	2014년 시험
	K-15(B-05)	700	500-600	개발 중
	K-4	3,000		개발 중

출처: SIPRI. 2017. *SIPRI YEARBOOK 2017: Armaments, DisArmament and International Security*. London: Oxford University Press.

표 6 핵 보유 전·후 파키스탄군의 병력 변화 (단위: 만 명)

구분	1995				2002				2016			
	계	육군	해군	공군	계	육군	해군	공군	계	육군	해군	공군
인원	58.7	52	2.2	4.5	62	55	2.5	4.5	64.3	55	2.3	7

출처:IISS, *Military Balance* 1995-2018을 바탕으로 작성.

가하고 있다. 인도의 경우와 동일하게 지상군과 공군 전력의 핵심이라고 할 수 있는 장비들을 비교하여 보면 파키스탄군의 전력이 증가하고 있음을 명확하게 알 수 있다.

특히, 파키스탄 공군은 최근 장비 현대화를 추진하고 있는데 그의 일환으로 정밀타격 및 정보, 감시, 정찰(ISR) 능력을 강화하고 있으며 중국과 함께 개발한 JF-17 전투기를 생산하고 있다. 또한 지금까지 인도 및 주요 경쟁국에 비해 그 규모나 능력이 빈약하였던 해군력 강

표 7 파키스탄군의 주요 재래식 장비 변화

구 분	전차(대)	야포(문)	육군헬기	공군전투기
2018년	2,737	4,472	243	425
2002년	2,357	2,907	121	317

출처:IISS, *Military Balance* 2002, 2018을 바탕으로 작성.

화에도 집중하고 있다. 파키스탄 해군은 중국과 협력 체계를 유지하는 한편 4~6대의 군함으로 구성된 함대를 보유하기 위해 중국과 터키에서 초고속 함정 구입을 추진하고 있다. 특히, 중국-파키스탄 경제회랑 프로젝트의 일환으로 파키스탄은 재래식 전력을 크게 강화할 것으로 보이며 이 중에서도 해군 전력 강화를 추진하고 있다.[11]

또한, 파키스탄의 경우는 상대적으로 약소국이기 때문에 상대방에게 자신의 군사적 능력 사용에 대한 신뢰성을 높여주기 위한 노력 차원에서 미사일 능력 향상을 지속적으로 추진하고 있다. 특히, 파키스탄은 1990년대 이후 미사일 개발에 집중하였다. 당시 파키스탄은 자국의 미사일 능력 발전을 위해서 중국으로부터 M-11 미사일 기술을 제공받았으며 북한으로부터는 노동 미사일 기술을 받아 가우리 미사일을 개발하였다. 심지어 북한과는 1995년 공식 협정을 체결하여 미사일, 이동발사대, 그 외 부품 등을 제공받기도 하였다(라윤도 2014, 120-121).

이렇듯 양국은 핵 보유 이후에도 지속적으로 국방비를 증가시켜 왔으며 재래식 전력을 강화하기 위해 노력해 왔다. 물론, 양국 간의 국

11 파키스탄에 460억 달러(55조 7천억 원) 규모의 CPEC 프로젝트를 추진해온 중국은 2015 11월 과다르항을 43년간 장기 임차하는 계약을 체결했으며 2016년 11월 과다르항에서 중국 컨테이너선의 출항 기념식을 열었다.

표 8 파키스탄의 미사일 능력

장비명		세부 내용		
		기종	보유 수	비고
전술미사일 (60기+)	중거리 탄도미사일 (약 30기)	Ghauri/Ghauri II	24기	·
		Shaheen-2	12기	·
		Shaheen-3	미상	시험 중
	단거리 탄도미사일 (30+기)	Ghaznavi	32기	·
		Shaheen-1		·
		Abdali	10기	·
		Nasr	24기	·
	지상공격 순항미사일 (미상)	Babur GLCM	12기	·
		Ra'ad ALCM	미상	시험 중

출처: SIPRI. 2017. *SIPRI YEARBOOK 2017: Armaments, DisArmament and International Security*. London: Oxford Universtiy Press.

력 격차로 인해 인도는 파키스탄에 비해 지속적으로 재래식 전력의 우위를 가지고 있다. 2018년 글로벌 파이어 파워(GFP)가 발표한 자료에 따르면 세계 군사력 평가에서 인도는 세계에서 4위로 평가된 반면 파키스탄은 13위의 전력을 유지하고 있다.[12] 하지만 여기서 중요한 것은 인도, 파키스탄은 핵을 보유한 이후에도 양국 간의 재래식 분쟁에 대한 대응과 새롭게 대두되고 있는 위협에 대응하기 위하여 국방비를 증가시키고 있으며 끊임없이 재래식 전력도 강화하고 있다는 것이다.

2. 핵 정책 및 전략

지역 핵 보유 국가들의 핵 정책 및 전략은 그들이 직면한 위협과 그들

---

12   GFP 통계는 인구, 육군, 해군, 공군, 국방예산, 경제력, 천연자원 등 50개 이상의 항목을 종합적으로 평가하여 순위를 산정하고 있음. http://www.globalfirepower.com/countries-listing.asp 참조.

이 보유하고 있는 재래식 군사력, 그리고 경제력을 포함한 제반 국력 수준에 따라 차이를 보이고 있다. 즉, 그들이 군사적으로 주된 위협으로 판단하고 있는 국가에 비해 재래식 군사력과 기타 국력이 상대적으로 우세할 경우에는 억제적 측면에서 핵 정책 및 전략을 추진하고 있는 반면 열세할 경우에는 공세적인 핵 정책 및 전략을 구사하고 있다. 상대적 약소국 입장에서는 군사적 공포의 균형을 위해 핵무기의 선제 타격 가능성까지 열어 놓고 있다.

인도와 파키스탄의 경우가 가장 좋은 예라고 할 수 있다. 두 국가는 국경을 접하고 있으면서 군사적으로 상호 적대적이다. 그리고 지금까지 살펴보았듯이 핵을 제외한 재래식 군사력 및 제반 국력에서 인도가 파키스탄보다 상대적으로 앞서고 있다. 이들 두 국가들은 핵을 보유하고 있어 상호 핵 균형을 이루고 있으나 핵 정책 기조는 사뭇 다르다. 즉, 양적, 질적으로 압도할 수 있는 군사력 우위는 인도로 하여금 파키스탄에 대한 군사적 자신감을 갖게 하였고 이것이 인도의 핵전략에 반영되었으며, 반면 상대적으로 약소국 지위를 가지고 있는 파키스탄은 절박감이 핵전략에 반영되어 있다.

우선, 인도를 살펴보면 역사적으로 인도는 비폭력주의 사상의 바탕 하에 평화적인 핵 사용을 지속적으로 주장하였다. 네루 수상은 1957년 1월 20일 "상황이 어떠하든 간에 우리는 원자력 에너지를 악한 목적을 위해 사용하지 않을 것이며 여기에는 어떠한 조건도 없다"고 선언하기도 하였다(Perkovich 1999, 34). 하지만, 이러한 정책적인 기조는 점차 변화하기 시작하였다. 1974년 핵실험 직후 인도의 핵 정책 기조는 이른바 'open option'으로 대변된다. 즉, 유사시 핵무기를 사용할 수 있도록 제조할 수 있는 능력을 구비한다는 것이었다(Sardesai and Raju 2002, 93). 이러한 정책은 핵무기를 보유함으로써 국제사회의 비난을 초래하는 것을 방지하면서, 주변국들에게 핵무기 사용 가능성을 암시하는 전략이라고 할 수 있다. 즉, 즉각적인 핵 보복은 불가능하더라도 잠재적인 핵 능력을 보유하고 있다는 사실을 공표함으로써 억제를 달성하는 것이었다.

사실, 인도에게 군사적 위협은 중국과 파키스탄이라고 할 수 있다. 따라서 인도의 핵 정책 및 전략은 이들 두 국가를 고려하여 수립되었다고 볼 수 있다. 그러나 이 중 인도 정부가 더욱 중시하는 것은 파키스탄이다. 핵무장을 한 적대국가, 지속적으로 전쟁을 치러왔던 국가, 여전히 영유권 분쟁을 하고 있는 국가가 바로 파키스탄이기 때문이다. 물론 G2로 부상하고 있는 중국에 대한 우려를 전혀 안 하는 것은 아니다. 하지만, 지리적으로 중국과는 세계 최고봉인 히말라야 산맥으로 나누어지고 있어 아직까지는 직접적인 위협으로 간주되지는 않고 있다. 실제로도 인도와 중국은 1962년 전쟁 이후 별다른 군사적 대치는 없었다.

따라서 핵 무장을 공식화한 1998년 이후 인도의 핵전략은 핵을 통한 공격을 추진하기보다는 2격 능력을 바탕으로 한 보복에 중점을 둔 전략을 바탕으로 수립되었다. 인도는 1998년 4월부터 공식적인 핵 교리 개발을 위한 TF를 편성 및 운영하였으며 1999년 8월 17일 핵 교리 초안(Draft Nuclear Doctrine)이 완성되었다. 이후 이것을 보강하여 인도는 2003년 1월 공식적인 핵 독트린을 발표하였는데 그 주요 내용은 다음과 같다(Latif 2014, 136). 첫째, 인도는 신뢰성 있는 최소 억제력 구축과 유지를 추구한다. 둘째, 인도 핵 교리의 핵심은 "선제불사용(No First Use)"이지만 인도에 선제 핵 공격이 있을 경우 이에 대한 보복으로는 사용될 것이며 이 보복 공격은 압도적이면서도 감당할 수 없는 피해를 강요할 것이다. 셋째, 보복 공격에 대한 핵 통제권은 문민

지도부만이 행사할 수 있다. 넷째, 비핵 보유국에 대한 핵 공격은 실시되지 않을 것이나, 생화학 공격에 대한 대응으로는 사용될 것이다. 다섯째, 인도는 핵물질 유출을 금지하는 핵분열물질 감축조약(Fissile Material Cut-off Treaty)을 따를 것이다. 여섯째, 인도는 핵무기 없는 세상을 위한 국제적 노력에 동참한다.

이 교리에서의 핵심은 보복을 전제로 한 "신뢰성 있는 최소억제(Credible Minimum Deterrence)", "핵의 선제 불사용(No First Use)"이라고 할 수 있다. 또한, 여기서 말하는 최소억제 개념의 핵심은 핵무기를 군사적으로 사용하기보다는 정치적인 수단으로 사용한다는 것이다(Khan 2016, 472).

인도의 이러한 전략을 엿볼 수 있는 독트린으로는 2004년 4월에 발표한 핵 환경 하 재래식 전쟁 독트린이라 할 수 있는 '콜드 스타트(Cold Start)'도 있다. 이 문서의 핵심은 파키스탄의 공격이 발생할 경우 파키스탄에 심대한 보복 공격을 가하겠다는 것이다. 이 과정에서 신속하게 파키스탄에 특수부대를 투입시켜 핵관련 시설을 고립, 파괴, 점령한다는 것도 포함되어 있다(Ladwig 2007, 158). 결국 이는 재래식 전력을 통해 보복 능력을 강화하되 핵전쟁으로의 확산은 방지하겠다는 인도의 정책적인 기조를 보여주는 것이라 하겠다.

여기서 한 가지 중요한 것은 미래 인도와 중국과의 관계를 고려할 경우 인도의 전략 변화를 살펴보는 것이다. 즉, 미래 중국과 인도의 관계에 있어서 인도는 점차 그 위협 인식이 강화될 가능성이 높으며 양국 간의 갈등 가능성 또한 매우 높다. 중국과 인도 모두 세계에서 영향력을 행사할 수 있는 지위를 원하기 때문이다. 심지어 양국 간에는 여전히 해결되지 않은 영유권 분쟁도 존재하고 있다. 2000년대 초부터 중국 정부는 1955년 이래 인도의 영향력 아래 있었던 아루나찰 프라

데시주 전체를 자기 영토라 주장하고 있으며(Marshall 2015, 332) 이
는 인도 정부에게는 당혹스럽고 위협적인 것이 사실이다.[13] 또한 2017
년에는 부탄 영토인 둥랑(Doklam) 지역 일대에서 중국의 도로 건설과
관련되어 양국 군대가 3개월간 대치하는 상황이 벌어지기도 하였다.

하지만 중국과 인도의 군사력을 비교하면 인도는 파키스탄과의
관계와는 다르게 상대적 약소국의 입장에 놓이게 된다. 인도가 세계 4
위의 군사력으로 13위인 파키스탄을 압도하였듯이, 세계 2위인 중국
에게는 압도되기 때문이다. 따라서 미래 인도는 대중국 억제 능력을
향상시키기 위해 보복 중심에서 선제 사용 정책 또는 선제 사용 가능
성에 대한 불확실성을 보여주는 전략을 추구할 가능성도 있다. 즉, 상
대적 약소국이었던 파키스탄에게는 보복 중심의 전략을 사용하고 있
는 것과는 달리 상대적 강국인 중국에게는 비대칭 확전 전략까지 포함
된 전략으로 나아갈 가능성이 있다고 할 수 있다.

한편, 파키스탄 핵 정책의 기본 기조는 역시 최소억제(Minimum
Deterrence) 전략이라고 할 수 있다(Khan 2016, 469). 파키스탄의 경
우 공식적인 독트린으로 확인 된 것은 없으나 1999년 11월 외무장관
압둘 사타르(Abdul Sattar)가 "최소억제 전략은 계속해서 파키스탄 핵
전략의 원칙"이라고 강조했듯이(Lavoy 2010, 292) 파키스탄의 기본 전
략 방향도 인도와 유사하다고 할 수 있다. 그러나 한 가지 특이한 것은
선제사용을 배제하는 언급은 하지 않았다는 것이다. 즉, 인도와 다르
게 선제사용 가능성에 대한 불확실성을 열어두고 있는 것이다. 따라서
파키스탄의 핵전략은 앞 절에서 설명한 전략 기조 중 촉매전략과 비대
칭적 확전전략이 결합된 형태로 나타나고 있다고 할 수 있다. 촉매전

---

13   아루나찰 프라데시주는 중국과 부탄 그리고 미얀마와 국경을 접하고 있는 전략적 요충
지라고 할 수 있다.

략의 경우 확전을 우려하는 강대국이 존재할 경우 사용되었고 비대칭적 확전의 경우 중재국이 없거나 중재 가능성이 약화되었을 경우 사용되었다.

우선, 촉매전략의 경우를 살펴보면, 1990년 3월 카슈미르 일대에서 인도의 20만 병력과 파키스탄 10여 만 명의 병력이 대치하는 상황에서 확인할 수 있다. 당시 파키스탄 육군 참모총장이었던 벡(Mirza Aslam Beg) 장군은 인도의 재래식 군사력에 핵 무기 사용 가능성을 언급하였으며 실제로도 핵무기가 탑재된 F-16 전투기들을 즉각 출격 가능토록 준비하기도 하였다(Hersh 1993). 이에 미국은 당시 상황을 매우 위중하게 판단하였고, 당시 국가안보국 국장이었던 로버트 게이츠(Robert Gates)를 인도에 파견하여 양국 간 갈등을 조정하였다(Ganguly and Hagerty 2005).

이러한 상황에서 주의 깊게 볼 것은 파키스탄이 F-16 1개 전대를 다른 곳으로 이동시키고 핵탄두를 조립해 카후터(Kahuta)에서 인근 비행장 등으로 옮기는 등의 활동을 했다는 점이다. 이는 의도적으로 미국의 정찰에 노출시키기 위한 활동이었다(Khan 2012). 만일 실제로 이러한 무기들을 파키스탄이 군사작전에 사용하고자 하였다면 작전상 은밀성 유지는 가장 기본적인 것이다. 그러나 상대적으로 노출 가능한 움직임을 보여준 것은 강대국의 중재를 의도적으로 이끌었던 촉매전략의 전형적인 사례라 할 수 있다.

한편, 미국이 파키스탄의 핵 개발에 대한 제재를 가하기 시작한 이후 파키스탄 핵전략의 방향은 비대칭 확전으로 선회하였다. 즉, 중재국의 존재 가능성이 희박해지면서 파키스탄은 새로운 방향을 설정하게 된 것이다. 이러한 전략은 인도와 재래식 군사력 불균형이 점차 심화되는 과정에서 중재국의 존재까지 희미해지면서 등장하게 된 것으로 볼 수 있다.[14] 인도 국경에서 이슬라마바드까지 거리는 402km 정도 되며 지형도 평평하여 군사적 이동에 큰 제한이 없다. 이런 상황과 재래식 전력의 격차는 "인도가 대규모 재래식 공격을 실시할 경우 인도군은 불과 며칠이면 파키스탄의 수도에 들이닥칠 수 있다"는 인식을 파키스탄에게 심어주었다(Marshall 2015, 321).

이렇듯 인도와 파키스탄의 재래식 전력 격차는 파키스탄으로 하여금 보다 공격적인 핵전략을 추진하는 데 결정적으로 작용하였고 할수 있다. 즉, 재래식 전력의 열세로 인해 장기전에서 불리하다는 것을 파키스탄은 잘 인식하고 있었고 이에 파키스탄은 핵 선제불사용의 가능성을 밝히지 않고 있는 것이다. 예를 들어 인도가 1994년 1월, 상대방에게 먼저 핵무기를 사용 또는 사용을 위협하지 말자는 내용의 핵무기 선제불사용 협약을 체결하자고 제안하였는데 파키스탄은 이를 받아들이지 않았다(Sood 1997, 7).

물론 양국의 핵실험 이후인 1999년 2월 양국은 평화와 안정을 위해서는 핵 차원의 충돌은 피해야 한다는 이른바 '라오르 선언(Lahore Declaration)'에 합의하였다. 하지만 같은 해 5월 카슈미르 카르길 지역에서 양국은 또 다시 충돌하였고 당시 파키스탄 샤리프 수상은 결정적 무기(ultimate weapons)를 사용할 수 있다고 경고하였는데(Hindustan Times 1999) 이것은 핵무기 선제적 사용을 의미한다 하겠으며 이것은 대표적인 비대칭 확전전략의 실행 사례라고 할 수 있다.

비대칭 확전의 경우 모호성이 가장 중요한 요소라고 할 수 있다. 즉, 공식 핵 교리를 공표하지 않음으로써 핵 모호성을 높여 재래식 전

14　실제 인도가 핵무기의 선제불사용 정책을 파키스탄에 제안하였지만 파키스탄은 이를 거절하였으며 1999년 5월 카르길 분쟁에서 파키스탄은 인도에 대한 핵무기 사용 위협을 실행하기도 하였다.

력에 있어서 열세를 만회하고자 하는 것이다. 핵 이론가 하카비는 핵
무기의 등장 이후 전략의 개념이 '폭력을 사용하는 술(術)'에서 '폭력
으로 위협하는 술(術)'로 변화되었다고 강조하고 있으나, 재래식 군사
력에 있어서 열세를 보이고 있는 국가의 경우 여전히 '사용하는 술'이
핵심 전략이 되고 있는 것이다(Harkabi 1966). 즉, 적대관계에 있는 양
국이 모두 핵무기를 보유함으로써 핵의 균형이 유지된다면 재래식 전
력의 격차가 핵전략의 차이를 일으키는 것이다.

　여기서 한 가지 중요한 점은 모호성에 대한 신뢰성을 높이는 작업
이 필요하다는 것이다. 즉, 상대방에게 핵 능력에 대한 신뢰성은 높여
주면서 핵 사용에 대한 모호성을 높여 주어야 한다는 것이다. 이러한
신뢰성을 높여 주기 위한 방안이 바로 핵 투발 수단의 발전, 즉 미사일
능력의 향상을 추진하는 것이다. 이에 파키스탄도 앞서 설명하였듯이
미사일 기술 개발에 지속적으로 노력해 오고 있는 것이다.

V. 결론

지역 핵 보유국들은 평화적인 에너지원을 개발하기 위해서 최초 원자
력 능력 보유를 추진하였지만 외부 군사적 위협이 증가됨에 따라 이러
한 능력을 바탕으로 핵 무장을 추진하였다. 인도의 경우는 중국과 파
키스탄, 파키스탄은 인도의 위협이 핵 개발의 핵심 동인이었다. 하지
만, 이러한 위협과 함께 당시 국제정치의 변화 또한 중요한 동기로 작
용하였다. 인도의 경우 중국을 견제하는 데 중요한 역할을 했던 소련
이 냉전의 종식으로 인해 더 이상 지원을 중단하였고, 파키스탄의 경
우 미소 간의 아프가니스탄에서의 경쟁으로 인해 암묵적으로 핵 개발

이 방치되었다.

지역 핵 보유 국가들의 핵 정책 기조를 살펴보면 핵을 가진 국가라 할지라도 군사적으로 대치하고 있는 국가와의 재래식 전력 차이로 인해 핵 정책 기조가 다르다는 것을 알 수 있었다. 즉, 상대적으로 국력이 약하고 재래식 전력에 있어서 약세를 가지고 있는 국가는 그렇지 않은 국가보다 공세적 핵전략을 추진하였다. 반면, 상대적으로 국력도 강하고 재래식 전력이 강한 국가는 재래식으로 상대방을 억제하지 못할 경우 대규모 보복을 단행하는 이른바 '확증 보복'을 추진하였다.

지역 핵 보유국들은 군사력 건설 측면에서 공통점도 가지고 있는데 상대적 강대국의 경우 자신들의 제2격 능력 확보를 위해서, 상대적 재래식 전력 약소국의 경우 선제적 핵 공격에 대한 신뢰성을 향상시키기 위해 투발 수단의 발전을 추진하고 있다는 점이다.

이러한 점을 바탕으로 인도, 파키스탄 사례가 주는 한반도적 함의를 살펴보면 다음과 같다. 첫째, 지금까지 북한이 핵개발을 추진해왔던 핵심 요인은 한미연합 자산에 비해 열세한 재래식 전력이 주요인 중 하나라고 볼 수 있을 것이다. 하지만 여기서 더욱 중요한 것은 주변 강대국들의 핵 개발 차단 의지의 부족도 하나의 핵심 요인이라고 할 수 있다. 이는 미래 한국의 대북 핵전략 수립에 매우 중요한 고려사항이 될 수 있다. 즉, 현재 북한 핵 폐기를 위한 노력이 성공하기 위해서는 강대국들의 단호한 의사결정이 필요하다. 만약, 현재 진행 중인 협상 과정에서 미중 간의 불협화음으로 인해 북한 핵 문제가 다시 표류하게 될 경우 북한은 인도, 파키스탄과 같이 실질적인 핵 보유국으로 남게 될 수 있을 것이다.

둘째, 인도 및 파키스탄 등의 지역 핵 보유 국가들의 사례에서 살펴보았듯이 핵 개발 국가들은 국력의 강약과는 상관없이 모두 그 투발 수단을 강화하여 왔다. 이는 앞으로 북한이 자체 핵 능력을 강화 또는 유지시키기 위해서는 자체 투발 수단 확보를 위해 지속적으로 노력해야 한다는 것을 의미한다. 따라서 한국은 북한의 지속적인 탄도미사일, 잠수함 등이 강화되고 있는지에 대한 면밀한 감시체계를 확립할 필요가 있을 것이다.

셋째, 현재 추진하고 있는 북한 핵 협상이 결렬된다면 한미연합군에 비해 상대적으로 군사적 능력이 열세에 처해 있는 북한의 상황을 고려할 때, 위의 사례에서와 마찬가지로 북한의 핵전략은 매우 공격적이 될 것이라는 점을 유추할 수 있다. 즉, 북한은 핵의 선제사용, 군사적 사용을 핵심 전략으로 수립하게 될 가능성이 높으며 이를 통해 불확실성을 극대화하여 핵무기의 유용성을 높이려는 전략을 추진하게 될 것이다.

넷째, 북한이 추구해왔던 핵 경제 병진노선은 큰 약점을 가지고 있다. 인도, 파키스탄 사례가 보여주었듯이 핵을 보유한 후에도 양국은 국방비를 지속적으로 증가할 수밖에 없었다. 따라서 북한이 핵 보유 후 확보된 억제력으로 적의 위협에 대응하고 이를 통해 절약된 군사비로 경제를 활성화시킨다는 핵 경제 병진노선은 사실상 불가능하다고 할 수 있다. 따라서 한국 정부는 북한이 핵 보유의 길로 들어서더라도 경제적 어려움이 지속될 것이라는 점을 설득할 필요가 있으며 그럼에도 불구하고 북한이 핵 보유를 추진한다면 미국의 확장억제력과 함께 재래식 군사력 강화를 통해 북한의 지속적인 소진을 유도하는 전략적인 선택이 필요하다 하겠다.

참고문헌

고경희. 1997. "인도의 핵정책." 『서남아연구』 제2호.

국방부. 2015. 『2015 동아시아 전략 평가』. 서울: 국방부.

박창희. 2011. "한국의 '신 군사전략' 개념: 전쟁수행 중심의 '실전기반억제.' 『국가전략』 제17권 3호, 41-72.

_____. 2013. 『군사전략론』. 서울: 플래닛미디어.

정영태. 2002. 『파키스탄-인도-북한의 핵정책』. 서울: 통일연구원.

허문영. 2002. 『북한의 핵개발계획인정과 우리의 정책방향: 대미협상 행태 변화를 중심으로』. 서울: 통일연구원.

Boot, Max. 2007. 『전쟁이 만든 신세계』. 송대범 · 한태영 역. 서울: 플래닛미디어.

Lavoy, Peter. 2010. 『상상할 수 없는 전쟁 계획』. 정현석 역. 서울: 한국해양전략연구소.

Marshall, Tim. 2015. 『지리의 힘』. 김미선 역. 서울: 사이.

Albright, David et al. 1993. *World Inventory of Plutonium and Highly Enriched Uranium*. New York: Oxford University Press and SIPRI.

Beaton, L. 1966. *Must the Bomb Spread*. Baltimore: Penguin Books.

Beaton, L. and John Madox. 1962. *The Spread of Nuclear Weapons*. New York: Praeger.

Bull, Hedly. 1961. *The Control of the Arms Race*. New York: Praeger.

Chari, P.R. Chari et al. 2007. *Four Crises and a Peace Process: American Engagement in South Asia*. Washington D.C.: Brookings Institution Press.

Frantz, Douglas and Catherine Collins. 2008. *The Man from Pakistan*. New York: Twelve.

Freedman, Lawrence. 2003. *Evolution of Nuclear Strategy*. New York: Palgrave-Macmillan.

Ganguly, Sumit and Devin T. Hagerty. 2005. *Fearful Symmetry: India-Pakistan Crisis in the Shadow of Nuclear Weapons*. Seattle: University of Washington Press.

Harkabi, Y. 1966. *Nuclear War and Peace*. Israel: Program for Scientific Translations.

Khan, Feroz Hassan. 2012. *Eating Grass-the making of the Pakistani Bomb*. Stanford: Stanford University Press.

Khan, Zafar. 2016. "Strategizing for Deterrence Stability in South Asia: Looking for a Holistic Approach," *The Korean Journal of Defense Analysis* 28(3): 467-84.

Ladwig, Walter C. 2007. "A Cold Start for Hot Wars?" *International Security* 32(3): 158-190.

Latif, Amir. 2014. "A Comparative Study of Nuclear Doctrine of India and Pakistan," *Journal of Global Peace and Conflict* 2(1): 129-46.

Libermann, Peter. 2004. "Israel and the South African Bomb," *The Nonproliferation Review* 11(2): 46-80.

Meter, Stephen M. 1984. *Dynamics of Nuclear Proliferation*. Chicago: University of Chicago Press.

Montgomery, Alexander H. and Scott D. Sagan. 2009. "The Perils of Predicting Proliferation," *Journal of Conflict Resolution* 53(2): 302-28.

Narang, Vipin. 2014. *Nuclear Strategy in the Modern Era*. New York: Princeton University Press.

Paret, Peter. 1986. *Maker of Modern Strategy: From Machiavelli to the Nuclear Age*. Princeton: Princeton University Press.

Perkovich, George. 1999. *India's Nuclear Bomb: The Impact on Global Proliferation*. Berkeley: University of California Press.

Quester, George. 1973. *The Politics of Nuclear Proliferation*. Baltimore: Johns Hopkins University Press.

Sardesai, D.R. and Raju G.C. Thomas. 2002. *Nuclear India in the Twenty-First Century*. Washington D.C.: Palgrave-Macmillan.

Sood, Rakesh Sood. 1997. "Implementing Confidence Building Measures-India and Her Neighbours." presented paper at the 9th Regional Disarmment Meeting.

Willrich, Mason and Theodore B. Taylor. 1974. *Nuclear Theft: Risk and Safeguards*. Cambridge Mass: Ballinger Publishing Company.

제2부

핵무기를 포기하지 않는 국가들의 사례와 북한

제5장

미국과 신흥 핵무기 보유국

최아진

I. 서론

미국은 제2차 세계대전 중에 최초로 핵무기를 개발하였으나 동시에
지속적으로 다른 국가들의 핵무기 개발을 견제하고 포기를 이끌어 내
려는 노력을 해오고 있다. 냉전 중에도 미국은 소련과의 군비경쟁에
서 우위를 통한 억지를 유지하기 위하여 노력하면서도 동시에 핵 비확
산의 중요성을 인식하고 소련과 협력하여 핵 비확산 체제의 형성을 주
도하였다. 핵 비확산 체제는 핵비확산조약(Nuclear Non-Proliferation
Treaty, NPT) 체결 이전에 일찍이 핵무기 개발에 성공한 미국, 소련,
영국, 중국, 프랑스는 핵 보유국으로 인정하고 있으나, 그 밖의 국가
에 대해서는 엄격하게 핵무기 개발을 금지하는 규정을 두면서 핵무기
확산을 방지하고 있는 것으로 이 체제 하에서 미국은 핵무기를 개발
하려던 여러 국가들을 압력과 회유를 통하여 핵무기를 포기시키는 데
성공하기도 하였다(Gavin 2015; Gerzhoy 2015; Rabinowitz and Miller
2015).

이러한 핵 비확산 노력에도 불구하고 이스라엘, 인도, 파키스탄
과 같은 국가들은 핵비확산조약 가입을 거부하거나 탈퇴하면서 핵무
기 개발에 성공하여 사실상 신흥 핵무기 보유국으로 등장하게 되었다.
현재 북한은 핵비확산조약을 탈퇴하고 미국과 유엔 안보리의 제재 등
국제사회의 압박에도 불구하고 총 6차례의 핵실험과 수차례의 미사일
발사를 통하여 핵능력을 강화해오고 있다. 이러한 핵 비확산 체제를
벗어난 핵무기 개발 국가들의 출현은 주변국의 안보, 지역의 안정을
위협할 뿐만 아니라 핵 비확산 체제에 대한 심각한 도전으로 여겨지고
있다.

본 연구는 구체적으로 인도, 파키스탄, 이스라엘의 핵무기 개발

과정에서 미국의 대응전략을 살펴볼 것이다. 미국은 핵무기 개발 국가에 대하여 제재와 압박을 가하더라도 국제정세 변화에 따라 미국에게 전략적 중요성이 증가하거나 군사적으로 위협이나 이익을 공유하는 경우에는 제재를 해제하거나 협력을 추진하였다. 이는 미국이 핵 비확산 체제 밖의 핵무기 보유국에 대해서도 전략적 필요성에 따라서는 이를 묵인하고 우호적인 관계로 발전할 수 있다는 것을 보여주고 있다 (Cavanna 2018). 인도의 경우에는 미국이 세계적 전략 차원에서 중국의 부상에 대응하여 미국 중심의 세계질서를 유지하고 영향력을 확대하기 위하여 인도의 핵무기를 용인하고 핵합의 협정까지 체결하면서 우호적인 관계로 발전시키고 있다. 파키스탄의 경우에는 미국의 동맹국으로서 군사적 필요성에 따라 제재와 원조가 반복되는 양상을 보여주고 있다. 이스라엘은 미국 내의 정치적 지지와 함께 중동지역에서 미국과 동맹관계를 맺고 있는 우방국으로서 "특별한 관계"를 형성해가며 핵무기 보유가 묵인되고 있다.

지난 20여 년 동안 미국은 북한의 비핵화를 목표로 하여 다양한 수단을 사용해 오고 있으나 도리어 북한의 핵능력은 강화되고 있는 것이 현실이다. 핵 비확산 규범을 강조해 온 오바마 행정부에서는 제재와 함께 "전략적 인내"라는 접근을 통해 북한의 비핵화 노력을 이어왔으나 결실을 거두지 못하였다. 트럼프 대통령은 사실상 최고의 압박과 동시에 3차례의 정상회담으로 협상을 통해 북한의 비핵화를 추구해왔으나 현재 협상은 교착상태에 놓여 있다.

그렇다면 핵능력이 강화되고 있는 북한에 대한 미국의 정책의 방향과 결정 요인은 무엇인가? 미국의 북한의 비핵화를 위한 회유나 압력은 지속될 것인가? 북한의 비핵화가 이루어지기 어렵다면 인도, 파키스탄, 이스라엘과 같이 사실상의 핵 보유국의 지위를 가질 가능성이 있는지에 대해 살펴볼 필요가 있다. 본 연구는 이러한 물음에 답하기 위해서 인도, 파키스탄, 이스라엘의 핵무기 개발 과정에서 보인 미국의 대응과 정책들을 살펴볼 것이다. 또한, 이들 국가들에 대한 미국의 전략에 영향을 준 결정적 요인을 살펴보는 것은 북한의 핵무기 개발에 대하여 함의를 가질 수 있을 뿐만 아니라 한반도 및 동북아 지역의 안보와 핵 비확산 체제에 대한 전망도 살펴볼 기회가 될 수 있을 것이다.

본 연구는 5절로 구성되어 있다. 앞서 서술한 바와 같이 서론에서는 본 연구의 주제, 목적, 범위와 중요성을 제시할 것이다. 2절에서는 미국의 핵전략과 핵 비확산 체제의 변천 과정을 살펴볼 것이다. 최초로 핵무기를 개발한 미국은 곧바로 핵 비확산에 관심을 보이고 이에 대한 대안들을 제시하였다. 미국은 행정부나 대통령의 국제환경에 대한 이해나 인식에 따라 핵전략의 방향과 핵 비확산의 방법이나 정도들이 차이를 보여 왔다. 이 절에서는 미국 행정부의 핵전략과 핵 비확산 노력을 서술하고자 한다.

3절에서는 핵 비확산을 위해서 구체적으로 미국이 사용할 수 있는 정책적 수단을 살펴볼 것이다. 미국이 최근 핵무기 개발을 시도하는 국가들에 대해 취할 수 있는 수단을 군사적 위협과 선제적 공격과 같은 군사적 수단, 원조와 제재와 같은 외교적 수단, 국제 조약과 협정과 같은 제도적 수단으로 나누어서 살펴보고자 한다.

미국의 핵 비확산을 위한 전반적인 노력에도 불구하고 일부 신흥 핵 보유국에 대해서는 핵무기 개발을 포기시키는 데 성공하지 못하고 사실상 핵 보유국으로 인정하고 있다. 이 국가들에 대한 미국의 대응과 정책은 핵 비확산 전략에서 예외가 인정된 사례로 여겨지며 동시에 핵 비확산 체제의 한계를 보여주기도 한다. 인도의 경우에는 냉전기에 비동맹을 표방하기도 하고 중국의 위협으로 인해 소련과도 우호적인 관계를 유지해 온 국가이다. 하지만 2005년에 미국은 의회의 일부 저항에도 불구하고 핵협상을 성공적으로 타결시키며 "자연적 동맹국 (Natural Ally)"으로까지 칭하기도 한다(Armitage, Burns and Fontaine 2010). 한편, 냉전 초기에 미국의 동맹국으로서 원조와 군사적 지원을 받아온 파키스탄의 경우에는 인도-파키스탄 분쟁에서 강대국에 대한 불신이 고조되고 인도가 핵실험을 감행하자 이에 대응하여 핵무기 개발을 추진한다. 핵무기를 개발하는 과정에서 군사적 요충지에 위치한 파키스탄은 미국의 군사적 필요에 따라 제재와 원조가 반복되는 변화를 겪게 된다. 이스라엘이 경우에는 중동에서 미국의 동맹국일 뿐만 아니라 우호적인 국내정치적 요소가 합쳐져 경제적 제재도 거의 없이 비밀협상이 전개되었고 결국 핵무기 보유가 묵인된다. 4절에서는 인도, 파키스탄, 이스라엘에 대한 미국의 대응을 통해 정책 결정을 이끈 주요 요인들을 분석하고자 한다. 세 국가의 사례분석 결과에 의하면 핵 비확산 체제라는 국제규범과 제도적 장치, 제재와 원조와 같은 외교적 노력보다는 세계전략의 차원, 군사적 필요성, 공동의 이익을 기반으로 한 전략적 계산이 미국의 선택에 중요한 동력이 되어 왔다는 것을 알 수 있다.

결론에서는 사례분석 결과를 요약하고 인도, 파키스탄, 이스라엘에 대한 미국의 대응전략이 북한의 핵무기 개발 및 비핵화 협상 과정에서 가질 수 있는 함의에 대하여 간략히 논의해 보고자 한다.

II. 미국과 핵 비확산

미국은 1945년 세계 최초로 핵무기 개발에 성공하면서부터 핵전략의 수립과 함께 핵 비확산을 위한 노력을 해왔다.[1] 미국은 행정부에 따라 핵무기의 역할, 핵 비확산 체제 준수, 핵무기 개발국에 대한 대응 등에서 다양한 정책이 나왔다. 최초로 핵무기를 개발한 미국은 이후 소련 핵무기 개발에 따른 군비경쟁을 막기 위하여 핵무기를 국제적 관리하에 두고자 하였다. 트루먼(Truman) 대통령은 1946년 6월 14일 바루크(Bernard M. Baruch)로 하여금 이 계획을 UN원자력에너지위원회에 제시토록 하였다. 이 계획에서 미국은 자신의 핵무기를 국제기구의 관리하에 두는 대신, 소련 및 핵개발 잠재력을 있는 다른 국가들은 사찰을 받아야 한다고 주장하였다. 아이젠하워(Eisenhower) 대통령은 핵무기의 억지력에 의존하는 대량보복전략을 구상하면서 미국은 일련의 적대적 행위에 대응하기 위하여 핵무기도 사용 가능한 무기이며 선제적 사용까지도 가능하다고 밝혔다. 또한 아이젠하워 대통령은 바루크플랜을 발전시켜 1953년 유엔총회에서 핵 보유국들은 핵물질을 국제기구에 이관하고 유엔이 평화적 핵물질 이용을 감독하자고 제안하였다. 이 제안은 핵무기 개발을 방지하면서 원자력의 평화적 이용을 통한 경제적 효과를 얻고자 한 것이었으나 본격적으로 핵 비확산 체제의 출범으로 발선하지는 못하였다(박건영 2011).

1960년대에 중국이 핵실험에 성공하게 되고 미국과 소련은 쿠바 미사일 사태를 겪으면서 핵 비확산에 대한 필요성을 더욱 강하게 인식하기 시작하였다. 이 시기부터 미국과 소련은 핵군축에 관심을 가지고 1972년에 전략무기제한협정(Strategic Arms Limitation Talks, SALT)에 서명하였고, 핵 비확산 체제의 설립에도 공감하게 되었다. 그 결과 핵비확산조약이 1968년에 채택되었고 1970년에 정식으로 발표되었

---

1   Gavin(2015)은 제2차 세계대전 후의 미국의 3대 대전략에 경쟁 강대국 봉쇄, 자유무역 증진과 함께 핵 비확산이 포함되어 있다고 주장하고 있다.

다. 카터(Carter) 행정부는 인권, 민주주의와 함께 핵 비확산의 중요성을 강조하였다. 당시 문제가 되었던 남아프리카공화국의 핵개발에 대하여 회유와 압력을 동시에 행사하였는데 인권정책과 핵 비확산을 연결하여 압박을 가하는 동시에 미국이 평화적 원자력 이용을 위한 핵연료 공급원으로서의 이미지도 고려하면서 협상을 추진하였다(Martinez 2002).

레이건(Reagan) 대통령은 1983년 "Star Wars"라 불리는 전략방위계획을 발표하였다. 이 전략의 목표는 미국 상공에 접근하는 소련의 미사일에 대한 공중파괴방법을 개발하는 것이었고 사상 최대의 국방비 증강을 추진하였다(Bundy, Kennan, McNamara, and Smith 1984). 동시에 레이건 행정부는 핵군축을 위한 노력도 기울였다. 1987년 고르바초프(Mikhail Gorbachev) 서기장과 레이캬비크(Reykjavik) 정상회담에서 중거리 핵무기의 폐기를 약속한 중거리핵전력조약(Intermediate-Range Nuclear Forces Treaty, INF)을 체결하였고, 1991년에 제1차 전략무기감축조약(Strategic Arms Reduction Treaty I, START I)과 1993년에 제2차 전략무기감축조약(Strategic Arms Reduction Treaty II, START II)을 체결하였다(Norris and Kristensen 2009).

1990년대 냉전의 종식은 미국에 있어 소련에 의한 위협을 완화시켰지만 동시에 핵무기의 국제적 확산이라는 새로운 위협이 대두하였고 따라서 구소련 국가들이 보유한 핵무기에 대한 관리와 통제가 핵비확산과 관련하여 주요 이슈가 되었다(Miller 1993). 또한 이 시기에 북한의 핵개발 문제가 드러나고 클린턴(Clinton) 행정부는 1994년에 제네바합의를 이끌어 내었다.

2001년 9·11 테러공격의 발생으로 부시(Bush) 대통령 시기에는 미국의 일방주의적 성향이 강화되었고 부시독트린이 발표되었다.

기존의 핵 비확산 체제로는 미국이 당면한 안보위협에 제대로 대처할 수 없다고 판단하면서 미국의 안보에 최대의 위협이 되는 불량국가나 테러집단이 대량살상무기를 개발 및 획득하는 것을 저지하기 위하여 선제적 무력사용도 불사한다는 공격적 내용을 도입한 것이다. 또한 부시 대통령은 미사일 방어체제 추진을 위해 미러 간 탄도미사일방어조약(Anti-Ballistic Missile Treaty)의 폐기와 포괄적핵실험금지조약(Comprejhensive Test Ban Treaty, CTBT)의 재검토를 시도하였다(US Department of State 2002). 이 시기의 미국의 정책은 핵 비확산 체제와 마찰을 일으켰을 뿐만 아니라 그 기능을 약화시켜 갔다.

　일방주의적이었던 부시 행정부와 달리 오바마(Obama) 행정부는 "핵무기 없는 세계"를 발표하면서 국제적 비확산 체제의 강화를 천명하였다. 2009년 프라하 선언에서는 핵비확산조약의 핵군축, 비확산, 핵의 평화적 이용의 세 가지 핵심요소를 구체적인 정책구상으로 뒷받침하였다. 핵군축을 위하여 러시아와의 전략핵무기 감축협정(START) 후속 협정의 체결 및 기타 핵 보유국들의 참여를 추진하기로 하였고, 핵 비확산 정책의 일환으로 포괄적핵실험금지조약의 조속한 비준과 무기용 핵분열성물질생산금지조약(Fissile Material Cut-off Treaty, FMCT) 협상을 위해서 노력하였다. 또한 NPT 조약의 탈퇴 및 위반에 대한 대응조치도 강화시킨다는 입장을 밝혔으며, 국제원자력기구(IAEA) 안전조치 강화와 산하 국제 핵연료은행 설립을 통하여 원자력의 평화적 이용 원칙을 이행하고자 하였다. 이 외에도 핵테러리즘에 대한 대응을 강화하기 위하여 대량살상무기확산방지구상(Proliferation Security Initiative, PSI)과 세계핵테러방지구상(Global Initiative to Combat Nuclear Terrorism, GICNT)의 제도화와 국제기구화를 추진하였다. 또한 4년 내 모든 취약 핵물질을 방호하자는 목표를 제시하였고 구체적인 목표로 핵안보정상회의 개최를 제의하였다(유웅조 2012). 이어서 오바마 대통령은 2013년 베를린 연설을 통해서 향후 미국의 핵비확산 및 핵감축 전반적 정책에 대한 방향을 보다 구체적으로 제시하였다. 미국은 비축된 핵무기를 추가로 더 감축하고 미상원이 포괄적핵실험금지조약을 비준하도록 더욱 노력하는 등의 단기적 목표를 제시하였으며 유럽에 배치된 미국과 러시아의 전술핵무기의 감축을 위해 협력할 것이라고 밝히는 동시에 전략적 핵무기도 감축하자는 획기적 제안을 하였다(The White House 2013). 오바마 행정부는 북한의 핵개발에 대해서 '전략적 인내' 속에서 제재와 압박으로 일관하면서 비핵화의 성과를 거두지 못하였지만, 임기 말기인 2015년 7월에 이란의 핵개발에 대하여 10여 년이 넘는 협상 끝에 극적으로 합의(JCPOA)에 도달하는 성과를 이루었다.

이와 대조적으로 트럼프(Trump) 행정부는 국가안보전략(NSS) 보고서에서 미국 우선주의(America First)를 전략의 핵심개념으로 내세우고 곧이어 발표한 핵태세보고서(NPR)에서 핵무기의 역할을 강조하면서 적대세력의 안보위협에 대응할 수 있는 핵전력 강화와 핵무기 현대화를 추진할 것이라고 밝히고 있다. 미국은 핵비확산조약에 따라 그 의무를 회피하지 않겠지만 현재의 안보환경에서는 추가 핵군축 가능성은 희박하고 강화된 핵전력을 바탕으로 핵억지력을 유지하는 것이 핵확산을 막을 수 있는 방법이며, 러시아와 북한 등 핵심 적대세력에 대하여 전술핵 능력 우위를 유지해야 한다고 강조하고 있다. 비핵보유 NPT 회원국에 대해 핵을 사용하거나 사용 위협을 하지 않을 것이지만 적대세력에 대한 효과적인 억지를 위해서는 핵선제불사용은 채택하지 않고 모호성을 유지해 간다는 입장을 가지고 있다(전성훈 2018). 트럼프 대통령은 대선 과정부터 비판해오던 이란과의 핵합의를 결국 2018년 5월에 파기할 것을 선언하였고, 10월에는 냉전의 종결에 기여한 러시아와 1987년에 체결한 중거리핵전력협정을 탈퇴하였다.

위에서 보았듯이 미국은 핵무기 개발 후에 곧 국제적 관리의 필요성을 인식하고 있었으며 행정부에 따라 차이를 보이기는 하였지만 대체로 핵 비확산을 위한 노력을 해왔다. 따라서 핵무기 보유국 수는 핵비확산 체제가 성립되었던 당시의 미국, 러시아, 중국, 영국, 프랑스 5개국과 이후에 핵무기 개발을 추구해온 인도, 파키스탄 및 이스라엘 3개국을 포함하여 총 8개국으로 제한되어 있고 최근 북한이 핵실험에 성공하며 핵무기를 보유한 것으로 알려지고 있다.

III. 핵 비확산을 위한 수단과 대응[2]

1. 군사적 수단과 대응

핵무기의 확산은 미국과 동맹국에 대한 새로운 위협으로 등장할 수 있다. 특히 핵확산 국가가 잠재적 적대국일 경우 직접적이고 심각한 위협이 될 수 있으므로 미국은 제도나 외교적 수단보다 군사수단의 사용과 같은 강경한 대응을 고려할 수 있다.

---

2   미국의 핵 비확산의 수단에 대해 Gavin(2015)은 법적/규범적(legal/Normative), 강압적(Coercive), 보장(Assurance) 정책을 제시한다. 법적/규범적 정책으로는 군축조약, 규범확산, 선언 등이 있고, 강압적 수단으로는 기술 및 수출통제, 개입, 방기, 사보타지 제재 및 선제공격 위협 등이 있으며, 보장 수단은 안전보장, 동맹, 무기판매, 핵우산 제공 등이 있다. 정책에 따라서는 이 구분이 명확하지 않거나 복합적으로 사용되는 경우도 나타난다

핵무기를 개발하고 그것을 배치할 수 있는 적의 능력을 파괴하기 위해 군사력을 사용하는 예방전쟁이나 위협이 임박했을 때 적의 핵무기를 파괴하여 공격을 차단할 수 있는 선제공격이 있을 수 있다(Trachtenberg 2007). 이러한 군사력의 사용은 미국과 소련이 대칭적으로 대립하고 있었던 냉전 동안에는 크게 주목을 받지 않았으나 최근에 억지가 힘든 비대칭적인 핵무기 개발 국가들이 등장하면서 예방전쟁과 선제공격에 대한 논의가 시작되었다. 이러한 군사력 사용을 위해서는 상대방의 핵능력, 방어체계, 군사작전 전략에 관한 충분한 정보, 공격의 목표에 대한 정확성, 미국의 군사적 능력, 단기적인 군사적 성공과 장기적 전략 차원에서의 성공 가능성, 상대방의 보복 가능성과 방법, 국내 여론이나 국제사회의 반응 등 종합적인 고려가 필요하다. 핵 비확산에는 광범위한 공감대가 형성되어 있지만, 군사력의 직접적 사용에 대해서는 여전히 논란의 여지가 있고 이에 따르는 비용과 위험성도 크다(플루노이 1993). 예를 들어 1981년 이스라엘이 이라크의 오시라크(Osirak) 원자로를 공습한 경우와 2003년 미국의 이라크 공격은 핵확산의 방지라는 명분을 가지고 있었지만, 국제적인 지지나 승인 없이 이루어짐으로써 정당성 논란과 불확실한 정보에 의존한 결정이었다는 비판 등으로 논란의 대상이 되었다.

또 한편으로는 군사력을 직접 사용하여 공격하는 것은 아니지만 군사력의 배치와 군사력 사용을 사용할 수 있다고 위협하면서 상대국의 의지를 꺾을 수 있다. 특히 미국의 초정밀 첨단무기 개발 등 군사기술의 발전으로 인한 현격한 우세는 이러한 위협의 신빙성을 높여 정책의 효과를 높여 줄 수 있다. 최근에 미국이 북한에게 보여준 항공모함의 배치와 고도의 첨단 정찰기 비행이나 군사적 수단까지 고려하고 있다는 언급 등이 이에 속한다.

2. 외교적 수단과 대응

미국은 핵무기 개발을 포기시키기 위해서 다양한 외교적 수단을 채택
해 오고 있다. 이 경우 미국의 목표는 핵무기 개발 중지, 핵무기 배치
의 억제, 핵무기 사용의 억제, 핵무기 기술 이전 및 유출의 금지, 핵무
기 폐기 등이 될 수 있고, 외교적 수단으로 상대국에 대한 안전보장,
기술지원, 제재, 선언 및 설득 등을 사용할 수 있다.

먼저 핵무기 개발국을 회유하기 위해 인센티브를 제공하는 방법
으로서 상대국의 안전보장을 들 수 있다. 핵무기 개발국은 안보 위협
으로 인해 핵무기를 개발할 수 있으므로 안전보장을 통하여 그 동기를
약화시킬 수 있다. 이 방법은 미국이 동맹국들의 핵무기 개발 저지를
위해 실제 사용하기도 하였다. 핵 비확산을 위해 가장 효과적인 수단
이라는 주장도 있으나 여전히 안전보장에 대한 신뢰성이 문제가 될 수
있고 막대한 비용이 들 수 있다(Gavin 2015; Gerzhoy 2015).

핵무기 개발국에 대한 기술지원도 중요한 수단이 될 수 있다. 상
대국들은 기술적으로 외부의 도움이 필요한 경우가 많은데 미국은 자
신의 이익을 위하여 평화적 원자력 이용에 필요한 기술적 지원을 제
공할 수 있다. 핵관련 기술을 제공함으로써 상대국에 대한 핵통제력
을 높이면서 핵무기가 외부로 유출되는 것을 방지할 수 있다. 한편으
로는 핵무기 보유국에 대해서도 수직적 확산 완화, 배치금지, 사용금
지 등의 약속을 받아내기 위한 보상으로서 기술지원을 제공할 수도 있
다. 미국의 선언정책이나 설득도 중요한 역할을 할 수 있다. 선언정책
을 통해서는 일반적인 경고나 응징의 의지에서부터 상대국을 설득하
고 타협을 유도하기 위해 군사회담 제의와 기술사절단 파견 등을 제
시할 수 있다. 기술 및 전문가 파견이 실제로 이루어지면 상대국에 핵

무기의 위험성과 통제의 어려움을 직접적으로 인식시켜 줄 수 있고 평화적 원자력 사용을 위한 기술을 지원해 줄 수도 있다(나이 1993, 107-110). 최근의 대표적인 선언정책으로는 오바마 대통령의 "핵 없는 세계" 비전과 의지를 밝힌 프라하 선언을 들 수 있다.

다음으로는 군사적인 수단은 아니지만 외교적으로 강압적인 수단을 사용할 수 있다. 미국은 다양한 방법을 동원하여 핵무기 개발 국가들에게 경제제재를 가해 왔다. 예를 들어 원조삭감, 국제 금융기관으로부터의 차관도입 봉쇄, 미국에 대한 수출입과 여행 제한, 국제기구에서의 비공개적 방해 활동부터 직접적인 반대투표와 같은 공개적 행동에 이르기까지 여러 가지 수단과 방법들이 동원될 수 있다(나이 1993, 108). 그러나 제재를 받는 상대국이 다른 공급원이나 협력 가능한 국가가 있거나 경제적 압박을 감당할 수 있는 국내적 기반이 조성되는 경우에는 효과가 나타나기 어렵다(Pape 1997). 사실상 그동안 핵무기 개발 국가들에게 가해진 제재들이 만족할 만한 효과가 있었다고 보기는 어려우나 미국은 여전히 핵확산을 방지하는 중요한 외교적 수단으로 빈번하게 제재를 사용하고 있다.

3. 제도적 수단과 대응

일찍이 미국은 핵무기를 국제적 통제하에 둘 것을 제안하였고, 1957년 국제원자력에너지기구(IAEA) 창설을 소련과 합의하였으며, 1963년 부분적핵실험금지조약을 체결하면서 핵 비확산을 위한 제도적 노력을 기울여 왔다. 1968년에는 가장 대표적인 핵 비확산조약을 체결하였고 이 조약은 핵확산 방지, 원자력의 평화적 이용, 핵군축의 세 가지 목표를 제시하고 있다. 이와 같은 목표를 달성하기 위해 NPT는 주기적으로 5년마다 평가회의(Review Conference)를 개최하면서 핵 비확산을 둘러싼 당면과제를 논의해왔고 1997년에는 NPT의 무기한 연장에도 성공적으로 합의하였다(Gavin 2015, 25-27). 현재 비서명국으로는 조약 체결 이후에 핵무기를 보유한 인도, 파키스탄, 이스라엘, 북한 등이 있다. 또한 이 조약으로 핵사찰이 의무화되어 IAEA는 원자력의 평화적 이용을 위한 예방적 기능과 함께 미국의 핵 비확산 정책의 중추적 기관으로서 역할을 하고 있다.

　　이 밖에도 핵확산을 통제하기 위한 제도적 수단으로 비핵지대(Nuclear Weapons Free Zones)와 수출통제 등을 들 수 있다. 대부분 비핵지대는 지역 내의 다양한 핵 문제를 해결하기 위하여 시작되어 조약으로까지 발전한 것이다. 미국이 직접적으로 비핵지대를 조성하기는 힘들 수 있으나 IAEA 활동의 활성화 등 국제적 협상을 통해 압력을 행사하거나 이를 실행하고 검증하는 데 도움을 줄 수 있다. 사실상 미국은 비핵지대가 장기적으로 지역적 안정에 기여할 수 있다고 보고 이를 조성하기 위한 노력을 기울여 왔다(한인택 2012).[3] 수출통제는 핵

3　비핵지대와 관련한 대표적인 조약은 다음과 같다. ① 틀라테로르코 조약(treaty of Tlatelolco): 최초의 비핵지대화조약이며, 라틴아메리카핵무기금지조약이라고도 한다. 1967년 2월에 체결되고, 1968년 3월부터 효력이 발효되기 시작했다. 쿠바 미사일 위기가 이 구상의 직접적인 동기가 되었으며, 쿠바가 소련의 핵미사일 기지가 되는 것을 방지하기 위한 노력의 일환으로 조약이 성립되었다.
　　② 라로통가조약(treaty of Rarotonga): 남태평양비핵지대조약이라고도 한다. 1985년 8월 쿡군도에 있는 라로통가에서 열린 남태평양 포럼에서 16개 회원국 중 13개국이 서명함으로써 이루어졌고, 관련된 핵 보유국들이 의정서에 모두 서명하였다.
　　③ 펠린다바조약(treaty of Pelindaba): 아프리카비핵지대조약이라고도 한다. 1995년 아프리카 대륙에 있는 50개국이 서명함으로써 성립되었다. 초기에는 프랑스의 핵실험이 직접적인 동기가 되었으나, 1970년대 이후에는 남아프리카공화국의 핵개발 의혹도 영향을 주었다. 이 조약은 관련 핵 보유국들의 서명을 받지 못하였다.
　　④ 방콕조약(Bangkok treaty): 동남아시아비핵지대조약이라고도 한다. 1995년 12월 15일 동남아시아국가연합(ASEAN) 회원국이 서명함으로써 성립되었다. 미국은 동남아

무기 개발 및 핵물질의 이동을 통제하기 위해 1974년에 조성된 쟁거위원회(Zangger Committee)와 1978년에 결성된 런던핵공급자그룹(London Nuclear Suppliers Group)을 주축으로 이루어진다. 미국은 시장 및 기술에 대한 접근, 개발원조 등의 다양한 지원을 통하여 핵무기 및 핵물질 보유국이 수출통제 체제에 참여하도록 유도하고 있다(도티와 플랭크 1993, 76). 앞 절에서 본 미국과 소련 사이의 군비통제 및 군축조약들도 핵 비확산을 위한 제도적 수단에 포함될 수 있다.

위에서 보았듯이 미국은 핵 비확산 체제를 유지하기 위하여 군사적인 수단부터 유화적인 경제지원에 이르기까지 다양한 전략을 사용하고 있다. 전략에 따라 비용과 효과에 있어서 논란이 있지만, 역사적으로 핵무기 개발을 시도했었던 대부분의 국가들이 결국 포기를 했고 핵 비확산 체제의 제도적 틀 속에서 활동하고 있다. 그러나 미국을 비롯한 세계적인 핵 비확산의 노력에도 불구하고 예외적으로 인도, 파키스탄, 이스라엘은 핵무기 개발에 성공하였고 사실상 핵무기 보유국으로 인정을 받고 있다. 다음 절에서는 이들 신흥 핵무기 보유국에 대한 미국의 대응 전략을 살펴보고자 한다.

시아 수역에서 자국 함대의 활동에 지장이 생기는 것을 이유로 그 비준을 거부하는 등 핵 보유국들이 모두 서명하지 않고 있다.

⑤ 한반도비핵화공동선언: 남북한 간의 합의문으로, 1992년 2월 19일 발효되기 시작하였다. 이 선언문은 서문과 6개 항으로 구성되어 있다. 이 선언문은 공동선언의 이행과 비핵화에 대한 검증 문제를 실행하기 위해 남북공동핵통제위원회를 설립할 것을 규정하고 있고, '남북핵통제공동위원회 구성 및 운영에 관한 합의서'를 별도로 채택하였다. 이 선언으로 미국은 한반도 배치 핵무기를 철수하였다.

IV. 미국의 신흥 핵무기 보유국에 대한 전략

앞 절에서 보았듯이 미국은 지속적으로 다양한 방법과 수단을 사용하여 핵확산을 방지하기 위한 노력을 해오고 있다. 그럼에도 불구하고 인도, 파키스탄, 이스라엘은 핵무기 개발에 성공하였고 미국으로부터 사실상 핵무기 보유국으로 인정받고 있다. 다음에서는 미국이 이 3개 국가의 핵무기 개발에 대응한 전략과 그 동기를 살펴보고자 한다.

1. 미국의 세계전략과 인도: 제재에서 협력으로

냉전 동안에 인도는 비동맹운동의 주도세력으로서 핵무기의 완전한 폐기를 주장하였으나 일찍이 원자력에너지연구에 관심을 가지고 1950년대 중반에는 캐나다의 40메가와트 중수연구용 원자로를 구입하고 미국으로부터 중수를 도입하면서 핵 프로젝트를 진행하였다. 1974년에는 평화적 목적이라는 명분으로 포크란(Pokran)에서 실제 4-6킬로톤 규모의 핵기폭 장치 실험을 감행하였다. 이 핵실험은 국제적으로 핵 비확산 체제에 대한 도전으로 간주되어 관련된 제재를 받았으나 인도는 계속하여 조약에 가입할 것을 거부하였을 뿐만 아니라 핵정책에 대한 국제적인 간섭을 비난하고 배제하려고 노력하였다. 인도는 핵 비확산 체제가 5개 강대국의 핵무기 보유만을 인정하면서 현상유지적으로 국제질서를 관리하는 차별적인 성격을 가진 조약으로 비판적으로 인식하고 있었다(Ganguly 1999). 따라서 이 체제를 부정하였고 실제 회원으로 가입하지 않은 상태에서 독자적으로 핵무기 개발을 추진한 것이다.

　이 핵실험을 계기로 미국은 1950년 중반부터 진행해온 인도의 핵

에너지 개발을 위한 프로그램 지원을 중단하였으며, 미국은 기존 핵무기 보유국들과 함께 원자력공급국체제를 결성하여 핵물질의 국제적 유통금지에 적극적으로 나서면서 인도에 대한 핵물질 수출입을 통제하기 시작하였다. 특히 미국은 캐나다가 제공한 원자로에 대한 핵연료 제공을 중단시켜 핵무기 개발로 이어지는 과정을 차단하려고 노력하였다. 그러나 결국 1998년 5월 인도는 5차례의 핵실험을 성공시키고 핵무기 보유국으로 선언하였다. 이에 미국과 서방국가들은 인도가 핵실험에 성공하자 제재를 강화해 나갔다. 미국은 인도에 대해 국제적으로 외교적인 압력과 함께 핵물질공급에 대한 통제를 강화하는 압박정책을 전개하였다(김태형 2019, 108-109). 따라서 인도는 핵무기 개발에는 성공하였으나 원자력 발전을 위한 핵연료 공급에 관한 제약을 해결해야 하는 과제를 안게 되었다.

미국은 부시 행정부가 들어서면서 인도의 핵문제에 대한 정책이 변화되기 시작하였다. 2005년 7월 18일 부시 대통령과 인도의 싱(Manmohan Singh) 수상은 정상회담 후 공동성명에서 양국이 전면적으로 원자력 협력 추진에 합의했다고 밝혔다. 이 회담에서 미국은 인도를 "고도의 핵기술을 가지고 있는 책임 있는 국가"라고 언급하면서 인도는 핵 보유국으로서 다른 핵 보유국들과 같은 혜택을 누려야 한다고 주장하였다. 이 합의는 지난 30년간 인도에 핵연료 공급을 거부하는 등 압력을 행사해온 미국 전략의 전면적인 수정을 의미한다. 이 합의의 주요 내용은 미국이 인도의 군사용 핵시설에 대해 예외조항을 두는 것으로 인도의 22개의 원자로 중에서 8개의 군사용 원자로를 제외한 14개의 민간 원자로 시설에 대하여 국제원자력기구의 사찰을 받을 것을 합의한다는 것이다. 이 합의로 미국은 인도의 첫 핵실험이 있었던 후 40년 만에 핵무기를 용인하고 민간용 핵시설에 대한 사찰을 조건으로 기존 핵무기 보유국과 같은 수준으로 핵연료를 제공하기로 한 것이다. 나아가 미국은 인도의 핵에너지 프로그램을 지원할 뿐만 아니라 양국 간의 에너지와 인공위성 분야에서 기술협력을 확대하면서 전략적 우호관계 증진을 위한 기반을 조성하였다. 인도는 이 핵협정을 통해 기존 핵무기 보유국과 동일한 책임과 혜택을 수락하고 민간용 원자로에 대한 사찰과 안전조치 외에 핵실험 모라토리엄 유지, 핵분열물질생산금지조약(FMCT) 체결을 위해 미국과 협조, 농축재처리 기술이전 자제 및 핵통제제도 자발적 준수 등에 동의하였다(Office of the Press Secretary 2005).

　　미국은 인도의 핵무기 개발에 대한 중단 및 포기를 지속적으로 압박하는 대신, 부상하는 중국을 견제하기 위하여 세계전략의 일환으로서 인도와의 협력이 필요해지자 핵협정을 통해 인도의 핵무기를 인정하고 포용하는 정책을 추진하였다. 인도에 대한 핵무기 보유 인정과 핵물질 재처리시설 건설도 지원하는 미국의 정책은 핵 비확산 체제에 역행하고 혼란을 가져올 수 있는 정책이라고 비판받았고, 특히 북한과 이란의 핵개발에 악영향을 주면서 잠재적인 핵무장 군비경쟁이 일어날 수 있다는 우려를 낳기도 하였다. 이러한 비판과 우려에 대하여 부시 행정부는 핵협정을 통하여 인도의 14개의 민간 원자로에 대해 IAEA의 영구적인 사찰을 허용한 것이나 핵실험 중지와 안전관리를 강화하면서 미국과 무기용 핵분열물질의 생산금지 조약에 관해 논의한 것도 모두 핵 비확산 체제에 기여할 수 있는 것으로 보았다. 나아가 미국이 인도와 핵협정에 합의함으로써 핵 비확산의 노력에 인도의 참여를 유도할 수 있고 인도의 핵농축 및 핵물질 재처리시설에 대하여 미국이 통제기반을 마련할 수 있어 장기적으로 핵 비확산 강화에 부합하는 조치라는 긍정적인 평가가 나오기도 하였다.[4]

이와 같은 미국의 인도에 대한 정책의 변화는 미국이 추구하는 세계전략의 맥락 속에서 설명될 수 있다. 중국의 부상을 견제하고 중국-러시아-인도로 이어지는 삼각동맹의 형성을 사전에 차단할 수 있는 전략구상의 일환으로 볼 수 있는 것이다. 영향력이 확대되고 있는 중국과 러시아의 상하이기구(SCO)에 인도의 참여는 미국이 주도하는 안보 질서에 부담으로 작용할 수 있다. 즉, 중국의 부상을 견제하기 위하여 인도와 전략적 협력을 강화하는 것이 미국의 국익을 증진할 수 있는 것으로 판단한 것이다(Paul 2006). 초기에는 우려를 나타내기도 하였지만 미국 의회에서도 인도의 지정학적 중요성, 민주주의와 시장경제라는 가치 공유, 거대시장의 잠재력 등을 고려한다면 인도를 새로운 전략적 동반자 관계로 격상시키는 것이 국익과 일치한다고 긍정적인 반응을 보였다(정철호 2011). 인도의 국제적인 위상과 영향력에서 볼 때 핵무기 보유국으로 인정하는 것이 불가피하다는 미국의 전략적 판단은 미국이 주도하는 세계질서를 확립하고 유지하는 것을 핵 비확산 체제의 유지보다 우선적으로 고려한 것이라고 볼 수 있다. 특히 세계 인구의 절반이 집중되어 있고 대서양과 태평양을 연결하는 지정학적으로 중요한 인도양에서 중국의 영향력이 확대되고 있는 상황을 고려한다면 미국의 세계적 지위와 영향력을 유지하기 위해서는 인도와의 협력이라는 전략적 선택이 필요한 것이었다.

2. 미국의 군사적 필요성과 파키스탄: 제재와 원조의 반복

파키스탄은 1956년에 파키스탄원자력위원회(Pakistan Atomic Energy

---

4   Huntly and Sasikumar(2006)은 미국-인도 핵합의에 대한 다양한 평가를 제시하고 있다.

Commission, PAEC)를 설립하여 미국과 평화로운 원자력 에너지 개발에 합의하고 핵 프로그램에 착수하였다. 초기에 파키스탄은 핵무장에 관심이 없다는 것을 공식화하였지만 이후에 인도의 핵무기 개발과 분쟁이 고조되고 강대국들에 대한 불신이 커지자 부토(Zulfikar Ali Bhutto) 수상은 핵무기 개발을 강력하게 주장하였고 "만약 인도가 폭탄을 만든다면, 우리는 잔디와 풀만 먹어 굶어 죽는 한이 있어도 우리 자신의 폭탄도 가지고야 말 것이다"라는 유명한 말을 남겼다(Ahmed 1999, 182-183). 인도와의 3차 전쟁에서 패배한 후에 1972년 부토 총리는 3년 내 핵무기 개발을 완성할 것을 비밀리에 지시하였고 1974년 5월에 인도의 핵실험으로 파키스탄은 핵무기 개발에 박차를 가하였다.

　1950년대 이래 파키스탄은 중국과 소련에 근접해 있는 지정학적 요소와 함께 군부가 반공산주의 노선을 채택함으로써 미국과 동맹관계에 있었으나 3차례의 인도와의 전쟁에서의 패배를 통해 파키스탄은 미국과의 관계에서 불신을 갖게 되었다. 특히 1971년 제3차 인도-파키스탄 전쟁 시에 파키스탄은 상호방위조약체결에 의해 미국이 자동적으로 개입하여 단기간에 종전 협상을 벌이게 될 것으로 기대하였다. 그러나 미국은 파키스탄과의 상호방위조약의 직접적인 군사원조는 공산주의로부터의 공격이 있을 때만 규정한다고 하면서 공산국이 아닌 인도로부터의 공격에는 적용할 수 없다는 입장을 내세워 지원을 거부하였다. 파키스탄은 초기에 중국에도 사절단을 파견하면서 지원을 기대하였으나 인도를 견제해 오던 중국도 양국의 분쟁이 전면적으로 확대되어 가고 있음에도 불구하고 파키스탄을 지원하지 않았다. 결국 파키스탄은 인도와의 3차 전쟁에서 크게 패배하였고 이에 따라 미국을 포함한 강대국에 대한 불신이 고조되면서 핵무장 주장이 국내적으로 지지를 받게 되어 핵무기 개발이 본격적으로 추진되었던 것이다(김태형 2019, 142-146).

미국은 냉전 초기부터 파키스탄과 동맹을 맺고 있었지만 이스라엘의 경우와는 달리 핵개발에 대하여 상당한 압력을 행사하였다. 실제로 미국은 핵 비확산 안전조치 준수를 조건으로 무기판매를 허용하겠다고 하였으며, 프랑스에 압력을 행사하여 파키스탄의 우라늄 농축을 위한 핵재처리시설 판매를 포기하도록 만들었다. 또한 키신저(Henry Kissinger) 국무장관이 파키스탄을 직접 방문하여 부토 수상이 핵무장을 포기하도록 압력을 가하기도 하였다(Rabinowitz and Miller 2015, 70-73). 미국은 지아울 하크(Zia ul-Haq) 군사정권에 대해서도 지속적으로 압력을 행사하면서 원자력발전소에 필요한 주요 품목 공급을 중단했고, 정상방문까지 취소하면서 양국 간 동맹관계는 위기를 맞게 된다(김태형 2019, 147).

그러나 미국의 파키스탄에 대한 핵무기 포기 압박은 오래 지속되지 않았다. 1980년 소련의 아프가니스탄 침공으로 인해 미국에게 파키스탄의 군사적 가치가 높아지면서 압박은 줄어들기 시작하였다. 레이건 행정부는 막대한 경제적·군사적 원조를 제공하였으며 파키스탄 정보기구를 통해 아프가니스탄 저항군에게 원조를 전달하는 등의 협력이 이루어졌다. 또한 미국은 핵 비확산과 관련한 제재들도 대폭 완화해 주었다. 특히 이 시기에 중국이 파키스탄에 저출력 우라늄 장비를 제공했다는 정보를 의도적으로 무시하였으며 파키스탄이 핵비확산조약을 준수하고 있다는 입장을 표명하기도 하였다. 미소 간의 신냉전의 돌입으로 1980년대 초의 양국 간의 관계는 파키스탄의 전략적 가치가 상승하면서 미국의 막대한 원조가 제공되고 제재도 급격하게 완화되는 방향으로 전환되었다. 그 결과 파키스탄의 핵무기 개발은 사실상 이 시기에 큰 진전을 이룰 수 있었다(Narang 2016/2017, 121-123).

냉전의 종식과 함께 소련군이 아프가니스탄에서 철수하자 미국과 파키스탄의 관계는 다시 한번 변화가 일어났다. 미국이 파키스탄에게 핵무기 개발에 대한 제재와 함께 각종 압력을 다시 행사하기 시작한 것이다. 미국 의회는 1990년대 초에 핵무기 개발에 대한 제재의 일환으로 무기수출금지를 엄격하게 적용시켰는데 이미 계약이 된 F-16 전투기의 도입 조건까지 대폭 강화하였다. 이에 대하여 파키스탄은 탄도미사일 개발에 나서게 되고 중국과의 협력을 강화해 나갔다. 1990년대에 들어서면서 파키스탄의 핵무기가 거의 완성 단계에 돌입하고 있었으므로 미국의 압력과 제재는 크게 효과를 볼 수 없는 상태였다. 1998년 인도의 핵실험이 있자 이어서 파키스탄도 6차례의 핵실험을 감행하였다. 이 핵실험으로 파키스탄은 핵불투명성을 포기하였고 인도에 대항하여 "신뢰할 만한 최소한의 억지력"을 유지할 것임을 선언하였다(Sagan 2009, 219-220). 이후 파키스탄은 미국으로부터 원조가 중단되었고 다시 미국을 포함한 국제사회로부터 제재를 받게 되었다.

2001년 9·11 테러가 발생한 후 미국은 테러와의 전쟁 수행에 있어서 파키스탄의 군사적 가치를 재평가하면서 막대한 원조를 제공하기 시작하였다. 당시에 미국은 파키스탄 군사정권에 대해 원조를 제한하고 있었으나 이에 대한 해제까지 이루어졌다(김태형 2019, 157-161). 특히 오바마 대통령은 후보 시절, 대테러전쟁의 초점을 이라크에서 아프가니스탄으로 옮겨야 한다고 여러 차례 강조하였다. 당선 이후 대테러전쟁이 아프가니스탄으로 옮겨지자 미국에게 파키스탄의 국경지대 및 공군기지의 중요성이 커지면서 양국 간의 군사적 협조가 더욱 필요하게 되었다. 오바마 대통령은 카슈미르분쟁 해결을 위한 특사 파견 의사를 밝혔으며, 의회에 파키스탄에 대한 원조법안 통과를 요청하였고, 고위급회담을 개최하여 정보공유와 군사지원 및 경제개발을 위한 협력을 논의하자고 제의하는 등 파키스탄과의 관계개선을 위하여 노력하였다(The White House 2009).

이와 같이 냉전기에 미국과 동맹관계를 형성하고 있던 파키스탄은 핵무기 개발 과정에서 이스라엘과 달리 미국으로부터 협상 제안이 아닌 강압적인 제재를 받았고, 인도와 달리 지속적인 협력에 도달하지 못한 채 군사적 필요성에 따라 제재와 원조가 반복되는 상황이 나타났다. 즉, 미국은 군사적 필요성에 따라 파키스탄에 대해 제재에서 원조로, 원조에서 제재를 반복적으로 사용한 것이다. 제재 중에 일어난 소련–아프가니스탄 전쟁 시에 미국은 정책을 선회하여 막대한 군사적 원조를 파키스탄에게 제공하면서 남하하는 소련군을 막는 역할을 담당하게 하였다. 그러나 냉전이 끝나자 다시 제재 국면으로 정책을 선회하였으며, 이후 대테러작전에서는 파키스탄의 군사적 가치를 재평가하면서 제재 해제와 함께 군사지원과 경제원조를 제공하였던 것이다.

3. 미국과 이스라엘의 "특별한 관계": 핵무기 묵인

이스라엘의 초대 총리인 벤구리온(David Ben-Gurion)은 이스라엘의 안보에 있어서 과학기술 발전의 중요성을 인식하고 있었고 이러한 인식은 핵개발 프로젝트로 이어졌다. 1955년에 이스라엘은 미국이 평화적 사용을 위한 연구용 원자로를 제공해주는 핵협력 협정에 서명하였다. 이후에 이스라엘은 미국에게 플루토늄 생산 기술을 요구하였는데 미국은 플루토늄은 계속하여 제공하지 않을 것이며 원자로를 건설하게 되더라도 미국의 통제를 받게 될 것이라고 대응하였다. 이 과정에서 미국이 제한된 핵관련 원조만을 제공할 것임을 인지하고 이스라엘은 프랑스의 원조 가능성에 관심을 돌려 재래식 무기 구입, 정보 공유 및 핵 공동 연구 등을 통하여 프랑스와의 관계를 발전시켰다. 1956년 의 수에즈 위기 후 프랑스가 핵무기 개발을 결정하자 이스라엘은 프랑 스에게 유사한 거대한 중수형원자로와 재처리시설을 위한 기술을 요 청하였다. 1957년 10월 3일, 양국은 중수형원자로와 재처리시설에 대 한 기술협력협정을 체결하였고 1958년부터 디모나(Dimona) 핵시설 건설이 비밀리에 시작되었다(Cohen 1998, 11-19).

이 시기에 미국은 이스라엘 핵시설 건설을 의심하기 시작하였으 나 아이젠하워 행정부는 큰 관심을 보이지 않고 있었다. 아이젠하워 대통령과 달리 케네디 대통령은 이스라엘의 핵개발에 대하여 다소 강 경한 자세를 취하였다. 1961년 양국 정상회담에서 미국은 이스라엘에 대한 핵시설 사찰을 요구하였는데 이스라엘은 핵시설 사찰을 디모나 방문이라는 모호한 용어를 사용하면서 사찰을 회피하였다. 이에 대해 1963년 미국은 이스라엘이 핵개발에 대하여 명확한 답변을 주지 않 는다면 미국의 지원이 중단될 수도 있다고 경고하면서도 동시에 핵개 발 프로그램을 포기하는 경우에는 미국이 안보보장을 제공할 것이라 고 제안하였다. 미국은 계속하여 이스라엘에 대한 엄격한 핵시설 사찰 을 요구했지만, 이스라엘은 핵시설 사찰이라는 원칙에는 동의하면서 도 자세한 사항을 논의하기를 여전히 미루고 있었다(Rabinowitz and Miler 2015, 51-52).

핵비확산조약 체결을 앞두고 1966년 미국은 이스라엘에게 IAEA 의 안전조치를 받아들일 것을 요구한다. 그러나 미국은 이스라엘이 사 찰을 계속 받아들이지 않고 있는 상태에서 핵무기를 개발하지 않겠다 는 것을 조건으로 항공모함 등 무기판매에 동의하였다. 이어서 1968 년 미국은 정보기관을 통하여 이스라엘이 핵무기를 보유했고 고도의 미사일 기술을 개발 중이라는 정보를 입수했음에도 불구하고 이스라엘의 무기판매 요구에 대하여 핵무기를 탑재하는 데 사용하지 않겠다는 것을 조건으로 팬톰무기거래(Phantom Deal)도 승인하였다(Rabinowitz and Miler 2015, 53-55). 존슨(Johnson) 대통령은 계속하여 이스라엘의 핵비확산조약 가입은 미국의 안보뿐만 아니라 국제안보의 문제이며 실패 시 세계적인 핵 비확산 노력에 대한 타격이라고 설득하였지만 이스라엘은 안전조치도 조약가입도 모두 받아들이지 않았다(Cohen 1998, 315-316).

닉슨(Nixon) 행정부가 들어서면서 이스라엘에 대한 핵 비확산 정책은 새로운 단계로 진입하였다. 당시 이스라엘 총리였던 메이어(Golda Meir)는 디모나 핵시설 사찰에 대하여 원칙적으로는 동의했었던 과거 정부의 정책에 대해 반대하고 있었다. 닉슨 대통령은 이전의 행정부와 달리 핵 비확산 체제의 필요성에는 공감하고 있었지만 효과에 대해서는 회의적이었고 핵문제를 가지고 이스라엘을 압박을 지속하는 경우 국내적 반향을 가져올 수 있다고 보고 있었다. 또 다른 한편으로 닉슨 행정부는 이스라엘의 핵무기 보유가 중동에서 핵확산으로 이어질 수 있어 미국의 안보이익과 상충될 수 있다는 인식을 갖고 있었다(Rabinowitz and Miiler 2015, 57). 이러한 상황에서 양국은 비밀협상을 시작하였고 1969년 9월 26일에 미국은 이스라엘에 대한 사찰을 중단하고 핵비확산조약 가입을 요구하거나 핵프로그램을 제한하지 않을 것이며, 그 대가로 이스라엘은 핵무기 능력을 선언하거나 핵실험을 하지 않겠다는 합의를 도출하였다. 이 협상으로 이스라엘은 핵무기 보유를 선언하지 않고도 인정을 받게 되는 계기를 마련하였고 미국은 이스라엘 핵무기를 묵인하는 기본노선을 책정하게 된 것이다(Cohen 2010, xxxi).

이 협정이 체결된 후 미국과 이스라엘의 관계는 크게 발전하였다. 1979년 양국의 국방장관 사이에 방위협정에 대한 미-이스라엘 합의 각서가 체결되어 군사연구개발 협력이 가능하게 되었다. 1980년 레이건 행정부에서는 이스라엘을 주요 전략자산이자 중요한 동맹국이라고 선포하였고 1981년에는 전략적 협력에 관한 양해각서에 서명하였다. 각서의 내용은 중동지역에 대하여 소련으로부터의 모든 위협을 저지하고 국가안보를 강화하기 위해 협력한다는 것이었다. 1983년에는 미국과 이스라엘의 전략적 협력을 위한 개정된 양해각서가 체결되어 고위급 국방관료들로 구성되는 공동정치군사위원회가 창설되었고 이에 따라 양국은 합동군사 계획과 훈련을 효율적으로 실시할 수 있게 되었다. 이러한 사실은 미국의 아랍 우방들의 저항을 염려하여 1989년까지 공표되지 않았으며, 후에 라빈(Rabin) 국방장관은 미국과 약 27회의 합동군사훈련이 있었다고 밝혔다(손명희 2010, 39).

위에서 보았듯이 이스라엘은 핵개발 의심단계에서 미국과의 협상을 시도하였고 핵무기 보유 사실을 선언하지 않고도 인정되는 단계로 진입하게 되었다. 이스라엘은 중동지역에서 미국 우방국으로서의 중요성을 강조하며 미국의 핵비확산조약 가입 및 핵시설 사찰 요구를 받아들이지 않고 핵무기 보유에 대한 묵인을 이끌어 낸 것이다. 협상 과정에서 미국은 강압적인 제재나 무기판매 중단도 없이 원조와 지원을 제공하였고 양국은 합의를 도출하면서 우호적인 "특별한 관계"로 발전시켜 나갔다. 이스라엘의 핵무기 개발에 대한 미국의 입장은 냉전기에 중동에서 소련 팽창을 견제하기 위한 전략적 계산과 함께 국내적으로 유대인의 영향력을 고려할 때 이스라엘에 대한 압박은 정치적으로도 불리해질 수 있다는 판단에서 나온 것이라고 볼 수 있다. 이 과정에서 미국 내 유대계 로비단체가 친이스라엘 정책 수립을 위해 의회와 정부에 강한 영향력을 행사했을 것이다(Mearsheimer and Walt 2007). 이와 같이 미국의 전략적 계산과 함께 국내정치적 요소가 작용하면서 이스라엘 핵무기 개발은 묵인되었고 양국은 우호적 관계를 발전시켜 나갈 수 있었다.

V. 결론: 미국의 전략과 북한에 대한 함의

미국의 신흥 핵무기 보유국에 대한 정책은 전략적 혹은 군사적 이익과 국내 정치적 계산과 밀접하게 관련되어 있다고 볼 수 있다. 인도의 경우 미국은 세계전략의 차원에서 중국의 부상을 견제하고 인도양에서의 우위를 확보하기 위하여 인도와의 협력이 필요하다는 인식에서 핵문제에 있어서도 협력적 정책으로 전환하였고 나아가 사실상의 핵무기 보유국으로 인정하게 되었다. 파키스탄의 경우 미국은 핵무기 개발 초기에는 상당한 압박과 제재를 가하였으나 이후에는 군사적 필요성에 따라 제재를 해제하거나 원조를 제공하였고 다시 제재를 부과하거나 원조를 중단하는 정책을 반복하였다. 이스라엘의 경우에는 중동에서의 미국의 전략적 이해와 더불어 국내 정치적 영향이 연결되면서 핵무기 개발을 묵인하는 입장을 견지해오고 있다.

　위의 사례들에서 보여주었듯이 미국은 다양한 수단을 사용하여 핵 비확산을 위한 노력해 오고 있는 동시에 미국의 일부 국가들에 대한 정책은 전략적 계산에 의해 예외적으로 이루어질 수 있다는 것을 알 수 있다. 다시 말하면 역사적으로 미국은 핵무기 개발국에 대해 압박과 제재 등 강압적인 수단을 적용하거나 상황에 따라서는 협상과 회유를 통하여 설득하기도 하였다. 그러나 미국의 전략적 필요성에 따라서는 핵무기 개발국이라고 할지라도 협력을 추구한 경우를 볼 수 있다. 이러한 맥락에 볼 때 미국의 전략이 북한 핵무기 개발과 비핵화 협상 과정에 대한 함의를 살펴보면 다음과 같다.

첫째, 미국에 있어서 북한의 전략적 가치는 미국이 핵 비확산 노력을 양보하고 핵무기 보유국으로 인정해줄 만큼 크지 않다고 볼 수 있다. 앞서 보았듯이 미국은 지정학적으로 인도양과 중동에서의 영향력을 유지하거나 전쟁 중 군사적 작전의 필요성에 따라 제제를 해제하거나 협력을 도모하며 핵무기를 개발한 세 국가들에 대해서 사실상의 핵 보유국으로 인정하였다. 북한의 경우 중국과 접경을 접하고 있어 지정학적으로 중요하지만 미국은 이미 한국과 군사적 동맹을 맺고 있으므로 동북아시아에서 전략적 요충지를 이미 확보하고 있다고 볼 수 있다. 따라서 미국의 핵 비확산 노력을 후퇴시켜 북한의 핵무기 보유를 인정하면서까지 전략적으로 활용할 가능성은 크지 않다고 볼 수 있다.

둘째, 북한의 핵무기 보유를 인정하게 되면 동아시아에서의 핵 도미노 현상을 피하기 어려울 수 있다. 특히 한국, 일본, 대만으로 이어질 수 있는 핵무기 개발은 이 지역의 불안정을 유발할 수 있을 뿐만 아니라 핵무기 보유 국가의 증가는 동아시아에서의 미국의 입지나 영향력을 감소시킬 가능성이 있다. 이스라엘의 핵무기 보유 선언에 대한 미국의 기피도 중동에서의 핵확산 가능성에 대한 우려에서 나온 것이었다. 따라서 미국은 중국을 견제하고 동아시아에서의 영향력을 유지하기 위해서는 이 지역에서의 핵 도미노 현상을 원하지 않을 것이므로 북한의 핵무기 보유를 인정하기 어려울 것이다.

셋째, 미국 내에서 북한의 경우 핵무기 개발뿐 아니라 비민주적 정치체제나 인권문제 등으로 공유할 수 있는 가치와 규범이 부재한 상태이다. 따라서 북한에 대한 핵무기 보유를 인정한다는 것은 미국의 정치 지도자에게 부담으로 작용할 수 있으며, 국내적으로 의회나 여론의 지지를 얻기 힘들 것으로 보인다. 이스라엘뿐만 아니라 인도의 경우에도 민주주의와 시장경제라는 가치 공유 위에서 인적 교류의 증가와 경제적 협력 증진을 통해 양국 간 우호적인 관계가 형성될 수 있었고 이러한 국내적 지지 기반이 조성되면서 인도에 대한 핵무기 보유국의 인정이나 미국–인도 간의 핵 합의가 원활하게 진행될 수 있었던 것이다.

넷째, 북한의 미국에 대한 적대적 전략은 앞서 본 국가들과 대조를 이루고 있다. 특히 인도와 이스라엘의 경우 초기에는 미국에게 비협력적인 태도를 보이기도 하였지만 결국에는 협력적으로 방향을 선회하면서 합의를 이루어 나갔다. 북한의 핵개발이 시작된 이후로 미국과 북한 간에 이루어진 합의들이 깨지면서 두 국가 간의 불신이 깊어지고 양국 모두 적대적 전략에 크게 의존하고 있었다. 트럼프 행정부 초기까지도 북한은 대륙간탄도미사일 개발을 선언하면서 미국을 직접적으로 위협했고, 동시에 미국은 군사력 사용 가능성도 언급하면서 최대한의 압박으로 대응하였다. 2018년에 국면이 극적으로 전환되어 최초로 북미정상회담이 개최되어 북한의 비핵화를 위한 양국 간의 협상이 시작되었고 두 차례의 정상회담이 더 이어졌다. 그러나 현재 양국 간 협상은 교착상태에 있으며 단기간에 재개 가능성은 불투명하다. 북한이 미국과 협상을 재개하고 성과를 얻기 위해서는 협력적 자세를 유지해 나가는 것이 중요할 수 있다. 이 상황에서 양국이 다시 적대적 전략을 사용하게 되는 경우 협상은 중단되고 미국은 북한에 대한 제재와 압박을 높여 나갈 가능성이 있다.

이와 같은 상황을 종합해 보면 제재와 압박 또는 정상 간 협상에도 불구하고 북한 비핵화의 성과가 단기간 내에 나오기는 어려워 보인다. 동시에 전략적 이익이나 국내 정치적 조건에서 볼 때 미국이 북한을 사실상의 핵무기 보유국으로 인정할 가능성도 낮아 보인다. 더욱이 한국과 중국 등 관련 국가들이 북한의 비핵화를 위한 새로운 돌파구 마련도 쉽지 않은 상황으로 전개되고 있다. 따라서 미국 정부나 지도자에 따라 북한의 비핵화를 위한 방법과 강도에 있어서 다소 차이가 있을 수 있지만 북한 핵무기 개발을 둘러싼 한반도와 동아시아 지역의 불안정은 지속될 것으로 보인다.

참고문헌

김태형. 2019. 『인도-파키스탄 분쟁의 이해』. 서울: 서강대학교 출판부.

나이, 조셉 S. 1993. "외교적 수단." 김일수 이정우 역. 『미국의 핵정책과 새로운 핵 보유국』. 서울: 한울아카데미. 95-117.

도티, 폴, 스티븐 플랭크. 1993. "새로운 핵무기 보유국에 대한 군비통제." 김일수·이정우 역. 『미국의 핵정책과 새로운 핵 보유국』. 서울: 한울아카데미. 69-94.

박건영. 2011. "핵무기와 국제정치: 역사, 이론, 정책 그리고 미래." 『한국과 국제정치』 27(1): 1-45.

손명희. 2010. "핵 보유국 지위 인정의 국제정치." 연세대학교 석사학위 논문.

유웅조. 2012. "2012 서울 핵안보정상회의의 의의와 과제." 『이슈와 논점』 364호. 서울: 국회입법조사처.

전성훈. 2018. "트럼프행정부의 NPR과 한반도 전술핵 재배치." 서울: 아산정책연구원.

정철호. 2011. "미국의 대인도 핵용인정책과 대북 핵정책 변화 가능성." 『세종정책연구』 2011-3. 성남: 세종연구소.

플루노이, 미셸 A. 1993. "미국 군사전략의 함의." 김일수·이정우 역. 『미국의 핵정책과 새로운 핵 보유국』. 서울: 한울아카데미. 159-189.

한인택. 2012. "비핵지대조약: 기존 조약이 검토와 동북아에의 함의." 『2010 JPI 공동연구시리즈』. 제주: 제주평화연구원.

Ahmed, Samina. 1999. "Pakistan's Nuclear Weapons Program: Turning Points nd Nuclear Choices," *International Security* 23(4): 178-204.

Armitage, Richard L., R. Nicholas Burns and Richard Fontaine. 2010. *Natural Allies: A Blueprint for the Future of U.S.-India Relations*. Washington D.C.: Center for a New American Security. https://www.belfercenter.org/sites/default/files/files/publication/Burns%20-%20Natural%20Allies.pdf

Bundy, McGeorge, George F. Kennan, Robert S. McNamara, and Gerard Smith. 1984. "The President's Choice: Star Wars or Arms Control," *Foreign Affairs* 63(2): 264-278.

Cavanna, Thomas P. 2018. "Geopolitics over Proliferation: the Origins of US Grand Strategy and Their Implications for the Spread of Nuclear Weapons in South Asia," *Journal of Strategic Studies* 41(4): 576-603.

Cohen, Avner. 1998. Israel and the Bomb. New York: Columbia University Press.

_____. 2010. *The Worst-Kept Secret: Israel's Bargain with the Bomb*. New York: Colombia University Press.

Ganguly, Smit. 1999. "India's Pathway to Pokran II: The Prospects and Sources of New Delhi's Nuclear Weapons Program," *International Security* 23(4): 148-177.

Gavin, J. Francis. 2015. "Strategy of Inhibition: U.S. Grand Strategy, the Nuclear Revolution, and Nonproliferation," *International Security* 40(1): 9-46.

Gerzhoy, Gene. 2015. "Alliance Coercion and Nuclear Restraint: How the United States Thwarted West Germany's Nuclear Ambitions," *International Security* 39(4): 91-129.

Huntly, Wade L. and Karthika Sasikumar eds. 2006. *Nuclear Cooperation with India: New Challenges, New Opportunities*. The Simon Center for Disarmament and Non-Proliferation Research, University of British Columbia.

Martinez, Michael J. 2002. "The Carter Administration and the Evolution of American Nuclear Nonproliferation Policy, 1977-1981," *Journal of Policy History* 14(3): 261-292.

Mearsheimer, John J. and Stephen Walt. 2007. *The Israel Lobby and U.S. Foreign Policy*. New York: Farrar, Straus and Giroux.

Miller, Marvin and Lawrence Scheinman. 2003. "Israel, India, and Pakistan: Engaging the Non-NPT States in the Nonproliferation Regime," *Arms Control Today* 33 (December) https://www.armscontrol.org/act/2003-12/features/israel-india-pakistan-engaging-non-npt-states-nonproliferation-regime

Miller, Steven. 1993. "The Case Against a Ukrainian Nuclear Deterrent," *Foreign Affairs* 72(3): 67-80.

Narang, Vipin. 2016/2017. "Strategies of Nuclear Proliferation: How States Pursue the Bomb," *International Security* 41(3): 110-150.

Norris, Robert S.and Hans M. Kristensen. 2009. "U.S. Nuclear Warheads 1945-2009," *The Bulletin of the Atomic Scientists* 65(4): 72-81.

Office of the Press Secretary. 2005. "Joint Statement by President George W. Bush and Prime Minister Manmohan Singh." (July 18) White House Press Release. https://2001-2009.state.gov/p/sca/rls/pr/2005/49763.htm

Paul, T.V. 2006. "The India-US Nulcear Accord in Strategic Context," In *Nuclear Cooperation with India: New Challenges, New Opportunities*. edited by Wade L. Huntley and Karthika Sasikumar: 47-54. The Simon Center for Disarmament and Non-Proliferation Research, University of British Columbia.

Pape, Robert. 1997. "Why Economic Sanctions Do Not Work," *International Security* 22(2): 90-136.

Rabinowitz, Or and Nicholas L. Miller. 2015. "Keeping the Bombs in the Basement: US Nonproliferation Policy toward Israel, South Africa and Pakistan," *International Security* 40(1): 47-86.

Sagan, Scott D. 2009. "The Evolution of Pakistani and Indian Nuclear Doctrine," In *Inside Nuclear South Asia*. edited by Scott D. Sagan, 219-264. Stanford: Stanford University Press.

Trachtenberg, Marc. 2007. "Preventive War and U.S. Foreign Policy," *Security Studies*

16(1): 1–31.

The White House. 2009. "Remarks by the President Obama on a New Strategy for Afghanistan and Pakistan." (March 27). https://obamawhitehouse.archives.gov/ the-press-office/remarks-president-a-new-strategy-afghanistan-and-pakistan

_____. 2013. "Remarks by President Obama at the Brandenburg Gate-Berlin Germany." (June 19). http://www.whitehouse.gov/the-press-office/2013/06/19/remarks-president-obama-brandenburg-gate-berlin-germany

U.S. Department of State. 2002. Daily Press Briefing (February 22) http://2001–2009. state.gov/r/pa/prs/dpb/2002/8421.htm

제6장

핵 보유 이후 이스라엘의 국가전략

설인효

I. 서론

이스라엘은 오늘날까지 핵 보유 사실을 인정도 부인도 하지 않는 정책을 지속하고 있으나 세계 6번째 핵 보유 국가로 널리 인정되고 있다.[1] 이스라엘은 강대국을 제외하고 핵을 보유한 첫 번째 국가였고 또 국제사회의 묵인을 받고 있다는 점에서도 특수한 사례라 할 수 있다 (Karpin 2006, 1). 인구와 영토 면에서 자신을 압도하는 사실상의 적성 국가들로 둘러싸인 이스라엘은 국가의 생존을 미국의 지원 및 원조에 의존하고 있는데 미국의 비핵화 노력에도 불구하고 사실상의 핵 보유를 달성했으며 미국의 묵인을 이끌어 냈다는 점에서 주목된다.

이스라엘은 핵을 보유하고 있음에도 불구하고 이를 공식적으로 드러내지 않으며 주변국을 상대로 재래식 우위 확보를 위한 노력을 지속하는 독특한 핵전략과 태세[2]를 채택하고 있다. 즉 핵 보유는 일상에서는 전혀 드러나지 않으나 최후의 순간에만 사용되는 일종의 '보험(insurance)'(Cohen 1998, ch. 3)인 셈이다. 이는 과거 냉전기 미국과 소련이 보여주었던 핵전략과 구분되는 지역 내 소규모 국가들의 전형적 핵전략의 하나로 신규 핵 보유 국가의 핵 전략 및 태세를 이해하는 데 중요한 함의를 갖는다.

미국과 소련을 비롯한 국제사회의 반대와 압박 속에서 핵 개발 프

---

1   이스라엘은 대체로 1980년대 이후부터 세계 주요 안보분석가들로부터 중국보다 뒤처지나 인도, 파키스탄보다는 앞서는 세계 6위의 핵기술 및 탄두 보유 국가로 인정되어 왔다. Lavoy, Sagan, Wirtz eds.(2000, 104).

2   핵 태세(nuclear posture)란 핵탄두의 유형과 수, 운반수단, 핵탄두 발사를 둘러싼 명령체계, 핵 사용 상황 및 목표에 대한 계획 등을 총합한 개념으로 정의된다. 핵 태세는 대체로 핵전략과 유사한 개념으로 사용되고 있다. Narang(2014, 3-4). 본 장에서도 핵 태세와 핵전략을 유사한 개념으로 상정하고 기술했다.

로그램을 발전시키며 자신이 처한 전략 상황을 활용했던 이스라엘의 대외전략은 핵 보유를 추구하는 국가들의 행태를 설명하는 데 많은 함의를 제공하고 있다. 특히 핵 보유가 사실상 확인된 후 이스라엘에 대한 국제사회 및 주요 핵 보유국의 반응과 이에 대한 이스라엘의 대응전략 분석은 향후 북한의 행태를 예측하고 전망하는 데도 일정한 시사점을 제시해 줄 것으로 보인다. 한편 북핵 위협 고조로 한국의 독자 핵무장이 필요하다는 주장이 꾸준히 제기되고 있는데 이스라엘의 핵 개발 과정이 이와 같은 주장을 뒷받침하는 근거로 활용될 수 있는지 여부를 판단하는 것도 한국의 상황에 일정한 함의를 갖는다고 하겠다.

　　본 장은 이스라엘의 핵 보유 과정 및 이 과정에서 국제사회의 대응, 이에 대한 이스라엘의 대응전략과 핵 보유 이후 핵전략과 대외전략을 분석하는 것을 목적으로 한다. 이를 위해 먼저 제2절에서 이스라엘이 핵 보유를 결정하게 된 배경과 대체적인 개발 과정을 분석하고 제3절에서는 핵 개발 과정 중 미국 등 주요 핵 보유국과 국제사회의 대응을 분석한다. 이어서 제4절에서는 이에 대한 이스라엘의 대응으로서 핵 전략 및 태세와 대외전략을 분석하고, 마지막으로 제5절에서 앞의 분석 결과를 종합하여 이스라엘의 핵 개발 과정이 한반도에 대해 갖는 함의를 분석, 제시하기로 한다.

II. 이스라엘 핵 보유의 배경 및 개발 과정

1. 이스라엘의 핵 보유 동기 및 배경

이스라엘은 1948년 건국 후 줄곧 국가의 존망을 위협받는 안보전략

환경에 처해 왔다고 할 수 있다.[3] 작은 영토와 수백만의 인구로 구성된 이스라엘은 레바논, 시리아, 요르단, 이집트 등 사실상의 적국들과 국경을 접하고 있으며 역사적, 종교적 적대감으로 팽배한 이슬람 국가들에 의해 겹겹이 둘러싸여 있다. 중동 지역의 지정학적 중요성과 미국 등 서방 국가들과의 긴밀한 관계에도 불구하고 이스라엘은 건국 초부터 유사시 강대국의 군사적 지원 및 개입에 자국의 안보를 완전히 의존할 수 없다고 판단했고 그 결과 핵무기를 통한 '최종적 억제 수단(the ultimate deterrent)'의 확보가 필요함을 인식했다.

이스라엘의 핵 개발 의지는 건국 이전까지 소급된다. 나치 독일하 '유태인 집단학살'이 자행되는 동안 강대국들이 이를 묵인했다는 사실은 이스라엘이 자국의 안보를 최종적으로 스스로 지켜야 한다는 결단을 하게 된 근본적 배경으로 작용했다. 나치의 집단학살에서 살아남은 생존자들은 이스라엘인이 의존할 수 있는 것은 같은 이스라엘인뿐이며 스스로를 지킬 수 있는 능력을 반드시 구비해야 한다고 확신했다. 이는 소위 '삼손 전략(Samson Option)'으로 구약성서에 나오는 삼손과 같이 자신의 희생을 감수한다 해도 적 전체에 대해 치명적인 손상을 입힐 수 있는 힘을 보유해야 한다는 이스라엘 민족의 의지를 표상한다 할 수 있다(Hersh 2013).

이스라엘 초대 총리 벤구리온(David Ben-Gurion) 역시 집단학살의 재발을 막기 위해 핵 보유에 집착했던 것으로 알려져 있다. 그는 특히 제2차 세계대전을 종식시킨 핵무기가 이스라엘 과학자들에 의해 개발되었다는 사실에 주목했다.[4] 벤구리온은 이스라엘 개국 전인

---

3   이스라엘 건국 시부터 주요 정책결정자들의 기본 안보관은 이스라엘이 아랍 국가들로부터 '존재적 위협(existential threat)'에 처해 있다는 것이었다. 또한 국가안보는 철저히 군사력에 의해 보장되어야 한다는 사고방식에 바탕하고 있다. Inbar(2008, 85-86).

1948년 전쟁 중에 이미 해외에 있는 유태인 과학자들을 모집하기 위한 활동을 전개했으며 오펜하이머(Robert Oppenheimer)와 텔러(Edward Teller)가 이스라엘 핵 개발을 지원하도록 독려했던 것으로 알려져 있다(Pinkus & Tlamim 2002).

이와 같은 건국 초 이스라엘인들의 인식과 더불어 건국 이후 지속적으로 전개된 중동 상황 속에서 이스라엘은 미국의 원조 및 군사지원을 더욱 확신할 수 없게 되었고 이는 자체 핵무장 노력 지속의 핵심적 동기가 되었다(Narang 2014, 181-182). 이스라엘은 미국으로부터 독일, 일본과 같은 동맹조약에 의한 보장을 기대했으나 이는 실현되지 않았다. 미국과의 동맹조약은 최악의 경우 미국의 핵무기를 통한 안전보장을 내포하고 있었기 때문에 독자 핵 개발의 필요성은 크지 않았다. 그러나 이를 보장받지 못한 이스라엘은 스스로의 생존을 보장해야 한다는 더 큰 압력 하에 있었다.

1956년 발발한 중동전쟁에서 이스라엘의 주도 아래 영국과 프랑스는 순조롭게 작전을 전개하고 있었으나 소련이 핵 사용을 위협하자 미국은 전쟁 중단을 강력히 요구했고 이를 수용하지 않을 수 없었다. 이를 계기로 프랑스가 '전략적 독자성(strategic independence)'을, 이스라엘은 '(최악의 상황에 대비한) 보험(life insurance for the country)'을 안보전략의 핵심 개념으로 추구하게 된 것으로 평가된다(Narang 2014, 181-182). 상황 전개에 따라 기존 핵 보유국들의 전략적 이해가 일치될 경우 다른 국가들의 국가이익에 대한 고려는 배제될 수 있다는

---

4   그는 '아인슈타인(Albert Einstein), 오펜하이머(Robert Oppenheimer), 텔러(Edward Teller) 세 사람이 미국에 대해 해줬던 일(핵무기 개발)을 이스라엘 과학자들이 자국 내에서 이스라엘 국민들을 위해 해줄 수 있을 것이다'라 말한 것으로 알려진다. Goldberg(2010).

사실을 실감했던 것이다.[5]

2. 이스라엘의 핵 개발 과정

상술한바 이스라엘의 핵 개발 노력은 이미 건국 전부터 시작되었다. 핵 프로그램 시작 시점부터 이스라엘 내에서 반대의 목소리도 적지 않았다. 건국 초 이스라엘은 정치적으로나 군사적으로 미국 등 서방 국가에 생존을 의존하고 있었기 때문에 핵 개발이 초래할 국제적 반대를 우려하는 인사들이 과학계 및 안보, 국방 관련 인사들 중 다수 존재했던 것으로 알려진다(Shalom 2005, 168). 또한 전대미문의 영역인 핵 개발과 관련 물질 확보에 과연 성공할 수 있을까에 대한 의문도 적지 않았다.[6] 건국 초 빈약한 재정 등 취약한 국가 기반을 고려할 때 오직 핵심 정책결정자 집단의 확고한 의지만이 수많은 난관이 존재할 지난한 핵 개발 과정을 성공으로 이끌 수 있는 원동력이 될 수 있는 상황이었다.[7]

이스라엘의 핵 개발 노력은 군 및 군내 과학조직을 중심으로 본격화되었다. 1949년 이스라엘군(Israel Defense Forces, IDF) 내 과학부대인 '헤메드 짐맬(HEMED GIMMEL)'은 2년여에 걸쳐 네게브(Negev) 사막지역에 대한 지질 조사를 실시하는데 이는 '석유 시추'라

---

5   이 외에도 이스라엘의 인구와 경제력이 아랍 국가들에 비해 매우 외소하다는 점에서 장래의 재래식 군비경쟁으로는 승산이 없다는 인구, 경제적 차원의 고려도 핵 옵션 선택의 한 이유였다. Nashif(1984, 40-41).

6   이스라엘이 특히 최초 핵 개발 이후 조기에 핵 프로그램을 완성했다는 점에서 과연 어떻게 핵 관련 기술을 확보할 수 있었는가에 대한 관심이 컸다. Evron(1994, 1).

7   이스라엘 내 논쟁은 핵 개발이 진행되는 과정에서도 지속되었다. 이러한 논쟁은 특히 미국과의 관계 악화에 대한 책임론의 형태로 제기되었다. Evron(1994, 9).

는 공개적 이유와 달리 우라늄을 찾기 위한 노력이었던 것으로 알려진다.[8] 같은 해 헤메드 짐맬은 6명의 학생을 미국으로 유학을 보내 유명 물리학자의 사사를 받도록 했다(Cohen 1998, 26). 이스라엘은 이후에도 국방부 내에 과학조직을 발전시키고 과학자들을 양성하여 자체적인 기술력을 축적해 나갔다.

1950년대가 되면서 이러한 노력은 결실을 맺기 시작했다. 헤메드 짐맬을 모체로 국방부 내에 설립된 마르콘 4(Marchon 4)는 1953년 미국보다 발전된 기술로 중수(heavy water) 자체 생산에 성공했다(Pinkus & Tlamim 2002, 104-138). 벤구리온 총리는 국방부 내 과학자 중 하나였던 버거만(Ernst David Bergman)을 '이스라엘 원자력에너지위원회(Israel Atomic Energy Commision, IAEC)' 초대 의장으로 임명하는데, 그는 이스라엘 군 및 국방부의 과학기술 발전을 주도했을 뿐 아니라 프랑스와의 협력 강화에도 노력했다. 버거만은 자체 기술력으로 개발한 '중수 특허권'을 프랑스에 판매하며 양국 원자력 협력의 기반을 닦은 것으로 평가된다(Cohen 1998, 33-34).

이스라엘 핵 개발이 프랑스와의 협력 하에 이루어졌음은 잘 알려진 사실이다. 이스라엘 건국 후 양국은 다양한 분야에서 협력했다. 프랑스는 신생 이스라엘에 대한 주요 무기 제공국 중 하나였다. 이스라엘은 프랑스 식민지들이 존재하는 북아프리카 지역의 안정 유지를 위해 중요 정보를 제공하는 역할을 수행했다. 양국은 이미 1940년대 후반 '맨하탄 프로젝트(Manhattan Project)'의 주요 성과를 공유하면서 핵 개발을 위한 협력을 시작했던 것으로 증언된다.[9] 이스라엘은 또 핵

---

8   "Nuclear weapons – Israel," *Federation of American Scientists*. July 1. 2007.

9   "Israel's Nuclear Weapon Capabilities: An Overview," *Wisconsin Project on Nuclear Arms Control*, August 1996.

물리학에 대한 학술연구 및 연구자 양성에 주력했는데 이 과정에서 이스라엘과 프랑스 학자들 사이에 유대가 형성되었고 그것이 양국 핵 협력의 초기 기반이 되었다(Evron 1994, 2).

1957년 다모나 지역에 프랑스와의 협력을 통해 원자로 및 관련 시설을 건설함으로써 이스라엘은 핵 개발을 위한 제1단계에 진입할 수 있었다. 이스라엘과 프랑스 사이의 디모나 원자로 건설 협상은 중동 정치를 둘러싼 전략적 협력의 결과물이었다. 나세르(Gamal Abdel Nasser) 이집트 대통령이 수에즈 운하를 국유화하자 프랑스는 이스라엘이 이집트를 공격하고 시나이(Sinai) 지역으로 진격할 경우 전쟁 중재를 명분으로 영국과 프랑스가 개입하는 방안을 제안했다. 프랑스는 이를 수용한다면 이스라엘 핵 개발의 모체가 될 원자로를 제공할 것임을 제시했던 것이다.

당시 국방부 정책국장(director general of Defense)이었던 페레스(Shimon Peres)는 이것이 이스라엘 핵 개발의 절호의 기회라 판단하여 수뇌부에 수용을 건의했고 1956년 9월 파리에서 협정을 체결, 이후 디모나에 원자로 건설 및 우라늄 연료 제공 등이 이루어질 수 있었다(Cohen 1998, 53-54).[10] 그러나 1958년 드골(Charles de Gaulle)이 대통령이 되어 핵의 평화적 이용을 강조하면서 프랑스와 이스라엘 간 핵 협력은 중단될 상황에 처하게 되었다. 그러나 페레스는 외교적 협상과 물밑접촉을 통해 이미 체결된 민간기업과의 계약은 계속 이행될 수 있도록 했으며 그 결과 1966년까지 사실상의 지원은 계속되었다(Hersh 2013, 70).

이스라엘의 핵 개발을 위한 협력은 프랑스에 국한되지 않았다.

10   이는 이집트 침공계획을 담은 것으로 잘 알려진 '세브르 조약(Protocol of Sevres)'에서 재확인 된다.

*BBC Newsnight*의 보도에 따르면 영국은 1950년대와 1960년대 동안 수백 차례에 걸쳐 금지 물품을 이스라엘에 제공했다. 여기에는 우라늄, 플루토늄, 농축 리튬 등 재처리 기술 발전에 필요한 핵심 물질 및 시약제품들이 포함된다(BBC 2006/3/10).[11] 이러한 거래는 노르웨이 노라톰(Noratom)사(社)에 의해 이루어져 노르웨이 역시 이를 묵인했을 가능성을 시사한다.[12] 프랑스와의 협력 약화 이후 이스라엘은 아르헨티나에도 접근했으며 아르헨티나로부터 관련 물질의 일부인 산화 우라늄(uranium oxide)을 확보한 것으로 추정된다(The Jerusalem Post 2013/7/2).

1965년이 되면 디모나 원자로는 연료봉을 가공하여 무기급 플루토늄을 양산할 수 있는 단계에 이른 것으로 보인다(Hersh 2013, 130). 1966년 12월 이스라엘은 이미 작동 가능한 첫 번째 원자폭탄을 제조했으나 이를 본격적으로 양산하기 시작한 것은 1967년 제3차 중동전쟁, 즉 '6일 전쟁' 후로 평가된다(Shavit 2015, 188). CIA 보고서에 따르면 1967년 이후 이스라엘은 6에서 8주 후 핵무기를 제조할 수 있는 물질을 확보하고 있었으며(Cohen 1998, 298), 일부에서는 1967년 당시 조잡하지만 전쟁 중 실제로 사용 가능한 탄두 2개를 제조한 생태였던 것으로 평가한다(Farr 1999). CIA는 1974년부터 1980년대 초까지 이스라엘이 10에서 20개의 핵무기를 보유하고 있었던 것으로 평가한다.[13]

핵무기 제조 기술을 확보한 상태에서 이스라엘은 우라늄 원석이

11　영국은 또 디모나 원자로가 가동을 시작했던 1959년과 1960년에 20톤의 중수를 공급했다. Crick(2005).

12　"Norway's Heavy Water Scandals(editorial)," *Wisconsin Project on Nuclear Arms Control*, August 1988.

13　"Nuclear Weapons – Israel," *Federation of American Scientists*, 2007. 7. 1.

지속적으로 필요했다. 이에 따라 정보기관인 모사드(Mossad)는 벨기에 등의 여러 국가로부터 타국이 구매하는 것과 같은 방식으로 원석을 확보했다. 수송되던 원석은 해상에서 이스라엘 배에 옮겨지는 방식으로 이스라엘에 전달되었다.[14] 1986년 영국 '선데이 타임즈(*The Sunday Times*)'에 이스라엘 핵 개발 현황을 폭로한 바누누(Mordechai Vanunu)에 따르면 150메가와트 원자로에서 연간 40kg의 플루토늄을 생산해 왔으며 이는 당시를 기준으로 이미 100에서 200여 기의 핵탄두를 생산 가능한 분량이었다. 바누누에 따르면 1980년대 이후 이스라엘은 열화우라늄탄 기술 개발에 착수하여 1986년 현재 이를 생산할 기술을 획득했다(The Times 2004/4/21).

이스라엘이 공식적으로 핵실험을 시행하지 않았음에도 불구하고 핵무기 제조 기술을 습득한 것으로 평가하는 이유는 먼저 프랑스의 핵실험 데이터를 자유롭게 활용할 수 있었던 것으로 추정되기 때문이다. 또는 이스라엘이 실제로 네게브 사막에서 1960년대 초 핵실험을 실시한 것으로 추정되기도 한다.[15] 1979년 9월 인도양 남단에서 발생한 소위 '벨라 사건(Vela Incident)' 당시 이스라엘이 핵실험을 실시했다고 알려지기도 한다(Hersh 2013, 272-273).

2013년 원자력 과학자 회보(*Bulletin of Atomic Scientists*)는 미 국방정보국(Defense Intelligence Agency) 자료를 인용하여 이스라엘은 1967년부터 핵무기를 양산하기 시작했으며 매년 2기씩을 생산하여 2004년 80여 기를 보유했고 190기 이상을 양산할 수 있는 물질을 보유하고 있다고 평가했다(The Times of Israel 2013/9/15). 2014년

---

14   이러한 비밀 작전을 소재로 한 책이 발간되기도 하였다. Hersh(2013, 181).
15   "Nuclear Weapons - Israel," *Federation of American Scientists*, 2007. 7. 1; Farr(1999).

지미 카터(Jimmy Carter) 전 미국 대통령은 이스라엘이 300기 이상의 핵탄두를 보유하고 있다고 말해 논란이 일기도 했다(Israel Hayom 2014/4/14). 이스라엘 정부는 여전히 핵탄두 보유 여부를 공식적으로 인정하지 않고 있으며 정확한 보유 기수는 알려지지 않고 있다.

이스라엘은 핵폭탄을 투하할 수 있는 전폭기 F-15와 F-16을 보유하고 있으며 미사일은 3단 고체연료를 사용하는 대륙간탄도탄 '예리코(Jerico) 3호'와 2단 고체연료를 사용하는 '예리코 2호'를 보유하고 있다. 예리코 3호는 1,000kg의 탄두를 장착하고 11,500km를 비행할 수 있으며, 예리코 2호는 1,000kg의 탄두 장착 후 1,300km를 비행할 수 있다(연합뉴스 2010/4/10). 이스라엘은 독일산 1,600톤급 디젤잠수함인 돌핀급 잠수함 10척을 보유하고 있으며 여기서 핵을 탑재한 순항미사일을 발사할 수 있다.[16] 이로써 이스라엘은 핵잠수함을 정점으로 독자적인 '3축 체제(nuclear triad)'를 보유하고 있다고 평가할 수 있다. 즉 적의 핵무기에 의한 1차 타격 후에도 생존성을 보장할 수 있는 핵무기를 보유하여 '제2차 보복능력(second strike capability)'을 보유하고 있다는 것이다.

III. 이스라엘 핵 보유에 대한 국제사회 및 기존 핵 보유국 반응

1. 핵 보유 사실의 유출

1960년 이전까지 미국과 프랑스, 영국 등 이스라엘의 핵 개발을 지원

---

16 200kg의 핵탄두를 1,500km까지 발사할 수 있는 것으로 알려져 있다. 『연합뉴스』 (2010/4/10).

한 국가들을 제외하고는 이스라엘 핵 프로그램의 존재를 알지 못했
다. 미국의 경우 1950년대 말 U-2 정찰기가 디모나 시설을 촬영한 이
후 핵 프로그램의 존재를 의심하기 시작했다. 이스라엘 핵 프로그램
이 최초로 공개적으로 보도된 것은 1960년 '타임'지의 보도였으며 이
후 일련의 보도를 통해 일반에 의혹이 제기되고 프랑스와의 협력 사실
이 알려지게 되었다(Cohen 1998, 88-89). 이스라엘 정부는 이에 대해
디모나 시설은 산업, 농업(해수의 담수 전환) 등 평화적 목적에 국한된
소형(24메가와트) 원자로일뿐이라 발표하며 의혹을 부인했다(Cohen
1998, 91).

이스라엘이 핵폭탄 제조 능력이 있으며 실제로 핵탄두를 보유하
고 있을 가능성이 높다는 사실은 최초로 1969년 NBC 뉴스에 의해 알
려졌다(Cohen 1998, 327). 해당 보도는 큰 반향을 불러오지 못했다.
그러나 1970년 뉴욕 타임즈가 미국이 이스라엘이 핵무기를 보유하고
있거나 단기간 내에 이를 제조할 능력을 가지고 있다고 판단하고 있음
을 보도하자 대중적 파장을 불러오게 되었다(Cohen 1998, 338).

이스라엘 핵 프로그램이 상세히 알려지게 된 것은 1986년 런던
소재 선데이 타임즈에 의해 보도된 바누누의 폭로이다. 디모나 인근
'네게브 원자력연구소(Negev Nuclear Research Center)'에서 일했던
기술자 출신 바누누는 무기용 플루토늄 제조를 위한 디모나 지하시설
의 사진을 공개하는 등 상세한 개발 현황을 폭로하고 이스라엘 정보기
관에 납치되어 수십 년간 복역하였다(The Times 2004/4/21). 상술한
바 바누누의 폭로를 통해 이스라엘 핵 프로그램의 실체와 함께 핵탄두
및 물질 보유량 등이 상세하게 알려지게 되었다.

2. 미국의 핵 비확산 정책의 전개와 이스라엘 핵 프로그램

제2차 대전 중 미국은 핵무기 개발을 위해 영국과 협력한 바 있었다. 그러나 전후 미 의회가 맨하탄 프로젝트의 존재를 인지한 후 미국은 타국과의 기술 공유를 거부하게 된다. 미 의회는 핵물질 및 핵기술의 국외 이전을 원천적으로 금지하는 '맥마혼 법안(McMahon Act)'을 통과시켰던 것이다. 미국은 또 프랑스의 핵 개발 의지를 알고 난 후 영국, 캐나다와 함께 '우라늄 공급 통제조약'을 체결하여 이와 같은 입장을 국제적 수준에서 제도화하기 시작했다.

　1955년 아이젠하워(Dwight Eisenhower) 대통령은 '핵의 평화적 사용 선언(Atom for Peace initiative)'을 함으로써 핵무기 개발에 반대하는 입장을 공식 표명했다. 1955년 7월 그는 정보기관의 활동을 통해 핵 프로그램의 존재 여부를 의심하고 있던 이스라엘을 종용하여 '평화적 핵 협력 협정(a peaceful nuclear cooperation agreement)'을 체결하기에 이른다(Pinkus & Tlamim 2002, 104-138). 1960년 벤구리온이 워싱턴을 방문했을 때는 미국은 이스라엘의 핵 보유가 지역 군사력 균형을 파괴할 것이라는 우려를 수차례 전달하며 이스라엘을 압박했다(Thomas 1999).[17]

　1961년 케네디 대통령 당선 이후 미국은 더욱 확고한 비확산 정책을 추진하게 되고 그 결과 이스라엘 핵 개발은 위기에 처하게 된다. 1960년 정찰위성에 디모나 원자로가 포착되었고, 케네디 행정부는 이

17　당시 국방장관 하터(Harter)는 이스라엘이 핵 개발을 위한 원자로를 건설하고 있다는 의혹을 제기하며 이스라엘을 압박했다. 미국이 처음 요구한 것은 미국의 과학자들이 이스라엘 원자로 시설을 사찰하는 것이었는데 이스라엘의 반대로 케네디 정부 이전까지 실제로 사찰은 이루어지지 않았다. Evron(1994, 4).

를 토대로 핵 개발 프로젝트의 존재를 의심하기 시작했다. 케네디는 이스라엘의 핵 개발을 막기 위해 강력한 압력을 행사할 것을 결정하고 핵 시설에 대한 사찰을 수용할 것을 요구했다. 케네디는 사찰을 수용하지 않을 경우 이스라엘은 완전한 고립에 빠지게 될 것이라 경고했으며 이러한 경고는 벤구리온 사임 후 에쉬콜(Levi Eshkol)에게도 그대로 가해졌다(The Jerusalem Post 2010/3/28).[18]

결국 이스라엘은 케네디의 요구를 수용했으나, 교섭을 지속해 (1) Hawk 대공방어 미사일 판매, (2) 사찰은 IAEA가 아닌 미국에 의해서만 이루어지며, (3) 방문 수주 전 미리 통보한다는 양해를 얻어냈다(Shalom 2005, 120-127). 그 결과 사찰 일정 사전 통보 및 일부 지역에 대한 사찰 거부로 이스라엘은 핵 프로그램을 계속 위장할 수 있었다.[19] 케네디 사망 후 존슨 행정부 하에서 미국과 이스라엘은 우호적 관계를 발전시켰고 이스라엘은 다시 핵 개발 노력을 가속화할 수 있었다.

존슨 대통령은 에쉬콜과 비밀 양해각서를 체결하여, 핵 프로그램 관련 내용을 비밀로 하는 조건으로 이스라엘의 핵 관련 활동의 존재를 용인하기에 이른다(Shalom 2005, 116-119). 1969년 케네디 시절 시작된 미국의 사찰 프로그램은 종결되었으나 닉슨 대통령의 당선으로 새로운 위기를 맞이하게 된다. 1969년 미 국방장관 레어드(Melvin Laird)는 이스라엘이 핵무기를 확보했다고 믿고 이를 닉슨(Richard

---

18   벤구리온은 처음 케네디에게 디모나 원자로는 평화적 이용 시설일 뿐이라 설명했으나 이것이 수용되지 않자 1년에 한 차례씩 2명의 미국인 과학자의 사찰을 수용할 수밖에 없었다. Evron(1994, 5).

19   1967년 전쟁 전까지 미국의 사찰은 1964년, 1965년, 1967년 세 차례에 걸쳐 이루어졌다. 그러나 핵 개발 프로그램 관련 사항은 발견되지 않았는데 이는 이스라엘의 은폐 노력과 함께 케네디 사망 후 미국과 이스라엘 간 체결된 것으로 추정되는 비밀협의의 결과인 것으로 보인다. Evron(1994, 9).

Nixon) 대통령에게 보고했는데 닉슨은 이스라엘의 핵 보유가 중동 지역 핵확산으로 이어질 것을 깊이 우려하게 되었던 것이다(Cohen & Burr 2006, 22-30). 특히 이스라엘 핵 보유가 확인될 경우 소련이 아랍 국가들에게 확장억제를 제공하거나 핵 프로그램을 지원할 가능성이 있고 그 결과 중동 지역에서 미국의 행동의 자유는 극도로 제한될 것이라는 전략적 판단의 결과였다.

그러나 당시 키신저(Henry Kissinger)는 닉슨에게 이스라엘 핵 개발을 막기 위해 미국이 할 수 있는 일은 많지 않음을 상기시킨 것으로 알려진다. 이스라엘이 생존을 위해 핵무기 보유를 추구하는 만큼 이를 좌절시키려면 매우 사활적인 이익의 강탈을 위협해야 한다. 즉 F-4 팬텀(Phantom) 판매 금지와 같은 조치를 취해야 하는데 이 경우 미국 내에서 심각한 압력에 처하게 될 것이라는 점이다. 미국 내에는 이스라엘에 우호적인 인사들이 적지 않기 때문에 미국이 이러한 조치를 취하려 할 경우 이스라엘같이 중요한 나라에 왜 팬텀기 판매를 중지하려 하는가에 대해 그 이유를 설명할 수 없는 상황에 처하게 될 것임을 경고했던 것이다(The New York Times 2007/11/29; Shalom 2005, 152-165).

1970년 이스라엘 총리 마이어(Goldar Mier)는 닉슨을 만나 새로운 합의를 체결하기에 이른다. 핵 프로그램을 공개하거나 핵실험을 시행하지 않는 등 모호성(ambiguity or opacity)을 유지하는 것을 조건으로 핵 개발을 용인한다는 것이다. 즉 이스라엘이 핵 프로그램을 공개하여 중동 핵확산 및 소련의 개입을 불러오지 않는 한, 미국도 핵 프로그램의 존재를 감내(tolerate)하고 더 이상 NPT 가입을 종용하지 않는다는 비밀 합의가 성사된 것이다(The New York Times 2007/11/29).

핵 확산 방지를 둘러싼 미국과 이스라엘 간 협상은 이스라엘 핵 프로그램 전개에서 가장 결정적 순간이었으며 이스라엘이 '불확실성의 핵 태세'를 형성하는 결정적 계기가 되었던 것으로 평가된다(Cohen 1998, 319-320). 2004년 2월 뮌헨에서 열린 나토 회의에서 당시 국방장관이었던 럼스펠드(Donald Rumsfeld)는 미국이 왜 이스라엘의 핵무기에 대해 특별한 조치를 취하지 않는가에 대한 질문에 이미 전 세계가 잘 알고 있듯 이스라엘은 자신을 압도하는 인구와 영토를 가진 수많은 적성 국가로 둘러싸인 작은 민주국가이기 때문이라 답했다(Karpin 2006, 1-2). 이스라엘이 처한 전략적 상황을 고려할 때 이스라엘의 선택을 수긍하며 이 국가가 지역 핵확산을 저해하는 행동을 극도로 자제할 경우 이를 승인할 수 있음을 암시한 것으로 평가된다.

2. 프랑스 및 영국 등의 지원과 협력

이스라엘 핵 개발 과정에서 프랑스와 영국은 초기 단계부터 이스라엘을 지원했다. 1957년 프랑스가 디모나 원자로를 제공했던 계기는 수에즈 운하 사태를 전후한 중동 정치 상황과 이 지역에서 프랑스의 전략적 이익을 반영한 것이었다. 프랑스는 제2차 중동전쟁에서 미국이 보여준 행태를 보면서 이스라엘의 핵 개발을 지원하지 않을 경우 이스라엘은 사라지게 될 것이며, 이는 중동지역에서 프랑스의 전략적 이익에 배치된다는 판단을 했던 것이다(Pinkus & Tlamim 2002, 104-38).

　　그러나 1958년 드골(Charles de Gaulle)이 대통령이 된 후 프랑스는 핵의 평화적 이용을 내세우며 이스라엘과의 핵 협력을 중단하고 우라늄 제공도 끝내려했다. 드골은 또 이스라엘이 핵 관련 시설에 대한 국제사찰을 수용해야 하며 플루토늄 재처리를 중단할 것을 요구하기도 하였다(Cohen 1998, 73-74). 그러나 드골조차 이면에서 이루어지고 있던 프랑스, 이스라엘 간 협력의 전모를 상당 기간 동안 알지 못했던 것으로 알려진다. 페레스는 2년간 지속된 회담 끝에 1960년 이스라엘이 '핵의 평화적 이용 선언'을 하는 조건으로 민간기업이 이미 체결된 계약상의 의무는 계속 이행할 수 있도록 하는 합의를 이끌어 낼 수 있었다. 그 결과 이스라엘은 가장 중요한 핵 개발의 제1단계를 성공적으로 마무리할 수 있었던 것이다.

영국은 프랑스와 함께 이스라엘 핵 개발 성공에 결정적 역할을 한 것으로 평가된다. 영국은 프랑스와 마찬가지로 중동에서 유리한 전략 균형 유지를 위해 이스라엘의 존재와 우호 관계 유지를 필요로 했다. 영국은 1950년대와 1960년대 동안 수백 차례에 걸쳐 우라늄, 플루토늄, 농축 리튬 등 핵심 물질을 이스라엘에 제공한 것으로 알려져 있으며(BBC 2006/3/10). 디모나 원자로 가동 시점인 1959년과 1960년에 20톤의 중수를 공급했다고 알려진다(Crick 2005).

3. 소련, 중동 국가, 국제사회

냉전 기간 동안 미소 양국은 각 진영에서 중심적 역할을 수행했다. 냉전의 역학상 이들 두 국가에게 각 진영의 핵확산을 통제하는 것은 중심적 과제였다. 영국과 프랑스, 중국이 핵을 보유했으나 냉전 구도 속에서 미소 양국과의 협력은 지속되었다. 그러나 이들을 제외한 다른 국가들로 핵이 확산될 경우 군사력 통제력이 상실될 뿐 아니라 원치 않는 핵전쟁에 말려들 가능성이 제기될 것이었다.

냉전기 소련의 핵정책은 세 시기로 구분해 볼 수 있다(Potter 1985; Evron 1994, 151에서 재인용). 먼저 1954년까지의 시기로 소련은 미국과의 대결 및 자신의 핵 개발에 집중하며 핵 확산 문제는 부차

적인 문제로 치부했다. 둘째 1950년대 중반 이후 시기로 미국 아이젠
하워 행정부의 '평화를 위한 핵' 정책에 대항하여 주요 동맹국에게 핵
관련 기술을 제공했던 시기다. 이 시기 소련은 동독, 체코, 헝가리, 중
국 등과 핵 협력 협정을 체결했다. 다만 핵무기 관련 기술은 오직 중국
에게만 제공했는데 이는 1958년 시작된 중소분쟁으로 중단되었다. 이
시기 동안 소련은 핵 기술과 물질을 제공 받은 국가들을 확실히 통제
할 수 있다고 판단했던 것으로 보인다.

1960년대부터 시작된 세 번째 시기는 중국과의 갈등을 계기로 소
련이 미국이 추진하고 있는 핵 비확산 체제의 취지를 수용하여 핵무
기 개발과 직결된 핵심 기술과 전문가를 철저히 통제하기 시작한 때이
다. 핵확산금지조약에 관한 회의가 제네바에서 개최되었을 때 소련의
일차적 관심은 서독의 핵 보유 저지였지만 이후 미소 양국은 핵 비확
산에 대해 양국이 이익을 공유하고 있음을 확인했고 협력했다. 소련은
쟁거위원회(Zannger Committee) 설립이나 INFCE(International Nu-
clear Fuel Cycle Evaluation) 설립에도 함께 했으며 핵 비확산을 위한
협력을 위해 미국과 채널을 유지했다. 또한 경제적 목적으로 리비아,
인도 등에 원자로를 수출하면서 이 국가들에게 엄격한 감시체제 수용
을 허용할 것을 요구했다. 소련은 미국과 같이 핵 확산에 반대하는 다
양한 성명을 발표하지 않았으나 핵 관련 물질 및 기술의 수출입과 전
용 통제에 최선의 노력을 다했다(Evron 1994, 151-153).

소련은 중동 국가들에 대해서도 핵기술 및 핵물질 통제에 매우 단
호하고 엄격한 입장을 취했다. 1960년대에 이집트, 리비아, 이라크에
소형 연구용 원자로를 제공한 것을 제외하고 소련의 기술과 물질은 중
동 지역 국가에게 공급된 바 없다(Evron 1994, 153). 미국이 리비아에
핵물질을 제공했다는 이유로 벨기에에 압력을 행사했을 때 소련은 이

들 국가들이 타국으로부터 핵물질을 공급 받을 수 있다는 사실을 인식하고 리비아에 대한 통제를 강화하고 이라크의 원자로 제공 요구를 거부하기도 했다(Evron 1994, 154).

이스라엘 핵 개발에 대한 소련의 대응은 두 가지 양상으로 나타났다(Evron 1994, 154-155). 소련은 이스라엘의 핵 개발에 반대하면서 이스라엘이 실제로 핵을 보유하고 있다는 사실을 인정하지 않으려 했다. 즉 소련은 이스라엘의 NPT 가입을 종용했으나 이스라엘이 NPT 체제가 부과하는 규칙을 위반했다는 입장을 취하지 않았다. 소련 대변인은 이스라엘이 핵을 개발했다는 사실을 공개적으로 부인하는 입장을 지속했다. 그러한 점에서 소련은 이스라엘의 모호성의 핵 태세를 인정했다고 할 수 있다.

소련의 두 번째 대응은 중동 국가들에 대한 핵을 사용한 억제의 제공이다. 특히 중동의 언론을 통해 소련과 중동 국가들 사이에는 이스라엘의 핵 사용에 대비한 모종의 협정이 존재한다는 보도가 꾸준히 제기되어 왔다. 그러나 소련은 어떠한 공개적이고 공식적인 보장을 한 바가 없다. 이는 첫째, 상술한바 공식적으로 이스라엘의 핵 보유를 인정하지 않기 때문이며, 둘째, 핵전쟁에 휘말리는 상황을 방지하기 위해서라 할 수 있다.[20]

이스라엘 건국 후 좀처럼 단합이 어려웠던 중동의 이슬람 국가들은 이스라엘을 제거해야 한다는 데는 일치된 입장을 견지했다(Shalom 2005, 169). 소련 역시 이스라엘의 핵 보유를 결코 용인하려 하지 않았으며 아랍 국가들에게 이스라엘이 핵을 사용할 경우 핵무기로 보복할

---

20   소련이 이스라엘의 핵 보유를 애써 부인하는 것은 이것이 중동의 핵 확산을 초래할 수 있을 뿐 아니라 중동 국가들에게 핵 억제 또는 핵무기를 제공해야 하는 빌미를 줄 수 있기 때문으로 판단된다.

것임을 공언했다. 이스라엘의 도발을 유도하여 디모나 원전을 폭격할 빌미를 마련할 계획을 수립하고 실제로 시행하기도 했으나 이스라엘 공군의 성공적 작전 수행으로 중도에 실패한 사례도 있다.

이스라엘의 핵 보유에 대한 중동 국가들의 일반적 반응은 명확하지 않으며 상당히 모호한 상태로 남아 있다(Evron 1994, 13). 에브론은 일반적으로 관찰되는 아랍 국가들의 핵정책을 다섯 가지로 요약하고 있다(Evron 1994, 14). 첫째, 아랍 국가들의 핵정책은 기본적으로 이라크를 제외하고 이스라엘을 겨냥한다. 이라크의 경우 이란과 이스라엘을 동시에 목표로 하고 있다. 둘째, 정치적 동기와 실제 재원 조달 사이에 상당한 격차가 있다. 즉 실질적으로 핵 개발을 위해 충분한 투자는 이루어지지 못해 온 것으로 보인다. 셋째, 핵 문제가 정책의 최우선순위가 될 만큼 전략적 수준에서 심각하게 인식되지 않는다. 넷째, 핵 문제에 대한 국가별 격차가 크다. 마지막으로 핵 문제가 아랍과 이스라엘 양자 간 대립과 충돌에 관한 논의에서 상대적으로 제한적인 위상을 갖는다. 즉 아랍과 이스라엘 간 군사적 대결은 대부분의 경우 재래식 차원에서 다루어진다.[21]

기본적으로 중동의 아랍 국가들은 공식적으로 이스라엘의 핵 보유를 인정하지 않는다. 이들이 자신들이 취하는 다양한 국방 및 군사 조치의 근거로 이스라엘의 핵에 대한 대응이라는 점을 정당성의 근거로 암시해 온 것은 사실이나 핵을 직접적 대상으로 하는 전략이나 정책을 내놓는 것은 삼가고 있다고 할 수 있다(Evron 1994, 13). 심지어 바누누의 폭로로 이스라엘의 핵 개발이 상당히 구체적 수준에서 확인

---

21 이와 같은 일반적 경향에서 가장 벗어나 있는 것이 이라크인데 이라크는 이란과의 재래식 군사대결과 이스라엘의 핵 능력에 동시에 맞서기 위해 핵 개발을 심각하게 고려해 왔고 상당한 예산을 투입해 온 것으로 평가된다. Evron(1994, 14).

된 후에도 이러한 아랍 국가들의 기본적인 대응양상은 변하지 않았다
(Evron 1994, 13). 그러한 점에서 이스라엘의 모호성의 핵전략은 중동
국가들의 정책적 반응을 일정 수준 이하로 억제해 왔다는 점에서 일정
한 기능을 수행해 온 것으로 평가될 수 있다.

중동의 선도국가로서 이집트는 이스라엘 디모나 원전에 대한 공
습을 가하거나 자체 핵 개발을 시도했을 가능성이 큰 것으로 평가된
다.[22] 당시 이집트가 고려했던 대응 방안으로 첫째, 이스라엘 핵 보유
가 실제로 확인될 때까지 행동 보류, 둘째, 핵 프로그램 가동을 통한
핵 능력 보유 시도, 셋째, 국제사회의 대응 촉구, 마지막으로 예방 공
격이다. 그러나 실제로 이 중 어떠한 방안이 우선적으로 고려되었는지
확인하는 것은 어렵다(Evron 1994, 16).

이는 실제로 이스라엘 내 논의 과정에서 제기된 우려 사항 중 하
나이기도 했다(Shalom 2005, 171-172). 그러나 이집트는 이러한 조치
를 결국 취하지 못했다.[23] 이는 전후 이집트가 미국의 원조에 크게 의
존하고 있었고 그 결과 그러한 조치를 취할 경우 초래될 미국과의 관
계 악화를 우려했기 때문인 것으로 보인다(Shalom 2005, 172). 결국
이집트는 미국과의 관계 악화를 무릅쓴 핵 개발보다 이스라엘에 대한
재래식 우위 추구에 집중했던 것이다. 한편 이집트는 이스라엘 핵 개
발이 진행되고 있다는 증거를 찾지 못했다는 미국 및 영국 정보당국의

---

22 아랍 국가들의 핵 개발 프로그램 역시 모두 비밀리에 진행되었고 내부 의사결정 과정
에 대해 접근 공식적으로 확인하는 것은 어렵다. Evron(1994, viii). 이집트는 아랍권
내의 선도적 군사강국으로 자신이 이스라엘 문제를 해결해야 한다는 인식을 가져왔다.
Evron(1994, 16).

23 이집트가 실제로 소련에게 핵무기 또는 핵 관련 기술을 요구했는지 여부는 불분명하다.
이러한 의혹이 제기되었을 때 이집트 정부는 공식 부인한 바 있다. 이집트가 실제로 이
를 요구했으나 소련이 거부했다는 주장도 있다. Evron(1994, 17).

보도에 안도했던 것으로 평가되기도 한다(Shalom 2005, 173).[24]

1967년 전쟁 후 아랍 국가들의 핵 관련 논의는 더욱 축소되었다. 1967년 전쟁 동안 아랍 국가들에게 핵 문제는 전혀 제기되지 않았으며 이를 통해 이스라엘의 재래식 우위가 입증되었기 때문이다. 따라서 이스라엘이 군사력의 열세를 극복하기 위해 핵을 개발할 가능성은 기존보다 더 낮게 평가되었다(Evron 1994, 17). 한편 이스라엘이 핵을 보유할 경우 미국, 소련과 같은 초강대국들이 이를 저지할 것이기 때문에, 또 아랍 국가들 역시 연쇄적으로 핵을 보유하게 될 것이고, 또 팔레스타인 해방 문제 등 임박한 군사 문제들은 결국 게릴라전으로 해결될 것인바 핵무기가 군사력 균형에 미칠 영향은 거의 없다는 등의 현실적인 고려들이 아랍 국가들이 이스라엘 핵 보유를 심각하게 고려하지 않은 이유로 작용했던 것으로 평가된다(Evron 1994, 15-16).

이스라엘 핵 보유에도 불구하고 아랍 국가들의 보다 적극적인 대응이 없었던 이유는 중동 지역 아랍 국가들 사이의 관계성 속에서도 이해될 필요가 있다(Evron 1994, 19). 아랍 국가들은 다양한 이유로 상호 갈등하고 있으며 이스라엘에 대한 이해관계에도 상당한 편차가 있다. 이러한 상황이 이스라엘 핵 보유 저지를 위한 보다 체계적이고 조직적인 대응이 이루어질 수 없는 주요 이유로 작용했다.[25] 이러한 점에서 이스라엘의 핵 보유 과정은 '중동 지역질서의 동학(dynamics)'이라

---

24 에브론도 당시 이집트의 내부 상황을 정확히 알 수는 없지만 적어도 실제로 이스라엘이 핵 능력을 완성하는 1967년까지 이스라엘 핵 보유 가능성은 매우 낮게 인식하고 있었다는 점을 알 수 있다고 말하고 있다. Evron(1994, 16).

25 아랍 국가들의 공동 대응이 전혀 없는 것은 아니다. 예컨대 1989년 1월 열린 화학무기 금지에 관한 파리회의에서 일군의 아랍 대표들은 화학무기 금지에 관한 모든 조치는 동시에 핵무기 사용 제한과 연계되어어야 한다는 주장을 제기해 이스라엘을 압박하고자 했다. Evron(1994, 20).

는 관점에서 조명될 필요가 있는데 이러한 관점에서도 이스라엘의 '불확실성의 핵 태세'가 핵 개발 성공의 주요한 요인이 되었다는 점을 드러내고 있다.

중동의 핵 확산을 막기 위한 국제사회의 노력은 주로 미국의 주도 하에 이루어져 왔다. 상술한바 소련은 자신의 핵 개발을 완료한 이후 미국의 노력에 대체로 동조하면서 NPT 체제 확립에 협조했다. 미국이 이스라엘 핵 개발을 사실상 승인하면서 내건 가장 중요한 조건은 이스라엘 스스로 핵 개발 사실을 결코 공표하지 않는 것이었다. 상술한바 이는 중동의 안보질서를 고려한 미국의 요구였으며 그 결과 이스라엘의 불확실성의 핵 태세가 도출되었다.

소련의 붕괴와 탈냉전은 핵 비확산에 두 가지 상반되는 영향을 미쳤다(Evron 1994, 155). 미국과 소련의 핵 대결이 감소하면서 핵 비확산의 명분은 더욱 강화된 반면 각 진영에 대한 미국과 러시아의 통제력이 약화되어 지역별 핵 확산 위협이 확산된 것이다. 그러나 러시아는 탈냉전 후에도 주요 핵 보유국의 하나로서 핵 확산 방지를 위한 노력에 미국과 협력했고 기본적으로 중동의 핵 확산을 막는 데 뜻을 같이 했다. 이스라엘의 핵 정책이 변경되지 않는 한 다른 아랍 국가들에 대한 러시아의 정책 역시 변하지 않는 상태로 유지될 것으로 보인다.

4. 종합: 국제사회 및 기존 핵 보유국 반응 평가

이스라엘 핵 개발 과정은 핵이 국제사회에 등장한 후 비교적 초기에 이루어졌다는 점에서 핵 확산의 일반적 사례와는 구별될 필요가 있다. 당시에는 핵 개발에 대한 첩보 수집 능력이 제한되어 있었으며 핵무기 비확산을 위한 국제적 노력이 본격화되고 조직화되기 이전이었다. 동시에 1948년 건국한 이스라엘이 제2차 세계대전 중 대학살을 겪었고 건국 후 국가의 존립이 상시적으로 위협되는 특수한 상황에 놓여 있었다는 전략적 맥락이 고려되어야 할 것이다.

이스라엘은 건국 초부터 치밀하고 은밀하게 핵 개발 프로젝트를 추진했고 추진 과정에서 자신의 전략적 가치를 최대한 활용했다. 이를 통해 프랑스, 영국과의 협력을 이끌어냈고 핵 프로젝트 성공의 결정적 계기로 활용했다.[26] 이스라엘은 중동 지역에 이해관계를 가지고 있는 프랑스와 영국에 대해 중요 정보를 제공하고 핵심적 우방국으로서 역할을 수행함으로써 양국이 이스라엘의 존망을 결정할 문제에 협력할 수 있도록 했다.

미국은 이스라엘 핵 개발이 알려질 경우 중동 국가들이 핵 개발을 추구하거나 소련이 확장억제를 제공하게 될 것이며, 그 경우 자신의 행동의 자유가 제한될 것을 실질적으로 우려했고, 이에 따라 이스라엘을 막기 위해 노력했다. 그러나 미국은 이스라엘이 처한 전략적 상황과 결단을 어느 정도 수긍했고 이스라엘의 전략적 가치로 인해 일정한 타협점을 찾고자 했다. 미국 내에 이스라엘에 대한 강력한 지지그룹이 존재하고 있다는 점 역시 미국의 결정에 적지 않은 영향을 미쳤다. 핵 개발을 막을 수 있는 강력한 제재는 핵 개발 진행 사실을 공개하지 않는 한 이 그룹들의 반대로 이행되기 어려웠다.

이스라엘이 선택한 '모호성의 핵전략' 및 '전략적 자제'는 이스라엘 핵 보유를 둘러싼 다양한 전략적 이해가 수렴될 수 있는 지점이었

---

26 핵 비확산에 대한 국제적 제재가 조직화되지 않은 상황에서 핵 개발의 핵심적 과업은 기술과 원료를 확보하는 것이었고 그러한 점에서 프랑스와 영국의 지원은 결정적 역할을 했다. 특히 프랑스가 원자로 등 핵심 기술을 이스라엘에 이전한 것은 핵 관련 기술의 국가 간 이전의 최초 사례로 기록된다.

으며 미국의 사실상 승인의 핵심적인 조건이 되었다. 이스라엘과 전략적 경쟁 관계에 놓여 있는 중동 국가들은 이스라엘의 핵 보유가 공식화될 경우 자신들도 핵을 보유하거나 소련의 확장억제 제공을 요구할 가능성이 컸다. 핵을 개발하되 최후의 보장 수단으로 남겨둘 뿐 이를 드러내어 정치, 군사적으로 활용하지 않는 자제의 전략은 핵심 당사자인 미국과 이스라엘 양국의 전략적 이해를 모두 만족시킬 균형점이 되었던 것이다.

IV. 핵 보유 과정 및 이후 이스라엘의 대외전략

1. 핵 전략 및 태세

상술한바 1980년대 후반 이후 대부분의 안보 전문가들은 이스라엘이 고도로 발달된 핵무기 다수를 보유하고 있는 것으로 인정해왔다(Lavoy, Sagan, Wirtz eds. 2000, 104). 1970년대 이후 이스라엘의 핵무기는 궁극적인 억제력으로 작용하고 있으며 오늘날 누구도 주권국가로서 이스라엘의 존재를 의심하지 않도록 하는 근간이 되고 있다(Karpin 2006, 1). 그럼에도 불구하고 이스라엘 정부의 공식적 입장은 여전히 '이스라엘은 중동 지역에 핵무기를 도입(introduce)하는 첫 국가가 되지 않을 것'이라는 한 문장으로 제한되어 있으며 '도입'이 의미하는 바가 무엇인지는 불명확한 상태로 남아 있다(Lavoy, Sagan, Wirtz eds. 2000, 104).

　이스라엘의 핵 전략 및 태세를 묘사하는 말은 다양하다. 대표적으로 '핵 불확실성(nuclear opacity)', '불확실의 정책 또는 태세(an opaque policy, or an opaque nuclear posture)', '인정도 부인도 하지 않는 정책(Neither Confirming, nor Denying, NCND)', '지하 창고 속의 폭탄(the bomb in the basement)', '보험 정책(insurance policy)', '개발 직전 상태에서 대기(threshold posture)' 등으로 지칭되고 있다. 즉 이스라엘은 핵 보유 및 핵 사용 독트린을 명시적으로 밝히지 않은 채 핵 억제력을 발휘하는 핵 전략 또는 태세를 유지하고 있다고 할 수 있다.

코헨(Avner Cohen)은 이를 '조용한 결의와 신중함(quite resolve and public caution)의 태세'라 지칭하고 있다. 이는 이스라엘이 중국 핵 개발 후 단 2년 만에 핵 옵션을 선택할 만큼 정치적으로 강한 결의를 가지고 있었음에도 불구하고 인도, 파키스탄 등과 달리 분쟁에 핵을 개입시키지 않기 위해 모든 노력을 기울이고 있는 상황을 지칭하는 것이다(Russell 2006, 47). 이스라엘은 또 핵무기를 이스라엘 군사독트린의 일부로 편입시키지 않았다. 즉 이스라엘군의 전략은 순수하게 재래식 전력에 바탕을 두고 구축되어 있는 것이다(Narang 2014, 194-195).[27]

이스라엘은 1960년대 핵 개발을 완료한 것으로 평가되나 이상과 같은 독특한 핵 태세가 처음부터 존재했던 것은 아니다. 코헨에 따르면 공개된 자료를 분석해 볼 때 이스라엘의 핵 사고는 서서히 형성

---

27 한편 에브론(Yari Evron)은 이스라엘이 '모호성의 핵 태세' 또는 '개발 직전 상태에서 대기' 상태를 유지하고 있다고 말할 수 있는 근거로 첫째, 자신의 핵 능력을 공개적으로 입증할 수 있는 핵실험을 실시하지 않았다는 점, 둘째, 핵무기를 활용한 명시적인 억제 전략을 표명하지 않고 있다는 점, 마지막으로 이스라엘의 군사 체계(military frame-work) 내에 핵무기를 편입시키고 있지 않은 점 등을 꼽고 있다. 따라서 이스라엘 핵 보유가 갖는 실질적 억제력이란 '인식(perception)'과 '이미지(image)'의 결과물인 것이다. Evron(1994, 11).

되었으며 1967년과 1973년 전쟁 과정 중에 구체화된 것으로 판단된다(Lavoy, Sagan, Wirtz eds. 2000, 104-105).[28] 사료에 따르면 이스라엘은 1967년 당시 핵무기를 제조할 수 있는 모든 장비를 가지고 있었고 1973년에는 핵무기를 실제로 보유하고 있었다. 그러나 당시 주요 정책결정자들은 핵을 제한적으로나마 실제로 사용하거나, 사용을 위협하여 억제력을 확보한다는 생각조차 금기시 했던 것으로 평가된다 (Lavoy, Sagan, Wirtz eds. 2000, 105).[29]

이와 같은 이스라엘의 핵 전략 및 태세는 일견 핵무기의 전략적 효과를 충분히 활용하지 않는 것으로 보일 수 있다. 그러나 이는 상술한바 이스라엘이 처한 전략 상황에 대한 합리적이고 전략적인 대응으로 평가된다. 이스라엘은 미국의 지원에 자국의 안보를 의존하면서도 궁극적으로 자신의 안보를 스스로 지킬 수 있는 수단의 확보가 필요하다고 결단했다. 그러나 동시에 1) 미국 등 주요 강대국 및 국제사회의 핵 비확산 의지와 그로 인한 제재 가능성, 2) 이스라엘 이외의 중동 국가가 핵을 보유할 경우 발생할 전략적 불이익을 고려하여, '최후의 수단'으로 핵을 보유하되 그 외의 상황에서는 이를 활용하지 않는, 즉 핵을 사용하지도, 사용을 위협하지도 않는 핵 전략 및 태세를 채택했던 것이다. 여기서 최후의 수단이라 함은 모든 방어선이 무너지고 이스라엘 인구 밀집 지역이 적의 공격에 노출되는 상황을 일컫는 것으로 판단된다(Narang 2014, 193-194).

한편 나랑(Vipin Narang)은 '최적화 이론(optimization theory)'을

---

28 이스라엘의 모호성의 핵전략은 이스라엘을 둘러싼 전략 환경의 결과물이며 의도하지 않은 과정의 산물이었다. 그러나 이러한 전략이 가시화된 후 이는 확고한 정책이 되었다. Evron(1994, viii).

29 1967년 당시 에쉬콜(EshKol), 1973년 당시 마이어(Meir)는 '핵사용을 고려'하는 것 자체에 대한 거부감을 나타내었다. Lavoy, Sagan, Wirtz eds.(2000, 123).

통해 특히 1990년 이전까지 이스라엘의 핵 전략 및 태세를 '강력한 동맹국의 개입 및 지원을 촉진(catalyze)하는 태세'라 정의하고 있다. 그는 그 근거로 1967년 및 1973년 당시 이스라엘은 핵 보유 사실을 적을 포함한 일반에 공개하지 않은 채 오직 미국만이 알아 볼 수 있는 방식으로 핵 사용 가능성을 내비쳐 미국의 개입을 유도했다는 사실을 들고 있다.[30] 즉 이스라엘의 핵 보유는 핵을 통한 적성국가의 억제가 아닌 유사시 미국의 개입을 확실히 하는 수단이었다는 주장이다. 나랑은 또 이스라엘이 이와 같은 태세의 유지를 통해 주변국에 대한 재래식 우위를 확보, 지속할 수 있도록 미국으로부터 지원을 얻을 수 있었다는 점을 지적하고 있다(Narang 2014. 194-195).[31]

코헨은 이스라엘 정부문서 및 인터뷰를 기초로 이스라엘의 핵 전략 및 태세에는 단순히 '전략적 판단' 이상의 '문화 및 규범적 요인'이 작용하고 있다고 주장한다(Lavoy, Sagan, Wirtz eds. 2000, 122-123). 이는 일차적으로 국제사회 일반에 형성되어 있던 '핵 사용을 금기시하는 규범'인 동시에 이스라엘 내에서 고유하게 형성되어 온 문화적 규범이었다는 것이다.[32] 다만 코헨은 이스라엘이 실제로 핵을 사용할 수밖에 없는 최악의 상황을 경험한 적이 없기 때문에 현실주의 이론가들이 자신의 주장은 여전히 증명되지 않았다는 반론을 재기할 수 있다

---

30 당시 이스라엘은 고화질 정찰기를 보유한 미국만이 알아볼 수 있는 방식으로 이스라엘이 핵 사용을 고려하고 있다는 점을 알렸다. 이는 실제 전쟁의 상대였던 이집트와 시리아는 알 수 없는 방식이었다. 즉 핵무기는 적을 억제하는 것이 아닌 미국의 지원을 압박하기 위한 수단이었다. Narang(2014, 183-185).

31 즉 아랍 국가들에 대한 억제는 재래식 우위를 통해 확보하고 핵무기는 오직 최후의 상황에서 미국의 개입을 확실히 하기 위한 수단으로만 사용한다는 것이다.

32 코헨은 '생각조차 할 수 없는 무기의 사용을 기획한다(planning the unthinkable)'는 핵 전략의 '재앙적이고 종말론적 속성(the apocalyptic nature)'이 특히 핵 보유 사실을 공개하지 않는 이스라엘의 핵 태세 하에서 지도자들의 핵 사고와 핵 전략 발전을 지속적으로 지체시켜 왔다고 주장하고 있다. Lavoy, Sagan, Wirtz eds.(2000, 105).

는 점은 인정하고 있다(Lavoy, Sagan, Wirtz eds. 2000, 123).[33]

　에브론은 이와 같은 이스라엘의 핵전략이 이스라엘 국민 일반에게도 성공적으로 내면화(internalized)되었음을 지적한다(Evron 1994, 12-13). 반복적으로 실시된 여론 조사에서 이스라엘 국민들 대부분은 자국의 핵 보유 사실을 인식하고 있음이 나타난다. 그러나 압도적인 다수는 핵을 이스라엘 안보의 근간으로 삼아야 한다는 주장에 반대한다. 한 예로 걸프전이 진행 중이던 1991년 2월 실시된 갤럽의 여론조사에서 이스라엘 국민의 9%는 어떤 상황에서도 핵이 사용되어서는 안된다고 답했으며, 41%는 이스라엘의 완전한 붕괴 시에만, 42%는 이라크가 핵을 사용한 경우에만 사용할 수 있다고 답했고 오직 8%만이 상당히 광범위한 사상자 발생 시(very extensive casualties)에 핵을 사용할 수 있다고 응답했다(Evron 1994, 13). 또한 새로운 점령지역에 대한 안전 문제 등 광범위한 미래의 안보 주제와 관련하여 핵을 논하는 것이 일종의 금기로 되어 있다는 점이다(Evron 1994, 13).

　보다 전술적인 차원에서 이스라엘은 국가방위를 전적으로 핵에 의존할 경우 재래식 전력의 약화가 초래되고 그 결과 핵 사용에 이르지 않는 군사적 충돌에서 억제력이 약화될 수 있다는 점도 고려된 것으로 보인다(Shalom 2005, 170). 핵무기의 사용은 오로지 국가의 존립이 위기에 처한 경우에만 정당화될 수 있는데 영토가 매우 협소한 이스라엘의 경우 이러한 상황까지 적의 침공을 허용하면 심대한 군사적 위험이 초래된다. 반면 적이 단지 국경을 넘었다는 이유로 핵을 사용할 경우 과연 핵 사용이 정당화될 수 있는가의 문제가 발생하는 딜레

33　즉 핵사용 금기 규범의 존재로 인해 이스라엘의 핵 태세가 유지되어 왔다는 그의 주장은 실제로 이스라엘이 핵을 사용할 수밖에 없는 상황에서도 핵 사용을 자제해야 입증될 수 있다는 주장임.

마가 있다. 따라서 이스라엘은 주변국들에 대해 재래식 전력의 우위를 확보할 필요가 있었고 이를 위한 미국의 지원 확보를 위해서는 핵 보유에 대해 대단히 조심스런 입장을 견지할 필요가 있었다.

탈냉전과 1990년 걸프전의 경험으로 이스라엘은 자신을 둘러싼 전략적 상황이 근본적으로 변화하고 있다고 판단했다(Narang 2014. 199). 소련의 위협이 사라지면서 중동 지역 내 세력균형 유지를 위한 이스라엘의 전략적 가치가 감소되고, 그 결과 안보를 계속 미국에게 의존하는 것에는 한계가 있다는 인식이 확산된 것이다. 특히 1990년 걸프전의 경험을 통해 미국의 개입 방식이 지역 국가들과의 연합형태를 띨 때 미국에 의한 안보보장에는 명확한 한계가 존재한다는 사실을 인식하게 되었다. 걸프전 기간 동안 미국은 자신을 돕고 있는 이슬람 국가들과의 연대를 의식해 이스라엘에 대한 지원에는 매우 소극적인 모습을 보였다.

한편 리바아와 이란의 핵 개발 시도 사례를 통해 중동 지역 핵확산의 가능성이 고조되면서 만약의 상황에 대비한 대응이 필요함을 인식했다.[34] 이러한 인식의 결과 이스라엘의 지도자들은 '불확실성의 핵 태세'를 포함하여 기존 핵전략과 태세를 변화시켜야 한다는 인식을 표출하기도 했다.[35] 그러나 이스라엘이 중동에 핵 확산이 이루어져 이란 등 이슬람 국가들과 상호 핵 균형을 이루는 상황보다 현재와 같이 사실상 이스라엘만이 핵을 보유하고 있는 상황을 더 선호할 것임은 명확하다. 이를 위해 1) 중동 핵 비확산을 위한 국제사회의 노력을 저해

---

34 중동 지역의 핵 확산에 대한 우려는 이미 1970년대부터 시작되었으나 걸프전 이후 더욱 가시화되었다고 할 수 있다. Evron(1994, vii).

35 2000년대 초 네타냐후(Netanyahu) 전 총리는 이란이 핵무장을 완료할 경우 '핵 모호성(nuclear ambiguity)'을 포함 이스라엘의 핵 전략 및 태세를 변경해야 할 시점이 도래할 수 있다고 언급한 바 있다. Russell(2006, 46).

해서는 안 되며, 2) 미래에 발생 가능한 다양한 상황에 대응할 수 있는 유연성을 확보하고 유지한다는 측면에서 '불확실성의 핵 태세'는 계속 지속되고 있다(Russell 2006, 46~47).[36]

다만 나랑은 이스라엘이 1990년 걸프전 경험 후 일련의 결단을 통해 2000년까지 총 10대의 독일산 돌핀급(Dolphin-class) 핵탄두 발사 가능 디젤잠수함을 확보하고 운용함으로써 핵 보유국을 상대로 '제2격 능력(second strike capability)'을 보유하는 '보복 확실성(assured retaliation)의 핵 태세'로 이행한 것으로 평가한다.[37] 상술한바 이스라엘은 핵무기를 투하할 수 있는 전투기와 대륙간탄도미사일 역시 보유하고 있기 때문에 소위 '독자적인 3축 체제(nuclear triad)'를 구축하고 있다고 할 수 있다. 이론상 주요 핵 보유 국가들과 핵 균형을 달성하고 있는 것이다.

또한 나랑은 이스라엘이 전술핵무기를 개발하거나 이를 이스라엘군 전략의 일부로 편입시켜 활용하고자 한 증거가 없다는 이유로 이스라엘이 '비대칭 위기격상 태세(asymmetric escalation posture)'로 이행한 것은 아니라 평가한다. 특히 이스라엘은 이러한 태세를 구축할 기술적, 조직적, 재정적, 정치직 여건을 모두 갖추고 있고, 또 적은 인구와 협소한 영토로 인해 중국, 인도 등과 달리 일격을 당한 후 보복을 위협하는 '방어적 전략' 채택이 어렵다는 전략적 조건에도 불구하고

36　만일 현재의 '불확실성의 핵 태세'를 변경하여 핵 보유 사실을 공표할 경우 다시 되돌릴 수는 없다는 점에서 현 태세의 유지가 유연성 확보에 보다 유리하다고 할 수 있다. 에브론도 이스라엘의 핵 태세는 '모호한(ambivalent)' 동시에 '역동적인(dynamic)' 특성을 갖는다고 지적하고 있다. Evron(1994, 11).

37　10대의 핵탄두 발사 가능 잠수함과 잠수함 발사 탄도미사일 보유로 이스라엘은 상시적으로 운용할 수 있는 전략 핵 자산을 확보한 것이며, 이로써 이스라엘의 핵 태세는 미국의 개입을 유도하고 촉진하기 위한 '촉진 태세(catalytic posture)'에서 '보복 확실성 태세(assured retaliation posture)'로 이행했다는 것이다. Narang(2014, 202~206).

이를 채택하지 않았다는 점에서, 자신의 '최적화 이론'을 포함, 기존의 어떠한 이론으로도 설명할 수 없는 현상이라 결론짓고 있다(Narang 2014, 202-206).

탈냉전 이후 현재의 이스라엘 핵 태세는 먼저 미국의 개입 및 안보 공약 약화에 대비해 러시아를 포함한 기존 핵 보유국에 대해, 또 중동의 잠재적 적성국이 어느 날 갑자기 핵 보유를 선언하는 상황에 대비하여 독자적 핵 억제력을 확보하는 행동으로 이해될 수 있을 것이다. 이와 더불어 1) 중동 비핵화를 위한 국제사회의 노력에 부응하고, 2) 코헨이 주장하는 바와 같이 이스라엘 내에 형성되어 있는 핵 사용을 금기시하는 규범적 요소의 작용으로 핵 보유를 공표하고, 이를 군사전략에 편입하는 것마저 자제하고 있다고 볼 수 있다.

2. 미국 및 국제사회 제재에 대한 대응 노력

이스라엘의 핵 프로그램은 전 세계적으로 미국과 소련 단 2개 강대국만이 핵을 보유하고 있던 시점에 본격적으로 시작되어 중국이 핵 개발을 완료한 후 2년 만에 달성되었다는 점에서 강력한 국가적 결단의 산물로 평가될 수 있을 것이다(Shalom 2005, 168). 당시를 회고할 때 국민들의 기초생활 여건조차 확보하지 못한 상황에서 디모나에 원자로를 건설하고 핵 개발을 추진했다는 사실은 정치적 의지와 결단의 수준을 가늠케 한다(Shalom 2005, 168). 핵 비확산을 위한 조직적 노력이 시작되기 이전이었지만 반대로 관련 기술과 물질, 대규모 재원을 확보하는 것은 더욱 어려운 시점이었다는 점을 상기할 때 이스라엘 사례의 특수성이 부각된다.

건국을 위한 전쟁 후 벤구리온을 비롯한 지도부는 중동 국가들과 이스라엘의 분쟁은 국경 및 종교 문제 등 타협 가능한 사안이 아니며 이스라엘의 존재 자체를 부정하는 것을 내포한 것이기 때문에 평화적 방식으로 해소될 수 없다는 깊은 인식을 공유하고 있었다. 상술한바 제2차 대전 중 자행된 유태인 집단학살에 대해 미국을 포함한 서구 국가들조차 침묵했다는 사실은 이스라엘이 안보를 타국에 의존할 수 없다는 강력한 인식의 바탕이 되었다. 이러한 점에서 '독립적이고 최종적인 억제력(independent and ultimate deterrent force)의 확보'는 건국 직후부터 이스라엘 국가의 존재적 화두였다.

이 같은 강력한 결의와 더불어 국제사회의 정세 변화에 대응한 외교의 용의주도함 역시 이스라엘 핵 개발 성공의 핵심적 요인이었던 것으로 평가된다. 건국 초부터 국가의 생존을 미국 등 서방 국가를 주축으로 한 국제사회에 의존하면서 이스라엘은 핵 개발이 초래할 국제적 반대와 압박을 깊이 인식하고 있었으며 그 결과 핵 프로그램을 진행시키는 데 필요한 은밀성을 유지하기 위해 모든 노력을 기울였다. 중동의 전략 상황을 활용하여 프랑스와 영국의 지원과 협력을 최대한 이끌어냈을 뿐 아니라 핵 개발을 반대하는 정권이 들어선 경우에도 신중한 접근과 외교 협상을 통해 핵 프로그램을 계속 진행시킬 수 있었다.

핵 개발을 저지하려는 미국의 노력에 대항하여 지속적인 설득으로 일정한 합의를 이끌어 낸 것은 핵 개발 프로그램 성공의 결정적 순간이었다. 이스라엘은 중동 지역에서 자신이 처한 전략적 취약성을 최대한 부각하면서 동시에 중동 핵 확산 및 소련의 개입을 우려하는 미국의 입장을 고려하여 양자의 이해를 일치시킬 수 있는 합의점을 적극 모색했다. 이스라엘을 둘러싼 전략적 맥락을 신중히 고려하면서 핵 보유 사실을 철저히 비밀에 붙임으로써 '선택의 유연성'을 지속적으로 확보하고 있었던 것도 결정적 시점에 성공적인 합의를 도출할 수 있었던 원동력이 되었다.

　　또한 이스라엘에 유리했던 역사적 우연 역시 무시할 수 없는 요인이다. 이스라엘은 수차례의 중동 전쟁에도 불구하고 해당 기간 동안 핵 사용 또는 사용 위협을 고려할 수밖에 없는 결정적 위기를 겪지는 않았다. 이스라엘 핵 보유를 가장 완강히 반대했던 케네디 대통령의 압력으로 시작된 미국의 사찰 과정에 의해서도 핵 프로그램은 발각되지 않았으며 케네디의 사망으로 다시 정상적으로 진행될 수 있었다. 그러나 이러한 긍정적 우연을 무색하게 하는 수없이 많은 난관을 극복해 낸 것이 이스라엘의 핵 개발 과정이었다. 결론적으로 이스라엘은 핵 개발을 추진하여 성공했고 전 세계는 이를 사실상 승인하고 있는데 이는 이스라엘 국방 및 외교 당국의 놀라운 승리로 평가될 수 있을 것이다(Shalom 2005, 173).

V. 한반도에 대한 함의

1. 핵 개발 과정: 생존을 위한 국가적 결단과 전략적 상황의
　　적극적 활용

이스라엘은 자신의 처한 전략적 상황 속에서 생존을 위한 필사적인 노력의 일환으로 핵 개발을 추진했다. 북한 역시 탈냉전 후 상황을 핵 보유와 정권생존을 동일시할 수밖에 없을 만큼 절박하게 인식했다는 점에서 정권의 모든 역량을 동원해 핵 개발을 추진해 왔다고 할 수 있다. 이스라엘의 핵 개발 과정 역시 대내외적으로 극도의 은밀성을 유지한 가운데 일관되고 강력하게 추진되었던 것과 같이, 북한이 국제사회의 제재와 회유에 어느 정도 유연성을 발휘하며 대응하는 것처럼 보이기도 했으나 결국 핵 개발을 중단 없이 추진해 왔을 것이라 추정할 수 있다.

이스라엘이 핵 개발 초기 단계에서 중동의 지전략적 상황을 십분 활용하여 프랑스와 영국의 지원을 이끌어 냈던 것과 같이 북한은 현 동북아 지역의 전략 구도를 십분 활용하고 있다고 할 수 있다. 즉 미국과 중국, 러시아와의 전략적 대립관계로 인해 미국이 주도하는 국제제재에 중국과 러시아의 참여가 제한되는 상황이 지속되는 동안 북한은 핵과 미사일 기술의 대부분을 완성할 수 있었다. 이스라엘이 중동에서 독보적인 전략적 지위를 향유했던 것과 같이 소위 동북아의 '신냉전구조' 속에서 북한은 핵 프로그램 완성을 위한 전략적 여유와 시간을 확보할 수 있었던 것이다.[38]

미국은 사실상 이스라엘의 후견국임에도 불구하고 이스라엘 핵 보유의 전략적 불이익을 고려하여 이를 반대하고 저지하려 했다. 그러나 이스라엘은 자신의 전략 가치를 활용, 타협점을 찾기 위해 노력했고 결과적으로 성공했다. 중국 역시 한반도 비핵화 원칙에 동의하면서 북한의 핵 및 미사일 프로그램에 반대하고 있다. 이로 인해 지난 십여 년간 중국과 북한 관계는 상당히 악화되는 시기를 거치기도 하는 등 부침을 거듭해 왔다. 그러나 중국의 부상과 그로 인한 미중 전략 경쟁 심화로 중국에 대한 북한의 전략적 가치가 상승되고 있어 중국 역시 북한의 입장과 요구를 완전히 무시할 수 없는 상황이다. 이스라엘

38　냉전기 미국과 긴밀한 전략적 협력 관계에 있던 프랑스와 영국조차 미국의 의도와 달리 이스라엘을 지원했던 것과 같이 전략적 경쟁 관계에 있는 중국과 러시아는 북한 핵 개발을 사실상 지원해 왔으며 향후에도 계속 지원할 가능성이 크다는 것은 주지의 사실이다.

핵 개발 과정에서와 같이 북한의 존재를 필요로 하고 전략적 입장에서 북한을 필요로 하는 중국이 북한의 핵 보유를 인정하는 타협에 이르게 될 가능성을 배제할 수 없다.

2. 핵 전략 및 태세: '자제의 핵 전략'의 양면성과 탈냉전기 이행

나랑은 자신이 분류한 3개 핵 태세 중 북한 역시 기본적으로 '촉진적 핵 태세(catalytic posture)'를 취할 것이라 전망했다. 이는 이스라엘 이 위기 시 미국의 개입 유도를 통한 안보보장을 보다 확실히 하기 위 해 핵을 개발을 했던 것과 같이 북한 역시 중국의 개입을 확실히 하기 위해 핵을 개발해 왔다는 것이다(Narang 2015, 73-91). 그러나 북한이 이스라엘과 달리 핵의 존재 및 사용 위협을 반복하면서 핵으로 재래식 전력을 대체하고자 한다는 점에서 이스라엘의 핵 전략 및 태세와는 많 은 차이를 보이는 것이 사실이다. 또한 북한이 미국의 본토를 위협하 는 ICBM 능력과 제2차 공격능력 확보를 위한 SLBM 능력을 추구하고 있다는 점에서도 특수함이 관측된다.

　이스라엘의 핵전략이 기본적으로 이스라엘이 처한 전략적 상황 에 대한 합리적 대응 결과였던 것과 마찬가지로[39] 북한의 핵전략 역시 합리적 대응의 측면을 가지고 있는 것이 사실이다. 북한은 기본적으 로 한국에 대해 미국이 제공하고 있는 확장억제에 대응하기 위해 '보 복 확실성 태세(assured retaliation posture)'를 추구하면서 나아가 한 미동맹의 압도적 재래식 우위에 대한 대응으로 핵 선제사용 위협(first strike)을 전면에 내세운 '비대칭 위기 격상 태세(asymmetric escala-

---

39　상술한바 이스라엘의 핵전략이 핵 개발 초기부터 의도된 것은 아니다. 그러나 그것은 이 스라엘이 처한 전략 상황에서 자체적인 합리성을 갖춘 것이었다. Evron(1994, 1).

tion posture)'를 추구하고 있다고 할 수 있다. 다만 북한이 실제로 핵을 선제 사용할 수 있는 '전술핵무기(tactical nuclear weapon)' 개발 및 핵 통제 체제 도입이 가능한지, 또는 이를 시도하고 있는지 불투명하다.

한편 코헨은 상술한바 이스라엘의 '불확실성의 핵전략'이 단순한 전략적 고려를 넘어서는 '규범 및 문화적 요인'이 작용한 결과로 이해하고 있는데 북한의 경우도 독자적인 통치이념을 가진 전체주의 체제라는 점에서 이의 영향을 주목할 필요가 있다. 북한의 통치이념에 따르면 공산주의 혁명의 완수를 위해서는 후기자본주의 국가들의 제국주의 노선에 맞서 북한의 안보, 자주와 독립을 수호할 수 있는 국방태세 구축이 필연적으로 요구되기 때문이다. 즉 소위 '자주'를 생명과 같이 중시하는 북한 이데올로기 하에서 정권의 생존이라는 실질적 고려뿐 아니라 '미국과의 전략핵균형 달성'이라는 이데올로기적, 규범적 요소가 작용했을 가능성도 있는 것이다.

세계 최강의 군사 강국인 미국을 상대로 '보복 확실성 태세'를 추구하는 것은 많은 위험을 감수하는 것이기 때문에 과연 북한 입장에서 합리적 선택인지 의심스럽다. 이스라엘의 경우 핵의 전략적 가치를 완전히 활용하지 않고 군사적 위기 시에조차 핵 사용을 극도로 자제하는 '자제의 전략'을 보여주었는데, 이는 자신이 활용할 수 있는 전략적 이점을 스스로 제한하는 동시에 다른 중동 국가들의 핵 보유를 막는 전략적 명분으로 작용, 이라크 핵시설 등을 선제 타격할 수 있는 배경이 되기도 했다는 점에서 종합적인 관점에서 그 합리성이 인정된다고 할 수 있다. 즉 이스라엘은 핵의 전략적 가치 일부를 포기한다 해도 다른 중동 국가들이 핵을 보유하여 이들과 핵 균형을 이루는 것보다, 공표되지 않은 핵을 자신만이 보유하는 상황을 선호했다고 할 수 있다.

북한 역시 한국과 일본이 자체 핵무장을 시도할 경우 자신이 가진 모든 수단을 동원하여 이를 저지하려 할 가능성을 배제할 수 없다. 그러나 핵 보유와 사용 가능성을 공공연히 밝혀온 북한 입장에서 이를 반대할 명분을 갖기는 어려울 것이다. 한편 북한의 경우 지난 60년간 발전시켜 온 재래식 전력으로 한국과 일본, 그리고 여기에 거주하고 있는 주둔 미군의 생존을 위협할 수 있는 능력을 갖추고 있기 때문에 '보복 확실성 태세'를 갖춰 나가는 과정에서 미국이 자신의 핵 개발을 저지할 수 있는 군사옵션을 선택하는 것을 사실상 불가능에 가깝게 만들었다. 그 결과 북한으로서는 '보복 확실성 태세' 추구 과정에서 감수해야 하는 위험이 그다지 크지 않다고 평가했을 수 있다.

3. 핵 옵션의 선택: 압도적 안보 위협과 국가적 결단

이스라엘의 경우도 핵 개발 초기부터 핵 프로그램의 전략적 이익을 둘러싼 논쟁이 국내적으로 발생했다. 즉 이스라엘의 생존을 위협하는 압도적인 안보 위협의 존재와 핵 개발이 초래할지 모를 국제적 지원 중단의 위험이 비교되었던 것이다. 한국은 현재 북한의 지속적 핵 및 미사일 개발로 안보 위협이 가중되고 있으며 특히 미 본토를 위협할 ICBM 능력을 갖추어감에 따라 미국이 제공하는 확장억제에 계속 안보를 의존할 수 있는가라는 의문과 우려가 가중되고 있다.

이스라엘 핵 개발 과정에서 이스라엘이 처한 극도로 열악한 안보 상황은 미국 등 주요 핵 보유국과 국제사회 일반의 이해와 동정의 요인으로 작용했고 최종적으로 사실상의 핵 보유국으로 승인되는 결과를 가져왔다. 상술한바 이스라엘의 핵 개발 과정에 소련과 중동 국가들뿐 아니라 미국과 프랑스 등의 반대가 없었던 것도 아니며 수차례의 위기를 감수해야 했다. 또 이스라엘 핵 개발은 기본적으로 핵 비확산 체제가 완전히 제도화되기 전에 이루어진 사례라는 점에서 일반적 상황에 적용하는 데는 한계가 따른다.

한국 역시 북핵 위협에 대한 대응으로 핵 개발을 추진할 경우 핵 확산 방지를 위한 국제사회의 제재에 부딪히게 될 것이며 미국의 반대 역시 매우 확고한 것으로 판단된다. 경제를 국제무역에 의존하고 있고 안보의 기초를 한미동맹에 의존하고 있는 한국에게 이러한 위험을 감수해야 하는 선택은 합리적 옵션이 되기 힘들 것이다. 따라서 한국은 북한의 핵 개발을 막기 위한 국제사회의 노력을 제고하면서 미국과의 협력을 통해 효과적인 대북 핵억제 체제를 구축하기 위한 노력을 지속함으로써 자체 핵 개발과 같은 선택을 해야만 하는 상황에 이르지 않도록 해야 할 것이다. 다만 이스라엘 사례에서 보는 바와 같이 북핵 위협이 한국의 안보를 근원적으로 위협하는 상황이 발생할 경우 '사실상의 핵 보유에 준하는 조치'가 미국 및 국제사회로부터 용인될 여지가 존재할 수 있기 때문에 다양한 정책적 대안을 미리 마련해 둘 필요가 있을 것이다.

참고문헌

Cohen, Avner. 1998. *Israel and the Bomb*. New York: Colombia Univ. Press.

Cohen, Avner & Burr, William. 2006. "Israel Crosses the Threshold," *Bulletin of the Atomic Scientists* (May-June).

Evron, Yari. 1994. *Israel's Nuclear Dilemma*. New York: Ithaca.

Farr, Warner D. 1999. *The Third Temple's Holy of Holies: Israel's Nuclear Weapons*, The Counterproliferation Papers, Future Warfare Series, Air War College (Sep.).

Goldberg, Jeffrey. 2010. "The Point of No Return," *The Atlantic*, Sep.

Hersh, Seymour M. 2013. *The Samson option: Israel's nuclear arsenal and American foreign policy*. New York: Random House.

Inbar, Efraim. 2008. *Israel's National Security: Issues and Challenges since the Yom Kippur War*. London & New York: Routledge.

"Israel's Nuclear Weapon Capabilities: An Overview," *Wisconsin Project on Nuclear Arms Control*, August 1996.

Karpin, Michael. 2006. *The Bomb in the Basement: How Israel Went Nuclear and What That Means for the World*. New York: Simon & Schuster.

Lavoy, Peter R., Sagan, Scott D, and Wirtz James J. eds. 2000. *Planning the Unthinkable: How New Powers will Use Nuclear, Biological, and Chemical Weapons*. New York: Cornell Univ. Press.

Narang, Vipin. 2014. *Nuclear Strategy in the Modern Era: Regional Powers and International Conflict*. New Jersey: Princeton University Press.

_____. 2015. "Nuclear Strategies of Emerging Nuclear Powers: North Korea and Iran," *The Washington Quarterly* 38.1.

"Nuclear weapons – Israel," *Federation of American Scientists*. July 1. 2007.

Pinkus, Binyamin & Tlamim, Moshe. 2002. "Atomic Power to Israel's Rescue: French-Isreli Nuclear Cooperation," *Israel Studies* 7(1), (Spring).

Potter, William. 1985. "Soviet Nuclear Export Policy," in C. J. Snyder and S. Wells eds. *Limiting Nuclear Proliferation*. Cambridge: Bullinger.

Russell, James A. 2006. *Proliferation of Weapons of Mass Destruction in the Middle East: Directions and Policy Options in the New Century*. New York: Palgrave Macmillan.

Shalom, Zaki. 2005. *Israel's Nuclear Option: Behind the Scenes Diplomacy Between Dimona and Washington*. Portland: Sussex Academic Press.

Shavit, Ari. 2015. *My Promised Land: the Triump and Tragedy of Israel*. London: Spiegel & Grau.

Taysir N. Nashif. 1984. *Nuclear Warfare in the Middle East: Dimensions and Responsibility*. New Jersey: Kingston Press Inc.

Thomas, Gordon. 1999. *Gideon's Spies: The Secret History of the Mossad*. St. Martin's.

"이스라엘은 6번째 핵무기 보유국." 『연합뉴스』, 2010. 4. 10.

"Argentina sold Israel yellowcake," *The Jerusalem Post*, 2013. 7. 2.

"Carter says Israel has stockpile of over 300 nuclear bombs," *Israel Hayom*, 2014. 4. 14.

Crick, Michael, "How Britain helped Israel get the bomb," *Newsnight*, BBC. 2005. 8. 3.

"Israel has 80 nuclear warheads, report says," *The Times of Israel*. 2013. 9. 15.

"Israel's Nuclear Arsenal Vexed Nixon," *The New York Times*, 2007. 11. 29.

"Mordechai Vanunu: The Sunday Times articles," *The Times*, 2004. 4. 21.

"Norway's Heavy Water Scandals(editorial)," *Wisconsin Project on Nuclear Arms Control*, August 1988.

"Secret sale of UK plutonium to Israel," *BBC*, 2006. 3. 10.

"When Ben-Gurion Said No to JFK," *The Jerusalem Post*, 2010. 3. 28.

제7장

핵 보유 이후 인도의 국가전략[*]

이장욱

* 본 논문의 논지는 필자 개인의 견해이며, 한국국방연구원의 공식적 입장이 아님을 밝힙니다.

I. 서론

사실상 핵 보유국으로 불리는 파키스탄, 이스라엘 및 인도는 각기 다른 경로를 통해 자체적인 핵무장을 완성했다. 특히 파키스탄과 인도의 경우, 핵 개발의 이유를 상대에 대한 위협을 통해 정당화하고 경쟁적으로 핵무장을 완성한 사례로 주목할 만하다. 하지만 이 두 국가의 핵무장의 형태와 과정은 다른 것으로 평가된다. 핵 확산 및 핵무장 추진 전략 연구에 관해 최근 주목받고 있는 나랑(Vipin Narang)에 의하면, 냉전 당시 지역 강국의 핵무장 형태(핵 태세, nuclear posture)는 크게 세 가지로 분류된다. 첫 번째는 (개입)촉진형 핵 태세 유형(catalytic posture)으로 아주 적은 양의 핵무기를 보유한 유형이고, 두 번째는 확증보복 유형(assured retaliation posture)으로 핵 보복능력으로서의 제2차 공격능력으로 활용하는 유형이며, 세 번째는 비대칭 긴장고조 유형(asymmetric escalation posture)으로 재래전 위협에 직면할 시 선제 핵공격 위협을 통해 대응하는 유형이다. 나랑은 파키스탄을 세 번째 유형으로, 인도를 두 번째 유형으로 분류했다(Narang 2014, 8-9). 또한 그는 2017년 초에 발표한 추가 연구를 통해 그가 제시한 최적화 이론에 따라 핵무장 국가들의 핵 확산 전략(핵무기 획득 전략)에 대한 분류를 시도했는데, 나랑은 이와 관련, 핵무장 혹은 이를 시도하는 국가들의 핵무장 추진전략을 크게 헤징(hedging, 관망)과 전력질주(sprinting), 은닉(hiding) 및 비호하의 핵무장(sheltered pursuit)으로 분류하고, 이 중 헤징 유형은 기술적 관망(technical hedging), 예방적 관망(insurance hedging) 및 억제 및 자제로 인한 관망(hard hedging)으로 분류했다(Narang 2016/17, 116-125). 나랑은 파키스탄의 경우, 1954~1971년까지는 억제 및 자제로 인한 관망을, 1972~1979년까지는 은폐를, 1980~1990년까지는 비호하의 핵무장을 취했다고 분류했고 인도의 경우, 1948~1964년까지는 기술적 관망을, 1964~1989년까지 억제 및 자제로 인한 관망을, 1989~1998년까지 전력질주를 취했다고 분류했다(Narang 2016/17, 134).

나랑을 포함해, 인도를 비롯한 국가들의 핵 확산과 관련된 주요 연구[1]를 보면, 핵 개발을 추진한 동기 및 추진 과정에 대한 분석이 주를 이루고 있다. 각 연구들은 핵무장 기술의 완성 과정에 대해 포커스를 맞추고 있는 반면, 핵무장의 기술적 완성 이후 각 국가들이 취한 전략이나 정책에 대해서는 크게 관심을 두지 않고 있는 듯하다. 물론 핵무장에 있어 기술적 완성은 매우 중요한 부분이다. 하지만 핵무장에 관한 기술적 완성에 관한 내용만으로는 금번 연구가 던진 중요한 질문의 하나인 "그들은 어떻게 사실상 핵 보유국이 되었는가?"에 충분한 대답을 주지 못한다. 왜냐하면 핵무장에 관한 기술적 완성이 사실상 핵 보유국 지위 획득과 바로 직결된다고 보기 어렵기 때문이다. 통상적으로 사실상 핵 보유국은 NPT에서 지명한 5개 핵 보유국 이외의 핵무장 국가를 지칭한다. 하지만 이러한 핵무장에 관한 국제사회, 보다 정확히는 미국의 (암묵적) 승인이 사실상 핵 보유국 지위를 획득하는 데 중요하게 작용한다는 점을 고려할 필요가 있다.[2] 따라서 본 연구는 인도가 핵무장의 기술적 완성을 위해 무엇을 했는가에 대한 내용도 다루지만 핵무장의 기술적 완성 이후, 사실상 핵 보유국 지위를 국제사회나 미국으로부터 인정받기 위해 어떠한 전략 및 정책을 취했는가

---

1   대표적으로 Sagan ed.(2009); Perkovich(2002b) 등을 들 수 있다.
2   이스라엘은 1969-1970년 미 닉슨 행정부와의 밀약을 통해, 파키스탄은 2001년 아프간 전 계기 미국과의 전략적 제휴를 통해, 인도는 2004년 미국과의 전략적 동반자 관계 형성 및 민간 원자력 협정 체결을 통해 자신의 핵무장을 미국으로부터 암묵적으로 승인받게 된다.

에 대한 것도 집중적으로 다루려 한다.

인도의 핵무장 과정을 한마디로 표현하면 "자제"로 표현할 수 있다. 기존의 핵무장 국가 및 국제사회의 반발이 예상되는 가운데 핵무장을 해야 하는 상황이므로 가급적 큰 반발을 야기하지 않는 과정을 통해 핵무장을 추진한다는 것이다. 큰 흐름에서의 "자제"라는 기류가 있었지만 인도의 자제적 핵무장 추진은 시간의 흐름에 따라 변화를 겪게 된다. 인도의 핵무장은 크게 두 가지 결정적 국면이 있었다. 하나는 1974년 제1차 핵실험 후 추가적인 핵무장을 추진하지 않은 국면이었고, 다른 하나는 1998년 본격적인 핵무장을 추진하면서 핵탄두 및 탄도미사일을 적극적으로 개발 배치한 것이다. 1998년 핵무장은 인도가 그동안의 정책기조였던 자제를 버리고 본격적인 핵무장을 추진했다고도 볼 수 있는 사건이었다. 하지만 1998년 이후 인도는 또다른 형태의 자제의 모습을 보이게 된다. 사실상 핵 보유국 지위 승인을 받기 위한 노력을 진행하는 과정에서 파키스탄과의 관계개선 및 신뢰구축 조치, 파키스탄과 차별되는 보수적인 내용을 담은 핵 독트린 선언 등에서 자제의 연장선상에서 볼 수 있는 인도의 전략적 노력이 나타났다.

본 연구에서는 상기의 사안에 주목하면서 인도가 어떠한 진략을 통해 연착륙이라고 평가할 만한 핵무장 및 사실상 핵 보유국 지위의 (암묵적) 승인을 달성할 수 있었는지를 고찰해 보려 한다. 이를 위해 본 연구에서는 인도의 핵무장 과정을 1974년과 1998년을 중심으로 고찰해 보고 인도의 핵정책 결정에 있어서 주요하게 영향을 미친 변수들을 검토해 볼 것이다. 또한 인도가 사실상 핵 보유국 지위를 위해 수행했던 전략적 접근방안을 검토해 볼 것이다. 또한 본 연구는 인도 사례에 대한 분석을 통해 북핵 문제에의 함의를 살펴보고 북한이 사실상 핵 보유국 지위 승인을 위해 인도의 사례를 참고할 가능성이 있는지를 파악해 보려 한다.

II. 인도의 핵무장 과정과 주요 요인

인도의 핵무장에 과정에서 중요한 이벤트는 1962년(중인전쟁 패배),
1974년(첫 핵실험), 1998년(제2차 핵실험 및 본격적 핵무장)으로 볼 수
있다. 3개의 메인이벤트를 중심으로 세분하여 고찰할 수도 있으나 이
경우 방대한 지면이 필요하므로 본 연구에서는 인도의 핵무장 과정에
대한 핵심사안을 중심으로 고찰하기 위해 인도의 핵무장 기간을 인도
의 독립 직후인 1948~1961년의 시기와 인도의 안보위협 고조와 핵
무장 필요성 인식 그리고 첫 핵실험과 그 이후 자제의 기조를 나타낸
1962~1997년의 시기, 본격적인 핵무장을 시도하게 되는 1998년 이
후의 시기로 구분하여 고찰할 것이다. 또한 이러한 고찰은 역사적 사
실관계를 기초로 진행되나 인도 핵무장 과정의 키워드인 "자제 기조"
라는 것이 어떠한 과정을 통해 나타났으며 동 기조가 어떻게 변화되었
는가에 대해 집중적으로 조망하게 될 것이다.

1. 1948~1961년: 핵 개발 및 관련 논쟁의 시작과 열린 핵정책

독립 초기부터 인도에는 핵무기와 같은 잔혹한 살상수단을 금기하는
정치문화가 존재하고 있었다. 간디-네루로 이어지는 "비폭력-평화주
의" 사상이 국내 정치를 주도하는 상황 속에서 대량살상을 야기하는
핵무기는 금기의 대상이 되었다. 하지만 인도가 핵기술에 전혀 관심
이 없었던 것은 아니다. 1950년대 네루를 비롯한 인도 내 일부 정치엘

리트들은 핵기술에 대한 관심이 높았다. 이들이 핵기술에 관심을 갖게 된 이유는 다음과 같다.

첫째, 핵기술을 통해 빈곤에 허덕이던 인도의 경제상황을 혁명적으로 바꿀 수 있을 것으로 생각했다. 핵기술은 국가의 경제 발전과 자위능력 획득의 유력한 수단으로 근대화의 전환점을 제공해 줄 수단으로 인식했다. 1940년대 독립 이후 인도의 최대 과제는 강대국에의 예속관계를 재현하지 않으면서도 거대한 빈곤국가라는 이미지를 탈피하는 데 있었다(Cortright and Matoo 1996, 546). 이를 위해서는 경제발전을 통한 근대화가 최대의 과제가 되었고 핵기술은 농업과 공업을 포함한 전반적인 산업역량을 제고하는 핵심기술로 여겨졌다.

둘째, 핵기술은 인도의 국제적 위상을 제고시키는 수단이 될 수 있다고 판단했다. 인도는 독립 이후 자신이 가진 양적 규모의 국력(영토 및 인구 규모)에 걸맞은 국제적 위상을 확보하는 것이 절실했다. 덩치만 큰 약소국이라는 이미지를 탈피하기 위해서는 강대국과 대등한 수준의 과학기술력을 보유했다는 것을 과시할 필요가 있었다. 핵기술은 신생국 인도가 기존의 강대국과 대등한 수준의 기술력을 보유하고 있다는 것을 과시함으로써 인도의 국제적 위상을 강대국과 대등하게 만들어줄 수 있는 유력한 수단으로 인식되기도 했다(Smith 1994, 182).

하지만 인도는 핵기술의 군사적 이용을 위한 정책을 추진하지는 않았다. 1950년대 초부터 미국 내에는 소련과 중국의 핵 개발에 대해 미국이 인도의 핵무장을 지원하여 극복해야 한다는 여론이 있었고, 아이젠하워 행정부가 평화적 핵기술의 적극적인 지원을 제공하는 등 인도의 핵기술 발전에 긍정적 태도를 보였다. 이러한 분위기에도 불구하고 인도가 군사적 용도의 핵기술을 개발하지 않은 것은 흥미로운 사실이다.

이와 관련, 퍼코비치는 1940~1950년대 인도는 국내 정치적으로 서구의 핵무장에 대한 "윤리적 적대심(moral antagonism)"과 "강대국 위상 제고(ambition to be regarded as a major power)" 논리 간 갈등을 겪었다고 주장한다(Perkovich 2002b, 6).[3]

핵무장 거부자들의 반대 입장은 인도의 핵 개발을 억제하는 요인으로 작용했는데, 제2차 세계대전 중에 개발된 핵무기의 참상 및 독립운동 시기부터 인도 정치에 자리 잡게 된 비폭력-평화의 전통은 강대국의 무기인 핵무기에 대한 윤리적 적대심을 형성하게 했다. 이러한 핵무기에 대한 강한 윤리적 적대심은 인도가 핵무장을 추진함에 있어 넘어야 할 가장 큰 장애요인 중 하나로 작용했다(Perkovich 2002a, 26-48).

다른 하나는 군사적 용도를 포함한 핵 개발의 적극 추진 입장이다. 이를 주도한 것은 인도 핵 개발의 아버지로 불리는 호미 바바(Homi Bhabha)로 바바를 위시한 핵 과학자들은 인도에서 특별한 지위와 권한을 보유하고 있었다. 핵관련 연구에 있어서도 이들 과학자들은 높은 수준의 자율성을 향유했으며, 인도 정부 연구개발 비용의 절

3 　한편, 바지파이(Bajipai)에 의하면 핵과 관련하여 인도 내에는 핵무장 거부(rejection-ism), 최대 억지론(maximalism) 그리고 실용주의(pragmatism)라는 세 가지 분리된 입장과 세력이 존재한다. 이 중 핵무장 거부와 실용주의는 핵의 비확산에 찬성하는 입장이나 핵무장 거부는 보다 교조적 입장으로 핵무장에 대한 강력한 반대를 추진하는 반면, 실용주의는 기본적으로 비확산에 찬성하나 인도의 국익에 부합하는 방향으로 핵을 이용할 수도 있다는 입장이다. 인도 공산당과 같은 좌파정당이 거부의 입장을 채택하고 있으며, 네루나 간디와 같은 국민의회의 정치엘리트들은 실용주의적 입장으로 볼 수 있으나 국민의회당 내에는 거부의 입장에 가까운 드사이와 같은 정치인도 존재하고 있는 상황이다. 최대 억지론자는 인도가 최대한의 제2차 공격능력 보유를 통해 확실한 억지 수단 보유를 추진해야 한다는 입장이다. 최대 억지론은 핵 과학자들 및 정치적으로 우파인 Bharatiya Janata Party(BJP)가 선호하는 입장이다. Bajpai(2000, 267-301).

반 이상을 투자하여 추진한 연구 프로그램들은 지속성을 유지했다. 이러한 높은 수준의 자율성과 연구 프로그램의 지속은 이들 과학자들을 관료화시켰다. 이들 과학자들이 관료화되면서 이들은 핵 및 안보 문제에 대한 일종의 정치세력으로 성장하게 되었다(Cortright and Matoo 1996, 547).[4] 너무나 당연한 이야기지만 이들 과학자들은 인도의 핵무장에 대해 적극적이었으며, 이들의 강력한 설득은 1974년 첫 핵실험을 추진하는 데 상당한 영향을 미치게 된다.

이러한 핵무장에 대한 찬반 논란 속에서 인도 네루 정부의 선택은 바로 "열린 핵 정책(nuclear open-policy)"이었다. 열린 핵정책은 한마디로 언제든 핵무장을 할 수 있으나 지금 당장은 핵무장을 하지 않는다는 것이다. 또한 평화적 핵 이용에 근거 핵관련 연구를 지속한다는 것을 주요한 내용으로 한다(Signh ed. 1998, 25). 당시 네루 정부는 열린 핵정책을 통해 국내 정치적으로 강하게 대립하고 있는 핵무장 반대세력과 핵무장 추진세력 간의 타협점을 찾은 것으로 볼 수 있다. "언제든 핵무장을 할 수 있으나…"라는 것은 언제든 핵무장을 할 수 있도록 기술적 요건을 갖추어 놓는다는 의미로 핵과 관련된 기술을 지속적으로 발전시킨다는 것을 의미한다. 이는 핵관련 연구의 지속성을 기반으로 정치세력을 구축한 과학자(관료화된 과학자)들의 입장을 반영한 것이라 볼 수 있겠다.

2. 1962~1997년: 첫 핵실험 추진과 추가 핵무장 자제

1950년대 인도가 군사적 용도의 핵 개발을 하게 된 계기를 마련한 사

---

4 이들 과학자들은 일종의 지식권력 집단으로 전문지식을 활용하여 핵관련 지식이 부족한 정치엘리트들에 대해 상당한 영향력을 행사할 수 있었다.

건은 크게 세 가지이다. 첫째는 1962년의 중인 국경분쟁이다. 1962
년 중인 국경분쟁에서 인도는 치욕적인 패배를 당하고 이는 인도로 하
여금 군사력 강화에 대한 보다 근본적 방안을 모색하게 만들었다. 둘
째는 1964년 중국의 첫 핵실험 성공이다. 국경분쟁으로 잠재적 적성
국이 된 중국이 핵무장까지 추진하게 되자 인도는 핵 보유의 필요성
을 절감하게 된다. 셋째는 1965년의 제2차 카슈미르 분쟁이다. 제2차
카슈미르 분쟁에서 파키스탄은 1962년 중국의 중인 국경분쟁 승리에
영향을 받아 무력사용을 통해 카슈미르 문제를 해결하려 했고, 여기
에 중국이 파키스탄을 지원하는 형국으로 진행되어 이에 대한 인도의
대응은 단순히 외교적인 것에만 머물기 힘들게 만들었다(와리아왈라
1979, 197).

　　1962~1965년에 이르는 일련의 군사적 이벤트는 역설적으로 인
도에게 냉전 기간 가장 유력한 협력 파트너를 제공하기도 했다. 1962
년 중인 국경분쟁 당시 인도는 사실상 참패를 당했지만 이 분쟁에서
인도는 구소련과 긴밀한 전략적 파트너십을 형성하게 된다. 양국의 협
력은 냉전 당시의 전략적 이해관계가 맞았기 때문인데 구소련의 입장
에서 인도와의 협력강화는 남아시아 역내 공산화를 막기 위해 파키스
탄을 지원하고 있는 미국에 대한 견제를 보다 용이하게 하고 전례 없
는 관계 악화가 진행되고 있는 중국을 견제할 수 있는 유력한 방안이
기도 했다. 반대로 인도의 입장에서 구소련은 국경 문제와 관련하여
인도를 지지할 유엔 안보리 내의 가장 영향력 있는 국가 중 하나이며,
자국을 위협하는 중국 및 파키스탄 그리고 이들과 우호관계를 형성하
여 인도를 압박할 미국을 견제할 수 있는 파트너이기도 했다.[5] 구소련

5　　당시 인도의 입장에서는 중국-파키스탄-미국이 하나의 연대를 형성하여 인도를 압박하
　　고 있다고 생각할 수도 있는 상황이었다. 미국은 남아시아 지역의 공산화를 방지하기 위

은 1962년 중-파 국경 확정 당시 카슈미르 지역 영유권을 주장하는 인도의 입장을 반영, 동 사안이 유엔에 회부되어 주민투표안이 토론되고 있을 때 파키스탄을 침략자로 규정하기도 했다. 무엇보다 구소련은 인도의 군사력 강화를 위한 강력한 조력자였다.[6]

하지만 1960년대 초반 인도의 안보상 위협이 구소련과의 군사협력만으로 해결될 수는 없었다. 특히 1964년 중국의 핵실험 성공은 인도의 위협인식을 더욱 고조시켰으며, 인도가 군사적 용도의 핵 개발을 위해 본격적인 움직임을 보이게 만들었다. 이는 중국의 핵실험이 임박했던 1964년 1월 27일, 인도의 핵 개발을 주도하던 바바 박사의 제12차 퍼그워시(Pugwash) 회의 시 발언 내용을 통해서도 확인되는데, 당시 바바 박사는 이전 대비 상당히 강경하고 확신에 찬 핵무장 추진의 논리를 제시했다. 바바 박사는 인도의 핵무장에 대해 첫째, 완벽한 억제를 위해서는 핵무기의 확보는 필수적이며, 일단 보유하면 상대의 초과살상력은 별 문제 없이 극복할 수 있다. 둘째, 재래식 수단은 상대적 억제만을 달성할 수 있을 뿐이며, 셋째, 핵 포기는 미-소 양대 강국의 (핵 안보에 대한) 보증이 없는 한 이를 인도에게 요구할 수 없다. 넷째, 핵 확산 우려의 경우 이의 단기적 영향과 장기적 영향은 구별해야 한다. 다섯째, 향후 수년간 핵무기 생산 예산은 많은 선진국의 군비지출

해 파키스탄을 지원하고 있고, 파키스탄은 미국과 중국의 관계개선을 중재하고 있었으며, 미국은 중-인전쟁 당시 인도에게 무기를 제공하면서도 결국에는 중국과 파키스탄을 지지하는 입장을 표명하는 상황이 연출되었기 때문이다.

6 인도와 구소련의 협력관계는 군사부문 영역까지 발전하고, 인도는 상당 수준의 현대화된 장비를 소련을 통해 획득하게 된다. 당시 인도는 자국군의 현대화를 위해 미국을 위시한 서방 국가와 접촉을 하나 첨단 무기 이전에 인색한 미국에 의해 최신무기 획득에 좌절을 겪게 된다. 반면 소련은 인도가 요구하는 당대의 최신무기들을 인도에 제공하는 데 이로 인해 1960~1970년대 인도가 보유한 장비의 약 60% 이상이 구소련제가 된다. Chari(1979, 237).

에 비하면 크지 않을 것이며, 여섯째, 약소국의 핵 사용은 양대 강대국 간 관계에 대한 영향이 미미하다고 주장했다(Kapur 2001, 170-171). 하지만 바바 박사의 다소간 과격한 주장에도 불구, 인도의 첫 핵실험 은 그로부터 10년이 지나서야 실행되었다. 우리는 여기서 앞서 살펴보 았던 국내 정치적 요인들이 인도의 첫 핵실험을 지연시켰을 가능성을 생각해 볼 수 있다.

1964년 중국의 핵실험 성공을 목격한 인도 정부는 1969년까지 국 방예산을 국가예산의 5% 수준인 20억 달러로 인상하는 국방 5개년 계 획을 발표했고 대외적으로는 자국에게 재래전력 보완을 지원할 강대 국을 탐색하게 된다(Kapur 2001, 171). 인도 의회가 핵무기 개발을 촉 구하는 가운데 우익성향의 야당인 국민당(Jana Sangh)은 핵무기의 개 발과 배치를 요구하는 결의안을 발의하기도 했다. 하지만 당시 수상인 샤스트리(Lal Bahadur Shastri)를 비롯한 정부 내 핵심인사들은 야당 과 과학자들의 주장에 대해 반대하면서 오히려 핵군축을 주장했다. 샤 스트리는 핵무기 개발에 드는 비용이 바바가 산정한 것보다 훨씬 크다 고 강조하고, 핵무장은 인도가 지속해왔던 평화와 비폭력의 정치적 전 통과 도덕적 기준을 무너뜨리게 될 것이라면서 야당과 과학자들을 설 득했다. 그러나 샤스트리 수상의 주장은 야당과 과학자들의 강한 반대 에 직면하게 된다. 의회에서는 야당이 그의 핵군축 추진에 대해 부결 하는 등 강력한 정치공세로 대응했다. 결국 정치적 위기상황에 직면 한 샤스트리는 결국 1964년 11월 의회 연설에서 "필요시 2-3년 내에 핵무기를 개발할 수 있다"고 선언하고 또한 인도의 핵 개발의 기본 개 념을 "평화적 핵폭발(Peaceful Nuclear Explosions, PNEs)"로 변경함 으로써 자신 및 집권여당을 향한 비난의 화살을 피해갔다(Perkovich 2002b, 82). 하지만 당시 샤스트리를 비롯한 집권여당은 핵무장을 위한 기술의 개발이 평화적으로 이루어져야 된다는 것을 강조함으로써 야당 및 과학자들의 핵무장 추진 움직임에 제동을 걸었다.

하지만 1965년 8월 제2차 인-파 국경분쟁이 발생하면서, 샤스트리 정부는 더 이상 핵무장을 위한 조치를 미룰 수 없는 상황에 놓이게 된다. 87명의 국회의원이 샤스트리에게 핵무장을 촉구하는 서한을 보낸다. 퍼코비치와 같은 일부 학자는 이 시기에 바바를 위시한 과학자들이 샤스트리로부터 핵무기 개발 프로그램에 대한 승인을 받은 것으로 평가하고 있다. 당시 바바는 서방 언론과의 인터뷰에서 인도가 핵폭탄을 제조하는 데 18개월 정도가 소요된다고 밝혔는데, 이는 샤스트리의 승인하에 핵폭탄 제조를 위한 구체적인 프로그램이 추진된다는 것을 암시한다는 것이다(Perkovich 2002b, 111). 1964~1965년의 기간 동안 인도는 사실상 핵폭탄의 제조를 위한 기반을 갖춘 것이고 바바의 주장대로라면 1967년까지 인도는 핵폭탄을 보유해야 된다. 하지만 인도의 첫 핵실험은 이로부터 10년이 걸려 추진된다. 왜 이런 일이 발생한 것일까?

결국 이에 대한 해답도 인도의 국내 정치적 요인에서 찾을 수 있다. 주요한 요인은 1965년 샤스트리의 급사 이후 수상이 된 인디라 간디가 직면한 정치적 위기와 인도의 여당이자 다수당인 국민의회당의 분열이다. 1960년대 중반 이후에도 인도의 경제 사정은 개선되지 못했고 민생과 경제가 정치의 주요한 화두가 되었다. 한편 미국은 인도에 NPT 가입 압력을 가하고 이러한 미국의 압력은 경제적 어려움에 처한 인도의 핵무장 추진을 더욱 어렵게 만들 수밖에 없었다. 이러한 가운데 1966년 여름 인도 의회는 평화적 목적의 핵기술 사용을 지지하는 각서에 대해 의원 253명의 서명을 받기도 하는 등 핵폭탄 제조를 포함한 핵무장에 제동을 거는 국내의 움직임도 있었다(Perkovich

2002b, 126). 한편 의회정치 상황은 인디라 간디 내각을 더욱 어렵게 했는데, 1967년 간디가 속한 국민의회당이 이전 대비 77석이 감소하는 참패를 당하고 야당 스와탄트라(Swatantra)가 기존 대비 2배 이상의 의석수를 확보하는 등 (18에서 42석으로 증가) 의회 내 국민의회당의 입지가 이전보다 현격하게 좁아지게 되었다.

여기에 더해 여당인 국민의회당이 분당의 위기를 맞게 된 것은 더욱 결정적이었다. 모라지 드사이(Morarji Desai)와 인디라 간디(Indira Gandhi) 간 당내 이념 분쟁은 국민의회당의 분당이라는 초유의 정치적 위기상황을 연출하게 되었고 이러한 국내 정치적 위기상황으로 인해 간디 내각의 우선순위에서 핵무장 추진은 자연히 뒤로 밀리게 되었다. 핵무장에 대한 논의는 1970년이 되어서야 다시 거론되기 시작했다.

1970년 인도 핵 과학자들은 핵무장의 비용을 다시 검토하게 된다. 그 결과 핵무장의 완성은 부담이 되지만, 핵탄두 제조 기술 확보는 비용이 크지 않다는 결론을 얻었다. 국내 정치적으로도 핵탄두 제조기술 확보에 다소간 우호적인 분위기가 조성되었다. 국민당(Jana Sangh)을 중심으로 한 의회 내 일부 정당들은 국가 위상 제고를 위한 핵무기의 개발을 요구했으며, 핵 프로그램이 50,000개의 일자리를 창출하여 경제활성화에 도움이 될 것이라고 주장하기도 했다. 이러한 의회 내 움직임은 핵탄두 제조기술 확보를 위한 예산 반영으로 이어졌다. 과학자들이 소속한 인도 원자력부가 요구한 40억 루피에 미치지 못하는 27억 루피로 예산이 책정되었으나 다른 국책 사업보다는 상대적으로 많은 규모의 예산이 배정되었다(Singh 1971, 133).[7]

---

7   이는 1964년 바바가 책정한 예산에 비하면 상당히 많은 액수다. 당시 바바의 책정 예산은 1.5억 루피에 불과했다. 이러한 점은 1960년대 바바를 위시로 한 인도 과학자들이 인

이로부터 약 4년이 지난 1974년 5월 18일, 인도는 첫 핵실험을 강행했다. 인도의 첫 핵실험은 석가탄신일에 이루어졌으며, 핵실험은 "미소 짓는 부처(Smiling Buddha)"로 명명되었다. 첫 핵실험을 통해 인도는 약 15kt에 해당하는 폭발력을 도출했다(Weiss 2010, 262).[8] 간디 수상은 대외적으로 두 가지 내용을 담은 메시지를 발표했다. 하나는 인도가 핵실험에 성공했다는 것이었고 다른 하나는 인도의 평화적 핵 이용에 대한 약속이었다. 인도는 첫 핵실험 이후 독특한 정책을 펼치게 된다. 첫 핵실험이 성공한 이후 1998년까지 핵무장에 대한 "자제(self-constraint)"의 기조를 유지한 것이다(이상환 2004, 142). 이에 대하여 대외여건의 악화가 인도로 하여금 추가 핵무장을 자제할 수밖에 없는 환경을 제공했다는 주장이 있다. 인도의 첫 핵실험이 감행된 이후인 1976년, 미 상원은 IAEA의 승인 없이 핵 원료 추출 및 재처리 장비를 도입하는 국가에 대하여 경제–군사적 지원을 중단한다는 결의를 채택했는데 이러한 미국의 강력한 제재는 인도의 추가 핵무장을 위한 여건을 상당히 악화시켰고 이러한 미국의 제재가 인도로 하여금 자제의 기조를 취하게 했다는 것이다. 이상의 주장처럼 당시 인도의 핵무장 자제는 국제사회를 자극하지 않으려는 대외정책적 의도로 볼 수도 있으나 당시 인도의 국내 정치 상황도 추가적인 핵무장이 어렵게 만들고 있었다.

첫 핵실험 강행 후 인도 국내외 언론은 인도의 조기 핵무장 임박

도의 핵기술에 대해 과장된 내용을 정치엘리트에게 주장한 것이 아닌가 하는 의심을 갖게 한다.

8   인도의 첫 핵실험에서 도출된 폭발력은 논란의 대상이기도 하다. 인도 정부 및 정치가들은 약 20kt에 달하는 폭발력을 도출했다고 주장하나 일부 전문가들은 당시 인도의 핵실험이 8kt 정도의 폭발력을 도출했다고 주장하면서 군사적으로 의미 있는 데이터를 추출하는 데는 실패했을 것이라 주장하기도 한다. 관련 내용은 Sublette(2001) 참조.

을 거론했다. 특히 워싱턴 포스트와 같은 미국 언론들은 핵탄두 제조 기술을 보유한 인도가 핵무장을 추진하지 않는다는 것은 수사적 표현에 지나지 않는다고 평가했다(Simons 1974). 하지만 당시 인도의 국내 정치 상황은 추가적 핵무장 프로그램을 추진하기에 너무도 어려운 혼란 상황이었다. 첫 핵실험 강행에도 불구하고 경제난과 같은 국내 정치 이슈가 다른 이슈를 압도하는 상황이 연출되어 핵실험 이후의 후속조치는 정치적으로 이슈가 되지 못한 상황이 되었다. 또한 1975년의 정국혼란은 인디라 간디 정부로 하여금 국가 비상사태를 선포하게 만들었으며, 1977년까지 비상사태를 유지하게 된다. 1977년 3월에 있은 총선에서 집권여당인 국민의회당은 참패를 기록하여 더 이상 정권을 유지할 수 없게 되고 간디의 정쟁 상대이자 자칭 "평화옹호자"인 드사이가 야당과의 연정을 통해 집권하게 된다. 드사이는 취임 후 첫 기자회견을 통해 "인도의 핵무장 포기를 서면으로 약속할 수 있다", "전 세계가 핵무장을 하더라도 인도가 핵무장을 추진하는 일은 없을 것"이라고 선언했다(Perkovich 2002a, 35). 이후 드사이 집권 시기 동안 인도는 핵무장과 관련한 이렇다 할 만한 후속조치를 내놓지 않게 된다. 드사이 수상은 핵과 관련해서는 간디보다 평화주의의 노선에 있었으며, 드사이 정권하에서 핵무장 이슈는 다른 이슈에 비해 우선순위를 가질 수 없었다. 1978년 드사이는 핵물리학자인 라마나를 국방장관에 임명하지만 그의 임기 내 핵무장과 관련한 눈에 띄는 진전은 도출하지 못했다.

하지만 1980년에 들어서면서 인도는 핵무장과 관련한 추가적 조치를 취해야 할 상황에 놓이게 된다. 1980년 인디라 간디는 수상으로 복귀하게 되고 핵과 관련하여 드사이보다는 현실적인 관점에서 인도의 핵무장에 대한 입장을 표명한다. 1984년 중국-파키스탄 간 핵기술

협력에 관한 정보가 폭로되자 인디라 간디는 인도에 파키스탄의 카후타(Kahuta) 농축우라늄 공장에 예방공격을 단행하도록 촉구하는 한편 "파키스탄의 핵프로그램은 인도의 안보환경에 있어서 질적으로 새로운 현상이기 때문에 인도 방어계획에 있어서 '새로운 차원(new dimension)'을 추가하여야 한다", "국익을 수호하기 위해 필요하다면 핵을 포함한 모든 방법을 강구할 수 있다"고 언급하면서 열린 핵정책의 연장선에서 인도의 핵무장 가능성을 시사했다(Spector 1987, 78). 이에 국방장관 라마나는 추가 핵실험을 요청했다. 하지만 인디라 간디는 추가 핵실험이 파키스탄의 벼랑끝 전술을 유도할 수 있다는 이유로 거절하고 말았다(Chengappa 2000, 219-220). 핵무장을 위한 인도 정부의 진전 노력이 지지부진한 가운데 1980년대 핵과 관련한 인도 국내 논쟁도 더 이상의 진전이 없는 상황이 되었다. 첫 핵실험을 강행한 후라면 자연스럽게 후속조치와 관련된 논의가 있어야 한다. 또한 핵무장과 관련된 국내의 논쟁도 어떻게 핵무장을 할 것인가 혹은 어떠한 전략을 마련할 것인가와 같은 구체적 내용이 거론되어야 한다. 하지만 1980년대까지 인도의 핵무장 관련 논쟁은 "핵무장을 할 것인가 말 것인가"에 국한되었다(Rajagopalan 2010, 97).

하지만 인도가 운반체 기술개발이나 핵물질의 추출 등 관련 기술의 발전에서도 성과를 거두지 못한 것은 아니었다. 국제사회가 인도의 핵무장 재개 가능성에 대해 끊임없이 의심하는 가운데 인도는 농축우라늄을 생산할 수 있는 설비를 100여 개가량 건설했다. 또한 1995년까지 무기급 플루토늄을 약 425kg 정도 추출해내는 데 성공하게 된다(Albright 1993, 12). 또한 파키스탄의 핵 개발 동향은 인도로 하여금 운반체 기술의 진전 같은 추가적 행동을 하게끔 만들었다. 1987년 칸(A. Q. Kahn) 박사 주도로 파키스탄이 핵기술 진전에 박차를 가하

고 있다는 정보를 입수한 인도는 1989년 단거리 탄도미사일 아그니
(Agni)의 개발로 대응했다(김준석 2007, 91).

　　1998년 이전까지 인도의 핵 개발 과정을 살펴보면 그 핵심에는
자제와 열린 핵정책이 자리 잡고 있는 것은 분명하다. 그리고 이러한
자제의 기조는 인도의 국내 정치 요인의 영향이 상당히 크다고 판단된
다. 앞서 살펴본 바와 같이 인도는 국내 정치적 제약으로 추가적인 핵
무장을 크게 진전시키지 못하는 상황이 연출되었다. 달리 생각하면 인
도의 자제와 열린 핵정책은 보다 구체화된 핵정책을 추진하기 어려운
국내 정치 상황하에서 불가피한 선택이었을 수도 있다.[9]

3. 1998년 및 그 이후: 핵무장 기술의 완성과 본격적인 핵무장 추진

1974년 첫 핵실험 이후 열린 핵정책 및 자제의 기조하에서 구체적 핵
무장을 추진하지 않았던 인도는 1998년 본격적인 핵무장을 추진하게
된다. 인도가 핵무장을 추진하게 된 요인에는 국제질서적 요인과 국내
정치적 요인을 들 수 있다. 금번 연구 프로젝트와 관련하여 보다 밀접
한 관련을 맺는 인도의 핵무장 과정은 1998년이라 생각한다. 왜냐하
면, 인도의 핵무장은 1998년의 핵실험과 후속조치에 의해 완성되었기
때문이다. 이전 시기 인도의 핵 개발 과정은 기존 강대국 이외에 핵실
험을 추진하는 인도의 의지를 보여주기는 했지만 자제 기조로 인해 후

9　이와 관련해 필자는 인도의 최초 핵실험이 인도 과학자들이 주장하는 만큼 발전되지 못
　한 상태에서 진행되었을 가능성을 제기하고 싶다. 18개월 내 핵무장이 가능하다고 한
　바바의 주장과 달리, 인도는 첫 핵실험 추진에만 4년여의 시간을 소요했다. 이는 인도
　과학자들이 핵기술에 대해 다소간 과장된 주장을 했으며, 기술적 문제로 인해 본격적인
　핵무장 추진에는 상당한 어려움이 있었을 것이라는 의심을 하게 한다.

속조치가 불발된 미완의 핵무장이었으며, 기술적으로 의미 있는 성과도 거두지 못했다. 인도가 기술적으로 의미 있는 수준의 핵탄두 및 운반체를 개발한 것은 1998년 이후이고 이를 통해 현재의 핵전력을 보유한 것을 고려하면 인도의 핵무장은 1998년으로 보는 게 타당하다.

1998년 인도 핵무장 추진의 주요한 요인으로는 대외적 요인과 대내적 요인을 들 수 있는데 대외적 요인으로는 첫 번째, 거시적 대외환경의 변화로서 냉전종식을 들 수 있다. 특히 1991년 소련의 해체는 결정적인 전환점을 제공했다. 1970년대 이후 인도와 긴밀한 관계를 유지해오던 소련의 붕괴는 인도의 입장에서는 캐슈미어 문제와 관련하여 국제연합에서 인도의 편을 들어 거부권을 행사해 줄 수 있는 국가가 사라졌음을 의미했고, 또 유리한 조건으로 첨단무기를 이전해 줄 수 있는 파트너의 상실을 의미했다. 또한 여전히 긴장관계를 유지하고 있던 중국과 인도 사이에서 중국의 위협에 대해 효과적인 평형추 역할을 하던 소중한 협력파트너의 상실을 의미했다(김준석 2007, 89-90). 더욱이 1970년대부터 나타난 중-파-미 간의 협력관계 및 냉전 종식 이후 중국과 파키스탄의 모험주의적 군사위협을 고려할 때, 구소련의 붕괴는 인도에겐 이전 대비 상당 수준의 가혹한 대외환경을 조성한 셈이되었다.

두 번째 대외적 요인은 1998년, 파키스탄의 탄도미사일 발사실험을 포함한 대량살상무기 개발 움직임이다. 파키스탄의 핵 개발 프로그램 및 이와 관련한 중-파 협력관계는 1980년도부터 인도가 주지하고 있던 사실이다. 당시 인도는 미국이 파키스탄의 핵 개발 저지를 위해 적극적인 노력을 하지 못하고 있다는 불만을 갖고 있었는데, 1998년 파키스탄은 인도의 26개 도시를 타격할 수 있는 중거리 미사일 가우리(Ghauri)의 발사실험에 성공하게 된다. 이는 인도에게 추가 핵실험에

대한 강력한 동기를 부여하게 되고 추가 핵실험을 통한 핵무장을 촉진
하게 되었다.

　　이러한 대외환경 변화 요인에 대해 자카리 켁(Zachari Keck)은
강하게 반론을 제기한다. 당시 인도 내에서 제기된 대외환경의 위협
이 상당히 과장된 측면이 있다는 것이다. 그는 구소련의 붕괴가 인도
의 군사무기 공급에 악영향을 미쳤다고 하나 이후 등장한 러시아 연방
의 노력에 의해 러시아의 군사제조업체는 지속적으로 무기를 생산하
고 있었고 이전 대비 무기획득에 대한 비용은 상승했지만 인도가 이를
감당할 여력이 없었던 것은 아니라고 한다. 구소련을 계승한 러시아는
여전히 안보리 상임이사국으로 안보리에서 거부권을 행사할 수 있기
때문에 인-러 우호협력관계가 지속적으로 유지될 경우 유엔에서 인도
를 지지할 유력한 파트너로 여전히 활용될 수 있다는 것이다. 또한 중
국으로부터의 위협 증가의 경우에도 1990년대 기간 동안 중국은 천안
문 사태 이후의 국내 문제 및 1994년 북핵 문제로 인한 미국의 군사개
입 저지에 주력하고 있어 인도를 위협할 여유가 없었다고 주장한다.
파키스탄의 위협에 대해서도 1989년 소련의 아프간 철수 이후 파키스
탄은 국경 지역의 내란으로 인도에 대한 위협을 가중시키기 어려운 대
내적 상황이었고 냉전종식 이후 미국의 파키스탄에 대한 전략적 효용
성이 기존 대비 하락되었기 때문에 파키스탄의 모험적 군사행동에 대
한 미국의 지원도 예전 같지는 않았을 것이라 주장했다. 그는 결론적
으로 당시 인도가 핵실험을 추진한 이유는 국내 정치적 요인으로 정권
장악 및 유지를 위한 BJP(인도인민당, Bharatiya Janata Party)의 국내
정치적 동기가 강하게 작용했다고 주장했다(Keck 2013). 자카리 켁의
주장대로라면 1998년 인도의 핵실험 재개 및 본격적인 핵무장을 추진
하는 데 있어 국내 정치적 요인은 이전 시기와 마찬가지로 인도의 핵

무장 추진에 상당히 중요한 요인이 된다. 그렇다면 1998년 핵무장을 추진하게 된 인도의 국내 정치적 상황을 한번 살펴보기로 하자.

바즈파이에(Atal Bihari Vajpayee)가 이끄는 BJP는 1952년 조직된 BJS(인도인민연합 Bharatiya Jana Sang)를 전신으로 한다. BJS는 청년 힌두 민족주의자들이 다수를 이루고 있었고 1975년 인디라 간디 정부의 비상사태 선포에 대해 강력 항의하면서 인민의회당의 반대파로 부상하게 된다. 이후 BJS는 1977년 다양한 이념적 배경을 보유한 세력을 규합, "반 인디라 간디 연합"을 결성하게 되고 이 연합이 발전하여 1980년 BJP가 결성되게 된다. 1984년 인디라 간디 암살 이후 열린 총선에서 인도국민의회가 압승을 거두면서 BJP는 의회 내 단 2석만을 차지하는 참패를 경험하기도 했다. 하지만 1989년 열린 총선에서는 88석을 확보하는 등 세력을 점차 키워나갔고 1991년에는 제1야당으로까지 성장하게 된다. 1991년의 록 사브하 선거에서, BJP는 제1야당으로 급성장을 했다. 1996년에는 의회 내 최대 다수당으로 부상하게 되나 반대파들의 연합에 의해 BJP의 당수인 바즈파이에의 수상 임명은 좌절하게 되고 1998년 선거에서 다시 최다 의석을 차지하고 BJP가 주도하는 민족민주연합이라는 연정체를 구성하면서 집권에 성공하게 된다.[10]

BJP는 인도의 힌두 다수의 사회·종교적·문화적 가치, 보수주의, 그리고 국가 안보를 옹호하는 대변자라고 주장하고, 지지기반은 주로 도시 지역 중산층, 사업가나 상인 계층, 그리고 종교 사회적 보수 계층이다. 이들의 이념적 정향은 강력한 힌두 우파 민족주의(Hindutva)로 인도의 강대국 위상 제고를 정책에 있어 우선순위에 두기도 한다.

---

10   "India's Nuclear Weapons Program: Operation Shakti 1998," March 30, 2001, http://nuclearweaponarchive.org/India/IndiaShakti.html (검색일: 2017. 6. 30).

주변국과의 관계에 있어서는 강경대응 노선을 표명하는데 이는 1974 년 인도와 파키스탄 분리 및 이어진 중-인, 인-파 국경분쟁으로 인해 강한 반중 및 반이슬람 정서가 자리 잡는 데 기인한다. 핵과 관련해서 BJP는 최대 억지를 주장하는 입장이다. 이들은 인도가 본격적인 핵무 장을 통해 핵 강국으로 부상해야 한다고 주장한다. 또한 핵무장을 함 에 있어서도 전술핵무기를 포함한 가능한 많은 핵무기를 보유하여 신 뢰성 있는 제2차 공격능력을 보유해야 한다고 주장하기도 한다(Sita-kanta and Ji 2009, 102-103).

BJP의 집권 이후 인도는 전례 없는 수준의 강도 높은 핵무장을 추 진하게 된다. BJP가 핵무장을 추진하는 동기에는 자신들의 당론 및 신 념인 힌두 민족주의 및 주변국에 대한 강경대응 노선이 크게 작용했을 것으로 생각할 수 있다. 인도의 핵무장에 대해 국내 정치적 요인이 강 하게 작용하고 있음은 세이건(Scott Sagan)의 논의를 통해서도 잘 알 려진 사실이다. 여기에 더하여 오라팔리(Deepa M. Ollapally)는 강대 국 위상 제고에 대한 열망이 인도의 핵무장 추진에 결정적인 영향을 미쳤다는 것을 강조한다(Ollapally 2001, 926-927). 앞서 자카리 켁이 주장한 바대로 냉전 종식 이후 인도에 대한 위협이 그리 명확하지 않 은 상태에서 핵무장을 추진한 것은 대외적인 위협보다는 BJP의 당론 과 민족주의적 성향 그리고 강대국 위상 제고라는 국내 정치적 동기가 강하게 작용했음을 시사한다.

이렇듯 예전에 비해 핵무장에 훨씬 우호적인 국내 정치적 환경이 조성되면서 인도의 핵무장은 전격적으로 감행되었다. BJP는 집권한 지 2개월인 1998년 5월 11~13일간 5차에 걸친 핵실험을 실시했고 공 교롭게도 핵실험을 시작한 날은 1974년도 1차 핵실험과 마찬가지로 석가탄신일이었다.

하지만 제2차 핵실험을 추진하면서 인도는 중대한 문제에 봉착한다. 1994년 북핵 문제가 터지면서 미국의 핵 확산에 대한 감시 및 제재가 강도 높게 진행될 가능성이 높았다. 1994년 미국은 위성영상 첩보자료 등을 동원하여 인도의 추가 핵실험 정황을 따져 물었고 이로 인해 중성자탄 실험을 중단해야만 했다.[11] 미국은 잠재적 핵 보유국의 핵관련 활동 및 사실상 핵 보유국의 핵능력 제고에 대해 민감하게 반응할 가능성이 높았기 때문에 인도는 이 핵실험이 미국의 감시망에 노출되지 않을 필요가 있었다. 자연스럽게 인도의 추가 핵실험에서 가장 중요한 부분은 바로 보안문제(secrecy)가 되었다. 산중에 위치한 파키스탄의 핵실험장과 달리 인도의 핵실험장인 포크란(Pokhran)은 라자스탄 사막에 위치하고 있어 핵실험 준비 활동의 은닉이 용이하지 않은 상황이었다. 사막과 같이 지형적 엄폐물이 상대적으로 적은 곳은 미국 첩보위성의 감시에 쉽게 노출될 가능성이 높았다.[12]

이에 대한 인도의 대응은 철저한 보안 유지였다. 우선 실험 관련 정보는 정부 내의 극히 일부 인사만이 공유하고 있었으며, 심지어는 내각의 핵심인사도 핵실험 준비 사실을 몰랐다. 핵실험에 동원된 과학자들은 아주 작은 규모의 인사들로 구성했으며, 실험의 준비를 진행하는 동안 보안을 위해 군복을 입도록 했다. 포크란 실험장에서의 준비는 인도 육군 제58공병연대가 맡았는데, 이들은 1995년부터 미국의 감시위성을 회피하는 방법을 습득해 놓은 상황이었다. 이들은 대부분의 작업을 밤에 진행했으며 하루의 작업이 끝나면 관련 공병장비를 모

11   "India aborted N-bomb plans in '94: Scientist," *PTI*, April 2, 2008, http://www.rediff.com/news/2008/apr/02bomb.htm (검색일: 2017. 4. 28).
12   "How the CIA was Fooled," *India Today*, May 17, 1999, http://www.india-today.com/itoday/17051999/books.html (검색일: 2017. 6. 24).

표 1 1998년 인도 핵실험 개요

핵폭탄 명칭	폭발력	비고
Shakti I	45kt	무기급 열핵폭탄(수소폭탄) 실험 200kt을 목표로 함
Shakti II	15kt	무기급 플루토늄을 활용한 원자탄 핵탄두 소형화 실험
Shakti III	0.3kt	비무기급 소형 핵실험 선형 내파 실험
Shakti IV	0.5kt	비무기급 소형 핵실험
Shakti V	0.2kt	비무기급 소형 핵실험

출처: "India's Nuclear Weapons Program: Operation Shakti 1998," March 30, 2001, http://nuclearweap-onarchive.org/India/IndiaShakti.html (검색일: 2017. 6. 30).

두 원위치해 놓는 등 현장에 어떠한 작업의 흔적도 남기지 않았다.[13]

〈표 1〉에서 보듯 "Operation Shakti"로 명명된 인도의 1998년 핵실험은 총 5개의 세분화된 핵실험으로 구성되었다. 5차례에 걸친 핵실험에서 무기급으로 분류될 수 있는 것은 샤크티 I과 II였다. 각각 45 및 15kt을 기록하여 1974년 기록한 8kt보다는 향상된 수준의 폭발력을 보여주었다. 하지만 인도 과학자들이 당초에 목표한 폭발력을 도출하는 데는 실패했다. 수소폭탄 실험이었던 샤크티 I이 의도했던 폭발력인 200kt의 1/4에도 못 미치는 폭발력을 기록, 수소폭탄 실험이라는 명칭이 무색하게 되어버린 것이다. 하지만 다양한 핵실험을 동시다발적으로 감행하고 미국의 감시망을 벗어나서 실험을 수행했다는 점, 무엇보다 (미약하긴 하나) 무기급에 해당하는 폭발력을 도출함으로써 본격적인 핵무장의 토대를 마련했다는 점에서 인도의 핵실험은 성공이라고 주장할 수도 있을 것이다.

13   *Ibid.*

1998년 인도의 핵실험이 기존과 다른 것은 단순히 핵기술에 대한 능력만을 보여준 것이 아니라 구체적인 후속조치를 통해 핵무장 프로그램을 완성하려 한 것에 있다. 1998년 이후 인도는 핵무장을 구체화하기 위한 논의와 조치를 취했다. 우선 인도는 투발 수단을 구체화하기 시작했으며 부족한 투발 능력을 보완하기 위해 탄도미사일의 성능 향상을 추진했다. 인도는 애초에 기존에 배치된 전술 항공기를 핵폭탄 투발 수단으로 활용하려 했다. 인도는 구소련 당시부터 맺어온 군사협력관계를 통해 핵폭탄을 투발할 수 있는 다종의 항공기를 실전 배치한 상태였다. Mig-23과 27은 폭장 능력으로 인해 인접한 파키스탄에 핵폭탄의 투발이 가능한 상황이었고 영국으로부터 도입한 재규어 공격기는 약간의 개조를 통해 핵폭탄 투발이 가능하도록 전용하는 것이 가능했다(Cortright and Mattoo 1996, 550). 또한 1980년대 말 개발된 단거리 탄도마사일은 사정거리 700~1200km로 파키스탄의 주요 도시에 충분히 도달할 수 있는 능력을 보유하고 있었다. 문제는 이러한 기존의 전술 항공기 및 단거리 탄도미사일을 통해서는 중국의 위협에 대한 대응이 사실상 불가능하다는 데 있었다. 이에 인도는 파키스탄에 대한 핵공격 이외에도 중국을 견제하기 위한 핵전력을 구성하기 위해 노력하게 된다. 중국을 견제하기 위한 수단은 바로 기존보다 긴 사정거리의 탄도미사일 개발이었고 이는 아그니 VI을 비롯한 ICBM급 탄도미사일과 MIRV 기술 채용, 그리고 자국 핵전력의 생존성을 증가시키기 위한 SLBM 및 전략핵잠수함 개발 노력으로 이어졌다.

지금까지의 내용은 인도가 핵무장을 결심하게 되는 계기와 그 과정에서 영향을 미친 국내 정치를 비롯한 주요 변수를 중심으로 인도 핵무장의 기술적 완성 과정에 대해 살펴보았다. 그렇다면 인도는 어떻게 국제사회, 특히 미국으로부터 사실상 핵 보유국 지위에 대한 암묵

적 승인을 얻어낼 수 있었을까? 다음 절은 이에 대해 집중적으로 다루
게 될 것이다.

III. 인도의 핵 보유국 지위 획득을 위한 전략적 접근

1998년에 들어서면서 핵무장과 관련한 인도 내의 논쟁은 이전과 같은
핵무장을 하는가 하지 않는가의 이슈에 머물지 않게 되었다. 핵무장의
본격화에 따라 어떠한 형태의 핵무장을 할 것인지 그리고 핵무기를 가
지고 무엇을 할 것인지에 대한 구체적인 논의가 이루어지기 시작했으
며, 보유한 핵전력을 활용하여 어떠한 전략을 구사할 것인지를 고민하
게 되었다. 문제는 1998년 이후 인도에 대한 국제사회의 강도 높은 비
난과 제재가 이어졌다는 것이다. 1998년 핵실험 직후 미국은 인도의
핵실험을 UN안보리에 회부하고 UN안보리는 안보리 결의 1175를 통
해 인도와 파키스탄에게 즉각적인 핵 개발 중단 및 NPT 및 CTBT의
무조건 가입을 촉구했다(Benarjee 2006, 70). 인도는 이에 대해 마냥
버티는 대응을 할 수는 없었다. 강대국으로의 위상 제고 및 이웃 국가
의 안보위협에 대응하기 위해 핵무장을 추진한 만큼 국제사회가 인도
를 핵 보유국으로 승인하도록 하는 전략을 모색하기 시작했다.

　인도 정부는 1998년 핵무장 추진 이후 경색된 대외관계와 대인도
제재로 인한 대외여건 악화를 누그러뜨리기 위해 보다 공세적인 외교
적 노력을 추진하기로 결심하고 이를 위한 구체적인 지침을 마련하고
외교당국에게 다음과 같은 지침을 하달하게 된다.

　첫째, 인도의 핵실험에 대해 인도의 국제적 고립을 유도하는 국가에 적

극 대응할 것

둘째, 대인도 경제제재에 대한 적극적인 외교대응을 수행할 것

셋째, 기술이전 거부 등에 대한 적극적 대응을 수행할 것

넷째, 포괄적핵실험금지조약(CTBT) 및 핵분열물질감축조약(FMCT)에의 무조건 가입 압력을 완화시킬 것

다섯째, 인도의 정치-전략적 의도에 대한 주변국의 우려를 완화시킬 것

여섯째, 가장 중요한 이웃 국가인 파키스탄 및 중국과의 관계를 개선할 것

일곱째, (핵 기득권을 확보하기 위해) 현존 인도의 핵전력과 관계된 대외정책을 구조화하고 치밀하게 할 것

여덟째, 군축 및 관련 정책의 새로운 방향을 정립하고 이를 공식화하는 한편, 인도의 입장이 반영된 핵실험 및 군축과 관련된 논의가 유엔을 비롯한 국제기구에서 이루어지도록 이론적 근거를 마련할 것(Sitakanta and Ji 2009, 120-121).

상기의 지침은 인도의 외교당국에게 세 가지의 과제를 부여했다. 첫째, 인도의 군축정책 및 국제 군축활동은 인도의 핵무장과 모순되지 않음을 분명히 하는 것이다. 인도의 핵무장은 비확산 체제의 흠결로 인해 발생한 위협에 대해 인도가 필연적으로 할 수밖에 없는 조치임을 대외적으로 홍보한다. 둘째, 인도의 핵 정책이 공격이 아닌 억제를 위한 것이며 개방적인 것이라는 것을 국제사회에 인식시킨다. 셋째, 핵 폐기는 인도의 핵정책에서 주요한 부분이며, 인도의 핵 독트린은 다른 핵 보유국과는 질적으로 다르다는 것을 세계에 확인시킨다(Sitakanta and Ji 2009, 121).

정리하면, 1998년 핵무장 이후 인도의 대외정책의 주요 목표는

인도의 핵 보유국 지위 확보를 위해 핵 보유를 정당화하는 한편, 인도의 핵무장이 국제사회에 위협이 되지 않는다는 것을 강조하여 국제사회와의 관계를 개선하는 데 있다고 할 수 있다. 이상의 목표가 구체적으로 제시된 것은 바로 1999년에 선언된 인도의 핵 독트린이다. 다음의 내용을 통해 관련 내용을 구체적으로 살펴보도록 하겠다.

1. 인도의 핵 독트린: 핵 선제 사용의 금지와 최소억지

BJP가 집권한 직후인 1998년 4월, 인도 정부는 국가안전보장회의(NSC)의 설치를 준비하기 위한 태스크 포스를 구성했다. 이 태스크 포스는 1998년 6월에 보고서를 제출, 같은 해 11월 인도 정부는 국가안보보좌관과 NSAB(National Security Advisory Board)이 있는 NSC를 신설하게 된다. NSAB가 수행한 첫 번째 과제는 인도의 핵 독트린을 입안하고 공식화하는 것이었다. 1999년 8월 17일, NASB는 작성된 핵 독트린 초안을 정부에 제출하고 보다 심도 있는 토론을 위해 일반에게도 공개했다(Kanwal 2001). 2003년 1월 인도 정부는 NASB가 제안한 핵 교리를 최종적으로 확정하고 대외에 공표했는데, 핵심 내용은 다음과 같다.

첫째, 신뢰성 있는 최소한의 억지력(보복전력) 구축 및 유지
둘째, 핵 선제 사용 금지 (핵은 인도의 영토 및 인도군에 대한 핵공격 시에만 사용)
셋째, 인도에 대한 핵 선제공격 시 보복은 상대에게 감내할 수 없는 고통을 부여
넷째, 핵 보복의 승인은 민간 정치지도자에 의해 결정

다섯째, 비핵국가에 대한 핵 사용 금지

여섯째, 인도 영토 및 군에 대한 생화학 공격 시에도 핵 보복은 자제
(Sagan 2008)[14]

독트린의 주요 내용 중 셋째 항목과 다섯째 항목은 기존 핵 보유
국의 독트린에서도 찾아볼 수 있는 내용으로 인도만의 독특한 독트린
으로 볼 수는 없다. 나머지 항목들은 인도가 다른 핵 보유국(특히 파키
스탄)과 차별성을 부여하기 위해 작성한 내용으로 좀 더 살펴볼 필요
가 있다. 우선 첫째 항목인 신뢰성 있는 최소한의 억지력 구축은 인도
가 핵군비경쟁을 지양하며, 최소한의 보복 공격 능력만을 추구하는 제
한적 핵군비가 될 것임을 강조한 것이다. 다시 말해 인도로 인해 역내
혹은 전 지구적 차원의 핵군비경쟁이 발생하지는 않을 것이라는 것을
강조한 내용이다. 두 번째 항목인 핵 선제 사용의 금지는 1974년부터
1998년까지 유지되었던 자제 기조의 연장선상에서 볼 수 있는 것으로
인도의 핵전력이 국제질서를 교란하거나 위협을 가하지 않는다는 것
을 확인하는 내용이다. 네 번째 항목인 민간 정치지도자에 의한 핵 사
용 승인은 인도의 핵전력이 안전하게 관리될 것임을 천명한 것이다.
당시 국제사회에서는 기존 강대국 이외의 국가가 핵무장을 할 경우,
핵 통제에 대한 경험 부족 및 내부 정세 불안으로 인한 우발적 핵 사용
을 인도는 이에 대해 세계 최대의 민주국가인 인도가 핵 통제권을 민
간 정치지도자에게 일임함으로써 내부 정세 불안 및 통제 미숙으로 인

---

14   인도 핵 독트린 초안의 원문은 India National Security Advisory Board, "Draft Report
of National Security Advisory Board on Indian Nuclear Doctrine," August 17, 1999,
https://fas.org/nuke/guide/india/doctrine/990817-indnucld.htm (검색일: 2017. 4.
23.)

한 우발적 핵 사용 가능성 우려를 불식시키기 위한 것이라 볼 수 있다. 마지막 생화학무기를 통한 선제공격에 피격된다고 하더라도 핵 보복을 자제하겠다는 내용은 비례성의 원칙을 보다 엄격하게 적용하여 인도와 관련된 군사분쟁이 열핵전쟁으로 발전하는 것을 최소화하겠다는 의지를 천명한 것이다(Kanwal 2001).

인도의 핵 독트린은 공격성 부인, 군비경쟁의 지양, 안전한 관리, 분쟁 시 열핵전쟁 가능성 최소화 노력을 담아 다른 국가, 특히 파키스탄의 핵 독트린과 차별성을 부여하려고 했다. 일부 전문가들은 인도의 핵 독트린이 전쟁보다는 억제를 강조하고 있으며, 궁극으로 인도의 핵 전력은 '팽창'보다는 '최소한'을 지향하고 있어 '보수'적인 특성을 갖고 있다고 평가한다(Gopi and Singer 2001). 또한 인도의 핵 독트린에는 1998년 이전까지 인도의 핵정책 기조였던 "자제"의 변형된 모습이 나타나고 있다. 선제 핵 사용 금지, 최소한의 전력, 비핵국가에 대한 핵 사용 금지 및 생화학무기 피격 시 핵 보복 자제는 "능력은 있으나 무장하지 않는다"는 자제 기조가 핵무장 이후 다른 형태로 나타나고 있다는 것을 보여준다. "능력은 있으나 이의 사용은 자제한다"는 것이다.

하지만 인도의 핵 독트린이 실제 상황에서 그대로 적용될 수 있을지는 회의적이다. 첫째, 최소한의 핵전력을 보유하겠다는 것은 상당히 모호한 내용이다. 인도에게 필요한 최소한의 핵전력의 규모가 어느 정도인지 구체적으로 명시하지 않은 상태에서 최소한의 핵전력 보유 천명은 인도가 완성한 핵전력은 최소한의 핵전력으로 간주한다는 다소간 맹목적인 논리로 연결될 수 있다. 인도가 최소한의 핵전력에 대해 보다 설득력 있는 독트린을 내놓으려면 "현재까지 제조한 핵탄두 및 운반수단을 활용, 최소한의 핵전력을 유지하겠다"거나 "2001년까지 획득할 핵무기(구체적인 규모가 적시되면 더욱 좋음)를 끝으로 더 이상의 핵무기를 보유하지 않겠다"는 단서조항이 수반되어야 한다. 이러한 내용이 없이 최소한의 핵전력을 보유하겠다는 것은 인도가 핵무장을 끝내면 그 수준이 인도에 필요한 최소한의 수준이 된다는 다소간 맹목적인 주장이 되어 버린다.[15] 또한 최소한의 억지력 구축이라는 것이 핵무기의 생존성을 높이는 것이나 다탄두와 같은 질적 개선까지 제한한다는 것을 의미하지는 않는다. 실제 인도는 핵 독트린 천명 이후에도 핵무기의 생존성 강화와 다탄두를 포함한 질적 개선을 위한 기술개발을 꾸준히 지속하고 있으며, 2000년대에 접어들어 그 어느 때보다도 다양한 종류의 핵무기를 개발하고 있다.

두 번째, 선제적 핵 사용 금지의 경우, 인도가 자국의 핵 독트린에서 가장 강조하는 부분이나 현실적으로 준수될 수 있을지 회의적이다. 이는 이웃 국가인 파키스탄의 핵 독트린과 인도의 핵 독트린을 비교해 보면 인도의 선제적 핵 사용 금지 항목은 더욱 회의적이 된다. 파키스탄은 선제공격 가능성을 열어두는 핵 독트린을 천명했다. 인-파 양국 간 긴장이 고조된 상황에서 파키스탄의 핵 선제공격이 임박했을 때, 과연 인도가 선제 핵 사용을 자제할 수 있을까? 핵무기를 보유한 국가들이 안게 되는 딜레마인 "사용하거나 패하거나(Use it or Lose it)"를 고려할 때 인도가 파키스탄의 핵 선제공격 임박을 인지한 상태에서 선피격을 감내할지는 상당한 의문이 든다.[16]

---

15   세이건(Sagan)도 인도의 최소전력에 의한 제한적 핵무장이 현실성이 없다고 주장한다. 그는 인도가 주장하는 신뢰성 있는 최소한의 핵억지력이라는 용어 자체가 상당히 모호한 측면이 있기 때문에 인도가 향후 핵전력을 꾸준히 증가시킬 가능성도 배제할 수 없다고 주장한다. Sagan(2008).

16   세이건은 동 항목에 대해 미국의 핵 독트린에 영향을 받았으나 엄격한 의미에서의 핵 선제 사용 금지와는 거리가 있는 내용이라고 한다. 특히 인도군에 대한 핵공격 시 핵으로 대응하겠다는 부분은 모호한 부분이 있는데 인도 영토 밖에 있는 인도군(예를 들어 파키스탄 지역을 침공한 인도군)에 대한 핵공격을 상정해보면, 인도가 핵으로 대응하는

세 번째, 인도에 대한 생화학무기 공격 시에도 핵 보복을 지제하 겠다는 내용 역시 다시 한번 생각해야 하는 대목이다. 동 항목은 비례 성의 원칙을 엄격하게 적용하여 열핵전쟁의 발생을 막겠다는 인도 정 부의 의지를 담은 내용이나 두 번째 항목인 선제적 핵 사용 "금지"와 달리 핵 보복 "자제"를 천명하고 있어 다소간 모호한 내용이 되어 버렸 다. 현재의 생화학무기의 살상능력이 핵무기에 버금가는 정도의 위력 임을 감안하면 핵 보복 자제는 현실성이 없을 수도 있다. 보다 중요한 문제는 살상도구가 아니라 피해의 규모다. 만약 인도가 화학무기 공격 을 통해 40만 명의 피해를 입었다고 가정해 보자. 이에 대해 핵공격을 받지 않았다고 해서 핵 사용을 자제할 경우 인도의 수상이 과연 그 권 좌를 온전히 유지할 수 있을까? 인도 스스로가 강조하듯 인도는 세계 최대의 민주주의 국가다. 여론에 민감할 수밖에 없으며, 인도 국민은 40만 명에 달하는 피해에 대해 이에 상응하는 보복을 요구하게 될 것 이다. 이의 유력한 수단은 물론 핵무기이고 인도의 핵 통제권을 가진 수상은 이 여론을 거스르기 어렵게 된다. 자제는 금지가 아니다. 그렇 기에 인도의 핵 보복 자제 여부는 부여된 피해가 결정하는 다소간 모 호한 내용이 될 수밖에 없다.

이렇듯 2003년 공식화된 인도의 핵 독트린은 다른 핵 보유국과의 차별성을 강조했음에도 불구하고 구체적인 내용에서는 현실성에 의문 을 갖게 되는 측면이 있다. 하지만 인도에게 이러한 것은 중요하지 않 을 수도 있다. 인도에게 있어 보다 중요한 것은 핵 독트린의 현실성 그 자체보다는 핵 독트린의 현실성을 믿어줄 강대국 파트너의 존재가 더 중요할 수도 있다. 다음의 내용을 통해 핵무장 추진 이후 인도의 전략

것이 타당한 것인지 의문이 생길 수밖에 없다. Sagan(2008).

적 파트너 모색을 검토해보기로 하겠다.

2. 새로운 전략적 파트너 모색: 대미 관계 진전 및 전략적 제휴

냉전 당시 인도는 구소련이라는 전략적 파트너와의 협력을 통해 자국에 대한 안보적 도전을 극복했다. 구소련은 주요 국경분쟁에서 인도의 입장을 지지하고 인도의 적인 파키스탄을 침략국으로 규정하는 등 유엔 무대에서 인도의 강력한 조력자가 되었다. 하지만 냉전종식 이후 구소련은 소멸하였고 이를 계승한 러시아는 이전의 소련만큼 막강한 파트너가 될 수는 없었다. 인도의 핵무장이 본격화된 만큼 국제사회의 반발은 더욱 거세질 것이기 때문에 오랜 기간 유지되어 온 구소련 및 러시아와의 우호관계만으로 이를 해결하기는 상당히 어려운 상황이었다. 사실상 핵 보유국 지위를 획득하기 위해 인도에게는 보다 강력한 전략적 파트너가 필요했다. 인도에게는 천운인지 모르지만 미국이 구소련의 자리를 대신하면서 인도의 손을 들어주게 되었다.

　　역사적으로 볼 때 인도와 미국과의 관계는 미-파키스탄 관계에 의해 결정되었다. "적의 친구는 나의 적이고 적의 적은 나의 친구다"라는 논리와 유사하게 미국-인도 관계는 미국-파키스탄의 부침에 의해 달라졌다. 냉전 당시 미국은 인도보다는 파키스탄의 전략적 중요성을 인식하고 있었고 미중관계의 호전에 파키스탄의 중재 역할이 더해지면서 대체적으로 파키스탄을 지지하는 입장을 펴왔다. 파키스탄이 주적인 인도의 입장에서 적의 친구인 미국과는 친구가 되기 어려운 상황이 연출된 것이다(Benerjee 2006, 64).

　　하지만 냉전종식 이후 미국과 인도와의 관계는 급호전되었다. 1998년 인도의 핵실험으로 인해 양국 관계가 경색되는 시기가 있었지

만 미국과 인도는 다시 가까워졌다. 이러한 미국과 인도 간 관계개선
은 미국의 대남아시아 정책 변화에 기인한 바가 크다. 1998년 임기 종
료가 얼마 남지 않은 클린턴 대통령은 남은 임기를 남아시아, 특히 대
인도 관계 개선에 주력하기로 결심했다.

　1999~2000년 사이에 미국이 보인 대인도 및 대파키스탄 정책
은 냉전 당시와는 정반대의 모습이었다. 이를 가장 단적으로 보여주는
이벤트는 두 개를 들 수 있는데 하나는 1999년 카길 국경분쟁이고 다
른 하나는 2000년 클린턴의 남아시아 순방이다. 카길 국경분쟁의 경
우, 파키스탄의 도발로 개시된 인도-파키스탄 군대 간의 교전은 치열
한 양상으로 전개되었고 2개월간의 치열한 교전은 약 1,200명에 달하
는 전사자를 발생시켰다. 양측의 사상자 수는 비슷했으나 전투의 결
과 파키스탄은 사실상 패배하는 모습을 보였는데, 패전이 짙어지는 상
황에서 파키스탄은 인도에 핵 사용을 위협하기에 이른다(라윤도 2010,
204-205). 핵 사용을 언급하는 파키스탄에 대해 국제사회의 비난이 거
세진 가운데 미국은 중부군 사령관 지니(Znni)를 파키스탄에 급파하
여 경고의 메시지를 보내는 한편 파키스탄의 지원 요청을 거절하면
서 인도의 손을 들어주었다. 2000년 클린턴 대통령의 남아시아 순방
도 처지가 뒤바뀐 인도와 파키스탄의 모습을 여실히 보여주었다. 남
아시아 순방 당시 클린턴 대통령은 5일을 할애하여 인도를 방문한 반
면, 파키스탄에는 단 몇 시간만 체류하다가 떠난 것이다. 더욱이 클린
턴의 인도 방문 직후, 연이은 미국 기업의 인도에 대한 대규모 투자가
이어지면서 미국과 인도의 관계는 급진전되기 시작했다(이대우 2010,
484).

　부시 행정부에 들어서면서 인도와 미국과의 관계는 그 어느 때보
다 발전되는 모습을 보인다. 출범 초기 미 EP-3와 중국 전투기의 공중

충돌 사건으로 미중 간 긴장이 고조되는 가운데, 미국은 중국을 견제하기 위한 유력한 수단으로 인도의 중요성을 강조하게 된다. 9·11 테러 이후 미중 간의 관계 급진전이 이루어지긴 하나 시간이 흐르면서 미국은 중국을 견제하기 위한 수단으로 인도와의 관계개선을 적극 추진하게 된다. 그 결과, 2004년 1월 부시 대통령과 바즈파이에 수상은 양국관계를 전략적 동반자 관계로 격상시키는 데 합의하고 전략적 동반자 관계 증진 노력(Next Step in Strategic Partnership, NSSP)에 대해 합의하기에 이른다. 이듬해인 2005년에는 부시 대통령의 인도 정상방문을 계기로 전략적 동반자 관계를 공식 선포하면서 민간 핵에너지, 민간 우주프로그램, 하이테크 기술 무역, 미사일 방어체제에 대한 양국 간 협력을 약속했다(이대우 2010, 484). 2005년 부시의 인도 방문과 전략적 동반자 관계 형성은 미국이 인도의 사실상 핵 보유국 지위를 인정한 것으로 평가받고 있는데, 미국은 민간 핵에너지 협력을 위한 미-인 원자력 협정 체결에 있어 인도의 핵 비확산 노력을 인정하여 예외적인 협정을 주장하는 등 파격적인 조치를 취했다.

이상의 내용을 살펴보면 미국과 인도의 전략적 파트너 관계 형성은 중국의 견제를 위한 미국의 정책적 선택이 중요한 요인인 것처럼 보인다. 하지만 인도가 미국과의 전략적 동반자 관계를 형성하기 위해 미국의 선택을 기다리기만 한 것은 아니다. 인도도 미국과의 관계개선을 위해 나름의 노력을 진행했다. 앞서 언급한 파키스탄과의 국경분쟁 당시 보인 자제의 모습이나 미-인 원자력 협정 체결이 가능하도록 비확산 분야에서 우수한 기록을 남기는 노력이 그것이다. 다음의 내용을 통해 인도가 미국과 전략적 동반자 관계를 형성하기 위해 어떠한 노력을 했는지 보다 자세히 살펴보기로 하겠다.

3. 비확산 관련 모범적 사례 구축과 핵연료 시장이라는 유인책 제공

인도는 2005년 부시 미 대통령의 인도 방문을 계기로 전략적 파트너 관계를 선언하고 미인 원자력 협정을 체결하면서 미국으로부터 사실상 핵 보유국 지위에 대한 암묵적 승인을 이끌어냈다. 원자력 협정은 핵물질의 거래를 가능하게 하며, 재처리 등 핵물질에 대한 처리를 허용하는 협정이다. 일반적으로 원자력 협정은 양자협약의 형태로 이루어지게 되는데, 인도는 현존 국제질서의 주도권자인 미국과의 원자력 협정을 이끌어냄으로써 사실상 핵 보유국 지위 승인을 획득한 것이라 볼 수 있다. 인도가 미국과 원자력 협정을 이끌어낼 수 있었던 주요한 요인 중 하나는 인도가 미국을 위시한 기존 핵 보유국의 핵 확산 우려를 불식시킬 우수한 "실적"이 있었다는 점이다. 2009년 9월 24일, 미국을 방문한 인도의 싱 총리는 "인도가 흠잡을 데 없는 핵 비확산 기록을 가지고 있었기 때문에 원자력 분야를 더욱 개발하는 데 필요한 이중용도 기술을 도입할 수 있게 된 것"이라고 말한 바 있다(NTI 2009).

비확산 기록에 대한 싱 총리의 주장은 인도가 핵무장을 추진함에 있어 순수한 독자적 기술로 달성했고 이를 해외에 전수해지 않았다는 사실에 근거한다. 인도와 경쟁적으로 핵무장을 추진한 파키스탄의 경우만 하더라도 비확산 문제에 있어서는 오명을 남겼다. 널리 알려진 바와 같이 파키스탄은 중국과의 제휴를 통해 무기급 핵물질 추출 및 분열기술을 습득했고, 습득한 기술을 북한에 전수했다는 의혹을 받고 있다. 또한 운반체 기술에 있어서는 북한의 기술적 지원을 받아 자국의 탄도미사일을 제조했다는 의혹도 받고 있다. 탄도미사일과 관련해서는 이란-북한-파키스탄의 기술적 제휴에 대한 의혹이 상당한 설득

력을 갖고 있는데, 2000년대 이들 국가가 개발한 탄도미사일의 형상
이 너무나도 유사한 것은 이들 간 협력 가능성이 상당히 높다는 것을
시사한다.[17]

반면 인도의 경우, 핵무장 추진 과정에서 외부의 기술 지원 및 제
휴의 의혹이 거의 없다. 물론 제1차 핵실험 당시 캐나다와 미국이 제
공한 원자로에서 무기급 핵물질을 추출하긴 했지만 캐나다와 미국이
직접적으로 핵물질의 추출기술을 전수한 것은 아니었다. 1998년 핵실
험 및 이후 2000년대 초까지 탄도미사일 획득에서도 외부로부터의 기
술지원 의혹은 없었다.[18] 또한 인도는 자국의 핵 및 탄도미사일의 외부
이전에 대한 의혹도 없다. 앞서 언급한 파키스탄, 북한, 이란의 경우
핵무기와 관련, 자국기술 및 완제품의 해외 이전에 대한 강한 의혹을
받고 있는 국가이지만 인도는 자국 기술 및 완제품의 해외 이전에 대
한 의혹 또는 기록이 없는 상태다. 적어도 미국과의 전략적 제휴 및 원
자력 협정 체결이 이루어진 2005년도까지 인도가 그들의 주장대로 비
확산에 관련하여 흠잡을 데 없는 기록을 보유하고 있다고 주장한 것은
나름 설득력이 있다.

하지만 인도는 비확산과 관련하여 벗어나기 어려운 아킬레스건
이 있다. 바로 자국의 핵무장 자체가 비확산의 사례라는 것이다. 또
한 인도는 비확산과 관련하여 NPT에 서명을 하지 않은 비회원국이며,

---

17   예를 들면 북한이 지난 2012년 공개한 KN-08 이동형 중장거리 탄도미사일의 경우 그
      형상이 이란의 중장거리 탄도미사일인 Shafir-2와 너무나도 닮아 있다.
18   탄도미사일 관련, 인도는 인디라 간디 정부 시기였던 1970년대부터 독자적 탄도미사일
      기술을 획득하기 위해 프로젝트 데빌(Project Devil)을 발주했다. 이 계획은 탄도미사일
      의 가장 핵심적인 분야 중 하나인 로켓엔진의 제작 기술을 획득하는 데 있었는데 인도는
      이 프로젝트 데빌의 성과를 통해 자국산 최초 탄도미사일인 Prithvi I형을 획득하게 된
      다. Dittmer(2005, 54).

IAEA의 핵사찰도 받지 않는 국가다. 인도가 NPT에 서명하지 않은 것은 네루 정권 시부터 이어온 열린 핵정책의 기조와 NPT가 만들게 되는 공식적 핵 보유국과 비보유국의 불평등한 관계에 대한 거부감 때문이다. 하지만 이러한 인도의 주장에 대해 자국의 핵무장을 정당화하기 위한 대외적 설득논리이며, 인도가 비확산 체제에 커다란 도전이 되었다는 비판에 대해 인도가 자유로울 수는 없다.

인도는 비록 자국의 핵무장을 통해 비확산 체제에 도전을 안겼지만 자국의 핵기술이 해외로 이전되는 것을 방지하고 국제적 비확산 노력에 협조하는 방안을 통해 비확산과 관련한 긍정적 기록을 축적했다고 볼 수 있다(Dormandy 2007, 121). 또한 인도는 핵 이외의 대량살무기의 비확산 노력에는 적극적으로 임하고 있다. 인도는 1975년 발효된 생물무기금지협약에 서명 및 비준을 했으며, 1997년 발효된 화학무기금지협약(Chemical Weapon Convention)에 서명하고 의회의 비준을 받았으며 자국 보유 화학무기의 신고 및 전량폐기를 완수했다.[19] 또한 미국이 추진하고 있는 비확산 체제의 대표적 노력인 확산방지구상(PSI)에 지지를 표명하면서 옵저버로서 훈련을 관전하는 모습을 보이기도 했다.[20]

인도가 미국과 원자력 협정을 체결할 수 있었던 다른 중요한 이유는 핵 개발 초기 단계부터 원전을 비롯한 평화적 핵기술을 진전시켜 인도가 풍부한 원전시장이 되었기 때문이다. 2000년대 초까지 인도는 나로라(Narora), 카이가(Kaiga)를 비롯한 8개 지역에 총 17기의

---

19 인도가 신고한 화학무기는 1,044톤이었으며 2009년 3월 전량 폐기되었다. 관련 내용은 NTI(2015) 참조.

20 인도는 확산방지구상에 대한 지지를 표명했지만 참가하지는 않았다. U.S. Department of States, "Proliferation Security Initiative," https://www.state.gov/t/isn/c10390.htm (검색일: 2017. 5. 1.)

원자로를 보유하고 있으며, 6개 원자로의 추가건설 계획을 갖고 있었다. 인도가 매력적인 원자력 시장이 된 이유는 자국 내 운용 혹은 건설 중인 원자로에 사용될 핵연료의 자급자족이 어렵다는 데 있다. 자국 내 핵연료를 채굴할 우라늄 탄광이 인도 동쪽 내륙에 위치한 데 비해 원자로는 대부분 서쪽과 남쪽 해안 가까이에 위치해 핵연료 조달에 상당한 어려움을 겪고 있었다. 이로 인해 인도는 많은 원자로를 보유하고 있었음에도 불구하고 미국과 원자력 협정을 체결하기 이전까지 원자로 가동률이 50% 정도에 머물렀다. 인도가 미국과 원자력 협정을 체결하게 되면 약 14기에 달하는 원자로에 대한 추가적 핵연료 수요가 발생하는데 이는 미국의 핵연료 업체가 우리 돈 176조 원에 달하는 인도 원전시장에 진출할 수 있음을 의미했다. 인도와의 원자력 협정에 미국의 핵연료 업체들이 강한 로비를 한 것은 바로 인도라는 거대한 핵연료 시장을 놓치기 아까웠기 때문이다(NTI 2009). 미국과의 원자력 협정 체결은 이른바 프랑스 및 러시아를 비롯한 원자력 공급국 그룹(Nuclear Suppliers Group, NSG)과의 추가 원자력 협정 체결로 이어졌다.[21] 인도의 입장에서는 원자력 협정 체결 국가의 확대가 인도의 사실상 핵 보유국 지위 승인 국가의 확대로 해석될 수 있는 부분이다.

미국과의 전략적 동반자 관계 형성 및 원자력 협정 체결이 인도에게 반드시 보상만을 준 것은 아니었다. 전략적 동반자 관계를 형성하면서 미국은 인도에게 상당히 고민스러운 과제를 남기기도 했다. 미 의회는 인도와의 원자력 협정 체결 이후 후속조치로 미-인 평화원자력협력법(U.S.-India Peaceful Atomic Cooperation Act, 이른바 Hide

---

21   2011년까지 현재 인도와 원자력 협정을 맺은 국가는 미국, 프랑스, 러시아, 캐나다, 한국, 몽골, 아르헨티나 및 나미비아이며, 독일, 스웨덴 스페인, 이탈리아를 포함한 9개국이 인도와의 원자력 협정 체결을 위한 협상을 진행 중이었다. 지연정(2011, 16).

Act)을 가결했다. 동법은 NPT에 가입하지 않은 인도에 대해 예외를 적용하여 미국과 민간 핵기술 및 핵연료 무역을 가능하게 했지만, 인도 내 핵발전 시설은 민간시설로 분류하고 있어 IAEA의 사찰을 받도록 하고 있다. 여기에 더하여 동법은 인도에 대해 NSG로서의 의무와 미사일수출통제체제(MTCR) 준수, 더 이상 핵실험을 하지 않는다는 모라토리엄 선언, 무기급 핵분열물질 생산금지 조약(FMCT) 적극 협조 등 '핵 보유국 인도'를 묶어두면서 인도에 NPT 및 비확산 체제 가입 압력을 가하는 내용을 담고 있다(조승호 2007).

4. 파키스탄과의 관계개선을 통한 군사적 긴장도 완화

국제사회에서 인도의 핵을 우려하는 것은 실제 핵 투발 및 핵과 관련한 군사적 긴장고조 가능성이 다른 지역보다 높다는 데 있다. 인도는 국경분쟁을 통해 중국 및 파키스탄과 지속적으로 갈등을 빚고 있으며, 특히 파키스탄과는 냉전이 종식된 이후에도 국지적 충돌을 지속한 바 있다. 특히 1998년 핵을 보유한 이후에도 양국은 군사적 충돌을 지속했는데 이러한 인-파 간 잦은 무력 충돌은 이들 국가에게 핵을 보유하는 것이 엄청나게 위험한 일이라는 우려를 증대시켰다.[22]

〈표 2〉에서 나타나듯 인도는 핵 보유 이후 파키스탄과의 국지적 분쟁에 있어 실제 무력 사용을 자제하는 모습을 보이고 있다. 거의 모든 무력 충돌에서 공세적 태도를 보인 것은 파키스탄이었으며, 1999년 카르길 국지전의 경우 공세 이후 인도군의 반격으로 인해 큰 피해를 입은 상태에서 파키스탄은 핵 사용을 위협하기도 했다. 반면 인도

---

22 이러한 점에서 세이건은 인도 파키스탄의 핵무장이 양국 간 핵군비경쟁 및 군사적 긴장
    고조를 촉발하는 위험요소라고 지적하고 있다. Sagan(2008).

표 2 핵 보유 선언 이후 인도-파키스탄의 무력 충돌 사례

일시	주요 이벤트	공격자	비고
1998. 5.	양국 핵실험 및 핵 보유 선언	-	-
1999. 5~7.	카길 국지전	파키스탄	파키스탄 핵사용 위협
1999. 12.	IC814기 납치	파키스탄	-
2001. 12.	인도 국회의사당 테러	파키스탄	
2002. 5~6.	양국 국경충돌 위기	파키스탄	인도 국회의사당 테러 여파

출처: 라윤도(2010, 203-204).

는 항공작전마저도 제한적으로 수행하는 등 무력 사용을 자제하는 모습을 보였다.[23]

인도가 이러한 자제의 태도를 보인 이유는 파키스탄과의 무력충돌이 핵 교전으로 발전하는 것을 막겠다는 전략적인 의도도 있지만, 국제사회의 책임성 있는 강대국이라는 인도의 이미지를 제고시키기 위한 요인도 큰 것으로 보인다. 핵 보유 목적이 강대국 위상 제고임을 고려하면 이를 위해서는 국제사회의 인도에 대한 핵 보유 승인이 필요하고 이러한 핵 보유 승인이 실현되기 위해서는 인도가 위기관리를 효과적으로 하고 있으며, 역내 국지적 위기의 고조로 인해 핵 교전이 발생하지 않는다는 것을 국제사회, 특히 미국과 같은 기존 핵 보유국에 보여줄 필요가 있었다. 다시 말해 핵 보유국 지위를 얻기 위해 인도는 주변 적성국가와의 관계개선 및 분쟁의 평화적 관리능력을 보여줄 필요가 있는 것이다. 이는 앞서 1998년 핵실험 직후 인도 정부 및 인도 외교당국의 핵심 추진 과제로 제시된 바 있다.

인도는 국제사회의 사실상 핵 보유국의 승인 가능성을 높이기 위

---

23   이러한 인도의 태도는 국제사회의 인도에 대한 지지를 이끌어 낸 반면, 파키스탄에 대한 강력한 비난을 촉진하기도 했다. 라윤도(2010, 205).

해 파키스탄과 관계개선 및 군사적 긴장 완화 조치를 취했다. 인도가 취한 조치는 크게 핵관련 신뢰구축 조치, 비핵 신뢰구축 조치로 나뉜다. 먼저 핵관련 신뢰구축 조치는 1999년에 이루어졌는데 라호르 선언 이후 인도와 파키스탄은 핵신뢰구축을 위한 양해각서(MOU)를 체결하게 된다. 이 양해각서의 구체적인 내용은 다음과 같다.

첫째, 양국은 무력 충돌을 회피를 위한 핵전력 및 재래전력에 대한 신뢰구축 조치(CBMs)의 차원에서 상호 핵 독트린 및 안보개념에 대한 논의를 추진한다.

둘째, 양국은 탄도미사일 실험발사와 관련하여 이의 사실을 상대방에게 신속하고 효율적으로 통보할 방안을 마련토록 한다.

셋째, 양국은 우발적 사고 혹은 불법적 동기에 의한 핵 투발 위험을 방지하기 위한 충분한 조치를 취한다.

넷째, 양국은 긴박한 사태로 인해 안보상 극도의 침해가 발생하지 않는 한, 추가 핵실험에 대한 유예의 입장을 유지한다.

다섯째, 양국은 각자에 귀속된 선박 및 항공모함의 안전한 통항을 보장하기 위해 해상사고 예방을 위한 협정을 맺는다.

여섯째, 양국은 신뢰구축 조치를 정기적으로 평가하고 성실한 이행을 모니터링하기 위한 협의체를 구성토록 한다.

일곱째, 양국은 양국 군 수뇌 혹은 정상 간 커뮤니케이션 체계를 업그레이드하고 상시 연결을 유지토록 한다.

여덟째, 양국은 핵안보, 비핵화 및 비확산과 관련한 상호간 협의를 추진한다(라윤도 2010, 207-208).

이상의 내용에 더하여 인도는 선제적 핵 사용 금지를 자국의 핵 독트린에 포함하고 파키스탄이 이에 호응하기를 기대했지만 파키스탄은 이에 응하지 않고 자국의 핵 독트린에 핵의 선제 사용 가능성을 열어두었다. 반면 파키스탄은 양국 간 부전조약(No War Pact) 및 상호간 군축 및 군비통제에 관한 협정을 제안했지만 이번엔 인도가 이에 호응하지 않았다(Jaspal 2004, 48-49).

비핵 신뢰구축 조치의 경우, 양국 정부 간 관계 증진, 민간 교류 증진(Track-2), 무역 및 경제협력 증진, 지역 및 글로벌 협력 증진의 형태로 나타났는데, 대표적인 사례로는 1998년 라호르 선언을 들 수 있다. 라호르 선언(Lahore Declaration)은 1998년 인-파 양국의 핵 보유 선언으로 인해 양국에 대한 국제사회의 압박과 감시가 강화되자 인-파 양국 정상 간 정상회담(당시 인도의 바지파이에 총리는 버스로 국경을 넘어 파키스탄 라호르로 이동)을 하여 평화의 제스처를 보인 후 양국 정상에 의해 선언된 문건이다. 라호르 선언의 핵심 내용은 카슈미르 문제를 포함한 양국 간 갈등의 평화적 해결, 양국 간 내정불간섭을 포함한 신뢰구축 조치를 담고 있다(라윤도 2010, 204).

인도가 오랜 숙적인 파키스탄과의 긴장완화 및 신뢰구축 조치 강화를 실행한 배경에는 양국 간 불필요한 군사적 긴장조성 및 무력충돌 회피의 필요성을 인식한 것도 있지만 파키스탄과의 관계개선 및 신뢰구축 조치가 기존 핵 보유국 및 국제사회의 핵 보유국 지위 승인에 긍정적 작용을 할 가능성을 염두에 두었기 때문이라 생각할 수 있다. 국제사회가 오랜 숙적 관계인 양국의 핵무장으로 인해 실제 핵 투발의 가능성이 그 어느 때보다 높다고 우려하는 만큼, 양국 간의 관계개선 및 신뢰구축 조치는 핵전쟁 가능성에 대한 국제사회의 우려를 불식시키고 사실상 핵 보유국 지위 승인의 가능성을 높일 수 있는 유력한 방안이었다고 볼 수 있다.

5. 미국의 핵 보유국 지위 승인 이후 인도의 군사적 변화

앞서 언급한 바와 같이, 2004년 미 부시 대통령과 바즈파이 수상 간에 합의된 미-인 간 전략적 동반자 관계 체결은 인도가 미국으로부터 핵무장을 승인받는 데 있어 전환점을 마련한 사건이라고 볼 수 있다. 이후 부시 대통령의 방인, 그리고 미-인 원자력 협정 체결과 인도 핵무장의 사실상 승인이라는 국제정치적 호재는 인도의 사실상 핵 보유국 지위 확보의 배경이 되었다고 볼 수 있다. 하지만 인도는 미국으로부터 핵무장에 관한 승인을 얻은 이후 핵무장의 확대 및 공세적 재래 군사태세로 전환하는 등, 군사적으로 공세적인 측면을 보이고 있다. 이러한 측면은 핵 확산이 가져다주는 긍정적 측면을 주장한 월츠(Kenneth Waltz)의 주장과 상반되는 측면이어서 주목할 만하다.

　　우선 핵무장의 경우, 탄도미사일 사정거리 확대가 주목할 만한데, 주요 적성국가인 중국 및 파키스탄을 넘어 대륙간을 비행할 수 있는 ICBM과 SLBM을 개발하고 있으며, 타격력을 증대시키기 위해 다탄두화(MIRV/MARV)도 추진하고 있다(Kristensen and Norris 2017, 205 – 209).

　　〈표 3〉은 인도가 개발 배치한 탄도미사일을 정리한 것이다. 1989년 개발된 아그니 I형은 사정거리 700~1,250km로 파키스탄을 공격할 용도로 개발된 탄도미사일이었다. 이 미사일로는 중국의 핵심부를 타격하는 데 한계가 있었다. 인도는 사정거리가 3,000km 및 5,000km로 증대된 아그니 II 및 III형을 개발하고 실전배치하게 되는데, 현재에는 최대 사정거리 12,000km의 아그니 6형까지 개발 중에 있으며, 핵무장의 생존성을 강화하기 위해 전략핵잠수함 및 잠수함발사 탄도미사일까지 개발 중에 있다.[24]

표 3 인도의 보유 및 개발 중인 탄도미사일

미사일명	사정거리(km)	배치/개발 상황
Prithvi-I (SRBM)	150	배치(1988)
Prithvi-II (SRBM)	250-350	배치(1996)
Prithvi-III (SRBM)	350-600	배치(2004)
Agni-I (MRBM)	700-1,250	배치(2004)
Agni-II (MRBM)	2,000-3,000	배치(1999)
Agni-III (IRBM)	3,500-5,000	배치(2011)
Agni-IV (IRBM)	4,000	실험성공(2011)
Agni-V (ICBM)	5,000-8,000	실험성공(2012)
Agni-VI a (SLBM)	6,000 이상	개발중(MIRV탑재)
Agni-VI b (ICBM)	8,000-12,000	개발중(MIRV탑재)
Surya a (SLBM)	10,000 이상	미확인
Surya b (SLBM)	12,000-16,000	미확인(MIRV탑재)
Dhanush (SSBM) (Prithvi-III를 개량한 함대지/함대함 탄도미사일)	350	배치(2015)
Sagarika (K-15, SLBM)	700	배치 준비
K-4 (SLBM)	3,500	실험성공(2013)

출처: Kristensen and Norris(2017, 205-209).

〈표 3〉에서 주목할 사항은 인도의 운반체 개발 및 배치 연도다. 1998년 이전까지 배치된 탄도미사일이 사정거리 약 500km 미만의 단거리 탄도미사일이었던 데 비해 미국과의 관계개선이 이루어진 이후인 2010년도에 들어서면 사정거리 5,000km를 넘어서고 생존성이 보장되는 잠수함발사 탄도미사일(SLBM)도 개발 배치하게 된다. 또한 사정거리 1만km 이상의 대륙간 탄도미사일도 개발했다. 인도는 미국

24   FAS, "Indian Nuclear Weapons," https://fas.org/nuke/guide/india/nuke/ (검색일: 2017. 4. 23.)

과의 관계개선 이후에도 핵전력을 지속적으로 강화하고 있다. 또한 인도는 기존의 핵 독트린에 대한 수정도 예고하고 있다. 클라리(Christopher Clary)와 나랑(Vipin Narang)은 인도가 기존의 선제공격 불가와 최소 억제를 중심으로 하던 핵 독트린에서 벗어나기 시작한 것으로 보인다고 주장한다. 이의 원인에 대해 클라리와 나랑은 인도가 핵무장 이후에도 파키스탄의 공격을 억제하지 못했으며, 파키스탄의 핵위협에 대해 적극적으로 대응하지 못하는 전략적 마비현상을 겪고 나서 이를 타개하기 위해 기존보다 유연한 핵 독트린을 추구하게 되었다고 분석한다. 그 결과 인도는 중국에 대해서는 기존의 최소 억제에 기반한 대가치표적(countervalue target)에 필요한 능력을 유지하는 반면, 파키스탄에 대해서는 대군사표적(counterforce target)에 대한 선제공격(preemption)에 필요한 능력을 개발하고 있다고 주장한다(Clary and Narang 2018/19).

인도의 재래식 전력의 경우, 공세적 태도 변화가 더욱 드러나는데, 부시 대통령의 방인 및 미국과의 전략적 동반자 관계가 수립된 직후인 2004년 4월 인도 육군은 콜드 스타트(Cold Start)로 명명된 신 군사독트린을 천명했다. 2004년 이전 인도는 재래식 군사 독트린으로 순다르지 독트린(Sundarji Doctrine)을 채택하고 있었다. 순다르지 독트린은 파키스탄 접경 지역에 관한 방어계획으로 7개의 군단(holding corps)을 국경에 두텁게 배치하여 파키스탄 침공 전력을 견제하며, 내륙에 타격군단(strike corps)을 배치하여 파키스탄 공세 전력의 격퇴 및 거점파괴를 수행하는 것을 주요한 내용으로 한다(Ladwig 2007/2008, 160). 라드윅(Walter Ladwig)은 순다르지 독트린이 타격군단(strike corps)을 국경과 상당히 떨어진 인도 내륙에 위치시켜, 고강도의 (장기적) 전투를 감내하게 만드는 문제점이 있다고 지적한다

(Ladwig 2007/2008, 161-163). 반면 콜드 스타트는 인도판 기동전 교리로 2004년 개념이 정립되었는데, 파키스탄과의 군사분쟁 시 국제사회가 개입하기 전, 파키스탄군을 신속히 타격, 파키스탄의 핵무기 사용을 정당화할 틈을 주지 않는 것을 주요한 내용으로 하고 있다 (Ladwig 2007/2008, 164; Ladwig III and Narang 2017). 기존 순다르지 독트린에서 3개의 타격군단에 집중되었던 공격 능력을 보다 경량화된 8개의 사단에 분산시키고, 이들을 통합전투그룹(Integrated Battle Group)으로 운용하며, 이 통합전투그룹이 파키스탄과의 분쟁 시 다양한 공격 경로를 활용하여 다각적으로 공세작전을 펼친다는 것이다. 이러한 아이디어는 구소련군의 기동전 교리를 채택하고 있는데, 이를 위해서는 인도 공군과의 합동작전능력 제고와 정보 공유를 위한 인도의 NCW(Network Centric Warfare)체계 발전이 필수적이다(Ladwig 2007/2008, 165). 콜드 스타트의 세부 작전계획은 비밀에 부쳐져 있다. 하지만 이 독트린을 활용하면 인도는 작전개시 후 72~96시간 내에 파키스탄의 영내 진입 및 주요 거점 석권을 완료할 수 있고 이를 통해 파키스탄과의 분쟁협상에서 유리한 위치를 점할 수 있다고 한다 (Kanwal 2006).

이러한 콜드 스타트 독트린에 대해 2010년 미국의 한 외교당국자 (Tim Roemer, 전 인도 주재 미국대사)는 인도가 공격적인 성격으로 파키스탄뿐만 아니라 국내적 반발까지 있는 콜드 스타트를 채택하지 않을 것 같다고 주장했다. 인도의 전직 장성들도 콜드 스타트의 원래 의도가 방어적 목적이었다고 하더라도, 이 작전이 실행될 때, 파키스탄이 반격이나 보복을 중단할지 확신할 수 없다고 주장했다.[25] 콜드 스타

---

25 "US embassy cables, India 'unlikely' to deploy Cold Start against Pakistan," The Guardians, February 16, 2010, https://www.theguardian.com/world/us-embassy-

트의 현실성에 대해 회의적인 입장이 지속된 것은 인도 정부의 태도
에도 기인한 바가 크다. 인도는 지속적으로 콜드 스타트 독트린의 존
재 여부에 대해 부인해왔다. 인도 외교당국은 콜드 스타트에 관한 미
국무부의 질의에 대해 이의 존재를 부인했다.[26] 인도 국내적으로도 콜
드 스타트를 부인하는 언급이 이어졌다. 2011년 1월, 인도 육군의 날
(Army's day)을 맞아 갖게 된 언론매체와의 회동에서 인도 육군참모
총장 V. K. 싱(V. K. Singh)은 콜드 스타트라는 독트린은 존재하지 않
는다고 언급했으며, 전 국방장관 자스완 싱(Jaswan Singh)도 콜드 스
타트의 존재 여부에 관한 질문에 대해 그 존재를 부인했다(Hundley
2012). 인도 정부가 스타트 독트린의 존재와 이의 채택 여부를 인정한
것은 2017년 1월 6일인데, 인도 육군 군사 사령관(Chief General)으
로 임명된 비핀 라왓(Bipin Rawat)이 콜드 스타트의 존재를 인정했다
(Panda 2017). 인도 정부와 군당국은 공식적으로는 콜드 스타트를 부
인하면서도 콜드 스타트의 타당성 검토를 위한 다양한 전투 실험과 군
사훈련을 지속해 왔다. 2011년 5월 인도는 "Vijayee Bhava(Be Victo-
rious)"로 명명된 대규모 지상군 훈련을 통해 콜드 스타트 독트린에 부
합하는 각 군내 시너지 효과를 제고하는 연습을 했으며, 동년 말에는
"Sudarshan Shakti"라는 사막훈련을 통해 콜드 스타트 독트린의 타당
성 검증을 시도했다(Sharma 2011; Shukla 2013).[27]

cables-documents/248971 (검색일: 2017. 11. 4.)

26 "No Cold Start Doctrine, India Tells US," *The Indian Express*, September 9, 2010,
    http://www.indianexpress.com/news/no-cold-start-doctrine-india-tells-us/679273
    (검색일: 2017. 11. 4.)

27 2011년 일어난 일련의 전투 훈련은 콜드 스타트의 개념을 검증하기 위한 전투실험의 성
    격이 강한 것으로 판단된다. 이러한 전투실험을 진행한다는 것은 초기 개념정립은 확립
    되었지만 구체적인 개별 작전 정립과 소요능력이 도출되지 않았기 때문인 것으로 보인
    다.

이러한 공세적 재래전 개념 도입을 입증하듯 인도는 국경분쟁에서 기존보다 적극적인 태도를 보이고 있다. 대표적 사례가 2017년 발생한 중국과 인도 간 군사긴장 고조 당시 보여준 인도의 공세적 태도이다. 지난 2017년 6월 중인 국경 지역 근방 중국군의 군사도로 건설이 빌미가 되어 벌어진 양측 간 군사충돌은 실제적인 교전이 벌어지지는 않았지만(양측 군인들 간 주먹다짐은 있었음) 양국 전투기가 교전에 가까운 위협기동(상대편 전투기 조준)을 하고 중국에 인도가 "예전의 인도가 아니다"라며, 적극적인 군사행동을 취함으로써 서아시아의 중대한 불안요인으로 등장하고 있다(강동균 2017). 여기서 주목할 것은 인도의 태도인데 인도가 기존과 달리 중국에 대해서도 적극적인 군사행동을 취하고 있다는 점이다. 물론 중-인 양측 간 실제 교전이 발생하지 않아 기존의 이론(Waltz를 비롯한 핵 확산 긍정론)을 증명하는 듯이 보이지만 군사적 긴장도의 고조와 재래 국지 도발의 가능성이 점점 높아지고 있고, 실제 인도와 파키스탄의 국경분쟁이 핵무장 이후 증가하고 있다는 점은 현상에 대해 추가적인 연구를 필요로 하는 부분이라 할 수 있겠다.

무엇보다 상기의 내용을 통해 얻게 되는 시사점은 인도가 기존과 달리 군사적 자신감을 가지고 적극적인(Proactive) 입장을 취하고 있다는 것이다.[28] 이러한 배경에 미국과의 전략적 파트너 관계 체결과 사실상 핵 보유국 지위에 대한 암묵적 승인이 있다는 것을 배제하기도 어려울 것으로 보인다. 한 가지 우려되는 것은 핵무장 이후 인도의 군사적 대응이 공세적인 것을 내용으로 하고 있다는 것이다. 공세적인

---

28 콜드 스타트를 정립하게 된 주요한 배경 중의 하나가 파키스탄의 지속된 도발을 중단시키기 위한 보다 적극적인(proactive) 군사 독트린의 정립 필요성이었다. Ladwig(2007/2008, 165).

재래전 군사독트린을 정립한 인도 그리고 이에 대해 핵을 포함한 비대칭 확전으로 응하는 파키스탄 모두 군사적으로는 기존 대비 공세적이 되었다. 이러한 양국의 군사 대비 태세 전환이 시사하는 바는 공격 우위에 기인한 전쟁 발발 가능성 증대이다(Evera 1998). 핵무장이 핵교전을 우려하는 분쟁당사국의 전쟁 결심을 억누르게 된다는 주장과 달리 핵무장은 군사적 자신감을 증대시키고, 오히려 상대가 핵교전까지 가는 것을 두려워해 군사 행동을 자제할 것이라 기대하고 국지전에서 과감하게 공격하는 공세적 행동을 보이게 될 가능성을 생각하게 한다. 이러한 태도는 핵교전은 아니라고 하더라도 적어도 국지도발에서 있어 분쟁의 가능성을 증대시킨다는 점에서 우려할 만한 사항이다.

IV. 결론을 대신하여: 북한에의 시사점 및 정책적 함의

본 연구의 주요 목적 중의 하나는 사실상 핵 보유국들의 핵무장 과정에 대한 분석을 통해 북한의 핵 개발에 대한 시사점을 도출하는 데 있다. 인도의 사례가 북한에게 주는 함의를 정리하면 다음과 같다.

첫째, 북한은 핵 보유국 지위를 확보하기 위한 대외정책 조치를 할 것이며, 북한은 인도가 취했던 대외정책을 참고하여 모방할 가능성이 있다. 북한은 실제 인도의 사례를 참고로 한 듯한 대외정책을 추진했다. 구체적으로 살펴보면 비확산의무 준수의 강조와 남북한 군사긴장완화 조치를 들 수 있다. 2017년 10월과 12월 북한 외무성 북미국장 최선희와 자성남 유엔주재 북한 대사가 "미국은 북한의 핵지위(북한은 핵 보유국 지위를 핵지위라 칭한다)를 인정해야 하며, 북한과 공존할 준비를 해야 한다"고 주장하는 한편, 동년 12월 14일과 15일 북한 외무성과 자성남 유엔주재 북한 대사는 "핵강국, 평화애호 국가로서 국제사회 앞에 지닌 핵 전파 방지(비확산) 의무를 성실히 이행할 것"이라고 주장했다. 남북 정상회담 및 9·19 군사합의에 북한이 응한 것도 인도가 파키스탄과의 관계개선 및 군사적 신뢰구축 조치를 통해 핵 보유 지위 획득에 유리한 조건을 만들었던 사례를 참고했을 가능성이 있다.

둘째, 북한의 핵무장은 지속적으로 고도화될 것이라는 점이다. 인도가 초기 최소억지에 기반한 제한된 핵무장에서 핵미사일의 양적 증대와 잠수함발사 탄도미사일과 다탄두를 포함한 핵무기 기술의 고도화를 추진한 것과 마찬가지로 북한도 다양한 발사체 기술의 확보와 핵무기의 양적 증대를 지속적으로 추진할 가능성이 높다. 실제로 북한은 북극성으로 알려진 잠수함발사 탄도미사일(SLBM)과 동 미사일을 탑재할 수 있는 신형 잠수함을 개발했으며, 지상발사 탄도미사일만 해도 화성 13, 화성 14, 화성 15를 추가 개발하고 있다. 이들 미사일은 모두 생존력을 높이기 위해 이동식 발사대에 장착하려 하고 있으며, 화성 13 개량형과 화성 15호의 경우 다탄두기술 적용의 가능성도 제기되고 있다.[29]

셋째, 핵무장 이후 북한의 재래식 군사태세가 공세적으로 바뀔 가능성이 있다. 핵무장에 의한 자신감은 보다 공세적인 재래 군사독트린의 설정과 대남 군사표적에 대한 공세적인 핵 독트린의 변경을 수반할 수도 있다. 핵무장 이후 인도가 콜드 스타트로 대변되는 공세적 군사독트린을 수립한 것과 마찬가지로 북한도 핵무장 이후 공세적인 재래 군사독트린의 수립과 함께 보다 과감한 재래 군사도발을 감행할 가능

---

29 "미 전문가, '북 미사일 새롭게 진화…외부지원 가능성'," 『동아닷컴』, 2019. 8. 15, http://www.donga.com/news/article/all/20190805/96837041/1 (2019. 12. 15 검색).

성을 배제하지 못한다. 북한의 신군사독트린에 대한 정보는 아직까지 나오지는 않고 있으나 북한이 재래식 군사도발 능력 제고를 위해 다각적인 노력을 하고 있다는 것은 2019년 각종 발사체 실험을 통해 드러난 바 있다. 러시아의 이스칸다르를 참조해 만든 것으로 보이는 신형 유도 무기와 신형 장거리 방사포(다련장 로켓)의 발사실험은 북한이 핵무장 이후에도 지속적으로 다양한 수단을 확보하고 있음을 보여주며, 보다 공세적인 대남 재래 군사도발 능력 확보를 추진하고 있음을 보여주고 있다.

북한은 2020년 1월 전원회의 결과 발표를 통해 '새로운 길'을 모색할 것을 선언한 상태다. 2019년 북미정상회담을 포함한 협상 과정에서 북한은 핵 보유국 지위 획득을 포함, 자신이 얻을 수 있는 것이 별로 없다는 것을 인식한 것으로 보이며, 미국의 승인 없이 사실상 핵 보유국이 되기 위한 자신만의 길을 간다는 것을 천명한 것으로 판단된다. 이러한 상황에서 우려되는 것은 나랑이 언급한 핵무기 개발의 가속화(전력질주)의 가능성이다(Narang 2016/17, 134). 이 경우, 북한은 ICBM의 실험발사를 비롯, 재돌입 기술 및 다탄두 기술을 완성하고 이를 대외적으로 과시하려 할 것이다. 또한 북한은 핵 실전배치를 완료하고 이를 국제사회에 과시하기 위해 핵무기 발사 연습 과정을 대외에 선전할 수도 있다. 이를 저지하기 위해서는 다음과 같은 방안을 고려할 필요가 있다.

첫째, 한미 간 긴밀한 공조를 위해 북한 핵폐기에 대한 공고한 입장을 견지할 필요가 있다. 또한 북한이 핵무장 완성을 위해 전력질주를 시도할 경우, 한미가 이를 좌시하지 않을 것이라는 분명한 입장과 행동을 보일 필요가 있다.

둘째, 북한을 협상테이블로 복귀시키기 위한 방안도 마련되어야 한다. 핵을 포기할 경우 경제건설을 위한 파격적인 지원을 포함, 북한이 만족할 만한 반대급부가 제공됨을 설득할 필요가 있다. 아울러 향후 핵협상은 북한의 완전한 핵폐기를 최종상태로 함을 분명히 할 필요가 있다. 이를 위해 북한은 인도를 포함한 사실상 핵 보유국과 다르다는 것을 분명히 인식시켜야 한다. 인도를 비롯한 사실상 핵 보유국(이스라엘 및 파키스탄)은 미국의 암묵적 승인을 받기 위한 공통적 조건을 갖고 있었다. 하나는 자국의 핵무기가 미국에게 직접적인 위협이 되지 않는다는 것이고 다른 하나는 미국이 필요로 하는 전략적 가치를 가지고 있었다는 것이다.[30] 반면, 북한은 미국을 직접 타격대상으로 핵전력을 개발하고 있으며, 북한은 인도와 같이 미중경쟁 구도에서 미국에게 유리한 전략적 파트너십을 제공하지도 못한다는 것을 북한이 인식하도록 할 필요가 있다.

셋째, 북한이 핵무장 강화를 위해 도발을 시도할 경우에 대비한 방안을 마련할 필요가 있다. 구체적으로 한미연합전력의 대북 정찰자산을 동원, 북한의 핵 개발 관련 동향을 감시하는 가운데 북한의 핵 관련 도발에 대한 사전 경고를 통해 북한의 추가실험을 저지하는 방안을 생각해 볼 수 있다. 2019년 12월, 북한이 미사일 실험 도발을 예고한 후 미국은 가용한 정찰자산을 최대한 동원하여 북한의 미사일 실험을 저지한 바 있다(노지원 2019). 이러한 정찰자산의 전략적 활용은 북한의 추가 도발을 억제하고 핵무장 고도화를 저지하는 수단으로 활용할 수 있을 것이다. 한국도 첨단 감시 및 군사역량을 포함한 대북 억제력

30 이스라엘은 수에즈 운하에서 가장 가까운 위치에서 서방의 이익을 대변하는 국가이다. 파키스탄은 미국이 필요로 할 때(1979년 구소련의 아프간 침공과 2001년 아프간 전쟁)마다 미국의 전초기지를 제공해 줄 수 있는 지정학적 위치에 있었다. 인도의 경우, 클린턴 행정부 후반부터 중국을 견제하기 위한 가장 유력한 협력국가로 미국에 인식되었고 중국을 견제하기에 인도만큼 전략적 가치가 있는 국가는 없다.

을 지속적으로 확보할 필요가 있음은 물론이다.

넷째, 효과적인 전략적 커뮤니케이션도 중요하다. 2019년 12월, 북한이 추가 도발을 예고한 상황에서 미 국방부는 한미연합연습 영상을 공개했는데, 그 내용은 북한의 주요 요인을 생포하는 내용이었다(양승식 2019). 이러한 훈련영상과 더불어 미국이 이란 쿠드즈군(QUDS) 사령관이었던 술레이마니를 드론 공격을 통해 제거한 사실은 북한에게 핵무장과 관련된 레드라인을 넘을 경우에 북한이 치르게 될 대가를 암시한다는 점에서 시사점이 있다. 이 외에도 강력한 대북제재 유지, 연합연습 재개, 한국군의 첨단전력의 공개를 포함한 다양한 전략적 커뮤니케이션 수단을 활용, 북한의 핵무장 고도화가 북한에게 감내하기 어려운 대가와 비용을 초래하게 됨을 암시하는 것도 북한이 핵무장의 전력질주를 포기하고 완전한 핵폐기를 위한 협상으로 복귀하게 하는 수단으로 생각해 볼 수 있을 것이다.

참고문헌

강동균. 2017. "최악으로 치닫는 중국·인도 국경분쟁… 양국 무력충돌 가능성 높아졌다."
　　『한국경제』, 8. 21. http://news.hankyung.com/article/2017081872101 (검색일:
　　2017. 9. 11.)
김준석. 2007. "인도와 파키스탄 핵무장이 북핵문제에 주는 교훈." 『북핵문제와 한반도
　　평화정착』 한반도 평화연구원 주최 제2회 한반도 평화 포럼 자료집. 서울:
　　한반도평화연구원.
노지원. 2019. "미공군, 북한의 성탄선물에 촉각…정찰기 4대 동시비행." 『한겨레』, 12. 25.
라윤도. 2010. "핵 보유 선언이후 인도-파키스탄의 갈등해소 노력 고찰." 『남아시아연구』
　　제15권, 제3호.
부승찬. 2017. "이스라엘의 핵 개발과 핵전략." 『국가전략』. 제23권. 2호, pp. 91-116.
양승식. 2019. "미, 북한요인 생포훈련 공개." 『조선일보』, 12. 23.
와리아왈라(B. K. Wariavwalla). 1979. "남아시아의 안보장체제." 박재규 편. 『핵 확산과
　　개발도상국』. 서울: 경남 극동문제연구소.
이대우. 2010. "탈냉전기 인도의 안보정책과 국제관계." 『세종정책연구』 제6권, 제2호.
이상환. 2004. "인도-파키스탄과 브라질-아르헨티나의 핵정책 비교연구: 핵무장 강행 및 포기
　　사례의 분석." 『남아시아 연구』. 제10권, 제2호.
정영태. 2002. 『파키스탄-인도-북한의 核政策』. 서울: 통일연구원.
조승호. 2017. "미-인도 핵협정, 북핵에 영향주나." 『내일신문』, 10. 19.
지연정. 2011. "뜨거워진 인도 원자력 발전 시장: 러시아와 프랑스, 시장선점하며 유리한
　　위치." 『친디아 저널』, 10월호.
홍우택. 2016. "북한의 국가성향 분석과 모의 분석을 통한 핵전략 검증." 『국방정책연구』
　　제32권, 4호.

Albright, David. 1993. "India and Pakistan's Nuclear Arms Race: Out of the Closet but Not
　　in the Street," *Arms Control Today* Vol. 23. No. 5.
Bajpai, Kanti P. 2000. "India's Nuclear Posture After Pokhran II," *International Studies*
　　Vol. 37. No. 4, pp. 267-301.
Benarjee, Depanka. 2006. "An Overview of Indo-U.S. Strategic Cooperation." Sumit
　　Ganguly, Brian Shoup and Andrew Scoblell. eds. *U.S.-Indian Cooperation into the
　　21st Century*. London: Routledge.
Bennett, Bruce W. 2010. *Uncertainties in the North Korean Nuclear Threat*. Santa Monica
　　CA: RAND.
Chari, P. R. 1979. "Indo-Soviet Military Cooperation: A Reivew," *Asian Survey* Vol. 19.
　　No. 3.
Chengappa, Raj. 2000. *Weapons of Peace: The Secret Story of India's Quest to be a Nuclear*

Power. New Delhi: Harper Collins Publishers, India.

Clary, Christopher and Vipin Narang. 2018/19. "India's Counterforce Temptation: Strategic Dilemmas, Doctrine, and Capabilities," *International Security* Vol. 41, No. 3.

Cortright, David and Amitabh Matoo. 1996. "Elite Public Opinion and Nuclear Weapon Policy in India," *Asian Survey* Vol. 36. No. 6.

Dittmer, Lowell 2005. *South Asia's Nuclear Security Dilemma: India, Pakistan, and China*. New York: M. E. Sharpe.

Dormandy, Xenia. 2007. "Is India, or Will It be, a Responsible International Stakeholder?" *The Washington Quarterly* Vol. 30, No. 3.

Evera, Stephen Van. 1998. "Offense, Defense, and the Causes of War," *International Security* Vol. 22, No. 4, pp. 5-43.

Gopi, Rethiniraj and Clifford Singer. 2001. "Going Global: India Aims for a Credible Nuclear Doctrine," *Jane's Intelligence Review*. February.

Gunston, Bill. 1973. *Bombers of the West*. New York: Charles Scribner's and Sons.

Hundley, Tom. 2012. "Race to the End: Pakistan's terrible, horrible, no-good, very bad idea to develop battlefield nukes." *Foreign Policy*. September 5. https://foreignpolicy.com/articles/2012/09/05/race_to_the_end (검색일: 2017. 11. 5.)

Jaspal, Zafar Nawaz. 2004. *Nuclear Risk Reduction Measures and Restraint Regime in South Asia*. New Delhi: Manohar Publishers.

Kanwal, Gurmeet. 2001. "India's Nuclear Doctrine and Policy." *Strategic Analysis* Vol. 24. No. 11. http://www.idsa-india.org/an-feb-1.01.htm (검색일: 2017. 4. 23.)

_____. 2006. "Cold Start and Battle Groups for Offensive Operations," *ORF Strategic Trends* Vol. 4, No. 18. http://www.observerindia.com/cms/sites/orfonline/modules/ strategictrend/StrategicTrendDetail.html?cmaid?1504&mmacmaid?1505 (검색일: 2017. 11. 4.)

Kapur, Ashok. 2001. *Pokhran and Beyond: India's Nuclear Behaviour*. New York: Oxford University Press.

Keck, Zachari. 2013. "Why India Tested Nuclear Weapons in 1998," *The Diplomat*. September 20, http://thediplomat.com/2013/09/why-india-tested-nuclear-weapons-in-1998/ (검색일: 2017. 5. 28).

Khan, Zufgar. 2012. *Nuclear Pakistan: Strategic Dimensions*. Oxford: Oxford University Press.

Kristensen, Hans M. and Robert S. Norris. 2017. "Indian Nuclear Forces, 2017," *Bulletin of the Atomic Scientists* Vol. 73. No. 4.

Ladwig, Walter. 2007/2008. "A Cold Start for Hot Wars?: The Indian Army's New Limited War Doctrine," *International Security* Vol. 32, No. 3.

Ladwig III, Walter and Vipin Narang. 2017. "Taking 'Cold Start' out of the Freezer," *The Hindu*. January 11.

Levy, Adrian and Catherine Scott-Clark. 2007. *Deception: Pakistan, the United States, and the Secret Trade in Nuclear Weapons*. New York: Walker Books.

Lieber, Kier A. and Daryl G. Press, 2016/2017. "The New Era of Counter Force," *International Security* Vol. 41. No. 4, pp. 19–49.

Long, Austin and Brendan Green. 2015. "Stalking the Secure Second Strikes," *Journal of Security Studies* Vol. 38. No.1/2, pp. 38–73.

Narang, Vipin. 2014. *Nuclear Strategy in Modern Era: Regional Powers and International Conflict*. New York: Princeton University Press.

_____. 2016/17 "Strategies of Nuclear Proliferation: How States Pursue the Bomb," *International Security* Vol. 41. No. 3, pp. 110 – 150.

NTI. 2015. "India Country Profile: Chemnical," *Nuclear Threat Initiative*. May 15. http://www.nti.org/country-profiles/india/chemical/ (검색일: 2017. 4. 23.)

_____. 2009. "U.S. 'Fully' Committed to Indian Nuclear Deal, Obama Says." November 24. http://www.nti.org/gsn/article/us-fully-committed-to-indian-nuclear-deal-obama-says/ (검색일: 2017. 4. 23.)

Ollapally, Deepa M. 2001. "Mixed Motives in India's Search for Nuclear Status," *Asian Survey* Vol. 41. No. 6.

Panda, Ankit. 2017. "A Slip of the Tongue on India's Once-Hyped 'Cold Start' Doctrine?" *The Diplomat*. January 7. https://thediplomat.com/2017/01/a-slip-of-the-tongue-on-indias-once-hyped-cold-start-doctrine (검색일: 2017. 11. 5.)

Perkovich, George. 2002a. "What Makes the Indian Bomb Tick?" in Damodar R. Sar Desai and Raju G. C. Thomas ed. *Nuclear India In the Twenty-First Century*. New York: Palgrave and Macmillan.

_____. 2002b. *India's Nuclear Bomb*. New York: University of California Press.

Pinkus, Binyamin and Moshe Tlamim, 2002. "Atomic Power to Israel's Rescue: French-Israeli Nuclear Cooperation, 1949 – 1957," *Israel Studies* Vol. 7. No. 1, pp. 104 – 138.

Rajagopalan, Rajesh. 2010. "India's Nuclear Policy," *Major powers' nuclear policies and international order in the 21st century*. 12th NIDS International Symposium on Security Affairs. Tokyo: Japan.

Sagan, Scott. 2008. "The Evolution of Indian and Pakistani Nuclear doctrine." May 7. http://www.belfercenter.org/sites/default/files/legacy/files/uploads/Sagan_MTA_Talk_050708.pdf (검색일: 2017. 4. 23.)

Sagan, Scott ed. 2009. *Inside of Nuclear South Asia*. New York: Stanford University Press.

Shalom, Zaki. 2005. *Israel's Nuclear Option: Behind Scenes Diplomacy Dimona and Washington*. Portland: Sussex Academic Press.

Sharma, Suman. 2011. "Army mobilisation time: 48 hours." *DNA (Daily News and Analysis)*. May 16. http://www.dnaindia.com/india/report-army-mobilisation-time-48-hours-1543679 (검색일: 2017. 11. 5.)

Shukla, Ajai. 2013. "Army's 'Cold Start' doctrine gets teeth," *Business Standard*. January 20. http://www.business-standard.com/article/economy-policy/army-s-cold-start-doctrine-gets-teeth-111072200071_1.html (검색일: 2017. 11. 6.)

Shavit, Ari. 2015. *My Promised Land: The Triump and Tragedy of Israel*. London: Spiegel and Grau.

Signh, Jasit. ed. 1998. *Nuclear India*. New Delhi: Knowledge World, 1998.

Simons, Lewis M. 1974. "India Explodes A-Device, Cites 'Peaceful Use'." *Washington Post*. May 19.

Singh, Sampooran. 1971. *India and the Nuclear Bomb*. New Delhi: S. Chand & Co.

Sitakanta, Mishra and Ji Yeon-Jung. 2009. "The Nuclear Factor in India's Foreign Policy," *Journal of Indian Studies* Vol. 14. No. 2.

Smith, Chris. 1994. *India's Ad-Hoc Arsenal: Direction or Drift in Defense Policy?* New York: Oxford University Press, 1994.

Spector, Leonard S. 1987. *Going Nuclear*. Cambridge: Ballinger Publishing Co.

Sublette, Carey. 2001. "What Are the Real Yields of India's Test?" November 8. http://nuclearweaponarchive.org/India/IndiaRealYields.html (검색일: 2017. 6. 30.)

Ullman, Richard H. 1989. "The Covert French Connection," *Foreign Policy* Vol. 75, pp. 3-33.

Weiss, Leonard. 2010. "India and NPT," *Strategic Analysis* Vol. 34, No. 2.

제8장

파키스탄의 핵 보유 이후 전략 변화

김태형

* 이 장은 2019년 9월 서강학술총서 115권으로 서강대학교 출판부에서 출간된 김태형, 『인도-파키스탄 분쟁의 이해: 신현실주의 이론으로 바라보는 양국의 핵개발과 안보전략 변화』에 기초하고 있다.

2017년에 크게 악화되었던 북한의 핵, 미사일 위협은 2018년에 일련의 정상회담을 포함한 긴장완화 노력이 주효하여 한반도 해빙의 분위기와 함께 많이 줄어드는 듯했으나 북미 양국 간의 협상이 교착되면서 2020년 초 현재 여전히 심각한 안보위험 요인이다. 북한 비핵화에 대한 기대가 한풀 꺾이고 한반도 평화체제 구축에 대한 희망이 옅어지면서 북핵 대응책 마련을 위해 북한 이전에 새로운 핵무기 보유국이 된 국가들의 핵무기 보유 동인, 과정, 그리고 핵무기 보유 이후 이 안보전략이 어떻게 변화했는지에 다시 관심이 급증하고 있다. 이와 관련하여 1970년대부터 핵무기 보유를 위해 노력하다가 1998년에 핵실험에 성공하며 핵무기 보유국으로 인정받게 된 파키스탄의 사례가 큰 도움을 줄 수 있다. 먼저 파키스탄과 북한은 왜 핵무기를 보유하려 하였는지 그 이유와 관련하여 상당한 유사성이 존재한다. 양국 모두 인도와 한미동맹이라는 압도적으로 강한 재래식 전력을 보유한 상대와 대치하고 있는데다 양국 모두 강대국의 핵우산으로부터 보호도 받지 못하였다. 더 우세한 적대국과의 라이벌 관계로 인한 안보불안과 이를 상쇄해 줄 핵우산의 부재는 상대적 약소국이 핵무기 확보를 위해 노력하게 만드는 중요한 요인이다(Paul 2000, 21-23; Betts 1993, 108-109; Debs and Monteiro 2017, 37). 또한 파키스탄 출신 칸(A. Q. Khan) 박사의 비밀 네트워크가 북한의 핵 개발에 상당한 도움을 준 것도 잘 알려진 사실이다(Corera 2006, Ch. 4). 이렇게 파키스탄의 핵 개발 사례는 북한 핵전력의 발전과 위협 때문에 최적의 대응책 마련에 고심하고 있는 우리에게 유용한 정보와 교훈을 줄 것이다. 본 장은 이렇게 핵 개발과 관련하여 북한과 많은 공통점과 협력 관계를 갖고 있는 파키스탄의 핵무기 보유 이후 전략의 변화에 주목한다. 먼저 파키스탄의 핵 보유 이유와 과정에 대해 간략하게 살펴본 후 핵무기 보유 이후 파키스탄의 군사전략과 외교정책의 변화에 대해 집중적으로 분석한다. 파키스탄의 사례가 북한 사례 분석에 주는 교훈과 함의를 도출하면서 본 장을 마무리할 것이다.

I. 파키스탄의 핵무기 개발 역사, 배경

1. 파키스탄의 핵 개발 역사

파키스탄은 오랫동안 영국의 식민지였던 인도 아대륙(Indian Sub-Continent)이 독립할 때, 새로운 국가에서 소수파로서의 불안정하고 불확실한 미래를 염려한 일부 무슬림 지도자들의 독려로 이 지역에 무슬림들만의 독립국가 건설 염원을 안고 1947년에 분할독립하며 탄생하였다. 분할독립 과정이 대단히 폭력적이어서 수많은 인명이 희생되고 많은 사람들이 자신들의 오래된 삶의 터전을 떠나야 하면서 현재까지도 양국 모두에게 씻을 수 없는 트라우마를 안겨주었다. 분할 직후에는 전략적 요충이자 인도, 파키스탄 양국 모두에게 국가 정체성의 완수를 위해 필수적이었던 카슈미르 지역을 둘러싸고 1차 인도-파키스탄 전쟁을 치렀고 이후에도 세 차례 더 전쟁을 경험해야 했다. 따라서 탄생 초부터 파키스탄은 훨씬 크고 강한 인도라는 적대적 이웃을 옆에 두고 독립국가로서의 험난한 여정을 시작해야 했던 것이다(김태형 2019, 40-68).

　당시 많은 국가들이 관심을 갖던 핵 개발과 관련하여 파키스탄은 독립 후 얼마 되지 않은 1953년에 당시 미국의 개도국 원자에너지 지원 프로그램이었던 '평화를 위한 원자력(Atoms for Peace)' 프로그램을 환영한다고 발표하였지만 이 프로그램 자체에 대한 정부의 참여 노력은 거의 없었다. 파키스탄은 또한 일부 국가들이 관심을 보이던 원자폭탄에 대한 관심도 없다고 공식화하였지만 1956년에 파키스탄 원자에너지위원회(Pakistan Atomic Energy Commission, PAEC)를 설립하여 민수용 핵 개발을 비롯한 평화로운 원자력 에너지의 개발 협력을 미국 등의 국가들과 추진하였다. 파키스탄은 이러한 협력을 바탕으로 1965년에 소규모 연구용 원자로를 건설할 수 있었고 1972년에는 캐나다 회사와 계약하여 1966년부터 건설에 착수한 최초의 민수용 원자로 건설을 완공하였다. 그러는 와중에 파키스탄 정부는 핵에너지의 무기 전용이라는 유혹에서 벗어나고자 노력하였다. 하지만 이웃한 적대국 인도가 1962년 중국과의 전쟁에서 굴욕적인 패배를 경험하고 또한 중국의 1964년 핵실험 성공 소식을 접한 직후 핵 개발에 나섰다고 하자 파키스탄 정부는 크게 동요하였다. 1965년 야심차게 개전한 2차 인도-파키스탄 전쟁이 미국 등 동맹국으로부터 기대했던 도움을 받지 못하면서 만족스럽지 못하게 종결되자 파키스탄은 더욱 국가안보를 향상시킬 수 있는 방안에 대하여 고민하게 되었다. 그 직후 인도의 핵무기 개발에 대한 추가 정보가 입수된 후 당시 외무장관이던 강경 민족주의자로 인도가 원자폭탄을 보유한다면 파키스탄은 국민들이 풀을 먹더라도 반드시 자체 원자폭탄을 보유해야 한다고 주장하던 부토(Zulfikar Bhutto)가 파키스탄의 핵무기 개발을 강력히 제안하였다. 이러한 핵무기 획득 주장은 당시 군부정권 지도자들에 의해 거부되었으나 당시의 경험은 인도의 재래식 전력이 파키스탄이 생각했던 것보다 훨씬 강하고 미국과의 동맹은 정작 필요할 때는 크게 신뢰할 수 없다는 교훈을 파키스탄 고위층에 심어 주었다. 이후 파키스탄 내부에서는 자체 핵무장을 해야만 한다는 핵무기 개발파와 핵무기 보유가 파키스탄 안보에 큰 도움이 되지 못할 것이라는 핵무기 개발 신중파 간의 대립과 논쟁이 한동안 지속되었다(Feroz Khan 2012, 59-67).

그러나 1971년 3차 인도-파키스탄 전쟁(방글라데시 독립전쟁)에서 인도군에 굴욕적인 패배를 당하면서 동파키스탄(방글라데시로 독립)까지 상실하는 과정에서 기대하였던 미국, 중국으로부터의 원조가 철저히 무시되면서 핵무기에 대한 관심이 급증하였다. 더 이상의 군사적 치욕을 방지하고 파키스탄 영토의 존엄성 수호를 위해서는 핵무기 보유를 통한 인도군의 재래식 전력 억지 말고는 다른 방안이 없다는 공감대가 광범위하게 형성된 것이다. 이렇게 자체 핵무장이 소수의견에서 주류의 견해로 변화한 상황에서 총리가 된 부토가 1972년에 PAEC에 3년 내 핵무기를 개발할 것을 극비리에 지시하였다. 당시 파키스탄의 과학자들은 시설과 기술력의 부족으로 핵무기 개발 데드라인을 맞추는 데 어려움을 겪을 수밖에 없었다. 그러나 유럽의 핵 관련 연구소에서 핵 개발에 필요한 핵심정보를 탈취하여 귀국한 칸(A. Q. Khan) 박사의 칸 연구 실험소(Khan Research Labaratories, KRL)가 신설되면서 핵 개발 노력은 큰 진전을 이루게 된다. 파키스탄은 방기를 수차례 경험한 후 미국에 대한 신뢰가 극히 옅어졌고 핵 확산을 막으려는 미국의 견제에 맞서 프랑스와의 협력을 강화하는 등 핵 개발을 비밀리에 지속하였다. 1974년에 급작스럽게 수행된 이웃 인도의 핵실험은 파키스탄의 핵 개발 염원을 더욱 추동하였다.

하지만 인도의 핵실험이 파키스탄의 핵 개발 노력을 더욱 자극할 것을 우려한 미국이 파키스탄의 핵 개발을 저지하기 위해 이전보다 훨씬 강력한 압력을 가하기 시작하였다. 1976년 미 의회가 핵 재처리 시설을 수입하는 나라에 대한 미국의 지원을 중단한다는 시밍턴 개정안(Symmington Amendment)을 결의하였고 당시 국무장관이던 키신저가 직접 파키스탄을 방문하여 핵 개발 노력 중단을 압박하였다(Rabi-nowitz and Miller 2015, 71-72). 1977년 쿠데타로 부토 총리를 실각시키고 집권한 지아(Zia) 장군의 군부정권은 전임 정부의 핵 개발 노력을 지속하였는데 미국의 압력에 캐나다와 프랑스가 굴복하여 핵 재처리 시설 등 핵심시설, 물질의 확보에 난항을 겪게 되었다. 또한 군부정권에 의해 부토 전 총리가 처형되자 많은 파키스탄인들은 이러한 일련의 사건 배후에 미국이 있다고 믿게 되면서 이제 핵 개발은 파키스탄의 주권과 존엄을 상징하게 되었다(Ahmed 1999, 184-185). 즉 파키스탄의 핵 개발 노력에 미국 등 국제사회의 저지 노력이 증가하면 증가할수록 파키스탄 엘리트와 국민들이 이러한 목표를 향해 더욱 단단히 단합하여 자체 핵무기 확보를 위해 노력을 경주하게 된 것이다. 당시 파키스탄의 핵 개발 노력은 PAEC의 플루토늄 경로와 KRL의 우라늄 경로가 서로 경쟁하면서 점진적이지만 열정적으로 진행되었다. 이렇게 파키스탄의 핵 개발 노력은 미국의 압력에도 불구하고 지속되었고 1979년 소련의 아프가니스탄 침공 이후 파키스탄의 전략적 가치를 높게 산 미국의 압력이 급격히 완화된 틈을 타서 파키스탄은 핵 개발에 더욱 박차를 가한다. 즉 미국의 전략적 우선순위가 핵확산의 방지에서 아프가니스탄에서의 소련군 전력 약화로 전환하면서 파키스탄은 미국으로부터 막대한 지원을 제공받게 되었다. 더 나아가 미국은 파키스탄의 핵 개발을 묵인했을 뿐만 아니라 인도의 1984년 파키스탄 핵시설에 대한 예방공격 의도를 좌절시키기도 하였다(Debs and Monteiro 2017, 346-348). 그러나 1980년대 후반 소련의 아프가니스탄에서의 영향력이 눈에 띄게 줄어들고 이와 함께 미국 봉쇄전략에 대한 파키스탄의 전략적 중요성 또한 감소하면서 미국의 파키스탄 핵 개발 저지 노력이 한층 거세졌다.

　이렇게 핵무기 개발에 전력을 다하면서 미국과의 관계가 냉랭해진 파키스탄에게 1980년대 이후 핵 개발과 핵탄두의 투발 수단인 장거리 미사일 개발에 중국의 협조와 지원은 큰 도움이 되었다. 중국은 이미 1950년대부터, 특히 중국의 대인도 관계 악화 이후부터 인도와 소련으로부터의 위협이라는 공통의 이해관계로 인해 돈독한 관계를 유지해온 바 있다. 파키스탄과 중국 간에는 1970년대부터 핵 개발 관련 거래가 있었는데 칸 박사가 양자 사이에 중재자 역할을 하면서 1980년대에는 더욱 활발한 거래가 성사되었다(Corera 2006, 44-45). 인도가 파키스탄에 대하여 핵 개발 분야에서 우위를 차지하는 것을 막기 위해 중국은 남아시아에서의 핵 균형자 역할을 자처하며 핵탄두 건설을 위한 디자인, 핵무기 건설 블루프린트 등 대단히 민감한 고도의 기술까지 파키스탄에 전수해 주었고 플루토늄 원자로와 우라늄 재처리 시설 건설도 지원하였다(Ganguly and Hagerty 2005, 19, n 54; Gill 2007, 80-81). 이렇게 핵무기 보유를 통해 인도에 대한 재래식 전력 열세를 상쇄하고 미국의 압력과 간섭을 극복하고자 했던 파키스탄에 중국의 도움은 절대적인 것이었다. 이렇듯 냉전 시기 파키스탄은 미국과의 관계가 멀어질 때에 중국과 긴밀한 협조 관계를 유지하면서 인도와 소련을 견제하고 미국을 대체하고자 하는 중국으로부터 상당한 경제적, 군사적 지원을 받게 되었다.

　파키스탄 정부가 국가적 사업으로 우수인력을 대거 투입하고 중국의 도움까지 받으면서 파키스탄의 핵 개발 노력은 급속도로 진전되어 1983년에 cold test를 진행할 수 있게 되었다. 칸 박사는 1984년에 공개적으로 파키스탄이 우라늄 농축 기술을 완비했다고 발언하였는데 파키스탄에게 이러한 핵심 기술 습득은 외부 선진국의 도움 없이도 할 수 있다는 자긍심과 기술적 현대화를 상징하였다(Feroz Khan 2012,

160). 이후 파키스탄은 핵 개발 기술을 더욱 향상시켜 대체로 1980년 대 후반까지는 파키스탄의 핵무기 보유 기술이 완수되었다고 간주된다. 한편 미국이 1990년도에 프레슬러 개정안(Pressler Amendment, 미국 대통령이 파키스탄이 핵 개발을 하고 있지 않다고 확신한다는 견해를 미 의회에 전달해야만 파키스탄에 원조를 제공한다는 개정안으로 1985년부터 시행) 승인을 거부함으로써 이미 계약을 체결한 F-16 전투기의 파키스탄 수출이 중단되었다. 이로 인해 거의 유일한 핵무기 투발 수단을 상실하게 된 파키스탄은 핵 개발 프로그램의 완전 중단 등 엄격한 조건을 강요하는 미국에 반발하여 전투기 외의 다른 핵무기 투발 수단인 탄도미사일 개발에 본격적으로 착수하게 되었다. 당시 파키스탄은 보잘 것 없는 자체 미사일 개발 기술을 보유했을 뿐이었고 1987년에 신설된 미사일 기술 통제 레짐(Missile Technology Control Regime, MTCR)의 강력한 견제 또한 받아야 했다. 이렇게 어려운 시기에 다시 한 번 중국이 파키스탄의 탄도미사일 개발의 구원자로 나서게 되었다. 1991년부터 중국은 M시리즈라고 명명된 탄도미사일과 그 개발기술을 파키스탄에 제공한 것으로 알려졌다. 중국이 제공한 고체연료 기반의 탄도미사일 기술은 향후 파키스탄이 Ghazavani(단거리), Shaheen I(단거리), Shaheen II(중거리) 탄도미사일을 개발하여 2000년대 초반 실험을 거쳐 실전배치하는 데 상당한 도움을 주었다. 당시 PAEC와 라이벌 관계였던 KRL은 북한과의 협력을 통해 액체연료를 사용한 덕에 중국기술의 도움을 받은 미사일보다 사정거리가 더 긴 북한의 '노동' 미사일의 파키스탄 버전인 Ghauri 중거리 미사일 개발에 성공하여 탄도미사일 개발 노력이 상당한 성과를 거두게 되었다(Feroz Khan 2012, 234-247).

1980년대에는 파키스탄과 인도 양국이 서로의 핵 개발 노력을 충분히 인식하면서 상대방 핵시설 타격 등을 고민하여 예방전쟁 위기 등 일련의 위기가 연달아 일어났었다. 이에 비하여 1990년대는 대체로 양국 관계가 상대적으로 평온하였는데 1998년 5월 11일 인도가 전격적으로 핵실험을 감행하면서 전 세계를 경악시켰다. 파키스탄이 받은 충격 또한 엄청날 수밖에 없었다. 파키스탄 정부는 즉시 최고위 관료들을 소집하여 인도의 핵실험 감행 이유는 무엇인지, 파키스탄은 이에 어떻게 대응하여야 하는지 격론을 벌였다. 파키스탄 정부가 내린 결론은 파키스탄의 대응 핵실험 시 불가피하게 받게 될 경제제재로 인하여 이미 어려움에 처한 파키스탄 경제가 더욱 큰 타격을 입게 될지라도 파키스탄의 전략적 이해와 파키스탄 국민의 여론 등을 모두 고려할 때 반드시 단시일 내에 자체 핵실험을 감행해야 한다는 것이었다. 이를 우려하여 인도의 핵실험 직후 미국의 고위관리들이 잇따라 방문하여 파키스탄의 대응 핵실험을 저지하고자 온갖 채찍과 당근을 제시하였으나 이미 위기 상황에서 미국으로부터의 방기를 수차례 경험한 파키스탄에게 먹혀들 수 없었다. 파키스탄 정부 내에서는 지금 아니면 영원히 기회가 없을 것이라는('now or never') 분위기가 팽배하여 마침내 5월 28일과 30일 핵실험을 감행하였다(Feroz Khan 2012, 269-283). 미국을 비롯한 국제사회의 전방위적 비핵화 노력과 제재의 위협에도 불구하고 파키스탄은 마침내 핵무기 보유국의 지위를 획득하게 된 것이다.

2. 파키스탄의 핵 개발 배경, 이유

상당한 경제력과 기술적 역량을 바탕으로 핵 개발에 도전하는 여느 국가들과 달리 파키스탄은 경제적으로 빈곤하고 정치적으로 불안정성이 지속되며 종교, 공동체 등 정체성을 둘러싼 갈등도 상당한 국가로 2019년 취약국가지수(Fragile State Index)에서 23위라는 높은 수위에 랭크될 정도이다.[1] 그러나 이렇게 녹록하지 않은 여건에도 불구하고 파키스탄은 핵무기 보유에 사활을 걸었다. 가장 큰 이유는 전술했듯이 숙적 인도와의 재래식 전력 열세를 만회하기 위한 목적이 가장 크다고 할 수 있다. 파키스탄은 항상 이웃 인도를 파키스탄의 국가로서의 생존을 위협하는 존재론적 위협으로 인식하고 있다(Pande 2012). 파키스탄과 인도는 1947년 영국으로부터의 독립과 동시에 고통스럽게 전개된 분할(partition)의 악몽을 간직한 채 독립 직후부터 시작하여 현재까지 네 번의 전쟁을 치렀고 수많은 전쟁 일보직전의 위기를 경험하였다(Ganguly 2001). 대부분의 전쟁과 위기 상황에서 파키스탄은 인도에 대한 열세를 뼈저리게 절감하였다. 인도는 인구도 훨씬 많고 GDP도 파키스탄의 9배에 달한다. 또한 인도의 군비지출은 2017년 기준 640억 달러 정도로 세계 5위의 군비지출 국가인데 이는 파키스탄보다 대략 7배 많은 규모이다(Tian 2018). 따라서 인구, 경제력, 군비지출 등 일반적 국력과 재래식 군사력의 모든 지표에서 압도적으로 파키스탄에 앞서 있는 인도와의 재래식 전력의 격차를 만회하기 위한 유일한 방안은 핵무기 보유를 통한 대인도 억지라고 파키스탄은 결론내린 것이다.

　또한 파키스탄은 핵우산을 포함하여 자국의 안보를 지원해 줄 수 있는 믿을 만한 강대국을 동맹국으로 갖고 있지 않다. 파키스탄은 지속적으로 전략적 지위와 지정학적 위치를 십분 활용하여 미국, 중국과 불안정한 '동맹'관계를 교차적으로 맺으면서 경제적, 군사적 지원

1　최근 약간 향상되긴 했지만 파키스탄은 수년간 20위권 내에 위치해 있었을 정도로 국가의 취약성이 심각하다.

을 제공 받아왔다(Paul 2014, Ch. 5). 하지만 수차례 특히 1971년의 치욕적인 전쟁에서 양 강대국 모두로부터 '방기'를 경험한 후 결국 자신의 방위는 자신이 지킬 수밖에 없으며 자신만의 힘으로 인도와의 대결에서 더 이상의 굴욕을 허용하지 않을 유일한 수단은 핵무기뿐이라고 결론내린 것이다(Sarikumar and Way 2005). 즉 한 국가가 적대적인 이웃과 지속적으로 라이벌 관계로 충돌하는 상황에서 신뢰할 만한 강대국과 동맹을 맺지 못할 경우 핵무기 보유에 나설 가능성이 급증한다는 사례에 파키스탄이 해당된다고 할 수 있다(Paul 2000, 153). 무엇보다도 파키스탄은 미국이나 중국 모두 파키스탄이 절실하게 필요로 할 때 의지할 만한 동맹국은 아니라는 결론을 내려 자체 힘을 강화해야만 했고, 자체 산업기반의 낙후로 인해 경제력에 기반을 둔 재래식 억지력이 갈수록 힘들어지게 되면서 핵 개발만이 인도의 우세한 재래식 전력을 상쇄해 줄 수 있다고 믿게 되었다(Mistry 2003, 122). 인도로부터의 안보위협과 미국의 허약한 동맹보장으로 파키스탄은 자체 핵 개발에 충만한 의지를 갖게 된데다 소련의 아프가니스탄 침공으로 인한 기회의 창도 제공받아 핵 개발에 성공하게 되었다(Debs and Monteiro 2017, 353). 또한 파키스탄은 핵 개발 당시 리비아를 비롯한 무슬림 중동 국가들로부터 적지 않은 경제적 지원을 받았는데 이를 통해 세계 유일의 핵무기 보유 무슬림 국가라는 자부심과 함께 핵무기 보유국으로서 일거에 국제사회에서의 지위 향상도 기대하였다. 즉 미국을 비롯한 국제사회의 방해와 국내의 열악한 사정에도 불구하고 파키스탄이 핵 개발에 전력을 투구하여 핵무기 보유에 성공한 이유는 위기 상황에서 지원해줄 수 있는 믿을 만한 강대국이 부재한 가운데 재래식 전력에서 월등한 이웃 국가와의 대결에서 더 이상의 국가적 치욕을 허용하지 않고자 하는 절실함과 함께, 국제사회에서 핵 보유 무슬림 국가

로서의 정체성을 고양하고, 개발도상국이지만 핵무기라는 최고 수준
의 기술습득에 성공함으로써 국제사회에서의 지위를 전폭적으로 향상
시키고자 하는 목표가 총체적으로 작용한 결과라고 할 수 있다(Feroz
Khan 2012, 7-11).

II. 파키스탄 핵 보유에 대한 국제사회의 대응: 대파키스탄
제재와 그 한계

파키스탄의 핵 개발을 저지하고자 했던 미국의 노력은 미국이 파키스
탄의 비밀 핵 개발 노력을 감지하자마자 시작되었다. 미국은 주로 파
키스탄에 대한 무기판매와 연계하거나 파키스탄이 다른 국가와 맺은
핵 관련 계약을 폐기하도록 압력을 넣는 방법으로 파키스탄의 핵 개발
노력을 좌초시키고자 하였다. 1970년대 후반 당시 지아 장군에 의한
핵 개발 노력이 지속되자 인권과 핵 비확산을 강조하던 당시 카터 행
정부의 압력도 증가하였다. 미국 카터 행정부는 1979년 4월 처음 파
키스탄에 핵 개발을 이유로 공식적인 제재를 가하기 시작하였다. 비
록 레이건 행정부가 1979년 소련의 아프가니스탄 침공 이후 아프가니
스탄 작전에서 파키스탄과의 협력을 위해 파키스탄의 핵 개발 프로그
램을 의도적으로 묵인하였지만, 의회의 압력이 증가하였다. 1985년부
터 파키스탄의 원조에 핵무기 개발 불가라는 단서를 단 프레슬러 개정
안을 통과시켜 행정부와 의회 간의 협력을 통해 파키스탄의 계획을 좌
절시키고자 하였다. 이때는 이미 파키스탄의 전략적 중요성이 상당히
감소된 때이기도 하다. 이후 레이건 대통령이 1986, 1987, 1988년에,
그리고 후임 부시 대통령이 1989년에 파키스탄의 핵 개발 의혹이 없

다는 보증을 의회에 전달하였다. 그러나 미국은 핵물리학자 칸 네트워크를 통해 파키스탄이 비밀리에 핵 개발을 하고 있다는 정보를 입수하는 등 파키스탄의 핵 개발 노력이 가속화되고 있다는 증거를 확보하였고 이에 1990년 부시 대통령이 파키스탄의 핵무기 개발이 거의 완결했다는 결론을 내리면서 프레슬러 개정안을 승인하지 않았다. 이제 다시 파키스탄은 미국으로부터 경제제재를 받게 된 것이다(Reiss 1995, 187-188). 소련의 아프가니스탄 철수 후 파키스탄의 전략적 효용성이 급락하자 미국은 더 이상 파키스탄의 비밀 핵 개발 노력을 묵인해 줄 수 없었다.

소련의 몰락으로 냉전 체제가 붕괴된 후 미국의 파키스탄에 대한 관심은 급격히 저하되어 원조는 급감하고 핵 비확산을 위한 압력은 한층 가중되었다. 파키스탄은 전략적 가치를 상실한 약소국으로서 강대국으로부터 동맹의 지위에서 방기되는 운명을 다시금 맞이하게 된 것이다. 1995년에는 군사원조에만 국한되도록 미국 법안이 개정되어 이후 재개된 원조도 식량이나 마약퇴치 등의 목표에 제한되었으며 그 가치도 1년에 4,500만 달러를 넘지 않았다(Wright 2011). 이러한 상황에서 미국은 1998년 5월에 인도의 급작스런 핵실험 소식을 들은 직후 파키스탄이 대응 핵실험을 감행하는 것을 막기 위해 전방위적 압력을 가하였다. 클린턴 대통령은 샤리프 총리와의 직접 전화통화를 통한 압력 외에도 탤보트(Strobe Talbott) 당시 국무부 부장관을 특사로 파견하여 파키스탄을 강하게 설득하였으나 남아시아의 전략적 위협인식에 대한 양국의 입장 차이만 확인할 수밖에 없었다(Feroz Khan 2012, 274-277).

1998년 5월 핵실험 직후 양국에 대한 미국을 포함한 국제사회의 제재가 신속하게 이루어졌다. 미국은 무기수출 통제법(Arms Export

Control Act)과 수출입은행법(Export-Import Bank Act)에 의거하여 즉각 인도, 파키스탄에 대한 경제제재를 발효하였다. 이러한 경제제재에는 인도적인 이유를 제외한 미국의 지원 중단, 미국 은행의 대출, 투자 금지, 국제금융기구의 대출이나 지원 반대 등이 포함되었다. 그러나 불과 몇 달 안에 이러한 경제제재는 거의 해제되었다. 이미 7월에 미상원은 미국산 밀의 대파키스탄 수출을 위하여 무기수출 통제법을 개정하였고, 10월에는 인도-파키스탄 구제법(India-Pakistan Relief Act)을 통과시켜 클린턴 대통령이 미국과 인도, 파키스탄과의 관계를 핵실험 이전으로 복원하는 것을 가능하게 하였다. 또한 1년 기한이었던 이 법안이 1999년에 연장되었다. 이 법안은 '인도와 파키스탄에 대한 경제제재가 미국의 국익과 배치되지 않는다는 것을 대통령이 증명해야만 시행할 수 있다'라고 의도적으로 모호하게 적시하여 클린턴 대통령이 인도, 파키스탄에 대한 경제제재를 서서히 해제하는 것을 가능하게 하였다. 후임 부시 대통령은 2001년 취임 후 인도와의 관계 정상화를 꾀한 것과 함께 6월 워싱턴에서 파웰 국무장관을 파키스탄 외무장관과 만나게 하여 아프가니스탄 탈레반, 테러리즘, 경제제재 등의 전반적인 이슈에 대하여 심도 깊은 의견교환을 하게 하였다. 무엇보다도 그 해 9월 9·11이 발생하면서 이후 파키스탄의 전략적 중요성은 테러와의 전쟁을 수행하는 미국에게 다시금 핵심적인 파트너로 자리매김되어 경제제재의 완전한 해제는 물론이고 미국으로부터 막대한 경제적, 군사적 원조를 지원받게 되었다. 사실 파키스탄은 핵실험 외에도 군사 쿠데타를 통해 민주적으로 선출된 정부를 대체한 국가에 대해 미국의 대외원조를 중지한다는 법안에 따라서도 경제제재를 받아야 하는 상황이었으나 대테러 전쟁에서 아프가니스탄과 국경을 맞대고 있는 파키스탄의 지정학적 가치를 절대적으로 고려할 수밖에 없는 미 의

회가 10월 파키스탄은 이 법안 적용을 예외로 한다는 개정안을 통과시
킴으로써 거의 무제한적인 지원을 미국으로부터 제공받게 된 것이다
(Rennack 2003).

한편 1998년 핵실험 직후 미국 이외에 14개 서방 국가들도 인도,
파키스탄 양국에 경제제재를 단행하였다. 특히 경제적 영향력이 상당
하던 일본은 파키스탄에 대하여 2억 3,000만 달러 상당의 대출을 유예
하였고 5,500만 달러 상당의 경제지원을 취소하였다. 또한 G-7 국가
들은 미국과 함께 IMF나 World Bank 등 국제금융기관들의 인도, 파
키스탄에 대한 대출을 반대하였다. 이미 부실한 경제정책과 부패 등으
로 경제적 상황이 상당히 어렵던 파키스탄은 1997년에 IMF로부터 16
억 달러에 달하는 구제금융을 받기로 되어 있었는데 1998년 5월 핵실
험 당시까지도 12억 달러 정도는 제공받지 못한 상태였다. 여기에다
미국, 일본을 포함한 서방 국가들의 압력으로 국제금융기관으로부터
의 대출이 중단되자 파키스탄 경제는 심각한 위기에 직면하였다. 이렇
게 절박한 상황에서 미국이 점진적인 제재 해제를 결정하자 파키스탄
은 기사회생하게 되었다. 사실 파키스탄의 경우 1990년부터 프레슬러
개정안에 따른 경제제재를 이미 받고 있던 상황이라 미국의 경제제재
로 인한 직접적인 피해는 그리 크지 않았다. 하지만 IMF 등 국제금융
기관으로부터의 대출 중단은 파키스탄의 허약한 경제에 큰 타격을 가
할 수 있었다(Morrow and Carriere 1999). 자유화, 개방화 이후 견실
한 성장을 거듭하던 인도 경제와는 달리 파키스탄 경제가 이러한 국
제금융제재로 인해 감내해야 할 타격이 엄청날 수 있던 상황이었던 것
이다. 그러나 파키스탄 경제의 붕괴는 어느 국가에게도 이롭지 않을
것이라는 미국 고위관리의 설득과 함께 더 이상의 핵실험은 하지 않
을 거라는 파키스탄 정부의 모라토리엄 약속과 포괄적핵실험금지조약

(Comprehensive Test Ban Treaty, CTBT) 참여, 카슈미르 문제의 평화적 해결 노력 등을 약속하면서 파키스탄은 마침내 경제제재에서 벗어나게 되었다(Lippman 1998).

III. 파키스탄의 핵무기 보유 이후 전략 변화

미소 양 초강대국이 광적으로 핵무기 개발 경쟁을 하던 냉전기 동안 우려했던 미소 양 초강대국 간의 '열전(hot war)'은 다행히 일어나지 않았다. 이에 대해 일부 현실주의자들은 냉전기간 동안 미소 간에 '소극적 평화'가 유지된 것은 양국이 보유하고 있던 막대한 양의 핵무기가 갖고 있던 억지력 덕분이라고 주장한다. 상호확증파괴(Mutually Assured Destruction, MAD), 즉 핵전쟁 발발 시 양국 모두의 절멸이 확실한 상황에서 양 초강대국은 감히 상대방을 공격할 엄두를 내지 못하였고 이로 인해 양국 간 상대적 평화와 전략적 균형이 유지될 수 있었다는 것이다. 많은 사람들이 핵 확산을 우려하는 것에 반해 신현실주의의 대가인 월츠(Waltz)를 비롯한 일부 현실주의자들은 핵 확산이 반드시 부정적이고 불안정한 것이 아니며, 라이벌 국가들의 핵무기 보유가 냉전기 동안 양 강대국이 유지했던 것과 같은 안정 유지에 기여할 수 있을 것이라 주장한다(Sagan and Waltz 1995, 1-45). 라보이(Lavoy)와 해거티(Hagerty)도 '핵무기 보유 국가끼리는 전쟁하지 않'기 때문에 인도와 파키스탄의 핵 보유가 양국 간의 전쟁 방지에 오히려 기여할 수 있다 하였다(Lavoy 2009, 48; cited from Kapur 2007, 7).

　　그러나 이러한 핵 확산 낙관주의자들(proliferation optimists)의 희망적인 전망에도 불구하고 남아시아에서의 핵 확산이 인도, 파키스탄 양국 간의 전략적 균형이나 전쟁 방지에 기여했다고 보기는 힘들다. 1998년 양국이 모두 핵실험에 성공한 직후인 1999년 봄 카길 전쟁(Kargil War)이 발발하였다. 2001년 12월에는 파키스탄군이 후원하는 카슈미르 지역 기반테러그룹이 감행한 인도의 수도에 위치한 국회의사당 공격으로 인해 양국의 대규모 군대가 국경을 맞대고 거의 1년여간 대치하는 트윈 픽스(Twin Peaks) 위기가 발생하였다. 2008에는 다시 한 번 카슈미르 배경 테러단체의 인도 뭄바이시에 대한 테러 공격에 의해 다시 양국 간에 일촉즉발의 위기 상황이 진행되었다. 2016년과 2019년에도 파키스탄 지원 무장단체의 인도령 카슈미르 지역 내 테러 공격과 이에 대한 인도의 반격으로 심각한 위기 상황이 발생하였다. 그 외에도 카슈미르 지역에서 여러 차례 위기 상황이 끊이지 않았다. 비록 이러한 제한적 위기 상황들이 양국 간의 전면전으로 악화되지는 않았지만 핵무기로 무장한 양국 간의 다음번 위기 상황은 언제라도 핵무기 사용을 포함하는 대규모 전쟁으로 확전될 수 있다. 즉 핵무기 보유 이후 국가들이 자신의 핵전략을 포함한 안보전략과 핵 독트린, 무기체계 획득 방향, 국내 정치 변수 등이 위기 발생 시 위기의 안정이나 악화에 영향을 끼칠 수 있는 것이다.

한 국가가 핵무기를 보유하게 되면 이 국가의 전략이나 안보정책은 어떻게 변화할까? 호로위츠(Horowitz)는 한 국가가 핵무기를 보유하게 되면 당분간은 핵무기 사용 옵션에 대한 기대감으로 상대 국가와의 위기 발생 시 맞대응을 두려워하지 않게 되어 더욱 공세적이고 강압적인 정책을 쓸 가능성이 늘지만 시간이 지날수록 위기를 겪으면서 배우게 되는 경험과 교훈 덕분에 공세적인 정책을 점차 자제할 것이라 하였다(Horowitz 2009). 따라서 핵능력을 보유한 지 얼마 되지 않는 시기의 파키스탄이 한동안은 강경한 정책을 고수할 가능성이 많고 이후 시간이 지날수록 점차 온건한 정책을 시행할 것이라고 해석할 수 있겠다. 벨(Bell)은 새롭게 핵무기를 보유한 국가는 공세(aggression), 팽창(expansion), 독립(independence), 강화(bolstering), 견고함(stedfastness), 타협(compromise) 등 6개의 행동양식을 보인다고 하였다. 벨은 이들 행동양식 중 파키스탄의 경우 카길 전쟁이나 이후의 재래식 도발에서 보이듯이 핵무기를 재래식 전력에서 훨씬 앞서는 인도의 확전 의도를 방지할 수 있는 억지력으로 적절히 사용하여 공세적인 외교정책을 수행하는 국가로 평가하였다. 즉 파키스탄은 핵무기 보유 덕분에 위기 발생 시 위험한 수준으로의 확전 가능성도 감당할 수 있게 되면서 공세적인 외교정책을 추진할 가능성이 높아진 국가의 전형적인 예인 것이다(Bell 2015). 아래의 절에서 보이듯이 핵무기 보유가 파키스탄이 기대하던 파키스탄 안보의 급속한 증대라는 인식으로 이어지진 않았고, 지역의 전략적 안정에도 크게 기여하지는 못하였다. 오히려 핵무기 보유 이후 남아시아에서는 인도, 파키스탄 간에 상호작용하며 발전시켜 온 양국의 핵 태세, 핵 독트린, 새로운 투발 수단 도입 등과 관련하여 여러 불안요소가 존재한다.

1. 파키스탄의 핵 보유와 핵전략 변화

파키스탄은 재래식 전력에서 열세인 상황을 극복하고 인도와의 대결에서 절대 밀리지 않기 위한 목적에서 핵무기 개발에 전력을 다하여 마침내 성공하였다. 또한 파키스탄은 분할독립 직후부터 갈라져버린 카슈미르 지역을 수복하고자 하는 현상타파적 목표도 분명히 안보전략의 중요한 구성요소로 갖고 있다. 따라서 1998년 5월 핵실험 후 재래식 전력에서 열세인 파키스탄의 군부 중심 엘리트들은 카슈미르 지역 등에서의 공세와 도발에도 불구하고 인도가 대규모 반격을 하지 못하게 방지하는 확실한 방안을 마련하는 데 많은 노력을 기울였다. 즉 파키스탄 핵 독트린의 목표는 인도의 대파키스탄 공격을 억지(deterrence)하고, 만약 억지가 실패하여 전쟁이 발발했을 시에는 인도군의 승리를 방지하는 것이다. 1998년 핵실험 이후 비록 파키스탄은 공식적인 핵 독트린이 무엇인지 공개적으로 발표한 바 없지만 여러 루트를 통해서 파키스탄의 핵 독트린 역시 인도와 같은 '신뢰적 최소억지(credible minimum deterrence)'라는 것이 암시되었다(Tasleem 2016; Zafar Khan 2014).[2] 또한 핵 보유 초기부터 파키스탄의 원칙은 인도와는 달리 핵무기 선제 불사용(No-First-Use, NFU) 원칙을 거부하는 것이었는데 이는 인도와의 재래식 전력에서의 격차를 만회하기 위해서 핵 선제공격이나 확전 불사 등 모든 핵 옵션을 열어 놓아 핵전략을 의도적으로 모호하게 밝힌 것이다. 파키스탄 정부는 이러한 핵 선제공격 옵션이 재정적으로 감당할 수 있고, 지휘, 통제(Command & Control, CC)도 더 운용하기 쉬우며 파키스탄의 최소억지 독트린에 더욱 신뢰성을 부여할 것이라고 믿고 있다(Krepon 2013, 44).

또한 인도의 공격을 확실히 억지하기 위해 파키스탄의 핵전력 태세(nuclear posture)도 상당한 변화를 겪었다. 바이핀 나랑(Vipin Narang)에 의하면 핵전력 태세는 핵무기를 어떻게 사용할 것인가에 관한 것으로 핵능력, 교리, 지휘통제 등을 포함하는 개념인데 후원하는 강대국의 유무, 재래식 무장력이 우세한 경쟁국 유무, 민군관계의 위임형 유무, 자원 제약의 여부 등의 변수에 따라 촉매형(catalytic

---

2   신뢰적 최소억지 독트린은 파키스탄의 제한된 자원과 예산에 유리하고 핵군비경쟁을 회피할 수 있으며 지휘, 통제 시스템 구축에 유리하다는 장점이 있다(Zafar Khan 2014, 38-53).

posture), 확증보복형(assured retaliation), 비대칭 확전형(asymmetric escalation posture)의 세 가지 태세가 있다고 한다(Narang 2014, 4). 1980년대 후반 핵무기를 보유하게 된 당시 파키스탄의 초기 핵전력 태세는 인도와의 재래식 분쟁에서 열세를 보일 때 미국이 확실하게 연루되게 함으로써 위기를 극복하고자 하였던 촉매형이었다. 1990년에 카슈미르 위기가 발생하였을 때 파키스탄 정부는 1차 핵공격 옵션이 가능하다는 것을 보여주고자 핵 투발 가능 전투기 등을 즉시 출격 준비 상태로 대기시켜 이러한 위험한 움직임을 미국이 감지하고 즉각 개입하여 위기를 해소시켜 줄 것으로 기대하고 행동하였다. 당시 미국의 부시 대통령은 백악관 고위관료를 특사로 파견하여 양국 간의 위기 해소를 압박하였다(Feroz Khan 2012, 229-233). 그러나 파키스탄은 방기의 위험이 사라지지 않으면서 미국이 촉매형 핵전력 태세를 추진하게 할 만큼 믿을 만한 동맹국이 아니라고 간주한 후로는 촉매형 태세를 폐기하고 1998년 핵실험 이후에 더욱 공세적인 비대칭 확전형 태세로 전환하였다. 즉 이는 인도와의 위기가 재발할 경우 핵 선제공격도 불사하겠다고 위협함으로써 재래식 분쟁의 상황 악화를 미연에 방지하려는 억지전략인 것이다.[3] 이렇게 성공적인 비대칭 확전형 태세를 유지하기 위해서는 인도에게 파키스탄의 다양한 핵 옵션을 확실히 보여줘야 하기 때문에 파키스탄은 다양한 종류의 핵무기 투발 수단을 보유하려고 노력해야 했다(Narang 2014, 55-93).

　　그러나 인도가 파키스탄의 이러한 공세적인 핵전략 추진을 무기력하게 좌시하고 있었던 것은 아니다. 인도 정부는 파키스탄이 후원하

3　이러한 핵전력 태세는 냉전 당시 재래식 전력에서 바르샤바 조약군에 열세였던 NATO 에서 유사시 핵 선제공격을 불사하겠다고 공언하였던 사례에서 유래하였다고 할 수 있다(Narang 2014, 80-81).

는 무장 세력에 의한 테러공격 등의 도발에도 불구하고 파키스탄의 핵
보복을 두려워하여 강경하게 대응하지 못하는 상황을 탈피하고자 새
로운 군사전략 입안과 현실적이면서도 효과적인 대응방안 마련에 고
심하였다. 특히 2001년 12월 테러집단에 의한 인도 의사당 공격 이후
파키스탄에 대한 압박을 위해 발동하였던 파라크람 작전(Operation
Parakram)이 수개월 동안의 엄청난 수의 군사력 동원과 대치에도 불
구하고 큰 성과 없이 종료되자 이러한 문제의식이 더욱 증폭되었다.
결국 인도 육군은 기존의 방어적이면서 수세적인 군사독트린을 대체
하여 2004년 4월에 '차가운 시작(Cold Start)'이라는 새로운 군사독트
린을 발표하였다. 인도군이 이 새로운 독트린을 통하여 얻으려는 군사
적 목표는 파키스탄 후원 무장단체의 공격 발생 시 파키스탄군에 신속
하고 상당한 타격을 가하면서도 파키스탄의 핵무기 사용을 정당화하
지 않을 정도의 제한적인 재래식 공격을 가하는 것이다. 하지만 Cold
Start 독트린은 인도군이 이렇게 과감한 작전에 필요한 장비, 조직구조
등을 갖추는 데 많은 시간이 걸릴 것이고 파키스탄의 강력한 대응을
유발함으로써 오히려 양국 간의 전략적 안정이 더욱 침해될 수 있다는
이유로 많은 비판을 받았다(김태형 2019, 177-181).

우려했던 것처럼 인도의 Cold Start 독트린에 대한 대응으로 파키
스탄은 즉각 핵 사용 임계점을 하향조정하였다. 언제 파키스탄군이 핵
무기를 사용해야 할 것인가 하는 문제와 관련하여 억지가 실패하여 파
키스탄군이 군사적으로 큰 타격을 받거나, 영토 존엄성이 훼손되거나,
정권생존이 위협받거나, 경제가 고사될 위기 등의 경우에 진격하는 인
도군에 대한 핵무기 사용을 주저하지 않을 것이라고 파키스탄 정부 인
사들이 수차례 공언하였다. 따라서 인도군의 새로운 독트린 운용 가능
성에 대항해 파키스탄은 핵무기 사용 '레드라인' 또는 '임계점'을 의도

적으로 모호하지만 명확하게 낮추었다고 볼 수 있다(Narang 2014, 80). 이와 함께 파키스탄은 억지 전략도 기존의 전략적 억지(strategic deterrence)에서 전 범위 억지(full-spectrum deterrence)로 전환하였는데 이는 우세한 인도와의 재래식 전쟁을 방지하는 가장 확실한 방법은 전진하는 인도 지상군에 전술핵무기를 포함한 모든 옵션 사용 불사를 위협해 비대칭적으로 위기상황을 고조시키는 것이라고 믿기 때문이다 (Shapoo 2017). 즉 유사시 전술핵무기 사용 위협을 통해 위기 상황을 안정시키기 위한 의도적인 확전(escalate to de-escalate)이라고 할 수 있다. 이러한 공언을 현실화하기 위해 파키스탄은 2011년에 소형 핵탄두를 전술적 환경에서 투발할 수 있는 사정거리 60km의 Nasr 단거리 미사일을 시험발사하여 전 범위 억지전략의 실현을 강조하였다.

　　그러나 역사적으로 이러한 전술핵 의존 증가 경향이 제한적 위기 발생 시 확전의 통제(escalation control) 가능성을 현저히 저하시키고 양국 간의 전략적 불안정성을 증대시킬 것이라는 우려가 있었다. NATO의 전략가들은 이미 냉전 시기 전술핵무기(tactical nuclear weapons, TNW) 관련 혹독한 경험을 한 바 있다. 당시 NATO군이 보유하고 있던 전술핵무기를 유용하게 사용하기 위해서는, 즉 재래식 전력에서 우월한 바르샤바조약군의 기갑부대의 전진을 저지하기 위해서는, 현장의 군단 사령관에게 전술핵무기 사용 관련 최대한의 유연성이 보장되어야 했으나 동시에 확전의 방지를 위해서는 최고 결정기구에서 최대한의 중앙집중적 통제가 필수적이었던 해결 불가능한 딜레마에 빠졌었다(McCausland 2015, 162). 당시 미군은 오랜 기간 치열하게 고민했으나 전술핵무기 사용과 관련하여 일관성 있는 독트린을 도저히 개발할 수 없었다(Smith 2013, 75). 그러므로 냉전 당시 미소 초강대국 간의 대결이라는 상황과 현재 남아시아 상황과는 차이가 있긴

하지만 파키스탄도 당시 미국이 겪었던 것과 유사한 어려움에 봉착할 가능성이 크다고 할 수 있다. 즉 전술핵무기는 억지에 거의 도움이 되지 않는 대신 오히려 상대방의 선제공격 충동을 야기하고, 지휘·통제 (CC)도 대단히 힘들게 하며, 실전배치되었을 때 (테러리스트 등으로부터의) 안전을 확보하기 어렵다. 따라서 전술핵무기의 실전배치는 유사시 핵무기 사용의 임계점(threshold)을 상당히 낮출 가능성이 높고 이 임계점을 넘어갈 경우 상황이 통제 불가로 확전될 가능성도 대단히 높아진다(Smith 2013, 76-78, 80-87; Kampari and Gopalawamy 2017; Krepon et al. 2004, 126-133). 위급한 전시 상황에서 핵무기 사용 결정과 미사일 발사에 걸리는 시간을 줄이기 위하여 중앙의사결정기구가 전구사령관에게 지휘·통제 권한을 미리 위임하는 상황은 특히 위험할 수 있다(Shapoo 2017; Narang 2014, 82-90). 혼란스럽고 모든 것이 불확실한 상황에서 핵무기 사용 결정이 더욱 용이해지면 걷잡을 수 없이 확전될 가능성이 커지는 것이다.

전술핵무기 배치 외에도 파키스탄은 지역 불안정성을 가중시킬 수 있는 일련의 무기체계를 발전시키고 있다. 파키스탄은 인도의 핵 관련 기술, 장비 투자에 대응하여 신뢰성 있는 억지력을 유지하기 위해 2015년 초에 이미 인도 전역을 타격할 수 있는 Shaheen-III 탄도미사일을 시험발사하였다. 이에 더하여 2017년 1월 파키스탄은 다핵탄두(Multiple Independently Targetable Re-entry Vehicle, MIRV) 장착이 가능한 중거리 탄도미사일(MRBM) Ababeel과 함께 Babur-3 잠수함발사 순항미사일(SLCM)을 시험발사하였다. 파키스탄이 이러한 미사일 시스템을 발전시키는 것은 인도가 야심차게 개발하는 탄도미사일 방어(BMD) 체제를 무력화시키기 위한 것이다. 파키스탄은 이러한 다양한 무기체계가 파키스탄의 전략적 보복자산의 생존성을 높여 줄 것이기에 위기 상황에서 전략적 무기 사용 수준으로의 확전을 걱정하지 않고 전장에서 전술핵무기의 사용을 위협하여 상황을 안정화시킬 수 있다고 믿는다. 이렇게 파키스탄은 최근 적극적인 전술핵무기, MIRVs, SLCM 개발과 실전배치를 통하여 2차 공격능력을 확보하고자 한다(Panda 2017; Khan and Ahmed 2016). 하지만 전술핵무기의 사례처럼 MIRV, SLCM 등의 무기체계 개발, 배치가 양국 간의 전략적 안정에 공헌하리라고 보기는 힘들다. 예를 들어 파키스탄이 현재 의욕적으로 개발 중인 SLCM 역시 지휘, 통제의 어려움과 함께 인도에 의한 선제공격을 유발할 수 있고, 테러리스트들로부터의 안전성도 의심되는 등 오히려 양국 간 전략적 불안정성을 증대시킬 가능성이 크다(Clary and Panda 2017).

이러한 파키스탄의 노력에 대하여 인도는 2017년 2월 Prithvi 방어 미사일 시험발사에 성공하는 등 1999년부터 파키스탄에 대응하여 건설하고 있는 탄도미사일 방어 시스템을 개선하고 있다. 그러나 파키스탄이 이를 이유로 자신들의 핵탄두 숫자를 늘리고 투발 수단을 다양화하고 있기에 양국 간의 전략적 균형과 관련하여 그 실효성에 대해서는 논란이 지속되고 있다(Gady 2017). 이렇게 논란이 지속되는 가운데 파키스탄은 끊임없는 미사일 시험발사를 통해 핵전력을 향상시키고 있다. 2018년 3월에는 해상에 기반을 둔 억지력 향상을 위해 Babur SLCM을 시험발사하였다(Panda 2018a). 4월에는 이동발사대에서 더욱 성능이 향상되었다고 알려졌으며 Babur-1B로 명명된 지상발사 Babur 미사일 시험발사에 성공했다고 군 당국이 발표하였다. 이 미사일 버전은 사정거리가 700km라고 한다(Shaikh 2018). 파키스탄군은 또한 2018년 10월, 2015년 이후 처음으로 중거리 Ghauri 미사일(Haft-5)을 시험발사하기도 하였다. 이 미사일은 이동이 용이하고 액체연료를 주입하는데 사정거리는 1,300km이고 2003년부터 실전배치되었다(Panda 2018b). 파키스탄은 2019년 1월에 Nasr 단거리 전술미사일을 며칠에 걸쳐 시험발사하였는데 이는 인도의 미사일 방어시스템을 무력화하는 방안의 일환으로 보인다(Panda 2019). 4월에는 자체 제작 순항미사일을 해상의 해군함정에서 육지의 목표물을 향해 성공적으로 시험발사하였다고 군 당국이 발표하였다. 이 미사일은 대함/대지 공격능력을 보유한 것으로 알려졌는데 일부 전문가들은 이 미사일이 Babur-1B미사일 버전일 수 있다고 보기도 한다(Shaikh 2019). 5월 말에는 Shaheen-2 중거리 미사일이 성공적으로 시험발사되었다. 이 미사일은 사정거리가 1,500km에 달하고 이동식에 액체연료를 주입하는데 2014년부터 실전배치되었다(Dahlgren 2019a). 파키스탄군은 8월 말에 Ghaznavi(Haft-3) 단거리 미사일을 시험발사하였다. 이 미사일은 고체연료를 사용하고 사정거리가 290km로 알려졌는데 2002년부터 실전배치되었다(Dahlgren 2019b). 또한 파키스탄은 2019년 11월 사정거리가 650km에 달하는 Shaheen-1 단거리 미사일을 성공적으로 시험발사하였다(ISPR 2019). 파키스탄의 미사일 테스트는 2020년에도 멈추지 않고 1월 말에 이미 5개월도 채 안 되어 Ghaznavi 단거리 탄도미사일을 다시 한 번 성공적으로 시험발사하였다(The Economic Times 2020). 2월 중순에는 사정거리가 600km로 향상된 Raad II 공중발사 순항미사일(ALCM)을 시험발사하였다. 이번 Raad II 시험발사는 미 국무부가 인도에 통합방공 무기시스템 판매 허가를 발표한 지 1주일 만에 실행되었다(Gady 2020b). 이렇게 유사시 제한적 사용 가능성과 인도의 미사일방어 시스템 무력화를 다분히 염두에 두고 정확성과 침투성(penetrability)에 중점을 둔 파키스탄군의 핵무기 투발 수단 성능 향상 노력은 계속되고 있다.

표 1 파키스탄의 탄도미사일[4]

Missile	Class	Range	Status
Ababeel	MRBM	2,200km	In Development
Shaheen 3	MRBM	2,750km	In Development
Hatf 9 "Nasr"	SRBM	60km	In Development
Hatf 8 "Ra'ad"	Cruise Missile	350km	In Development
Hatf 7 "Babur"	Cruise Missile	350-700km	Operational
Hatf 6 "Shaheen 2"	MRBM	1,500-2,000km	Operational
Hatf 5 "Ghauri"	MRBM	1,250-1,500km	Operational
Hatf 4 "Shaheen 1"	SRBM	750km	Operational
Hatf 3 "Ghaznavi"	SRBM	290km	Operational
Hatf 2 "Abdali"	SRBM	180-200km	Operational
Hatf 1	SRBM	70-100km	Operational
Exocet	ASCM	40-180km	Operational

출처: CSIS(2018).

〈표 1〉은 파키스탄의 탄도미사일 종류와 각 미사일의 사정거리를 보여준다.

이렇게 파키스탄은 믿었던 강대국 동맹국들로부터 절실할 때 도움을 받지 못했던 역사적 경험으로 자족적인 대인도 억지력을 확보하기 위해 다양한 투발 수단 보유 노력과 함께 핵탄두 숫자 늘리기에도 고심하고 있다. 한 보고에 의하면 파키스탄은 이미 플루토늄과 HEU 비축량에서 가장 빨리 성장하는 국가이고 향후 5-10년 내에 주로 전술핵 분야에 집중하여 200여 개의 핵탄두를 더 확보하여 총 300여 개에 달하는 핵탄두를 보유할 것이라고 한다(Shapoo 2017). 〈표 2〉는 2019년 현재 양국의 핵탄두 보유 숫자를 보여준다.

4   파키스탄의 탄도미사일 명칭은 인도와의 대결에서 승리를 염원하는 상징이다. Ghaznavi, Ghauri, Babur 등은 모두 과거에 인도를 침공하여 지배한 무슬림 지도자들의 이름에서 유래되었다(Iwanek 2020).

표 2 파키스탄, 인도 양국의 핵탄두 보유 현황 (2019년 6월 현재)

	핵탄두 수
파키스탄	150-160
인도	130-140

출처: Kile and Kristensen(2019).

이렇게 파키스탄은 모든 물리적 지표에서 앞서는 인도에 뒤지지 않기 위해 사활적 노력을 기울이고 있다. 이러한 파키스탄의 노력에 대해 인도 또한 최근 인도가 1999년 핵 독트린을 발표할 때부터 강조 하였던 핵 선제 불사용원칙(NFU)을 폐기하고, 기존의 도시를 타깃으로 한 대량보복 전략 또한 대군사목표(counterforce) 전략으로 전환하고자 하는 움직임을 보이고 있다. 또한 인도는 미사일 방어(BMD) 능력 확충에도 노력하면서 양국 간의 위기안정성과 확전통제의 기회가 점차 쇠퇴하고 있다(김태형 2019, 191-198). 이렇게 인도-파키스탄 간에 핵전력 경쟁 영역에서 서로의 억지력을 확실히 담보하기 위한 노력이 오히려 위기 시 양국 간의 불안정성을 증대시키고 더욱 쉽게 확전으로 비화되지 않을지 국제사회의 우려가 크다.

2. 파키스탄 핵억지전략의 역풍 가능성 심화

파키스탄 군사전략에서 카슈미르의 수복이라는 확실하고 절박한 현상타파의 목표가 상당 부분을 차지한다. 역사적으로 인도에서 힌두와 무슬림은 종교적으로뿐만 아니라 문화, 전통, 풍습에서 완전히 다른 두 개의 서로 다른 '민족'으로 발전하였기에 영국의 철수 후에 인도아대륙에는 힌두와 무슬림 두 민족이 각각 자신의 '민족'들로 구성되는 두 개의 독립된 민족국가가 들어서야 한다는 '두 민족 이론'을 민족 · 국 가 이데올로기로 발전시켰다. 결국 무슬림들만의 민족국가인 파키스 탄을 탄생시킨 무슬림 지도자들에게 다수 주민이 무슬림인 카슈미르 는 파키스탄의 국가정체성과 불가분의 관계에 있는 곳이기에 당연히 파키스탄에 귀속되어야 한다고 확고하게 믿는 곳이다. 이러한 신흥독 립국으로서의 자랑스러운 정체성에 기반한 믿음이 파키스탄으로 하여 금 수차례나 훨씬 크고 강한 인도와의 전쟁을 불사하게 만들었던 것이 다. 특히 1980년대 후반부터 인도 통제 하의 자무-카슈미르(Jammu & Kashmir) 지역에서 정치적 불안정이 확대되자 파키스탄 정부는 이러 한 상황을 기회로 인식하여 카슈미르 내의 반군들을 적극 지원하면서 인도에 대한 비대칭 투쟁을 조장하였다.

이러한 상황에서 파키스탄의 핵 보유는 파키스탄군이 인도로부터 의 강력한 보복 대응을 두려워하지 않고 공세적인 정책을 추진하게 만 드는 기폭제가 되었다. 파키스탄군의 경우 카슈미르 지역에서의 대인 도 반군 활동이 다른 지역에 배치될 수 있는 상당 규모의 인도군을 잡 아두는 효과를 가지기에 카슈미르 지역에 더욱 공격적인 투자와 지원 을 해야 하는 조직적 이해를 갖고 있다(Sagan 2009, 15). 많은 군 지 도자들과 특히 파키스탄군 정보부(ISI)는 1980년대 그들의 아프가니 스탄 무자혜딘 지원이 소련이라는 강대한 적군을 격퇴하는 데 결정적 인 공을 세웠다고 믿어서 카슈미르의 반군 지원이 인도에 대해서도 같 은 효과를 거둘 것이라고 보고 있다(Lieven 2011, 189). 따라서 파키 스탄 정부의, 특히 파키스탄군의 카슈미르에 대한 집착이 완화되리라 고 기대하기는 힘들다. 카슈미르 획득으로 민족 정체성 면에서 민족국 가 건설을 완수하려는 갈망이 핵무기 능력 보유와 결합하여 파키스탄 정부로 하여금 보복을 두려워하지 않고 카슈미르 지역에서 인도에 대해 더욱 공세적이고 모험주의적인 정책을 추구하게 만들고 있다(Saira Khan 2005, 166).

따라서 카슈미르 문제의 해결 없이 인도-파키스탄 간에 진정한 화해와 관계 정상화가 이루어지리라 보기는 힘들다. 그러나 최근 몇 년 동안의 노력이 그리 성공적이지 못하였다. 카슈미르를 둘러싼 양국의 대결이 완화되기는커녕 더욱 치열해지면서 지역 주민들의 삶이 극도로 고통받고 있다. 이러한 상황 악화에는 지역 무장단체의 비호와 후원을 통해 카슈미르에서의 현상타파적 숙원을 달성하려는 파키스탄에 1차적 책임이 있다고 볼 수 있다. 파키스탄은 카슈미르 수복의 목표를 위해 인도의 통치에 대항하는 지역 무장조직들의 행동을 전방위적으로 후원하면서 상태의 호전을 지극히 어렵게 만들고 있는 것이다. 그런데 파키스탄군의 입장에서는 카슈미르 지역에 기반을 둔 무장단체들이 1990년 카슈미르 위기 전후에 자연발생적으로 생겨난 소규모 반인도 단체가 아니다. 카푸르(Kapur)에 의하면 파키스탄군이 적극적으로 후원하는 카슈미르 기반 무장단체들은 핵무기, 재래식 전력과 함께 파키스탄의 대인도 3대 대전략 수단의 하나이며 이미 1차 인도-파키스탄 전쟁부터 그 전략적 중요성을 인정받은 핵심적인 전력이다. 특히 3차 인도-파키스탄 전쟁의 패배로 동파키스탄을 상실한 후 파키스탄의 영토 존엄성에 대한 인도군의 우세한 재래식 전력의 위험을 뼈저리게 경험한 후 카슈미르의 수복은 파키스탄 엘리트에게 더욱 절대적인 과제가 되었다. 기본적으로 파키스탄의 핵무기와 재래식 전력이 방어적인 성격을 띠는 것에 반하여 파키스탄국 후원 무장단체들은 인도에 대해 공세를 취할 수 있는 수단이기에 카슈미르 수복이라는 과제의 수행을 위해 무장단체의 중요성이 더욱 부각되었다(Kapur 2017, 8-9, 68-69). 이후 파키스탄군은 무장단체들에 안전한 은신처와 훈련장소를 제

공하고 장비, 자금도 후원하면서 공식적으로는 부인하지만 이들 단체
들의 인도, 카슈미르 지역 테러공격에 깊이 연계되어 있다. 양자 간의
친밀한 관계는 카슈미르 주민들의 불만이 증폭되면서 더욱 효력을 발
휘하고 있는 상황이다. 파키스탄의 핵무기 보유는 이러한 무장단체를
활용한 비대칭적 대인도 공세를 더욱 원활히 도와주는 기능을 한다.

이렇게 비정규군을 동원하여 재래식 전력에서 훨씬 우월한 인도
를 상대로 비대칭전략의 추구를 가능하게 한 점에서 파키스탄의 핵 보
유는 안정/불안정 역설(stability-instability paradox)과 직접 연관이
있다고 할 수 있다(Krepon 2004, 2).[5] 핵실험 직후 1999년에 발발한
카길 전쟁을 도발하는 등 2000년대 들어서도 수차례 주로 카슈미르
에 기반을 둔 테러조직을 동원하여 인도와의 위기를 고조시켰던 것이
다. 따라서 파키스탄의 핵 보유 이후 행동은 안정/불안정 역설의 심화
를 잘 보여주는 사례라는 주장이 많다. 사실 양 국가는 핵무기 보유 이
후에 더욱 대결과 분쟁 상황이 빈번하게 발생하였다는 연구 결과가 있
다. 비핵 시기였던 1972-1989년에 비해 핵 보유 시기인 1990-2002년
기간에 양국 간의 군사적 대치 상황이 4배 가까이나 급증하였다는 것
이다(Kapur 2007, 27). 하지만 양국 간에 비핵 시기였던 1947년에서
1986년 사이에 7번의 위기 상황과 3번의 전쟁이 있었지만 핵 보유 시
기인 1986년부터 2004년까지에는 4번의 위기 상황만 있었다고 한다
(Saira Khan 2005, 162-163). 따라서 핵 보유 이전 시기에는 위기 상황
이 쉽게 양국 간의 전쟁으로 비화되었지만 양국 모두의 핵무기 보유가

---

5   안정/불안정 역설이란 서로 대치하고 있는 두 국가가 모두 핵무기를 보유할 경우 핵무
    기 보유국 간의 갈등이 전면적 대결로 확산될 위험을 줄인다는 면에서 안정의 효과를 갖
    지만, 바로 그 이유 때문에 제한적 분쟁은 오히려 더 쉽게 일어나기 때문에 '불안정'의
    측면을 갖는 상황을 일컫는다(Dittmer 2001, 903).

필요 이상의 공세를 자제하게 하여 위기 상황이 전쟁으로 악화되는 상황을 방지하였다고 할 수 있다(Ganguly and Hagerty 2005, 9). 즉 이렇게 핵무기 보유가 높은 수준에서의 전략적 안정에는 기여하였지만 제한적인 분쟁이나 비대칭적 도발은 오히려 조장하였기에 이 역설은 현재진행형이다. 또한 향후의 도발이나 위기 상황이 과거처럼 확전되지 않고 진화될지도 사실 점점 기대하기 힘들어지고 있는 상황이다.

이렇게 인도와 파키스탄 간의 핵무기 개발경쟁과 카슈미르를 둘러싼 한 치의 양보도 없는 대결, 파키스탄 후원 무장단체의 도발과 이에 대한 인도의 응징보복 등이 복잡하게 맞물리면서 위기 발생 시 확전의 가능성에 대한 우려도 점차 커지고 있다. 현재 양국의 핵 독트린과 무기체계의 도입과 배치, 핵전력 관련 작용–반작용은 위기 불안정성을 높이고 오히려 의도했던 바와 달리 상대방에 대한 억지력을 약화시켜 전반적인 전략적 안정을 크게 악화시키는 방향으로 진행되고 있다(김태형 2019, 224-229). 이러한 우려가 점증하면서 핵전략 전문가들은 양국 간의 핵전쟁 가능성에 대한 시나리오와 핵전쟁 발생 시 인명, 재산 피해 규모 등에 대해서 면밀히 연구하고 있는 실정이다. 이러한 시나리오에서 학자들은 양국 간의 위기 발생을 2025년 파키스탄 후원 무장단체에 의한 뉴델리의 인도 정부건물 공격으로 고위 공직자를 포함한 많은 사상자들이 발생하는 것으로 시작한다. 인도 정부는 이에 대한 응징보복으로 Cold Start의 발동과 함께 인도 육군의 기갑군단을 파키스탄 영내로 신속하게 진격시키는데 이에 패닉한 파키스탄 정부는 개전 첫날 각 5kt 규모를 가진 10개의 Nasr 전술핵무기를 전진하는 인도 기갑군단에 발사한다. 개전 2일째에 파키스탄은 15개의 전술핵무기를 더 발사하고 이에 대한 대응으로 인도는 두 개의 공중폭발 핵무기와 함께 18개의 핵무기로 파키스탄의 공군 비행장과 핵

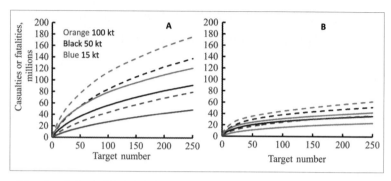

그림 1 인도-파키스탄 간에 핵전쟁 발생 시 예상되는 사상자 규모
출처: Toon(2019).

무기 보유시설 등 대군사목표(counterforce)물을 공격한다. 개전 3일
째에 파키스탄은 각종 핵무기를 동원하여 인도 내 30개의 목표물을 공
격하고 인도는 10개의 전략핵무기로 파키스탄의 목표물을 공격한다.
이제는 패닉, 분노, 의사소통 오류, 기존에 완비된 프로토콜 등으로 인
해 확전의 통제는 불가능해진 상태가 되었다. 결국 양국은 핵무기를
총동원하여 (인도는 중국에 대비하여 수십 개는 계속 보유) 대략 인도는
150개의 다양한 yield의 핵무기로 공격받고 파키스탄은 100여 개의
핵무기 공격을 받는다. 이러한 처참한 시나리오의 결과로 추정되는 양
국의 사상자 규모는 〈그림 1〉과 같다(Robock 2019; Toon 2019).
　　사용되는 핵무기의 파괴력(yield)의 정도에 따라 사상자의 숫자
에 차이가 나지만 이러한 전면적 핵전쟁 발생 시 양국에 수백, 수천만
명의 희생은 불가피하게 발생할 수밖에 없다. 문제는 이러한 시나리오
가 지극히 현실적인 가능성에 기초해 있고 허황된 공상이 아니라는 것
이다. 이러한 참화를 막으려면 긴장완화, 신뢰구축, 군비통제 등 여러
방안이 실행되어야 하지만 상황은 쉽지 않다. 특히 인도-파키스탄 양
국 간의 관계를 정상화시키고 진정한 화해를 불러올 수 있는 카슈미르

문제의 평화적 해결은 여전히 요원하다. 2010년대 중반부터 카슈미르 주민들의 인도에 대한 저항이 격렬해진 데에는 파키스탄의 책임이 분명히 크지만 2014년 집권 이후 강압적인 통제정책으로 일관하면서 지역주민들의 정서를 도외시한 모디 정부의 책임도 적지 않다. 파키스탄의 적극적 지원과 함께 힌두 민족주의 정당 출신 모디 정부의 강경 일변도 정책이 카슈미르 주민들의 불만과 소외감에 불을 지피면서 카슈미르의 불안정성은 가중되었다. 이러한 갈등에서 유래한 양국 간의 충돌은 2019년 2월의 풀와마(Pulwama) 테러와 이에 대한 인도의 공습 보복, 양국 공군 간의 공중전으로 위험스럽게 표출된 바 있다(Ganuguly 2019; Kugelman 2019b).

하지만 2019년 초의 위험한 충돌이 간신히 해소된 이후에도 양국 간의 카슈미르를 둘러싼 대결은 완화되지 않았다. 오히려 2019년 5월 총선에서 압승한 후 2기를 시작한 모디 정부는 안보와 국가 우선을 내세우면서 힌두성(Hinduness)을 강조하고 무슬림들을 비롯한 소수집단에 대한 강압통치를 강화해오고 있는데 카슈미르의 경우 8월 5일 인도 정부가 인도 통치 카슈미르에 특별 지위를 부여했던 인도 헌법 370조를 박탈한다고 공식 발표하였다. 1947년 이후 헌법을 통해 국방, 외교, 통신 분야를 제외한 모든 영역에서 자치권을 보장받았으나 이제는 그러한 지위를 잃고 연방정부의 직할통치를 받아야 하는 것이다. 모디 정부의 이러한 일방적 조치에 대한 카슈미르 주민들의 반발은 거세었으나 인도 정부는 35,000명의 군 병력을 추가 투입하고 통금과 함께 휴대전화와 인터넷을 완전히 차단하여 확실한 통제와 단속에 나섰다(Mitra 2019). 이렇게 힌두 민족주의를 앞세우는 BJP 정부는 '국가 우선' 미명하에 전통적인 인도의 다양성을 무시하고 연방정부의 주도권을 강화하면서 중앙집중화를 위해 노력해 왔다. 더 나아가 모디 정부는 수년간의 준비 끝에 2018년 7월 30일 국가시민명부(National Register of Citizens, NRC) 관련 새로운 제도의 초안을 발표하면서 아삼(Assam)주에서 불법이민자들을 색출하겠다고 나섰다. 모디 정부가 인도에서 가장 종교적 다양성이 강하다는 아삼주를 타깃으로 한 주요 이유는 이 주의 3,200만 주민들 중 3분의 1이 무슬림으로 카슈미르 다음으로 무슬림 인구의 비율이 높은 지역이라는 것이 중론이다. 다른 종교인들에게는 관용을 베풀면서 무슬림들만 특히 타깃으로 한 정책이 문제점으로 지적되고 있다(Perrigo 2019). 파키스탄 정부는 인도 정부의 이러한 강경 힌두정책을 자신에 대한 심각한 도발로 받아들인다. 특히 국가정체성을 위해 사활적으로 수복하고자 하는 카슈미르의 지위를 인도가 인도의 소유권을 기정사실화하는 방향으로 정책을 추진하는 것에 상당한 위협과 모욕감을 느낀다. 최근 계속되는 신형 미사일 시험발사도 모디 정부의 카슈미르 정책에 대한 경고의 의미도 담고 있다(The Economic Times 2020). 이러한 상황에서 지난 2월과 같은 파키스탄 지원 무장단체의 카슈미르 공격이나 인도군의 카슈미르에 대한 선제공격이 발생할 경우 위기가 진화되지 않고 확전될 가능성이 대단히 크다고 전문가들은 우려하고 있다(Kugelman 2019a). 앞의 핵전쟁 시나리오가 현실화될 가능성이 점증하는 것이다.

IV. 파키스탄의 핵 보유 이후 전략 변화가 북한에 주는 함의

전술했듯이 많은 전문가들은 북한이 미국을 비롯한 국제사회의 강한 압력에도 불구하고 핵 개발에 성공하고 핵무기 보유국가로 인정받은 파키스탄의 전철을 밟고 있다고 생각한다. 파키스탄이 핵 개발에 나서게 된 결정적인 이유가 이웃 적대국 인도의 모든 물리적 역량에서의 우세함, 믿었던 미국·중국으로부터의 지속적인 '방기' 경험으로 이들 강대국들이 유사시 핵우산 등으로 안보를 보장해 줄 것이라고는 절대 믿을 수 없었기 때문이었다. 결국 독자적 '자력갱생'의 핵심으로 핵무기를 각고의 노력 끝에 보유하게 된 것인데 이러한 상황이 북한과 별반 다르지 않다고 보는 것이다. 북한도 압도적 역량을 보유한 한미동맹과 오랫동안 대치하고 있었던 가운데 1990년 초 냉전이 해체되면서 방위조약을 맺고 있던 중국과 소련이 한국과 수교하는 등 믿었던 친구들로부터 방기당했다는 배신감이 북한이 핵 개발에 본격적으로 나서게 되는 원인이기 때문이다.

파키스탄은 핵무기 보유에 성공하면서 인도에 대한 비대칭 공세를 더욱 강화한 바 있는데 북한의 경우도 2010년의 도발처럼 공세적 행동에 나서기도 했다. 핵무기 보유 전에도 북한은 휴전선 인근 장사정포의 위력을 믿고 한국과 미국으로부터의 보복을 두려워하지 않고 도발한 경우가 적지 않았는데 이제 핵무기까지 보유한 상황이라 도발의 가능성은 여전하다고 할 수 있다. 즉 파키스탄-인도 간의 관계와 유사하게 북한이 파키스탄처럼 저강도, 제한적 도발을 시도함으로써 안정/불안정 역설이 진행될 가능성이 존재한다고 할 수 있다(Roehrig 2017, 144).

또한 북한도 파키스탄의 경우처럼 북한도 핵탄두 숫자 증대와 ICBM, 단거리 미사일, SLBM 등 투발 수단의 수적 증대와 다양화, 사거리 확대, 목표물에 대한 정밀타격능력 향상 등을 위해 많은 노력을 기울이고 있다. 북미대화가 교착상태에 빠진 2019년 중반부터는 여러 차례 단거리 미사일을 포함한 실험을 감행하였다. 〈그림 2〉에서 보이듯이 2019년의 미사일 발사실험은 높은 수준의 성공률을 과시하였

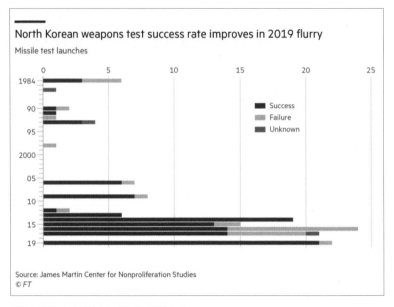

그림 2 북한의 미사일 실험 성공률 변화 추이
출처: White(2019).

다. 비록 트럼프 행정부의 레드라인을 넘어서지는 않았다고 하지만 이
러한 일련의 미사일 실험발사를 통해 북한이 원하는 소기의 목표에 상
당히 근접해 가면서 미사일 역량을 대단히 강화시켜 나가고 있다고 볼
수 있는 것이다.

　한국은 이렇게 지속되는 북한의 핵, 미사일 위협에 대응하기 위하
여 킬 체인(Kill Chain), 한국형 미사일 방어(KAMD), 그리고 한국형
대량보복(KMPR)이라는 3축체계를 구축해오고 있다.[6] 점증하는 북한
의 핵, 미사일 위협에 군사적으로 철저히 대비태세를 갖추는 것은 반

6　2018년 북한과 군사적 관계개선이 진행되면서 신뢰구축조치 방안의 하나로 국방부는
　그해 말 '핵, WMD 대응체계'로 3축체계를 대체하였고, 기존의 세 개 축이 각각 전략표
　적 타격, 한국형 미사일 방어, 압도적 대응으로 용어가 바뀌었다.

드시 필요하다. 또한 결연한 의지를 보여줌으로써 북한의 어떠한 도
발도 억지하고자 하는 각오도 필수적이다. 하지만 각각의 축이 의도
했던 바대로 북한의 도발을 억지하고 위기 발생 시 신속히 안정을 회
복할 수 있는지는 면밀히 따져보아야 한다. 킬 체인(또는 전략표적 타
격)의 경우 의도한 대로 북한의 미사일 발사 징후를 직전에 포착하여
타격하는 것이 기술적으로 대단히 어려운 데다 선제타격의 요소를 갖
고 있기 때문에 북한이 먼저 공격을 감행하게끔 자극할 가능성도 적지
않다. 인도, 파키스탄 간의 대립관계에서 양국 모두 최근 핵무기를 포
함한 선제공격 불사의 군사전략을 추진함으로써 전략적 불안정이 더
욱 악화되고 핵군비경쟁 또한 심화되고 있는데 한반도에도 이렇게 위
험스러운 전개가 일어날 가능성을 고려하지 않을 수 없다. 남아시아의
경우에는 이러한 전략이 서로 대치하는 국가들 간에 서로의 의도에 대
해 확신하지 못하여 위기 불안정성이 증폭되고 있는 데다 의도하지 않
게 핵무기 선제사용을 조장할 수 있다. 즉 한반도의 경우에도 적의 도
발에 대하여 단호하게 응징하겠다는 적극적 억지 노력이 우리의 의도
와는 달리 오히려 위기 발생 시 불안정을 증대시키고, 국지적 분쟁이
(핵무기 사용을 포함한) 대규모의 전쟁으로 확전되는 것을 통제하기 힘
들게 할 수 있는 것이다(김정섭 2017, 332-347).

　　미사일 방어는 '방어'라는 개념에도 불구하고 이러한 시스템에 내
재하는 상대방의 보복불허 가능성 때문에 오히려 공격적이고 억지력
을 약화시킬 수 있다는 비판을 자주 받는다. 남아시아의 경우 현재 인
도가 이제는 자국의 미사일 방어(BMD) 시스템이 완성 단계에 이르렀
다고 공언하고 있다(Gady 2020a). 하지만 이 미사일 방어 시스템이 현
재 인도에서 논란이 되고 있는 선제 대(對)군사목표(counterforce) 전
략으로의 전환과 연계된다면 이는 양국 간의 1차공격 안정성을 저해

하는 체계가 될 것이라는 우려가 크다(Zafar Khan 2017). 최근 한국이 구축하고자 노력하고 있는 한국형 미사일 방어의 경우는 핵무기에 의한 대도시(countervalue)나 대군사목표(counterforce) 타깃과의 관련 가능성 자체가 없기 때문에 인도의 사례와 같은 우려는 거의 없다. 또한 한국형 미사일 방어는 한국군이 꼭 필요로 했던 정찰, 탐지, 감시(ISR) 능력의 상당한 발전을 가져올 수 있다는 점에서 큰 의미가 있다. 하지만 미사일 방어 시스템 구축의 비용 대비 효용성을 면밀히 따져봐야 하고 또한 역사적으로 미사일 방어 시스템 자체가 갖는 여러 부작용과 잠재적 위험성에 대하여는 고민해야 한다.

한국형 대량보복, 또는 압도적 대응은 적이 미사일로 공격하는 경우 그 발사기지와 함께 적의 핵심 지휘부 등도 초토화시킨다는 대량보복(massive retaliation)을 특징으로 한다. 하지만 최근 인도의 핵 독트린이나 냉전 당시 아이젠하워 행정부의 New Look 정책을 둘러싼 논쟁에서 볼 수 있듯이 대량보복이 실제로 감행될 수 있을지의 신뢰성 문제에 맞닥뜨리면서, 이러한 위협이 적의 도발을 과연 억지할 수 있을 것인지의 과제를 남긴다. 한국의 압도적 대응 전략은 인도와는 달리 재래식 무기에 의존하기는 하지만 우리가 입는 피해 규모보다 훨씬 큰 대량보복을 하겠다는 공언은 신뢰성 문제에서 자유로울 수 없다. 또한 신뢰성의 입증을 위한 대량보복의 실제 행동은 불가피하게 확전의 위험성을 내포한다. 인도가 현재 대량보복 독트린의 신뢰성 문제를 극복하고자 도시보다는 파키스탄의 군사목표를 (필요하다면 선제) 공격하는 방향으로 독트린의 전환을 꾀하고 있는데 파키스탄의 맞대응으로 오히려 억지력을 약화시키고 위기시 안정성을 저해한다는 우려가 많다. 따라서 확전 불사 태도의 잠재적 위험성을 인지하고 신뢰도 증명을 위한 맞대응에 신중해야 하며 위기 발생 시에는 위기 진화와 확전 방지에 노력해야 할 것이다.

파키스탄의 경우 카슈미르 회복이라는 명확한 현상타파적 목표가 있다. 북한도 파키스탄과 유사한 현상타파적 목표를 추구하고 있는지에 대해서는 논란이 있다. 파키스탄은 핵무기 보유 전이나 보유 후에 카슈미르 수복을 위해 전쟁도 불사했으나 여전히 카슈미르의 지위에는 큰 변화가 없었다. 즉 파키스탄의 핵무기 보유가 파키스탄 정부의 핵심 전략목표 달성에 큰 도움이 되지 않았다는 것이다. 북한의 경우 북한에 의한 한반도 무력통일과 같은 현상타파적 목표를 추구하는지 일단 명확치 않지만 설령 그렇다 하더라도 북한의 핵무기 보유가 이러한 목표를 달성해 줄 수단이 될 수 있을까 의문이다. 북한이 보유한 핵무기는 미국에 의한 북한 정권 교체 시도를 방지하고 북한의 제한적 도발에 대한 완충막 이상의 역할을 할 것이라고 보기는 힘들다는 것이다(Panda and Narang 2017). 한미동맹과 확장억지, 그리고 한국군의 확고한 방위태세가 계속 기능한다면 북한의 핵, 미사일 위협에도 이제까지의 고전적인 억지가 작동할 것이다(Sagan 2017). 파키스탄의 경우처럼 북한의 도발은 핵무기 보유 전이나 보유 후에 계속 있어 왔는데 북한 핵, 미사일에 대한 대응책이 지나쳐서 북한이 'use it or lose it' 상황에 처하였다고 믿는 상황까지 압박하는 것은 주의해야 한다(Cohen 2017, 67). 파키스탄의 대인도 대응과 양국 간의 핵전력을 둘러싼 작용–반작용의 사례가 주는 교훈은 확고한 군사적 대비태세 구축과 함께 꾸준한 대화와 협상을 통한 관계회복, 오인 방지, 점진적 신뢰구축에도 노력하는 것이 오히려 상호 억지력을 증대시킬 수 있다는 것이다. 즉 북핵 대응에 단호하고 확실한 응징 억지가 지나쳐 안보 딜레마를 악화시키고 위기 안정성을 저해하는 상황은 주의해야 한다.

V. 결론

파키스탄은 여러 면에서 현재 핵 보유 국가로 인정받는 국가 중 북한과 가장 유사하고 북한의 강압적이고 공세적인 행동의 이해에 가장 큰 함의를 제공할 수 있는 국가이다. 따라서 파키스탄의 핵 보유 이유, 핵 보유 경로, 핵 보유 이후 핵 태세의 발전과 변화, 강대국과의 관계 변화 등을 면밀하게 분석하여 북한의 향후 행태를 전망하여야 할 것이다. 파키스탄은 재래식 전력에서 압도적으로 우세한 인도와 수십 년간의 라이벌 관계를 지속해 왔는데 인도군과의 전쟁에서 패배를 방지하고 양국 간의 전략적 균형을 유지하기 위한 유일한 방안은 핵무기 보유라고 결론 내리고 이의 확보를 위하여 온갖 난관에도 오랫동안 매진하여 마침내 1998년 핵실험 이후 핵 보유국으로 인정받고 있다. 그러나 파키스탄의 핵 보유가 인도와의 군사력 격차를 줄이거나 지역 안정에 공헌했다고 보기는 힘들다. 오히려 파키스탄이 핵 보유 이후 카슈미르 확보를 위해 더욱 공격적인 정책을 가능하게 하면서 안보/불안정 역설을 실증하는 등 불안정성을 가중시켰다는 비판이 많다. 또한 파키스탄과 인도 양국이 새로운 군사 독트린을 개발하고, 핵 태세를 전환하면서 이에 수반되는 핵탄두 숫자 증가와 핵무기 투발 수단 다양화에 노력하며 남아시아의 안보는 이전보다 더욱 불안해지고 위기 발생 시 확전의 가능성도 높아지고 있는 실정이다. 자국의 억지력 증대를 위한 노력들이 오히려 핵 군비경쟁 등 안보딜레마를 심화시키고 위기안정성과 확전통제에 더욱 어려움을 주는 역설적인 상황이 진행되고 있는 것이다. 파키스탄에서는 강경군부의 영향력이 줄어들지 않고 있는 상황이고(Khattak 2020), 인도에서는 모디 정부의 공세적 힌두민족주의 외교전략이 양국 사이에 가장 민감한 이슈인 카슈미르를 둘러싸고 더욱 위험한 상황으로 치달으면서 위기 재발 시 확전의 가능성이 증대할 것으로 전문가들의 우려가 커지고 있다. 파키스탄, 인도 양국 간에 의도하지 않은 분쟁과 핵무기 사용 가능성을 낮추려면 파키스탄이 무장단체를 적극 활용한 대인도 비대칭 투쟁 전략을 폐기하고 이에 반대급부로 인도도 Cold Start 독트린을 보다 방어적인 전략으로 재고하는 등의 통 큰 정치적 결단이 필수적이다(Kampari and Gopalawamy 2017). 그리고 카슈미르 문제 해결을 위한 진지한 대화와 신뢰회복 조치가 시행되어야 할 것이다. 또한 양국 간의 상호 억지력을 증대시키기 위해서는 군비통제 협상을 포함한 적극적인 외교와 정기적인 소통이 필수적이라는 냉전 시대의 교훈도 잊지 말아야 한다(Paul 2009, 9). 그러나 현재의 상황은 인도–파키스탄 양국이 강경책으로 치달으면서 핵 독트린이나 핵 태세 등 모든 면에서 위기안정과 확전통제가 어려워지는 방향으로 움직이는 듯하여 근심이 크다. 전술핵무기 선제사용 불사를 위협하며 우세한 상대방의 재래식 전력의 전개를 억지하려는 전략(escalate to de-escalate)은 단지 파키스탄–인도 간의 문제는 아니다. 중거리핵전력조약(INF)이 폐기된 후 미국과 러시아 간에도 이러한 접근과 이를 위한 무기체계 획득이 급속히 진행되면서 실제 억지력 효과에 대한 우려가 증대하고 있다. 의도적인 모호성이 오히려 더 위험하지 않을지, 위기 발생 시 낮은 레벨의 분쟁이 통제되지 않을 경우 확전의 위험이 고조되지 않을지 등에 대한 논쟁이 분분한 상황이다(Oliker 2018; Colby 2019; Rofer 2020). 아직 핵무기 보유 국가 간에 핵무기를 사용한 전쟁이 발발한 적은 없기에 어떤 주장이 더 타당한지 입증할 수는 없지만 전술핵무기를 포함한 저위력(low-yield) 탄두의 도입과 배치를 상정하는 전략의 발전에 우려의 목소리가 높다.

　북한의 경우도 파키스탄처럼 재래식 전력에서 압도하는 상대방에 맞서 신뢰할 만한 강대국의 핵우산이 제공되지 않는 상황에서 핵 개발에 매진하여 왔다. 6차례의 핵실험 외에도 투발 수단인 미사일 개발에도 전력을 다하면서 상당한 성과를 이룬 상황이다. 이러한 북한의 핵 보유는 북한의 모험주의적 도발을 더욱 부추길 가능성도 적지 않고 동아시아의 안정을 심대하게 저해하는 요인이기에 주변국들과의 긴밀한 연계를 통한 적절한 대응이 반드시 필요하다. 최근 일련의 다양한 사정거리의 미사일 실험 성공에서 보이듯이 북한의 핵, 미사일 능력은 이미 상당한 수준에 도달했다고 봐야 하고 북한의 비핵화 가능성도 크게 낮아졌다고 간주해야 할 것이다. 그러나 한국형 3축체계 등 한국의 대응방안이 확실한 억지와 응징을 지나치게 강조하여 위기 안정과 확전통제를 힘들게 하는 상황도 주의해야 한다. 일각의 우려와는 달리 북한의 핵 보유와 ICBM 개발 등이 북한의 승부수(game changer)나 최후의 승리(final victory)를 보장하는 특효약이라고 보기는 힘들다. 북한이 정권안보에 극도로 예민한 점을 고려할 때 김정은이 정권교체 시도나 참수, 북한의 핵능력을 무력화시키는 기습공격으로 오해하여 선제 핵공격을 야기할 수 있는 행동은 자제해야 한다. 이러한 정책을 공식화하는 것도 확전 가능성을 예방하는 하나의 방안이 될 수 있다(Narang and Panda 2020). 따라서 냉정한 통찰력으로 북핵 대응에 노력하되 위기안정성을 저해하고 확전통제를 힘들게 하는 방향으로의 정책추진은 경계해야 한다. 확고한 군사적 대비태세 구축과 함께 대화와 협상의 병행, 긴 호흡으로 한반도의 안정을 위해 정진해야 할 것이다.

참고문헌

김정섭. 2019. 『낙엽이 지기 전에: 1차 세계대전 그리고 한반도의 미래』. MID.
김태형. 2019. 『인도-파키스탄 분쟁의 미래: 신현실주의로 바라보는 양국의 핵 개발과 안보전략 변화』. 서강대학교 출판부.

Ahmed, Samina. 1999. "Pakistan's Nuclear Weapons Program: Turning Points and Nuclear Choices," *International Security* 23(4), 178-204.

Bell, Mark. 2015. "Beyond Emboldenment: How Acquiring Nuclear Weapons Can Change Foreign Policy," *International Security* 40(1).

Betts, Richard. 1993. "Paranoids, Pygmies, Pariahs and Nonproliferation Revisited," in Zachary Davis and Benjamin Frankel, (Eds)., *The Proliferation Puzzle: Why Nuclear Nations Spread and What Results*. London: Frank Cass.

Clary, Christopher and Ankit Panda. 2017. "Safer at Sea? Pakistan's Sea-Based Deterrent and Nuclear Weapons Security," *The Washington Quarterly* 40(3): 149-68.

Cohen, Michael. 2017. "North Korea, Nuclear Weapons, and No Good Options? A Controlled Path to Peace," In Sung Chull Kim and Michael Cohen, Eds., *North Korea and Nuclear Weapons: Entering the New Era of Deterrence*. Georgetown University Press.

Colby, Elbridge. 2019. "How to Win America's Next War." *Foreign Policy*. May 5.

Corera, Gordon. 2006. *Shopping for Bombs: Nuclear Proliferation, Global Insecurity, and the Rise and Fall of A. Q. Khan Network*. New York: Oxford University Press,.

Craig, Tim. 2015. "Pakistan tests missile that could carry nuclear warhead to every part of India." *Washington Post*, March 9.

CSIS. 2018. Missile Threat: CSIS Missile Defense Project, "Pakistan's Missile." (2018년 6월 15일 현재) at https://missilethreat.csis.org/country/pakistan/ (검색일: 2019. 8. 10.)

Dahlgren, Masao. 2019a. "Pakistan Test Fires Shaheen 2 Missile," May 23, 2019 at https://missilethreat.csis.org/pakistan-test-fires-shaheen-ii-missile/ (검색일: 2019. 11. 16.)

_____. 2019b. "Pakistan Test Fires Hatf 3 Ballistic Missile," August 29, 2019 at https://missilethreat.csis.org/pakistan-test-fires-hatf-3-ballistic-missile/ (검색일: 2019. 11. 16.)

Debs, Alexandre and Nuno Monteiro. 2017. *Nuclear Politics: The Strategic Causes of Proliferation*. Cambridge University Press.

Gady, Franz-Stefan. 2017. "India Successfully Tests Prithvi Defense Vehicle, A New Missile Killer System." *The Diplomat*, February 15.

_____. 2020a. "Report: India's Homemade Anti-Ballistic Missile Shield Ready," *The*

Diplomat, January 08.

_____. 2020b. "Pakistan Test Launches Ra'ad II Nuclear-Capable Air-Launched Cruise Missile," *The Diplomat,* February 19.

Ganguly, Sumit. 2001. *Conflict Unending: India-Pakistan Tensions Since 1947.* New York: Columbia University Press.

_____. 2019. "Narendra Modi Should Calm Tension In Kashmir Rather than Inflame Them," *Foreign Policy,* February 19.

Ganguly, Sumit and Devin Hagert. 2005. *Fearful Symmetry: India-Pakistan Crises in the Shadow of Nuclear Weapons.* Seattle: University of Washington Press.

Gill, Bates. 2007. *Rising Star: China's New Security Diplomacy.* Brookings Institution Press.

Inter Service Public Relations(ISPR). 2019. "Pakistan today successfully conducted training launch of surface to surface ballistic missile Shaheen‐1" November 18 at https://www.ispr.gov.pk/press-release-detail.php?id=5507 (검색일: 2019. 12. 28.)

Iwanek, Krzysztof. 2020. "Sultans on Wings: The Symbolism of Weapon Names in India and Pakistan," *The Diplomat,* March 2.

Jamal, Umair. 2020. "CPEC and Beyond: China and the US Fight For Influence In Pakistan," *The Diplomat,* January 24.

Kampari, Gaurav and Bharath Gopalawamy. 2017. "How to Normalize Pakistan's Nuclear Program," *Foreign Affairs,* June 16.

Kapur, Paul. 2007. *Dangerous Deterrent: Nuclear Weapons Proliferation and Conflict in South Asia.* Palo Alto: Stanford University Press.

_____. 2011. "4. Peace and Conflict in the Indo-Pakistan Rivalry: Domestic and Strategic Causes," in Sumit Ganguly and William Thompson, (Eds.), *Asian Rivalries: Conflict, Escalation, and Limitations on Two-Level Games.* Palo Alto: Stanford University Press.

_____. 2017. *Jihad As Grand Strategy: Islamist Militancy, National Security, and the Pakistani State.* Oxford University Press.

Khalid, Iram. 2013. "Nuclear Security Dilemma of Pakistan," *Journal of Political Studies* 20(1): 13‐33.

Khan, Feroz and Mansoor Ahmed. 2016. "Pakistan, MIRVs, and Counterforce Targeting," in Michael Krepon, Travis Wheeler and Shane Mason (Eds.), *The Lure & Pitfalls of MIRVs: From the First to the Second Nuclear Age.* Stimson Center.

Khan, Feroz Hassan. 2012. *Eating Grass: The Making of the Pakistani Bomb.* Palo Alto: Stanford University Press.

Khan, Saad. 2016. "India-Pakistan Relations: A Paradigm Shift," *The Diplomat,* August 17.

Khan, Saira. 2005. "7. Nuclear Weapons and the Prolongation of the Indo-Pakistan Rivalry," in T. V. Paul (Ed.), *The India-Pakistan Conflict: An Enduring Rivalry.* Cambridge University Press.

Khan, Zafar. 2014. *Pakistan's Nuclear Policy: A Minimum Credible Deterrence*. Routledge.

_____. 2015. "Pakistan's Nuclear First-Use Doctrine: Obsessions and Obstacles." *Contemporary Security Policy*, 36(1).

_____. 2017. "India's BMD: Implications for South Asian Deterrence Stability," *The Washington Quarterly* 40(3).

Khattak, Daud. 2020. "Pakistan's Lost Hope of Civilian Supremacy," *The Diplomat*, January 14.

Kile, Shannon and Hans Kristensen. 2019. "6. World Nuclear Forces, 2018" at https://www.sipri.org/yearbook/2019/06 (검색일: 2020. 1. 15.)

Krepon, Michael. 2004. "1. The Stability-Instability Paradox, Misperception, and Escalation Control in South Asia," in Michael Krepon, Rodney Jones, and Ziad Haider (Eds.), *Escalation Control and the Nuclear Option in South Asia*. The Henry Stimson Center.

_____. 2013. "Pakistan's Nuclear Strategy and Deterrence Stability," in Michael Krepon and Julia Thompson Eds., *Deterrence Stability and Escalation Control in South Asia*. Washington DC: The Stimson Center.

Krepon, Michael, Ziad Haider, and Charles Thornton. 2004. "Are Tactical Nuclear Weapons Needed in South Asia?" in Micheal Krepon, Rodney Jones, and Ziad Haider, Eds., *Escalation Control and the Nuclear Option in South Asia*. Stimson Center.

Kugelman, Michael. 2019a. "The Year Ahead: India and Pakistan Are Edging Closer to War in 2020," *Foreign Policy*, December 31.

_____. 2019b. "We Should Have Seen This Indo-Pakistan Crisis Coming," *The Diplomat*, February 22.

Lieven, Anatol. 2011. *Pakistan: A Hard Country*. NY: Public Affairs.

Lippman, Thomas. 1998. "US Lifts Sanctions on India, Pakistan," *Washington Post*, November 7.

McCausland, Jeffrey. 2015. "Pakistan's Tactical Nuclear Weapons: Operational Myths and Realities," in Michael Krepon, Joshua White, Julia Thompson and Shane Mason, Eds., *Deterrence Instability and Nuclear Weapons in South Asia*. Stimson Center, April.

Mistry, Dinshaw. 2003. *Containing Missile Proliferation: Strategic Technology, Security Regimes, and International Cooperation in Arms Control*. University of Washington Press.

Mitra, Milli. 2019. "This is the Modi government's darkest moment," *The Washington Post*, August 6.

Morrow, Daniel and Michael Carriere. 1999. "The Economic Impacts of the 1998 Sanctions on India and Pakistan," *The Nonproliferation Review* (Fall): 1-16.

Narang, Vipin. 2014. *Nuclear Strategy in Modern Era: Regional Powers and International Conflict*. Princeton University Press.

Oliker, Olga. 2018. "Moscow's Nuclear Enigma: What Is Russia's Arsenal Really For?" *Foreign Affairs* (November/December).

"Pakistan conducts successful training launch of nuclear-capable ballistic missile," *The Economic Times*, January 23, 2020.

Panda, Ankit. 2015. "Pakistan Clarifies Conditions for Tactical Nuclear Weapon Use Against India," *The Diplomat*, October 20.

_____. 2017. "Why Pakistan's Newly Flight-Tested Multiple Nuclear Warhead-Capable Missile Really Matters." *The Diplomat*, January 25.

_____. 2018a. "Pakistan Conducts Second Test of Babur-3 Nuclear-Capable Submarine-Launched Cruise Missile," *The Diplomat*, April 01.

_____. 2018b. "Pakistan Conducts Test of Ghauri Medium-Range Ballistic Missile," *The Diplomat*, October 11.

_____. 2019. "Pakistan Conducts Second Nasr Nuclear-Capable Ballistic Missile Test in a Week," The Diplomat, February 4.

Panda, Ankit and Vipin Narang. 2017. "Nuclear Stability, Conventional Instability: North Korea and the Lessons from Pakistan," *The Diplomat*, November 22.

_____. 2017. "Pakistan's Tests New Sub-Launched Nuclear-Capable Cruise Missile. What Now?" *The Diplomat*, January 10.

Pande, Aparna. 2011. *Explaining Pakistan's Foreign Policy: Escaping India*. London: Routledge.

Paul, T. V. 2000. *Power vs. Prudence: Why Nations Forgo Nuclear Weapons*. Montreal: McGill-Queen's University Press.

_____. 2009. "Complex Deterrence: An Introduction," in T. V. Paul, Patrick Morgan, and James Wirtz, eds., *Complex Deterrence: Strategy in the Global Age*. University of California Press.

_____. 2015. *The Warrior State: Pakistan in the Contemporary World*. Oxford University Press.

Perrigo, Billy. 2019. "4 Million Indian Citizens Could Be Made Stateless Tomorrow. Here's What to Know," *Time*, August 30.

Rabinowitz, Or and Nicholas Miller. 2015. "Keeping the Bombs in the Basement: US Nonproliferation Policy toward Israel, South Africa, and Pakistan," *International Security* 40(1).

Reiss, Mitchell. 1995. *Bridled Ambition: Why Countries Constrain Their Nuclear Capabilities*. Woodrow Wilson Center Press.

Rennack, Dianne. 2003. "India and Pakistan: US Economic Sanctions," CRS Report for Congress, February 3.

Robock, Alan. et. al. 2019. "How an India-Pakistan nuclear war could start —and have global consequences," *Bulletin of the Atomic Scientists* Volume 75, Issue 6.

Roehrig, Terence. 2017. "Stability or Instability? The US Response to North Korean Nuclear Weapons," In Sung Chull Kim and Michael Cohen, Eds., *North Korea and Nuclear Weapons: Entering the New Era of Deterrence*. Georgetown University Press.

Rofer, Cheryl. 2020. "Low-Yield Nukes Are a Danger, Not a Deterrent," *Foreign Policy*. February 11.

Sagan, Scott. 2009. "Introduction: Inside Nuclear South Asia," in Scott Saga ed., *Inside Nuclear South Asia*. Palo Alto: Stanford University Press.

_____. 2017. "The Korean Missile Crisis: Why Deterrence Is the Still the Best Option," *Foreign Affairs* 96/6 (Nov/Dec), pp. 72–82.

Sankaran, Jaganath. 2014/15. "Pakistan's Battlefield Nuclear Policy: A Risky Solution to an Exaggerated Threat." *International Security* 39(3).

Sasikumar, Karthika and Christopher Way. 2009. "2. Testing Theories of Proliferation in South Asia," in Scott Sagan (Ed.), *Inside Nuclear South Asia*. Stanford University Press.

Shaikh, Shaan. 2018. "Pakistan Tests Upgraded Babur Cruise Missile," April 16 at https://missilethreat.csis.org/pakistan-tests-upgraded-babur-cruise-missile/ (검색일: 2019. 11. 16.)

_____. 2019. "Pakistan Test Fires Indigenous Cruise Missile," April 24 athttps://missilethreat.csis.org/pakistan-test-fires-indigenous-cruise-missile/ (검색일: 2019. 11. 16.)

Sjapoo, Sajid Farid. 2017. "The Dangers of Pakistan's Tactical Nuclear Weapons," *The Diplomat*, February 1.

Smith, David. 2013. "The US Experience with Tactical Nuclear Weapons: Lessons for South Asia," in Michael Krepon and Julia Thompson, Eds. *Deterrence Stability and Escalation Control in South Asia*. Stimson Center.

Tasleem, Sadia. 2016. "Pakistan's Nuclear Use Doctrine," June 30. http://carnegieendowment.org/2016/06/30/pakistan-s-nuclear-use-doctrine-pub-63913 (검색일: 2018. 2. 8.)

Tian, Nan. et. al. 2018. "Trends in World Military Expenditure, 2017," SIPRI Fact Sheet, May.

Toon, Owen. et al. 2019. "Rapidly expanding nuclear arsenals in Pakistan and India portend regional and global catastrophe," *Science Advances*, 02 Oct. 2019: Vol. 5, no. 10.

White, Edward. 2019. "North Korea's improved missile systems spark 'deadline' concerns," *Financial Times*, December 31.

Wright, Lawrence. 2011. "The Double Game: The Unintended Consequences of American Funding in Pakistan," *The New Yorker*, May 16.

제3부

북한에 대한 함의

제9장

북한은 핵실험 이후 더 공격적인가?

황지환

I. 머리말

1990년대 초반 한반도의 안보 위협으로 등장한 북한 핵 문제는 30년 가까이 지났지만 여전히 해결되지 않고 있다. 북한은 비핵화는커녕 2005년 2월 핵 보유를 선언하였고 2006년부터 2017년까지 10여 년 동안 6번의 핵실험을 감행하였다. 북한은 지속적으로 핵능력을 발전시키며 '핵무기 보유국(nuclear weapons state)'의 지위를 주장해 왔다. 북한은 2016년의 5차 핵실험이 핵탄두 실험이었으며, 2017년의 6차 핵실험은 수소탄 실험이었다고 주장했다(로동신문 2017/9/4). 더구나 북한은 2017년 11월 29일 시험발사한 '화성 15형'이 "초대형 중량급 핵탄두 장착이 가능한 대륙간탄도 로케트"로써 미국 전역을 타격할 수 있다고 선전하였다(로동신문 2017/9/4).[1] 이는 북한이 핵탄두를 미사일에 실어 발사할 수 있는 기본적인 능력을 보유했음을 주장하는 것이다. 유엔을 비롯한 국제사회가 대북 제재를 지속적으로 강화해 왔음에도 불구하고 북한은 끊임없이 핵과 미사일 능력을 증진시키면서 핵무기 보유를 기정사실화해 왔다. 2018년 이후 남북정상회담과 북미정상회담을 통해 북한의 비핵화가 시도되었지만, 2020년 2월 현재 여전히 해결되지 못하고 있다. 이에 따라 한국은 '사실상의(de facto)' 핵무기 보유국에 대한 대응방향을 모색해야 할 상황이 되었다. 북핵 문제는 여전히 한반도의 가장 위협적인 안보 현안이지만, 뾰족한 해결책을 찾아내지 못하고 있다.

　북핵 문제 대응방안에 대한 첨예한 이견은 그 해결의 어려움을 잘 말해주고 있다(Hwang 2015). 일부에서는 체제의 생존을 위협할 만큼

1　이하 북한 문헌에서 직접 인용된 부분은 북한 표기를 그대로 따른다.

강력한 제재를 부가하여 북한이 어쩔 수 없이 비핵화를 선택하도록 강제해야 한다고 주장한다(Stanton et al. 2017). 북한 핵 시설에 대한 선제공격(preemptive strike) 주장도 존재한다. 하지만, 미시적인 폭격조차 전면전으로 확대될 수 있는 가능성은 모두를 두렵게 한다(Rich 2017). 여전히 남은 것은 외교적 해법뿐이라는 의견도 강하게 존재한다(Kristof 2017; New York Times Editorial Board 2017). 하지만, 북한은 어떠한 조치에도 핵무기 프로그램을 포기할 의사가 없는 듯하다. 핵확산금지조약(Nuclear nonproliferation treaty, NPT)과 국제원자력기구(International Atomic Energy Agency, IAEA)로 대표되는 강력한 비확산레짐(nonproliferation regime)을 고려할 때, 국제사회가 북한을 공식적인 핵무기 보유국으로 인정할 가능성은 거의 없다. 현실적으로 한반도에는 사실상의 핵무기 보유국인 북한의 위협이 일상화되고 있다. 물론 북한의 비핵화를 위한 노력은 지속되어야 한다. 하지만, 사실상의 핵무기를 가진 북한을 어떻게 이해하고 대응해야 할 것인지의 문제는 이제 우리의 당면한 현실이 되었다. 이러한 관점에서 북한의 핵무기 보유를 전제로 북핵 문제에 대한 대응방안을 모색하는 것은 중요한 학문적, 정책적 과제가 되었다. 북한의 핵 포기는 여전히 중요한 정책적 목표이지만, 사실상의 핵무기를 보유한 북한의 전략을 분석하고 이에 대한 대응방향을 고민하는 것도 현실적으로 필요하다.

이러한 관점에서 이 글은 북한의 핵무기 실험 및 보유 과정에서 보여준 국가전략과 대외정책의 변화를 분석한다. 북한은 핵무기 프로그램을 발전시켜 나가는 과정에서 어떠한 대외적 행동을 보여주었는가? 북한은 2005년 핵무기 보유를 선언하고 2017년까지 6차례의 핵실험을 하는 동안 어떠한 국가전략과 대외정책을 보여주었는가? 북한의 전략과 행동은 핵실험 이전과 큰 차이를 보이는가? 우선 이 글은 북한 핵 보유의 전략적, 정책적 의미를 평가해 본다. 이는 핵 보유가 국가의 대외정책에 미치는 일반적 영향을 기초로 북한이 핵무기 보유 이후 보여온 전략과 정책의 변화를 검토하는 것이다. 둘째, 이 글은 2006년 이후 2017년까지 총 6번의 핵실험을 통해 발전시켜 온 북한의 핵능력을 분석하면서 핵능력의 진전이 어떠한 변화를 이끌어 왔는지 살펴본다. 셋째, 이 글은 북한이 핵능력을 발전시켜 나가는 과정에서 실제로 보여준 국가전략과 대외정책을 추적하여 핵 보유가 실제 대외적 행동의 변화를 이끌었는지 검토한다.

II. 핵무기와 대외적 행동의 변화: 이론적 논의

1. 핵무기가 국가의 대외적 행동에 미치는 영향

핵무기는 20세기 중반 최초 등장 이후 그 가공할 만한 파괴력과 핵전쟁 가능성으로 인해 군사전략과 국제관계를 근본적으로 변화시켰다(Jervis 1989; 앤드류 프터 2015). 따라서 핵무기 개발은 국가전략에도 커다란 영향을 미치게 되었다. 이로 인해 국가들이 핵무기를 보유하게 되면 일정한 대외적 행동의 변화를 보인다고 알려져 있다. 특히 현상 변경의 욕구를 가진 약소국이 핵무기를 획득하게 될 경우 재래식 도발에 대담성(emboldenment)을 가지게 되어 지역질서를 불안정하게 만든다는 연구가 남아시아 사례를 통해 설명된 바 있었다(Kapur 2007). 이란의 경우에도 핵무기를 보유하게 되면 보다 대담한 대외정책을 보일 것이라는 예상도 있었다(Kroenig 2014). 반면, 핵무기가 재래식 도발의 대담성 이외에도 공격성(aggression), 팽창성(expansion), 자주성(independence), 견고성(bolstering), 단호성(steadfastness), 양보성(compromise) 등의 차원에서 핵 보유국의 대외적 행동에 보다 다양한 영향을 미친다는 논의도 있었다(Bell 2015). 특정 국가가 핵무기를 보유하게 되면 그 국가의 공격적인 호전성이 증가하고, 국가의 대외적 목표를 확대하여 팽창시키고, 동맹과의 관계에서 자주성을 높이려 하고, 동맹의 신뢰성을 높여 견고하게 만들기도 하며, 분쟁에서 물러서지 않고 확고부동한 입장을 견지하게 되며, 양보를 할 때도 비용과 위험도가 낮아진다는 설명이다.

물론 이러한 행동들이 모든 핵무기 보유국에서 나타나는 것은 아니다. 자국 영토에 대한 위협과 전쟁 진행 여부, 동맹의 존재 여부, 적대국에 대한 상대적 국력 신장 여부에 따라 다른 대외적 행동을 보이게 될 것이라는 모델도 있다(Bell 2014). 우선, 자국 영토에 대한 위협과 전쟁이 진행되고 있는 경우 보다 공격적이고 단호한 정책을 펼칠 가능성이 높다고 한다. 둘째, 후견 동맹국이 존재할 경우 동맹으로부터 자주성을 추구하게 될 가능성이 높다고 한다. 셋째, 적대국에 대한 상대적 국력이 신장되고 있는 경우 보다 팽창적인 정책을 펼치면서 다른 동맹국들과의 관계를 강화할 가능성이 높다고 한다. 이러한 변수들에 기초해서 특히 이란이 핵무기를 보유할 경우 시리아, 이라크 등 동맹 국가들과의 관계를 강화하고 적대국에 대해 보다 단호한 정책을 펼칠 가능성이 많다는 예측을 내놓기도 했다. 북한의 경우 이 모델을 적용하면, 1) 한미와 군사적 긴장이 진행되고, 2) 중국과 동맹을 유지하고, 3) 한미에 대해 상대적 국력이 약화되고 있는 모습으로 이해될 수 있다. 이 모델에서 북한은 핵무기 보유를 통해 대외적으로 공격적이고 단호한 정책을 펼치면서 북중동맹으로부터 자주성을 확보하려는 정책을 보일 가능성이 높다고 예측된다. 다른 한편, 북중동맹의 관점에서 보면, 북한은 핵 보유를 통해 동맹국인 중국이 자국에 대한 안보지원을 지속하게 하려는 촉매 핵전략(catalytic nuclear strategy)을 추구할 가능성이 크다는 예측도 있다(Narang 2015). 동맹모델에서 북한이 후견국 동맹인 중국에게 버림을 받지(abandonment) 않는다면, 대외정책 자체가 공격적이거나 불안정한 모습은 아닐 것이라는 예측이다.

2. 북한 사례에 대한 적용

이처럼 핵무기가 국가의 대외적인 행동에 미치는 영향은 다양하게 해석될 수 있어 단일한 모습으로 단정하기 어렵다. 특히 냉전 종식 이후 핵무기가 '약자의 무기(weapons of the weak)'가 되고 있다는 인식이 강하기 때문에(Betts 1998), 상황이 더욱 복잡하게 얽혀 있다. 특히 북한 사례는 이러한 핵무기의 영향성과 '약자의 무기'라는 변수가 교차하면서 상당히 어려운 퍼즐을 제시하고 있다. 그렇다면, 2006년 1차 핵실험 이후 2017년까지 6차례의 핵실험을 감행하며 핵무기 보유를 완성해 나가는 과정에서 북한은 어떠한 대외적 변화의 모습을 보여주었는가? 핵무기는 한국에 대해 재래식 도발을 감행하는 과정에 북한을 훨씬 더 대담하게 만들었는가? 북한의 호전성은 기본적으로 증가하였는가? 북한의 국가전략은 이전보다 확대되었는가? 북한은 중국과의 동맹에서 보다 자주적인 정책을 추구해 왔는가? 혹은 중국으로부터 더 많은 안보지원을 얻으려고 북중관계의 신뢰성을 높이며 동맹을 더욱 견고하게 만들었는가? 한국 및 미국과의 분쟁에서 북한은 물러서지 않고 보다 단호한 입장을 견지하였는가? 한미에 양보를 하는 경우에도 북한의 부담감과 위험성은 감소하였는가? 이론적인 관점에서 보았을 때 북한의 핵 보유 사례에서 제기할 수 있는 주요한 질문들이다.

물론 이러한 질문들이 북한의 핵무기 개발 사례에 그대로 적용되기는 어려운 측면이 있다. 우선, 이 글이 검토하고 있는 2006년에서 2017년의 시기는 북한이 6번의 핵실험을 통해 핵무기 능력을 구체화시켜 나가는 시기였지 핵무기를 완성한 시기라고 보기는 어렵다. 따라서 엄밀하게 표현하면 이 시기 북한 대외정책을 핵무기 보유 이후의 정책이라고 규정할 수는 없다. 또한 북한의 대외적 행동을 핵무기 보유의 직접적인 결과로 단정하기도 어렵다. 보다 정확하게 표현하면 북한이 핵무기를 보유해 가는 과정에서 보여준 대외적 변화라고 할 수 있다. 가령 민주주의 사례를 통해 비유를 들자면, 성숙된 민주주의 국가의 대외정책과 이행기 민주주의 국가의 대외정책이 차이를 보이는 것과 비슷한 문제이다(Mansfield and Snyder 1995). 하지만, 북한이 이미 2005년 2월 핵무기 보유를 선언한 바 있고 2006년 10월에 1차 핵실험을 진행했기 때문에, 핵 보유가 북한의 대외정책 변화에 미친 초기 영향을 파악하는 데는 도움이 될 수 있다. 또한 향후 핵무기 능력이 진전됨에 따라 북한이 보일 수 있는 대외정책적 모습을 이해하는 데도 큰 도움이 될 것이다.

다른 한편, 북한의 핵 보유가 북중동맹에 미치는 영향을 파악하는 것 역시 일반적으로 핵 보유가 동맹에 미친 영향과 구별될 수 있다. 북중관계는 1961년 이후 공식적으로는 동맹관계를 유지하고 있지만, 일정한 긴장관계를 가지고 있는 것이 사실이다(정덕구·추수룡 2013). 또한, 북중동맹은 비대칭적 동맹(asymmetric alliance)으로 북한의 대중 의존도가 중국의 대북 의존도보다 훨씬 크다. 따라서 북한의 핵 보유가 동맹의 신뢰성을 제고한다고 보기는 어렵다. 북한의 핵 보유는 중국에게도 상당한 부담으로 작용하고 있기 때문이다. 또한 북한의 폐쇄적 속성으로 인한 정보의 제한으로 공격성, 팽창성, 자주성, 단호성, 양보성 등 북한의 행동을 구체적으로 평가하는 것도 쉽지 않다.

북한 사례에서 우리에게 더 중요한 질문은 북한이 핵무기를 보유해 나가는 과정에서 이전보다 더 공격적인(offensive) 모습을 보여주었느냐의 여부이다. 핵실험 이전에도 북한의 국가성향에 대해서는 기존에도 다양한 논의가 진행되어 왔다. 북한의 합리성에 관한 논의뿐만 아니라(Kang 1995; Smith 2000), 북한의 현상타파 혹은 현상유지 경향에 대한 논쟁도 지속되어 왔다(황지환 2012; 우승지 2013). 이 글의 주요 질문은 핵무기가 북한의 국가 속성을 변화시키는 데 큰 영향을 미쳤느냐의 여부이다. 즉, 북한이 핵능력을 진전시켜 나가는 과정에서 '현상타파 국가(revisionist state)'의 모습을 강화시켰는지, 혹은 '현상유지 국가(status-quo state)'의 속성을 강화시켰는지 여부이다(Frankel 1996; Brooks 1997; Jervis 1999; Mearsheimer 2001). 이는 핵무기 확산의 안정론 논쟁에서도 중요한 퍼즐이기도 하다(Sagan and Waltz 2003). 북한이 한반도에서 현상유지를 꾀한다면 핵무기를 통해 한국과 미국에 대한 억지력(deterrence capability)을 강화하고 체제생존을 꾀하려는 방어적인(defensive) 모습을 보일 것이다. 반면, 북한이 현상타파를 꾀한다면, 북미평화협정, 한미훈련 중단, 미국의 한반도 정책 변화, 한국의 안보 약화 등을 통해 한반도에서 세력균형 변화를 추구하면서 보다 공격적인(offensive) 모습을 보일 것이다.

III. 북한의 핵실험과 핵능력의 변화

최근 북한의 핵능력을 정확하게 평가하기 위한 다양한 시도가 있었다

표 1 북한의 핵실험과 핵능력

	1차	2차	3차	4차	5차	6차
시기	2006/10/9	2009/5/25	2013/2/12	2016/1/6	2016/9/9	2017/9/3
지도자	김정일	김정일	김정은	김정은	김정은	김정은
위력 (Yield)	0.8kt	2~6kt	6~7kt	6kt	10kt	120kt
지진파 규모	3.9Mb	4.5Mb	4.9~5.1 Mb	4.9~5.2 Mb	5.0~5.3 Mb	6.3Mb
형태	플루토늄	플루토늄	고농축 우라늄? (핵분열)	증폭 핵분열탄? (핵융합?)	핵탄두 실험?	수소폭탄 실험?
핵능력 추정	북한의 핵물질 및 핵무기의 양은 평가에 따라 차이가 있으나 수차례의 핵실험에도 불구하고 향후에도 상당량을 보유하고 있을 것으로 추정된다(Wit and Ahn 2015). 북한은 핵탄두의 표준화, 규격화, 소형화, 경량화, 다종화 및 수소폭탄 실험에 성공했다고 주장하며, 대륙간탄도미사일은 미국 전역을 타격할 수 있다고 주장한다(로동신문 2017/11/29).					

출처: 다양한 자료를 통해 저자가 재구성.

(정성윤 외 2016). 북한의 핵과 미사일 능력이 지속적으로 발전하고 있는 상황에서 이를 확정적으로 평가하는 것은 적절하지 않을 수도 있다. 하지만, 북한의 핵 보유 이후 대외적 행동의 변화를 관찰하기 위해 특정 시기의 핵능력을 평가하는 것은 필요한 작업이다. 〈표 1〉에 정리된 것처럼 북한이 2006년 이후 2017년까지 6차례의 핵실험을 감행하는 동안 핵능력은 지속적으로 발전되어 왔다. 북한은 2005년 2월의 핵 보유 선언 이후 2006년 10월부터 2017년까지 총 6차례의 핵실험을 실시하였다. 3차 핵실험부터는 김정은 집권 이후에 이루어졌으며, 핵능력에도 커다란 진전이 있었다고 평가된다.

북한은 2005년 2월 10일 핵 보유를 선언하고 1년 반 뒤인 2006년 10월 9일 처음으로 지하 핵실험을 감행하였다. 북한은 1차 핵실험 직전인 10월 3일 외무성 성명을 통해 2005년의 "핵무기 보유 선포는 핵

시험을 전제로 한 것이었다"고 밝히며 핵실험을 예고하였다(조선중앙통신 2006/10/3). 북한은 6일 뒤인 10월 9일, 최초의 지하 핵실험을 성공적으로 진행하였다고 발표하였다(로동신문 2006/10/9). 1차 핵실험은 0.8kt의 위력으로 3.9Mb의 지진파 규모를 보여 일부에서는 실패한 핵실험으로 평가하기도 했다. 하지만, 북한이 일주일 전 미리 예고한 뒤 실험을 했다는 점을 감안하면 그 규모상의 한계에도 불구하고 상당한 기술의 발전으로 평가되었다.

2009년 5월 25일 진행된 2차 핵실험은 2~6kt의 위력으로 추정되었는데, 4.5Mb의 지진파 규모로 1차 때보다 수 배 강한 진전된 폭발력을 보여주었다. 2차 핵실험은 2007년 6자회담의 2·13 합의 및 10·3 합의 이후 2008년 말까지 지속된 핵동결 기간 이후에 이루어졌기 때문에 짧은 시간에 상당한 핵능력의 진전을 보여준 것이었다.

3차 핵실험은 2013년 2월 12일 감행되었는데, 김정은 시대 들어 처음으로 이루어진 실험이었다. 6~7kt의 위력으로 4.9~5.1Mb의 지진파 규모를 보여주어 역시 이전보다 최소 2배 이상의 폭발 규모를 보여주었다. 이는 1945년 일본 히로시마에 투하되었던 핵폭탄 위력(16kt)의 절반 수준에 해당되는 수치였다(연합뉴스 2013/2/12). 북한은 3차 핵실험이 "이전보다 폭발력은 크면서 소형화, 경량화된 원자탄을 사용하여 높은 수준에서 안전하고 완벽하게 진행됐다"고 주장했다. 북한은 특히 "다종화된 우리 핵억제력의 우수한 성능이 물리적으로 과시됐다"며, 이전에 실시된 플루토늄 방식이 아닌 고농축우라늄(HEU) 방식을 이용한 핵실험임을 암시하였다(조선중앙통신 2013/2/12). 3차 핵실험은 북한의 주장과는 달리 10kt에 미치지 못하는 폭발 규모의 한계로 인해 여러 가지 의문을 낳았던 것이 사실이다(연합뉴스 2013/2/12). 하지만, 북한이 '소형화, 경량화, 다종화'를 주장하면서 핵

능력이 지속적으로 발전되고 있었음을 증명하였다.

3차 핵실험 후 거의 3년 만인 2016년 1월 6일 진행된 4차 핵실험은 6kt의 위력으로 4.9~5.2Mb의 지진파를 보여주었다. 이는 폭발력 면에서는 3차 때와 큰 차이가 없는 규모여서 핵능력에 큰 진전이 없었다는 주장이 제기되기도 했다. 하지만, 북한은 정부성명을 통해 4차 핵실험이 첫 수소탄 실험이었다고 주장하며 "핵무력 발전의 보다 높은 단계"라고 밝혔다(조선중앙통신 2016/1/6). 폭발 규모 면에서 보면 수십만 TNT톤의 위력을 내는 수소폭탄 실험으로 보기는 어렵다는 평가가 일반적이었다. 하지만, 핵융합 반응을 이용한 증폭핵분열탄(boosted fission weapon)에 의한 실험이었다는 분석도 존재한다(경향신문 2016/1/6).

북한 정부 수립 68주년인 2016년 9월 9일에 감행된 5차 핵실험은 4차 핵실험 이후 1년도 안 된 시점에 진행된 것으로 상당히 놀랄 만한 사건이었다. 5차 핵실험은 10kt의 위력으로 5~5.3Mb의 지진파 규모를 보여주었는데, 이는 4차 때보다 훨씬 더 커진 폭발 규모였다. 인공지진파 규모를 5.0Mb로 가정하더라도 이는 4차 핵실험에서 사용된 것으로 추정되는 증폭기술을 4배 정도 향상시킨 기술로 평가되었다. 4차 핵실험 당시 제한적인 폭발 규모로 인해 야기되었던 기술력 논란을 불식시키며 상당한 핵능력 발전을 보여준 것이었다. 북한은 특히 "새로 연구제작한 핵탄두의 위력판정을 위한 핵폭발시험을 단행하였다"고 언급하며 5차 핵실험이 핵탄두 실험이었음을 주장하였다. 북한은 "전략 탄도로케트들에 장착할 수 있게 표준화, 규격화된 핵탄두의 구조와 동작특성, 성능과 위력을 최종적으로 검토 확인하였다"고 언급하였다. 핵무기가 표준화, 규격화됨으로써 "여러가지 분렬물질에 대한 생산과 그 리용기술을 확고히 틀어쥐고 소형화, 경량화, 다종화된 보다 타격력이 높은 각종 핵탄두들을 마음먹은 대로 필요한 만큼 생산할 수 있게 되었다"는 주장이다(조선중앙통신 2016/9/9). 5차 핵실험이 핵탄두 실험이었다는 주장을 그대로 받아들이기는 어렵다. 하지만, 북한의 주장이 옳다면, 3월 9일 공개한 핵탄두 모형을 실제로 사용하여 실험을 진행한 것이었다. 이는 핵의 무기화에 한 단계 더 다가간 것으로 핵능력의 새로운 진전으로 평가될 수 있었다.

북한은 2017년 9월 3일 진행된 6차 핵실험이 수소탄 실험이었다고 주장했다. 북한은 이 실험이 "대륙간 탄도로케트 장착용 수소탄시험"이었으며, "핵무기설계 및 제작기술이 핵탄의 위력을 타격대상과 목적에 따라 임의로 조정할 수 있는 높은 수준에 도달하였다"고 밝혔다(로동신문 2017/9/4). 수소탄 실험 여부에 대한 논란은 있었지만, 6차 실험은 120kt의 위력으로 지진파 6.3Mb의 규모를 보여줌으로써 5차 핵실험과는 차원이 다른 능력이었다. 북한은 또한 이 실험이 "국가 핵무력 완성의 완결단계 목표를 달성하기 위한 일환"이었다고 하였는데, 이는 핵무기 능력의 완성이 멀지 않았음을 시사한 것이었다(로동신문 2017/9/6).

북한은 핵무기 능력뿐 아니라 수많은 로켓 실험을 토대로 장거리 미사일 능력을 발전시켜 왔다. 기존의 스커드, 노동, 대포동 미사일 기술뿐만 아니라, 2015년 이후 북극성 로켓 개발 실험을 통해 잠수함발사 탄도미사일(SLBM: Submarine-Launched Ballistic Missile)의 가능성을 보여주기도 했다. 북한의 로켓 개발 목표가 미국 본토를 타격할 수 있는 대륙간 탄도미사일(ICBM: Inter-Continental Ballistic Missile)임을 감안할 때, 2017년 7월 4일 발사한 '화성 14형'과 11월 29일 발사한 '화성 15형'은 커다란 진전으로 평가된다. 북한은 '화성 14형'이 "대형 중량 핵탄두 장착이 가능한 대륙간 탄도 로케트"라고 주장하였다(로동신문 2017/7/8). 한미 당국은 '화성 14형'이 미국 본토를 공격할 수 있는 완전한 ICBM이라고 평가하지는 않았지만, ICBM급 능력을 가진 것은 부정하지 않았다. 북한은 화성 14형이 고각발사를 통해 "예정된 비행궤도를 따라 최대정점고도 2,802km까지 상승비행하여 거리 933km 조선동해 공해상의 설정된 목표수역을 정확히 타격하였다"고 하며 ICBM 개발에 핵심적인 대기권 재진입 기술에 상당한 성과를 거두었다는 것을 시사하였다.

'화성 15호'는 "초대형 중량급 핵탄두 장착이 가능한 대륙간 탄도 로케트"로서 미국 전역을 타격할 수 있다고 선전하였다(로동신문 2017/11/29). 북한은 '화성 15호'가 "미국 본토 전역을 타격할 수 있는 초대형 중량급 핵탄두 장착이 가능한 대륙간 탄도로케트로서 지난 7월에 시험발사한 《화성-14》형보다 전술기술적 제원과 기술적 특성이 훨씬 우월한 무기체계이며 우리가 목표한 로케트 무기체계 개발의 완결단계에 도달한 가장 위력한 대륙간 탄도로케트"라고 주장하였다. 또한 고각발사체제로 진행된 '화성 15호'는 "정점고도 4,475km까지 상승하여 950km의 거리를 비행하였다"고 밝혔다. 이에 대해 김정은은 "국가 핵무력 완성의 력사적 대업, 로케트 강국 위업이 실현되었다"고 선언하였다. 북한이 '화성 15호' 시험 발사를 가장 높은 수준인 '조선민주주의인민공화국 정부 성명'을 통해 발표하며 핵무력 완성을 선언하였다는 점은 핵 및 미사일 능력의 자신감을 보여주는 것이었다.

요약하면, 북한의 핵과 장거리 미사일 능력은 지난 10여 년 동안 지속적으로 발전해 왔다. 북한 스스로 주장하듯, 수소탄 실험과 ICBM 능력 개발을 통해 핵능력의 완성단계에 다가가고 있는지도 모른다. 북한의 핵무기가 실제 군사적으로 운용 가능한 수준인지에 대해서는 회의적인 시각도 많다. 하지만, 핵무기는 1945년 8월 이후 한 번도 사용되지 않은 무기이다. 파괴력과 억지력을 고려할 때 핵무기의 전략적 가치는 실제 사용될 때보다는 사용될 가능성이 예상될 때 더욱 큰 것이다. 북한 역시 지난 10여 년 동안 핵무기의 속성을 잘 활용해 왔다. 북한의 불확실성과 정보 부족은 핵무기의 속성과 잘 결합되어 군사전략적, 외교적 차원에서 활용되어 왔다.

IV. 북한의 핵실험과 대외적 행동의 분석: 현상타파 혹은 현상유지?

지난 10여 년간 보여준 핵실험과 중장거리 미사일 실험을 고려할 때, 북한은 '사실상의 핵무기 보유국'으로 진입하고 있다고 평가된다. 이에 따라 한반도는 실질적인 북한 핵무기 위협에 직면하고 있다. 따라서 북한 비핵화에 대한 노력과 더불어 핵 보유 이후 북한의 행동에 어떻게 대응할 것인지 고민하는 것이 필요하다. 이를 위해서는 북한이 핵실험을 해 나가는 과정에서 어떤 전략적, 정책적 변화를 보여주었는지 살펴볼 필요가 있다. 여기서 전략이란 목표를 달성하기 위해 설계하는 최선의 계획을 의미하며, 정책은 일상적인 결정을 통해 대외적으로 나타나는 행동을 의미한다. 전술한 바와 같이, 핵무기 보유로 인한 대외적 행동의 변화는 다양한 모습으로 나타난다. 하지만, 현실적으로 한반도에서 주요한 관심은 북한이 현상타파적인(혹은 공격적인) 국가가 되고 있는지, 현상유지적인(혹은 방어적인) 국가가 되고 있는지 살피는 것이다. 핵 확산 안정론 논쟁의 관점에서 보면, 핵 보유가 북한을 대외적으로 불안정하고 예측 불가능한 모습으로 변화시킬 것인지, 혹은 안정적이고 예측 가능한 모습으로 변화시킬 것인지를 의미한다.

이를 위해 북한이 핵 보유를 선언하고 핵실험을 시작한 2000년대 중반 이후 북한의 대외적 행동이 어떤 변화의 모습을 보이고 있는지 검토한다.

1. 핵실험과 대외 정책

1) 북한의 대남도발

〈표 2〉는 1950년대 이후 최근까지 북한의 연대별, 유형별 침투 및 국지도발의 세부현황을 요약하고 있다. 북한의 침투도발은 1960년대에 급격히 증가하였다가 이후 점진적으로 감소했음을 알 수 있다. 특히 1960년대에는 김일성이 '경제국방 병진노선'을 통해 군사력 건설에 전력하고 이를 토대로 군사적 모험주의에 열중했었는데, 당시 직접침투가 월등하게 증가하였다(함택영 1998, 163-177). 반면 1980년대 이후에는 직접침투가 급감하였고, 간접침투가 간헐적으로 발생한 정도였다(대한민국 국방부 2016).[2] 특히 북한의 핵개발이 본격화된 2000년대 이후에 직접침투는 전혀 발생하지 않았고 위험성이 낮은 간접침투가 약간 증가했다는 점을 알 수 있다. 이는 아마도 1980년대 이후 한반도의 세력균형이 북한에 불리해지면서 공격적인 침투를 하기 어려웠기 때문일 것으로 해석된다.

다른 한편, 북한의 국지도발은 전반적으로 1960년대에 크게 증가하였다가 이후 감소한 뒤 1990년대 이후 다시 증가함을 알 수 있다. 수치를 좀 더 자세히 살펴보면 국지도발 중에서도 접적지역 도발은

---

2   국방백서에서는 직접침투와 간접침투가 구체적으로 어떠한 차이를 가지고 있는지 설명하고 있지 않다. 다만, 직접침투는 한국으로의 침투, 간접침투는 일본 등 해외를 이용한 침투로 추정된다.

표2 북한의 연대별, 유형별 침투 및 국지도발 세부현황

구분		계	1950년대	1960년대	1970년대	1980년대	1990년대	2000년대	2010-2016
계		3,094	405	1,340	406	228	222	241	252
침투 도발	직접침투	1,759	381	990	300	38	50	0	0
	간접침투	179	0	0	0	127	13	16	23
	월북납북자 간첩남파	39	5	21	11	2	0	0	0
	소계	1,977	386	1,011	311	167	63	16	23
국지 도발	접적지역 도발	507	7	300	51	45	51	42	11
	접적해역 도발	559	2	22	28	12	107	180	208
	공중 도발	51	10	7	16	4	1	3	10
	소계	1,117	19	329	95	61	159	225	229

출처: 국방백서(2016, 252). (2016년은 11월까지의 자료임).

지속적으로 감소했다는 점을 알 수 있다. 반면, 접적해역 도발은 1990년대 이후 크게 증가해 왔다. 북한이 육상도발보다는 해상도발에 집중하고 있는 모습은 수차례의 서해교전과 천안함 사건 등에서 잘 나타난다. 그 이유가 다양하게 해석될 수 있겠지만, 대체로 북방한계선(NLL) 무력화 시도와 더불어 해상도발이 남한에 군사적 부담은 주면서도 위기 고조 및 확산 가능성이 낮기 때문일 것으로 추정된다. 북한의 침투 및 도발 현황을 살펴볼 때, 2000년대 중반 이후 핵개발을 본격화한 시기에는 이전에 비해 공격적인 모습을 보여주었다고 해석하기는 어렵다.

2) 북한의 대남 경제협력

〈그림 1〉은 1990년대 중반 이후 남북교역액 현황을 보여주고 있다. 남북한 교역은 1998년 김대중 정부의 등장 이후 급격하게 증가해 왔다. 2009년, 2011년, 2013년 등 교역액이 감소된 해도 있었다. 하지만, 지

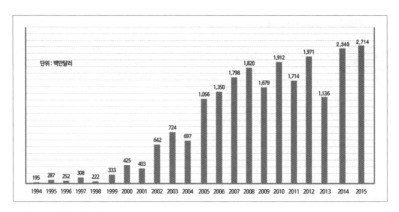

그림 1 남북교역액 현황
출처: 통일부. "주요사업 통계." (각 연도)

난 20여 년 동안 남북교역액은 지속적으로 증가 추세에 있었다. 이러한 흐름은 남북교류에 부정적이었던 이명박 정부나 박근혜 정부 때도 큰 차이가 없었다. 남북교역액의 증가는 개성공단의 확대에 기인한 바크다. 하지만, 2016년 2월 개성공단 운영이 중단되자, 당해 연도 남북교역액은 3억 3,300만 달러로 2015년 금액의 1/9 수준으로 급감하였다. 남북교역이 감소되었던 2009년이나 2013년에 북한의 2, 3차 핵실험이 있었고, 2016년 1월의 4차 핵실험 이후 개성공단이 중단되었다는 점을 고려할 때, 핵실험은 남북교역에 커다란 영향을 미쳤다고 평가된다. 하지만, 북한이 핵실험을 감행해 나가는 상황에서도 개성공단 폐쇄 자체를 원하지는 않았던 것으로 보인다. 2013년 북한이 개성공단을 중단시켰을 때에도 북한은 조국평화통일위원회 특별담화문을 통해 남북 당국자 사이의 개성공단 정상화 회담을 제안하기도 했었다(조선중앙통신 2013/6/6). 결국 북한은 핵실험의 와중에서도 개성공단 문제나 남북교역에 대해 보다 공세적인 정책을 취하지는 않았다고 판단된다. 당시 개성공단과 남북교역은 북한의 경제적 이익과 밀접하게 연결되어 있었기 때문이다.

3) 남북회담에 대한 영향

〈표 3〉은 2000년대 중반 이후 분야별 남북회담 개최 현황을 요약하고
있다. 남북회담은 노무현 정부 시절인 2007년까지는 비교적 활발하
게 진행되다가 2008년부터 급격하게 감소하고 있다. 북한의 핵실험이
2006년 시작되었고, 2009년, 2012년에도 계속되었다는 점을 고려할
때, 핵실험이 남북회담 개최에 부정적인 영향을 미쳤다는 점은 분명해
보인다. 핵실험으로 인해 전반적으로 남북관계가 경색되었고, 이는 남
북회담 자체를 어렵게 만들었을 것이다. 다만, 남북회담의 감소 자체
가 핵실험 이후 북한의 공세적인 정책을 보여주는 지수라고 판단하기
는 어려운 측면이 있다. 이전에도 북한이 남북회담에 호의적이거나 적
극적이었다고 볼 수는 없기 때문이다. 결국 핵실험이 남북회담에 대한
북한의 정책을 공세적으로 변화시켰다고 해석하기에는 무리가 있다.
다만, 북한의 핵실험으로 인한 남북관계가 경색되었고 이로 인해 남북

표 3 분야별 남북회담 개최 현황

구분	'04	'05	'06	'07	'08	'09	'10	'11	'12	'13	'14	'15	'16	계
정치	2	10	5	13	-	-	-	-	-	1	2	3	-	254
군사	5	3	4	11	2	-	1	1	-	-	1	-	-	49
경제	13	11	8	22	3	4	3	-	-	22	3	1	-	132
인도	2	4	3	3	-	2	4	-	-	1	1	1	-	153
사회문화	1	6	3	6	1	-	-	-	-	-	1	-	-	55
합계	23	34	23	55	6	6	8	1	-	24	8	5	-	643

출처: 통일부. "주요사업 통계." (각 연도)

회담이 부정적인 영향을 받았다고 해석될 수 있다.

4) 대외정책 소결

북한의 대외정책 데이터를 살펴보았을 때, 북한이 핵개발을 본격화하는 과정에서 특별히 공세적인 대외정책을 보여주었다고 해석하기는 어렵다. 물론 그 기간 동안 대외정책의 도발 자체가 없었던 것은 아니다. 2009년의 대청해전, 2010년의 천안함 및 연평도 사건, 2013년의 개성공단 중단 등 북한은 이 시기 여러 차례 대남 도발을 감행했다. 다만, 이전과 비교하여 북한의 행동이 크게 달라졌다고 보기는 어렵다. 북한은 핵개발 이전에도 1·21 청와대 습격사건, 푸에블로 나포사건, 판문점 도끼만행사건, 버마 양곤 폭파사건, KAL기 폭파사건, 연평해전 등 수많은 공세적 도발을 감행했었기 때문이다. 따라서 핵개발 이후 북한의 대외적 행동이 특별히 현상타파적이고 공세적인 것으로 변화했다고 해석하기는 어렵다. 핵실험의 과정에서 북한이 보여준 대외적 행동은 정책적으로 한반도의 세력균형을 뒤엎으려는 형태로 구체화된 것은 아니었다.

2. 핵실험과 대외 전략

1) 핵실험 이전

1990년대 초반 이후 소련이 붕괴되고 중국의 국가전략이 변화하는 과정에서 북한은 후견 강대국들의 '확장 핵억지력(extended nuclear deterrence)'을 상실했다. 이는 한반도에서 핵균형(nuclear balance)의 붕괴를 의미하는 것으로, 북한은 남한에 수세적인 입장에 놓일 수밖에 없었다. 북한은 그동안 자체 핵무기 개발을 통해 한반도에서 새로운 핵균형을 추구해 왔다. 하지만, 1990년대 북핵 문제가 처음 불 거졌을 때, 북한은 핵 프로그램이 핵무기를 위한 것이라고 공식화하 지는 않았다. 당시 북한은 자신들의 핵 프로그램이 NPT 4조에도 규 정되어 있는 평화적 목적의 에너지 개발이라고 주장해 왔다. 이에 따 라 1994년 10월 북미 사이에 체결된 제네바합의에서는 북한에 2기의 경수로(light-water reactor)와 연간 50만 톤의 중유 공급이 약속되었 다. 이는 핵 프로그램 동결로 인한 에너지 부족분을 보충할 필요가 있 다는 북한의 주장에 대응하기 위함이었다. 하지만, 2차 북핵 위기가 불거진 2002년 가을 이후 북한은 자신들의 핵 프로그램이 미국의 대 북 무력 사용에 대한 억지용이라는 사실을 부정하지 않았다(로동신문 2002/11/22, 12/13, 12/23, 12/28). 당시 북한은 북미 간의 불가침조약 체결이 핵문제를 해결하는 가장 좋은 방안이라고 주장하기도 했다(로 동신문 2002/10/26).

2) 1, 2차 핵실험 이후

북한은 2006년 10월, 1차 핵실험을 통해 대미 핵 억지력 강화를 분명 하게 밝혔다. 북한은 외무성 성명을 통해 "자위적 핵 억지력, 선제 핵 불사용, 핵위협 및 핵이전 불허, 조미 적대관계 청산, 북미협상을 통 한 한반도 비핵화" 등을 강조하였다(로동신문 2006/10/3). 북한은 "미 국의 극단적인 핵전쟁위협과 제재압력책동은 우리로 하여금 상응한 방어적 대응조치로서 핵억제력 확보의 필수적인 공정상 요구인 핵시 험을 진행하지 않을 수 없게 만들었다"고 주장하며, "조선민주주의인 민공화국은 절대로 핵무기를 먼저 사용하지 않을 것이며 핵무기를 통 한 위협과 핵이전을 철저히 불허할 것"이라고 강조하였다. 또한, "조 선반도의 비핵화를 실현하고 세계적인 핵군축과 종국적인 핵무기 철폐를 추동하기 위하여 백방으로 노력할 것"이며, "우리의 최종목표는 조선반도에서 우리의 일방적인 무장해제로 이어지는《비핵화》가 아니라 조미적대관계를 청산하고 조선반도와 그 주변에서 모든 핵위협을 근원적으로 제거하는 비핵화"라고 주장하였다. 북한은 "대화와 협상을 통하여 조선반도의 비핵화를 실현하려는 우리의 원칙적 립장에는 변함이 없다"고 주장하기도 했다. 북한은 또한 핵실험 이후 발표한 외무성 대변인 담화를 통해, 핵포기 가능성을 언급하기도 했다(조선중앙통신 2006/10/11). 북한은 "미국이 적대시정책을 포기하고 조미사이에 신뢰가 조성되여 우리가 미국의 위협을 더 이상 느끼지 않게 된다면 단 한 개의 핵무기도 필요없게 될 것이라는데 대해 여러 차례 밝혀왔다"고 강조하며 북미 직접 협상을 통한 핵포기 가능성을 강조하기도 했다.

북한이 2009년 5월 2차 핵실험을 감행하고 보인 대외적 인식 역시 1차 핵실험 이후와 크게 다르지 않았다. 북한은 2차 핵실험이 "공화국의 자위적 핵 억제력을 강화하기 위한 조치의 일환으로" 진행되었으며, 이는 "지구상의 2,054번째로 되는 핵시험"이고, "전체 핵시험의 99.99%를 유엔안전보장리사회의 5개 상임리사국들이 진행하였다"고 기존 핵 보유국들을 비판하였다(조선중앙통신 2009/5/29). 더불어 북한은 "핵무기전파방지조약이나 미싸일기술통제제도의 밖에 있는 나라로서 국가의 최고리익이 침해당하는 경우 핵시험이나 미싸일발사를 얼마든지 할 권리를 가지고 있으며 이러한 정당방위조치는 그 어떤 국제법에도 저촉되는것이 없다"며 핵실험의 국제법적 정당성을 주장하기도 했다. 또한, 북한의 핵실험은 "미국의 적대행위에 대처하여 단행된 그 어떤 국제법에도 저촉되지 않는 자위적조치"로, "오늘의 이 대결은 본질에 있어서 평화와 안전에 관한 문제이기 전에 우리 공화국

의 자주권과 존엄에 관한 문제이며 조미대결"이라며 미국의 대북 적
대시 정책을 재차 비판하였다(조선중앙통신 2009/6/13). 북한은 "누구
든 우리의 처지에 놓이게 된다면 핵 보유가 결코 우리가 원한 것이 아
니라 우리에 대한 미국의 적대시정책과 핵위협으로 인한 불가피한 길
이였음을 알고도 남을 것"이라며, "이제 와서 핵포기란 절대로, 철두철
미 있을 수 없는 일로 되였으며 우리의 핵무기보유를 누가 인정하는가
마는가 하는 것은 우리에게 상관이 없다"며 핵무기 보유의 불가피성을
강조하였다(Hwang 2009).

3) 3차 핵실험 이후

김정은이 집권한 뒤 처음으로 진행한 3차 핵실험 직후에는 이전보다
공세적인 언사를 구사하기 시작했다. 물론 자신들의 핵실험이 미국
의 대미 적대시 정책에 대한 자위적 수단이라는 이전의 주장을 지속
적으로 반복했다. 핵실험과 핵무장이 "미국의 포악무도한 적대행위
에 대처하여 나라의 안전과 자주권을 수호하기 위한 실제적 대응 조
치의 일환"이라는 주장이 그것이다(조선중앙통신 2013/2/12). 북한 국
방위원회 정책국은 "지속적으로 가중되여온 미국의 대조선적대시정
책과 이러한 핵공갈에 대처하여 부득이하게 갖추게 된 것이 우리의
정당한 자위적 핵무력"이라는 성명을 발표하기도 했다(조선중앙통신
2013/4/18). 다른 한편, 북한은 3차 핵실험 이후 자주권을 수호하기 위
한 수단으로 선제공격을 강조하기 시작했다. 조선인민군 최고사령부
는 성명을 통해 "나라의 자주권과 최고 존엄을 수호하기 위한 우리 군
대와 인민의 단호한 대응 의지를 실제적인 군사행동으로 과시하게 될
것"이라며, "첫 순간타격에 모든 것이 날아가고 씨도 없이 재가루로 불
타버리게 된다는 것을 명심하여야 한다"고 위협하였다. 물론 외무성

이 아닌 군부의 성명이기는 했지만, 핵무력을 통한 선제공격을 위협했다는 점에서 보다 공세적인 레토릭으로 평가되었다(조선중앙통신 2013/3/26).

3차 핵실험 직후에는 특히 김정은 체제의 국가전략이라고 할 수 있는 '핵무력경제 병진노선'이 발표되었다는 점에 주목할 필요가 있다. 3차 핵실험 직후 조선로동당 중앙위원회 전원회의는 북한의 새로운 전략적 노선으로 "경제건설과 핵무력 건설을 병진"시키는 '핵·경제 병진노선'을 채택하였다(연합뉴스 2013/3/31). 북한은 '핵·경제 병진노선'이 김일성 주석과 김정일 국방위원장이 추진했던 "독창적인 경제·국방 병진 노선의 빛나는 계승"이라며, "방위력을 철벽으로 다지면서 경제건설에 더 큰 힘을 넣어 사회주의 강성국가를 건설하기 위한 가장 혁명적이며 인민적인 노선"이라고 강조했다(조선중앙통신 2013/3/31). 하지만 김일성, 김정일 시대의 경제·국방 병진노선이 사실상 국방력 강화를 위한 국가전략이었음을 고려하면(함택영 1998, 163-177), 김정은의 '핵·경제 병진노선'도 지속적인 핵무기 보유를 위한 전략이라고 해석되었다(황지환 2014).

4) 4차 핵실험 이후

4차 핵실험에서 북한은 수소탄 실험에 성공했다고 발표했다(조선중앙통신 2016/1/6). 북한은 수소탄 실험이 "핵무력 발전의 보다 높은 단계"라며, "조선민주주의인민공화국은 수소탄까지 보유한 핵 보유국의 전렬에 당당히 올라서게 되였으며 우리 인민은 최강의 핵억제력을 갖춘 존엄높은 민족의 기개를 떨치게 되었다"고 선언했다. 4차 핵실험 이후 핵능력에 대한 북한의 자신감은 특별히 '정부 성명' 형태의 발표문이 나온 것에서 잘 알 수 있다. 북한은 수소탄 실험 역시 "미국을 위수로 한 적대세력들의 날로 가증되는 핵위협과 공갈로부터 나라의 자주권과 민족의 생존권을 철저히 수호하며 조선반도의 평화와 지역의 안전을 믿음직하게 담보하기 위한 자위적조치"라고 주장하였다. 이에 북한은 "책임있는 핵 보유국으로서 침략적인 적대세력이 우리의 자주권을 침해하지 않는 한 이미 천명한대로 먼저 핵무기를 사용하지 않을 것이며 어떤 경우에도 관련수단과 기술을 이전하는 일이 없을 것"이라며 핵의 선제 불사용과 핵 이전 불허를 강조하였다. 또한, "미국의 대조선 적대행위들이 《일상화》되였듯이 그에 대처한 우리의 자위적인 병진로선 관철사업도 일상화되였다"면서, "이제는 미국이 좋든 싫든 우리의 핵 보유국지위에도 습관되여야 할 것"이라고 주장하였다. 북한의 핵무기 보유국 인정과 대북 적대시 정책 폐기를 미국에 요구한 것이다. 특히 구체적으로 "조선반도와 동북아시아의 평화와 안정을 위하여 우리가 내놓은 미국의 합동군사연습중지 대 우리의 핵시험중지 제안과 평화협정체결제안을 포함한 모든 제안들은 아직 유효하다"며, 북미 직접 협상을 통해 미국의 대한반도 정책을 변화시키려는 구상을 피력하였다(조선중앙통신 2016/1/15).

　　핵무기와 관련한 북한의 대외전략은 4차 핵실험 개최된 '조선로동당 제7차 대회'에서 구체화되었다(조선중앙통신 2016/5/9). 〈표 4〉에서 요약된 결정서에 따르면, 북한은 '핵무력경제 병진노선'을 유지하면서, '동방의 핵대국'을 지향하며, 미국의 적대시 정책을 철회시키고, 정전협정을 평화협정으로 변환시키려는 전략을 가지고 있었다. 이 전략은 구체적으로 '남한 내에서 미군과 전쟁장비들을 철수'시키고, '한미의 전쟁연습을 전면중지'시키는 정책을 포함하고 있었다. 북한은 강화된 핵무기 능력을 바탕으로 향후 미국과의 핵군축 협상을 진행하여 미국의 대한반도 정책을 변화시키고 북미 간 평화협정을 체결하여 한

표 4 제 7차 당대회 결정서의 핵문제 관련 입장

- 핵무력경제 병진노선 유지
- 핵무기의 소형화, 다종화를 통해 자위적 핵무력을 "질량적으로" 강화하여 '동방의 핵대국' 지향
- 미국의 적대시 정책을 철회시키고, 정전협정을 평화협정으로 변환
- 남한 내에서 미군과 전쟁장비들을 철수
- 남한의 정치군사적 도발과 한미의 전쟁연습을 전면중지
- 대북 적대행위 중단 및 군사분계선상의 심리전 방송과 삐라 살포 중지
- 군사적 긴장상태 완화시키며 모든 문제를 대화와 협상으로 해결
- 미국의 선핵 사용이 없는 한 핵무기 선제 사용 않고 핵확산금지의무 이행 및 세계의 비핵화 실현 노력

출처: 조선로동당 제7차 대회 결정서(조선중앙통신 2016/5/9).

반도에서의 한미 우위의 세력균형을 변화시키려는 의도를 보여준 것이었다. 이는 북한이 핵실험 이전까지 '베이징 6자회담'에서 논의한 비핵화 어젠다와는 근본적인 차이를 가진다. 북한은 핵실험 이후 구체화한 대외전략을 조선로동당 당대회에서 제시한 것이었다. 이러한 대외전략은 한반도의 현상변경을 꾀하여 북한에게 유리한 세력균형으로 재편하려는 계획이었다.

5) 5차 핵실험 이후

조선로동당 7차 당대회 4개월 후인 2016년 9월 북한은 5차 핵실험을 감행하였다. 북한이 핵실험을 시작한 2006년 이래 처음으로 1년 내 두 차례의 핵실험을 실시한 것이었다. 더구나 8개월이라는 짧은 기간 동안 2배의 폭발 능력을 보여줌으로써 북한의 핵능력이 그만큼 빠르게 발전되고 있음을 증명해 보였다. 북한은 특히 5차 핵실험이 '핵탄두' 실험이었음을 밝혔다. 북한은 '핵무기연구소 성명'을 통해 "새로 연구 제작한 핵탄두의 위력판정을 위한 핵폭발시험을 단행하였다"고 언급

하며, "이번 핵시험에서는 조선인민군 전략군 화성포병부대들이 장비한 전략 탄도로케트들에 장착할수 있게 표준화, 규격화된 핵탄두의 구조와 동작특성, 성능과 위력을 최종적으로 검토확인하였다"고 설명하였다. "핵탄두가 표준화, 규격화됨으로써 우리는 여러가지 분렬물질에 대한 생산과 그 리용기술을 확고히 틀어쥐고 소형화, 경량화, 다종화된 보다 타격력이 높은 각종 핵탄두들을 마음 먹은대로 필요한만큼 생산할 수 있게 되였으며 우리의 핵무기병기화는 보다 높은 수준에 확고히 올라서게 되였다"고 주장하였다. 북한은 또한 "당당한 핵 보유국으로서의 우리 공화국의 전략적 지위를 한사코 부정하면서 우리 국가의 자위적권리행사를 악랄하게 걸고드는 미국을 비롯한 적대세력들의 위협과 제재소동에 대한 실제적 대응조치의 일환으로서 적들이 우리를 건드린다면 우리도 맞받아칠 준비가 되여있다는 우리 당과 인민의 초강경의지의 과시"라며 국제사회를 위협하였다(로동신문 2016/9/10, 9/12). 북한의 이러한 언급은 발전된 핵능력을 바탕으로 핵무기 보유국으로서의 전략적 지위를 확고하게 하고, 이를 통해 대외적, 군사적 전략 변화를 꾀하겠다는 의미로 해석될 수 있다. 구체적으로 이것은 북한이 향후 핵억지(nuclear deterrence) 능력을 기반으로 하여 한반도 주변에서 '공포의 균형(balance of terror)'을 위한 대외전략을 추구하겠다는 것을 의미한다. 이는 1990년대 이후 국제사회가 핵무기 프로그램이라고 의심해 오던 영변 핵시설에 대해 '원자력의 평화적 이용'을 위한 것이라고 항변해 오던 것과는 분명한 차이를 보인다.

6) 6차 핵실험 이후

북한은 6차 핵실험을 수소탄 실험이라고 주장하였다. 핵무기연구소 명의로 발표한 성명에서 "대륙간 탄도로케트장착용 수소탄시험에서의 완전성공은 우리의 주체적인 핵탄들이 고도로 정밀화되였을뿐 아니라 핵전투부의 동작밑음성이 확고히 보장되며 우리의 핵무기설계 및 제작기술이 핵탄의 위력을 타격대상과 목적에 따라 임의로 조정할수 있는 높은 수준에 도달하였다는것을 명백히 보여주었으며 국가핵무력완성의 완결단계목표를 달성하는데서 매우 의의있는 계기로 된다"고 밝혔다(로동신문 2017/9/4). 북한이 핵무기 개발의 완성을 앞두고 있음을 암시하고 있는 모습이다.

핵무력의 완성에 관한 언급은 3달 뒤에 실시된 '화성 15형' 발사에서 더욱 구체적으로 논의되었다. 북한은 정부성명을 통해 '화성 15형'이 "초대형 중량급 핵탄두 장착이 가능한 대륙간탄도로케트로서… 우리가 목표한 로케트 무기체계 개발의 완결단계에 도달한 가장 위력한 대륙간탄도로케트"라고 소개했다(조선중앙통신 2017/11/29). 북한은 '화성 15형'이 "정점고도 4,475km까지 상승하여 950km의 거리를 비행하였다"다고 밝히며 "국가 핵무력 완성의 력사적대업, 로케트강국위업이 실현되였다"고 주장하였다. 그러면서도 "전략무기개발과 발전은 전적으로 미제의 핵공갈 정책과 핵위협으로부터 나라의 주권과 령토완정을 수호하고 인민들의 평화로운 생활을 보위하기 위한 것으로서 우리 국가의 리익을 침해하지 않는 한 그 어떤 나라나 지역에도 위협으로 되지 않을 것"이라며 자위적 핵 억지력을 강조하였다. 특히 자신들의 핵무장 목적이 "조선민주주의인민공화국 최고인민회의 법령에 밝혀진 바와 같이 공화국에 대한 미국의 침략과 공격을 억제, 격퇴하고 침략의 본거지들에 대한 섬멸적인 보복타격을 가하는데 있다"며, "현실은 우리가 미국과 실제적인 힘의 균형을 이룰 때 조선반도와 세계의 평화와 안전을 수호할 수 있다는 것을 다시 한번 명백히 보여주고 있다"고 주장하였다(로동신문 2017/12/3).

7) 대외전략 소결

북한은 현상유지적 대외정책과 달리 대외전략에 있어서는 현상타파적인 모습을 보여주었다. 냉전이 종식된 1990년대 초반 이후 북한의 대외전략은 체제 생존을 위한 현상유지 전략이었다. 소련이 붕괴되고 중국의 국가전략이 변화된 상황에서 북한은 한반도에서 불리한 세력균형에 직면하였고 체제 생존을 위한 현상유지 전략을 꾀할 수밖에 없었다. 핵문제에 있어서도 북한은 1994년의 제네바합의나 2005년의 9·19공동성명 등 비핵화를 중심으로 한 협상과 합의의 대외전략을 보여주었다. 당시에는 핵과 미사일 능력도 초기 단계였기 때문이었다. 하지만, 2000년대 중반 이후 핵실험을 해 나가는 과정에서 북한은 핵무기 보유국 선언, 비핵화가 아닌 핵군축 협상 요구, 북미 평화협정 추진 등 한반도에서 현상변경을 위한 전략을 보여왔다. 따라서 대외전략적 관점에서 보면 핵 보유는 북한이 한반도에서 현상타파적 국가전략을 설계하는 데 큰 영향을 미쳤다고 평가된다.

V. 핵실험 이후 북한 대외전략과 대외정책의 특징: 현상타파와 현상유지의 결합

핵실험 이후 북한의 대외전략과 대외정책에서 몇 가지 특징을 발견할 수 있다. 우선, 대외전략의 관점에서 북한은 개념적으로 상당히 현상타파적인 전략을 보여주고 있다. '조선로동당 제7차 대회' 결정서는 핵무기와 관련된 북한의 국가전략이 상당히 공세적임을 말하고 있다. '핵무력경제 병진노선'을 통해 '동방의 핵대국'을 지향하며, 미국의 적대시 정책을 폐기시키고, 정전협정을 평화협정으로 변환시키려는 전략이 그렇다. 이 전략을 통해 북한은 '남한 내에서 미군과 전쟁장비들을 철수'시키고, '한미의 전쟁연습을 전면중지'시키는 정책을 지향하고 있다. 북한은 강화된 핵무기 능력을 바탕으로 미국의 대한반도 정책을 변화시키려는 의도를 보이고 있다. 이는 냉전의 종식 이후 고착화된 한국 우위의 한반도 세력균형을 타파하고 북한에 유리한 새로운 질서를 만들려는 노력으로 해석될 수 있다.

둘째, 북한의 대외정책은 핵실험의 과정에서도 특별히 공세적인 모습으로 변하지는 않았다. 물론 북한의 핵실험과 장거리 미사일 발사 자체가 상당히 도발적이고 공세적인 행동이라는 점은 분명하다. 하지만, 북한이 핵실험을 통해 한반도의 세력균형을 뒤엎으려고 하는 정책을 구체화했다고 보기는 어렵다. 북한의 대남 침투와 도발은 이전과 비교하여 2000년대 중반 핵실험을 시작하고 난 뒤에도 증가하지는 않았다. 오히려 전체적인 도발의 횟수는 줄어들면서 군사적 위기 확산의 가능성이 낮은 분야의 침투나 도발로 변해 왔다. 한국전쟁 이후 50여년 동안 북한은 대남정책의 차원에서도 상당히 공세적인 모습을 보여주었었다. 이와 비교하면, 핵실험이 북한의 대외정책을 공세적으로 만들었다고 해석하기는 부족하다. 남북교역액이나 남북회담을 통해 살펴보더라도 북한의 공세적인 정책이 뚜렷하게 보이지는 않는다. 이런 관점에서 핵실험 이후 북한의 대외정책은 상당부분 현상유지적인 모습을 보여 왔다고 해석된다.

셋째, 이러한 관점에서 핵실험 이후 북한의 대외전략과 대외정책은 일정한 부조화의 모습을 보인다. 전략적인 측면에서는 상당히 공세적인 현상타파 개념을 유지하고 있는데, 실제 정책적인 측면에서는 현상유지에 초점을 두고 있는 모습이다. 이는 북한이 핵무기와 관련해 의도와 능력 사이에서 가지는 일종의 딜레마 때문인 것으로 해석된다.

북한의 대외전략을 보면 분명 한반도에서 현상타파의 의도와 목표를 가지고 있다. 하지만, 북한이 한반도의 세력균형을 뒤엎으려는 구체적 행동을 취하기에는 능력의 차원에서 큰 부담이 있을 것이다. 현상타파의 공세적인 의도를 가진 국가라고 하더라도 그 국가의 대외적 행동이 반드시 의도에 따라 결정되는 것은 아니다. 그러한 의도를 달성하기 위한 능력이 중요한 변수가 되기 때문이다(Mearsheimer 2001). 전반적으로 강한 국력을 보유한 국가가 현상타파 의지를 가지고 있다면 더 공격적으로 행동할 가능성이 높다. 하지만, 강력한 적대국을 상대해야 하는 세력 열세국은 그 현상타파적 의도에도 불구하고 공격적인 행동을 보일 가능성이 낮을 것이다. 이런 국가들은 오히려 현상유지 정책에 집중하게 될 가능성이 높다. 일부의 예외적인 경우를 제외하면(Paul 1994), 패배할 전쟁에 나설 세력 열세국은 거의 없기 때문이다. 현상타파 정책의 이익이 현상유지 정책의 이익보다 크지 못하다면, 국가들은 일반적으로 모험적인 정책을 추구할 가능성이 낮다. 현상타파 정책의 위험이 현상유지 정책의 위험보다 훨씬 크다면 국가들의 성향은 방어적인 모습을 띠게 될 가능성이 높다. 강력한 한미동맹을 상대해야 하는 북한이 핵실험을 해 나가는 과정에서도 상대적으로 현상유지적인 핵억지를 주장한 이유이다. 한반도에서의 군사적 충돌은 북한으로서도 체제 붕괴를 염려해야 하는 극단적인 선택이기 때문이다. 북한이 전략적으로는 현상타파적인 의도를 가지고 있더라도 정책적으로는 핵억지력을 강조하면서 현상유지적인 행동을 보여온 이유이다.

　물론, 핵시대 한반도에서 북한의 대외정책이 전혀 공격적이지 않다는 의미는 아니다. 기존에 북한이 재래식 전력으로 보여주었던 도발과 위협은 극단적으로 확산되지 않는 한 지속적으로 유지될 가능성이 있다. 북한은 체제 속성상 오랫동안 공격적이고 도발적인 모습을 보여주었기 때문이다. 하지만, 이전 시기와 비교해서 북한이 당분간 특별히 더 공격적인 모습을 보일 가능성은 낮아 보인다. 다른 한편, 북한이 핵 보유 이후 장기적으로도 현상유지적인 대외정책을 고수할 것으로 예상할 수는 없다. 북한의 상대적 국력이 상승하거나, 동북아에서 미중 세력균형이 변경되는 경우 북한에게 더 유리한 한반도 질서가 형성될 수도 있기 때문이다. 이 경우 현상타파적 전략과 현상유지적 정책 사이의 부조화가 상당부분 해소될 수 있다. 북한은 장기적으로 이러한 전략과 정책의 격차를 해소하기 위한 노력에 초점을 둘 것이다. 이러한 과정에서 북한은 자신들의 핵능력을 과시하고 과장하면서 한반도에서 새로운 세력균형을 형성하려고 시도할 것이다.

따라서 한국의 대응방향은 한반도 세력균형의 현상(status-quo)을 지속적으로 유지하는 데에 집중되어야 한다. 한반도에서 남북한의 군사력과 경제력 격차를 유지하고 확대하는 노력을 통해 북한의 전략/정책 간 부조화가 해소되지 않도록 해야 한다. 또한, 세력균형을 유지하기 위해서는 핵우산을 포함한 대북 억지력 강화를 지속해야 한다. 마지막으로, 동북아의 미중관계 질서가 북한에 유리한 방향으로 변화되지 않도록 관리할 필요가 있다.

참고문헌

김성철. 2014. "북한의 핵억제론 : 교리, 전략, 운용을 중심으로."『평화학연구』15권 4호.

대한민국 국방부. 2016.『국방백서』. 서울: 대한민국 국방부.

앤드류 프터. 2015.『핵무기의 정치』. 고봉준 역. 서울: 명인문화사.

우승지. 2013. "북한은 현상유지 국가인가? 김정일 시기 북한의 국가성향 고찰."
　　『국제정치논총』53집 4호.

정덕구·추수롱 편. 2013.『기로에 선 북중관계: 중국의 대북한 정책 딜레마』. 서울: 중앙북스.

정성윤·이동선·김상기·고봉준·홍민. 2016.『북한 핵 개발 고도화의 파급영향과 대응방향』
　　KINU 연구총서 2016-01. 서울: 통일연구원.

조선노동당. 2016. "7차 당대회 결정서."『조선중앙통신』(5월 9일).

조선민주주의인민공화국 국방위원회. 2013. "정책국 성명."『조선중앙통신』(4월 18일).

조선민주주의인민공화국 외무성. 2002. "조선민주주의인민공화국 외무성 담화문."
　　『로동신문』(10월 26일).

＿＿＿＿. 2006. "성명: 자위적전쟁억제력 새 조치, 앞으로 핵시험을 하게 된다."
　　『조선중앙통신』(10월 3일).

＿＿＿＿. 2006. "대변인 담화문."『조선중앙통신』(10월 11일).

＿＿＿＿. 2009. "대변인 담화문."『조선중앙통신』(5월 29일).

＿＿＿＿. 2009. "외무성 성명."『조선중앙통신』(6월 13일).

＿＿＿＿. 2016. "외무성 대변인 담화."『조선중앙통신』(1월 15일).

＿＿＿＿. 2016. "대변인 담화."『로동신문』(9월 12일).

＿＿＿＿. 2017. "대변인 성명."『로동신문』(12월 3일).

조선민주주의인민공화국 정부. 2016. "성명: 주체조선의 첫 수소탄시험 완전성공."
　　『조선중앙통신』(1월 6일).

＿＿＿＿. 2017. "성명: 새형의 대륙간탄도로케트 시험발사 성공."『로동신문』(11월 29일).

조선인민군 최고사령부. 2013. "성명."『조선중앙통신』(3월 26일).

조선민주주의인민공화국 핵무기연구. 2016. "성명,"『조선중앙통신』, (9월 9일).

＿＿＿＿. 2017. "성명: 대륙간탄도로케트 장착용 수소탄시험에서 완전성공."『로동신문』(9월
　　4일).

통일부. 각 연도. "주요 사업통계." https://www.unikorea.go.kr/content.do?cmsid=3099
　　(검색일: 2017. 12. 25.)

함택영. 1998.『국가안보의 정치경제학: 남북한의 경제력·국가역량·군사력』. 서울: 법문사.

황지환. 2012. "한반도 분단과 한국전쟁의 국제정치이론적 의미: 현상타파/현상유지 국가
　　논의의 재조명."『국제정치논총』52집 3호.

＿＿＿＿. 2014. "김정은 시대 북한의 대외전략: 지속과 변화의 '병진노선.'"『한국과 국제정치』
　　30권 1호.

Bell, Mark. 2014. "What Do Nuclear Weapons Offer States? A Theory of State Foreign Policy Response to Nuclear Acquisition," Massachusetts Institute of Technology, http://ssrn.com/abstract2566293 (검색일: 2017. 12. 25.)

_____. 2015. "Beyond Emboldenment: How Acquiring Nuclear Weapons Can Change Foreign Policy." *International Security* 40(1), pp. 87-119.

Betts, Richard K. 1998. "The New Threat of Mass Destruction," *Foreign Affairs* 77(1), pp. 26-41.

Brooks, Stephen G. 1997. "Dueling Realism," *International Organization* 51(3), pp. 445-477.

Frankel, Benjamin. 1996. "Restating the Realist Case," *Security Studies* 5(3), pp. 9-20.

Hwang, Jihwan. 2009. "Face-Saving, Reference Point and North Korea's Strategic Assessments," *Korean Journal of International Studies* 49 (6), pp. 55-75.

_____. 2015. "The North Korea Problem from South Korea's Perspective." Utpal Vyas, Ching-Chang Chen, and Denny Roy, eds. *The North Korea Crisis and Regional Responses*. Honolulu: East-West Center.

Jervis, Robert, 1989. *The Meaning of the Nuclear Revolution: Statecraft and the Prospects of Armageddon*. Ithaca, N.Y.: Cornell University Press.

_____. 1999. "Realism, Neoliberalism, and Cooperation: Understanding the Debate," *International Security* 24(1), pp. 42-63.

Kang, David C. 1995. "Rethinking North Korea," *Asian Survey* 35(3), pp. 253-267.

Kapur, S. Paul. 2007. *Dangerous Deterrent: Nuclear Weapons Proliferation and Conflict in South Asia*. Stanford, Calif.: Stanford University Press.

Kristof, Nicholas. 2017. "Five Blunt Truths About the North Korea Crisis." *The New York Times* (July 5).

Kroenig, Matthew. 2014. *A Time to Attack: The Looming Iranian Nuclear Threat*. New York: Palgrave Macmillan.

Mansfield, Edward D. and Jack Snyder. 1995. "Democratization and the Danger of War," *International Security* 20(1), pp. 5-38.

Mearsheimer, John J. 2001. *The Tragedy of Great Power Politics*. New York: W.W. Norton & Company.

Narang, Vipin. 2015. "Nuclear Strategies of Emerging Nuclear Powers: North Korea and Iran," *The Washington Quarterly* 38(1), pp. 73-91.

New York Times Editorial Board. 2017. "The Way Forward on North Korea," *The New York Times* (July 4).

Paul, T.V. 1994. *Asymmetric Conflicts: War Initiation by Weaker Powers*. Cambridge: Cambridge University Press.

Rich, Motoko. 2017. "In North Korea, 'Surgical Strike' Could Spin Into 'Worst Kind of Fighting'," *The New York Times* (July 5).

Sagan Scott D. and Kenneth N. Waltz, 2003. *The Spread of Nuclear Weapons: A Debate*

Renewed. New York: W.W. Norton & Company, Inc.

Smith, Hazel, 2000. "Bad, Mad, Sad or Rational Actor? Why the 'Securitization' Paradigm Makes for Poor Policy Analysis of North Korea," *International Affairs* 76(3), 593–617.

Stanton, Joshua, Sung-Yoon Lee, and Bruce Klingner. 2017. "Getting Tough on North Korea: How to Hit Pyongyang Where It Hurts," *Foreign Affairs* 96(3), pp. 65–75.

Wit, Joel S. and Sun Young Ahn. 2015. "North Korea's Nuclear Futures: Technology and Strategy," *North Korea'S Nuclear Futures Series.* Washington D.C.: US-Korea Institute, SAIS.